Fett

Loblied auf eine
verrufene Ingredienz

Jennifer McLagan

Fett

Loblied auf eine verrufene Ingredienz

Mit Rezepten

Aus dem Englischen
von Christel Klink und Stefanie Schaeffler

Fotos von Leigh Beisch

Rotpunktverlag

Die Originalausgabe erschien 2008 unter dem Titel
Fat. An Appreciation of a Misunderstood Ingredient, with Recipes
bei McClelland & Stewart, Toronto.

Gestaltung und Satz: Ulrike Groeger
Druck und Bindung: AZ Druck und Datentechnik GmbH, Kempten
ISBN 978-3-85869-511-6

1. Auflage 2012

Jack Sprat could eat no fat.
His wife could eat no lean.
And so between them both, you see,
They licked the platter clean.
(Alter englischer Kinderreim)

Jack Sprat, der mocht' kein Fett,
dem Weib nichts Magres schmeckt.
Zu zweien haben sie dann doch
den Teller leergeleckt.

An alle Jack Sprats der Welt:
Ihr liegt völlig falsch!

Inhalt

Einleitung 11

Wie das Fett seinen Glanz verlor 13 | Fakten zum Fett 15 | Warum Fett beim Kochen wichtig ist 17 | Warum Fett gesund ist 18 | Wozu ein Buch über Fett 21

Ein paar Tipps für Koch und Köchin 12
Ranziges Fett 21

1 Butter 23

Aufbewahrung und Verwendung von Butter 26 | Die Geschichte der Butter 26 | Margarine 28

Hausgemachte Butter 31 | Geklärte Butter 33 | Ghee 34 | Äthiopische Gewürzbutter 35 | Gewürzte Butter 36 | Steinpilzbutter 37 | Radieschenbutter 37 | Rumbutter 38 | Braune Butter 38 | Buttersalat (hoch zwei) 39 | Pikant-süßes Popcorn mit Butter 40 | Gebutterte Eier 42 | Spaghetti mit Butter und Salbei 43 | Blätterteig 43 | Pikante Knabbernüsse 46 | Beurre blanc (weiße Buttersauce) 47 | Beurre rouge (rote Buttersauce) 49 | In Butter pochierte Jakobsmuscheln 49 | Pastinaken und Steckrüben in Butter 50 | Gedünstete Garnelen mit Beurre blanc und Spinat 51 | Malteser Sauce 52 | Gebuttertes Kartoffelpüree 53 | Murgh Makhani (Butterhuhn) 54 | Huhn Kiew 56 | Welsh rabbit 58 | Braune-Butter-Eiscreme 60 | Braune-Butter-Kekse 62 | Süßer Mürbeteig 63 | Gesalzene Karamellsauce 65 | Salzbutter-Tarte 67 | Schneller Apfelkuchen 68 | Kouign amann (bretonischer Butterkuchen) 68 | Blätterteig-Palmiers 71 | Pfund(s)kuchen mit Pfeffer und Orange 72 | Shortbread 74 | Königskuchen mit Rhabarber 76

Geklärte Butter und Usili Ghee 33
Seihtuch und Butterpapier 36
Fleur de Sel 36
Butterstinker 38
Braune und schwarze Butter 39
Mafia-Butter 40
Gebutterte Eier 42
Moorbutter 45
Grundwissen Buttersauce 46
Vom Butterboot zum Saucenboot 50
Butterkühler: Gefäß im Gefäß 50
Sauce hollandaise und ihre Verwandten 51
Buttergewicht 53
Auslösen der Suprêmes 57
Ein Huhn in 8 Stücke teilen 57
Buttery und Butterkammer 58
Butter, Frauen und Magie 59
Buttrige Desserts 59
Die größten Butteresser 62
Hochzeitsbutter 63
Butter in Kosmetik und Medizin 64
Das Fest der Buttergötter 65
Der Butterturm von Rouen 70
Warum lässt sich Butter streichen? 72
Butter in Tibet 73
Die Butterheilige 77

2 *Schweinefett* 79

Verschiedene Schweinefettarten **81** | Frittieren und braten in Schmalz **82** | Schinken und Speck **83** | Schweinefett auslassen **84**

Scharf gewürzte Schweinekrusten **86** | Spanische Schweine-Rillettes (Manteca colorá) **88** | Chili-Essig-Dip **89** | Terrine auf Bauernart **90** | Kürbissuppe mit Speck **93** | Langsam gebratener Schweinebauch mit Fenchel und Rosmarin **94** | Spaghetti alla carbonara **96** | Heilbutt im Schinkenmantel mit Salbeibutter **97** | Geschmorter Schweinebauch nach Cheong Liew **98** | Gebratener Schweinebauch an Orangen-Miso **100** | Salzfleisch **101** | Salzfleisch mit Linsen **102** | Baked Beans Bostoner Art **103** | Portugiesische Erbsen **106** | Löwenzahnsalat mit heißer Specksauce **107** | Schweinefett mit Rosmarinaroma **108** | Chinesische Pfannkuchen mit Frühlingszwiebeln **109** | Das perfekte BLT-Sandwich **111** | Speckmayonnaise **111** | In Schmalz frittierte Pommes frites **112** | Faggots in Zwiebelsauce (Innereienfrikadellen) **114** | Schweinswürstchen mit Fenchel und Orange **115** | Brendas Chorizo **117** | Refried Beans (Bohnenmus) **118** | Carnitas **119** | Speckgugelhupf **120** | Schmalzteig **122** | Stachelbeer-Pie **124** | Brandteig-Beignets **126** | Schinkenspeck-Gewürzplätzchen **128** | Speck-Baklava **129** | Spanische Schmalzplätzchen **130** | Süße Knusperkrusten **131**

Würziges Schmalz	**89**	Frühstück mit gebratenen Brotscheiben	**107**	Schweinefett in Süßspeisen	**122**
Piment d'Espelette	**91**	Bacon nach Art du Bedat	**112**	Leitfaden für Fett beim Backen	**123**
Speck in der Literatur	**93**	Fett und der Künstler	**113**	Mardi gras – fetter Dienstag	**125**
Crisco	**95**	Wursthaut	**116**	Brötchentag und Platztag	**128**
Quatre épices	**101**	Würstchen garen	**117**	Salo	**130**
Baked Beans aus Boston	**103**	Epazote	**118**	Die Semmel, die den König das Leben kostete	**131**
Lardo	**105**				

3 *Geflügelfett* 133

Schmalz **135** | Confit **137** | Foie gras **138** | Geflügelfette auslassen **142** |

Gribenes (Geflügelgrieben) **143** | Enten-Rillettes **144** | Kartoffeln à la sarladaise **147** | Klassisches Brathuhn **148** | Scones mit Entenschmalz und Grieben **151** | Enten-Confit **152** | Knoblauch-Confit **154** | Beurre de Gascogne **155** | Hühnerleberaufstrich **155** | Entenbrust mit Brombeeren **157** | Enten-Puten-Eintopf **158** | Borlotti-Bohnen mit Enten-Confit und Grieben **159** | Gänsebraten **160** | Rotkohl mit Gänseschmalz **161** | Gebratene Kartoffelschnitze **162** | Sautierte Gänseleber mit Ingwer-Vanille-Quitten **164** | Cassoulet **166** | Foie-gras-Butter **169** | Foie-gras-Terrine **170** | Gemüsekuchen **173** | Linsensuppe mit Foie gras **174** | Salatsauce mit Entenschmalz und Grapefruit **175**

Schmal(t)z	**136**	Fettseife	**149**	Quitten zubereiten	**165**
Zum Entenkauf	**141**	Basiswissen Confit	**153**	Treibstoff Fett	**168**
Geflügelgrieben	**142**	Lammvogel-Confit	**154**	Die Seifenfrau	**169**
Schmalzfleisch	**146**	Gänseschmalz	**161**	Hühnerfett hilft beim Zerlegen	**171**
Fat Man	**147**	Fett im Jazz	**162**	Explosives Fett	**175**

4 *Rinder- und Lammfett* *177*

Talg/Nierenfett **179** | Rindermark **180** | Bratfett vom Rind **181** | Der Umgang mit Rinder- und Lammfett **181** | Rindernieren- und Lammfett auslassen **183**

Original englischer Rinderbraten **185** | Rinderbraten aus der Hochrippe **185** | Röstkartoffeln aus dem Ofen **186** | Yorkshire-Pudding **187** | Puchero (mexikanischer Rindfleischeintopf) **188** | Tacos mit Knochenmark **191** | Tomatensalsa **191** | Geröstete Markknochen **193** | Ledas Marksauce **194** | Mark-Crostini **194** | Steak-and-Kidney-Pie **195** | Steak-and-Kidney-Pudding **196** | Nierenfett-Teig für pikante Puddings **198** | Nierenfett-Teig für pikante Pies **199** | Grillsteak mit Rotweinsauce und Knochenmark **201** | Gebratene Kalbsniere **202** | Rindermark in Rotwein-Butter-Sauce **204** | Risotto alla milanese **206** | Lammrippchen mit Flageolet-Bohnen **208** | Lammschulter auf Kapmalaien-Art **209** | Geschmorter Ochsenschwanz **210** | Bratenfett-Teig **211** | Cornish Pasty **213** | Nierenfettklöße **215** | Lammschmalz-Spinat-Chapatis **216** | Lammwürstchen mit Rosmarin und Rotwein **218** | Orangenmarmeladepudding **223** | Traditioneller Christmas Pudding **224** | Fruit Cobbler **227** | Quincemeat (Gebäckfüllung mit Quitten) **228** | Quincemeat-Törtchen **229** | Quincemeat-Soufflés **230** | Teig mit Butter und Nierenfett **231** | Milchreis mit Rindermark **231**

Fleisch vom Schaf **178**
Brot mit Bratenfett **183**
Maldon Meersalz **184**
Auf Messers Spitze **186**
Yorkshire-Pudding **187**
Gekochtes Rindfleisch **190**
Latte mit Nierenfett **198**
Dr. Atkins' Held **199**
Kalbsnieren vorbereiten **202**
Der schmutzige Donnerstag und das Fest der fetten Rinder **203**
Das bestmarmorierte Fleisch der Welt: Wagyu-Rind **204**
Indischer Aufstand **205**
Pemmikan **206**
Fettige Gastfreundschaft **211**
Cornish Pasty und ihre Entstehung **214**
Falsches Fett macht depressiv und krank **214**
Die Suche nach dem fetten Schwanz **219**
Nierenfett, Mark und Süßspeisen **221**
Der Pudding und seine Geschichte **225**
Verräterisches Fett **226**
Eine Kultur des Fetts **229**
Pishtaco **232**

Anhang

Danksagung **233** | Bibliografie **234** | Personenregister **236** | Von Apfelkuchen (schnell) bis Yorkshire-Pudding **237**

Einleitung
Auslassungen über Fett

Ich liebe Fett, sei es nun die gelbliche Fettschicht um eine Scheibe Gänseleberterrine, zartschmelzendes Mark, heiß direkt aus dem Knochen gelöffelt, sahnige Butter aus der Normandie mit ihrem Duft nach Kräutern und Blumen, heißes Speckfett, versetzt mit ein paar Spritzern Essig, in dem würziger Grünkohl vor sich hin schmurgelt, ein paar Scheiben gekochter Schinken, deren Fettränder im warmen Zimmer bereits durchsichtig schimmern, süß, nussig und salzig zugleich, oder ein Stück Schweinebratenkruste, das heiß wie kalt köstlich schmeckt. Ich mag, wie Fett sich im Mund anfühlt, und ich liebe seine unterschiedlichen Geschmacksnoten.

Als Köchin und Feinschmeckerin kann ich mir kein Essen ohne Fett vorstellen. Ich bin in den 1960er-Jahren in einer australischen Kleinstadt aufgewachsen und in unserem Kühlschrank waren immer mindestens drei Sorten Fett, nämlich Butter, Schmalz und Bratenfett. Im Winter stand ab der Adventszeit auch noch Nierenfett vom Rind darin, das für süße Kuchenfüllungen, den Christmas Pudding oder Klöße verwendet wurde. Die Butter wurde in einem besonderen Gefäß mit Deckel aufbewahrt, damit ihr mildes Aroma nicht durch strenge Gerüche im Kühlschrank verdorben wurde. Neben dem schneeweißen Speck, vom Metzger in einem weißen Wachskarton verpackt, stand ein Keramiktiegel voll mit dem Fett, das beim Braten von Fleisch austrat und dann sorgfältig in ein Gefäß abgefüllt wurde. Wenn es sich verfestigte, bildete sich eine cremige bräunlich gelbe Schicht über dunklem Aspik; ein Roastbeef-Sandwich ohne dieses Bratenfett als Aufstrich war bei uns undenkbar.

»Nennen Sie mir irgendein anderes Vergnügen, das man sich dreimal am Tag gönnen kann, und zwar als alter Mensch genauso wie als junger.«

Charles-Maurice de Talleyrand-Périgord, 1754–1838, französischer Staatsmann und Diplomat

Überhaupt waren all diese Fette aus unserer Küche nicht wegzudenken: Wir verwendeten Schmalz und Bratenfett zum Kochen, die Butter kam aufs Brot und in den Kuchen. Am Wochenende brieten wir uns zum Frühstück erst dicke Speckscheiben, die ihr Fett an die Pfanne abgaben. Dann wurden die Eier und – das Beste – Scheiben von altbackenem Brot hineingegeben, bis sie knusprig waren und den salzigen Rauchgeschmack des Specks angenommen hatten. Wir aßen mit Rindernierenfett hergestellte Klöße und Puddings, schmorten unser Gemüse in Rinderbratenfett und verspeisten buttrige Kekse. Ein- bis zweimal im Monat gingen wir in die Fish-and-Chips-Imbissbude und verschlangen dort handgeschnittene Pommes und *flake*, dicke Scheiben von Haifisch in goldgelbem Panierteig, ausgebacken in sprudelnd heißem Talg und serviert mit eingelegten Zwiebeln. Wir aßen Fett mit Genuss und waren zwar keine Familie von Supermodels, aber keiner von uns hatte ernsthafte Gewichtsprobleme. Denn wir aßen in Maßen und waren, obwohl wir nicht auf dem Land, sondern in einer Kleinstadt lebten, ständig zu Fuß unterwegs.

Heute verbringen die Leute ihr Leben meist im Sitzen, fahren mit dem Auto, anstatt zu laufen, und essen mehr industriell hergestellte Lebensmittel und Fast Food als frisch Zubereitetes. Dieser veränderte Lebensstil führt dazu, dass wir zunehmen, und natürlich muss das Fett dafür herhalten, das angeblich schuld daran ist, dass wir immer mehr Pfunde anhäufen und krank werden, und darum verbannen wir tierisches Fett aus unserem Leben. Butter und Schmalz verschwinden nach und nach aus unseren Küchen und vom Fleisch werden penibel die Fettränder abgeschnitten. Wir haben die althergebrachten tierischen Fette gegen Pflanzenöle ausgetauscht und greifen gierig nach allem, was die Aufschrift »fettreduziert« trägt. Wir verzichten auf Geschmack und Genuss, nehmen trotzdem kein Gramm ab und werden auch kein bisschen gesünder. Wenn ich »wir« sage, ist das natürlich eine Verallgemeinerung: Es ist ganz besonders Nordamerika, wo Essen oft als notwendiges Übel angesehen und Fett am meisten verteufelt wird. In anderen Ländern, die Tafelfreuden mehr zelebrieren, essen die Menschen Fett immer noch mit Genuss und bleiben trotzdem gesund. So können die Franzosen angeblich eimerweise Fett zu sich nehmen und halten doch Normalgewicht. Dabei hält sie gerade ihre Freude am Essen dünn, zusammen mit ihren bescheidenen Portionsgrößen und dem Verzicht auf Zwischenmahlzeiten. Doch können sie uns nicht nur als Vorbild, sondern auch zur Warnung dienen, denn die jungen Franzosen übernehmen gerade die schlechte Gewohnheit, immer und überall zu essen, und zwar am liebsten industrielle Lebensmittel, die vor versteckten Fetten nur so strotzen. Und was passiert? Sie nehmen natürlich zu.

»Nie zuvor haben so viele Menschen geglaubt, dass ihre Lebensqualität von ihrer Figur abhängt.«

Roberta Pollack Seid, Autorin des bekannten, 1989 in den USA erschienenen Buches *Never Too Thin: Why Women Are at War with Their Bodies*

Zu keiner Zeit waren wir mehr von Diäten, Sport und dem Verzicht auf Fett besessen als im neuen Jahrtausend und zu keiner Zeit waren wir dicker und kränker. Unsere Einstellung zum Essen ist schizophren: Genießen wir mal ein Essen, das – gerade wegen des Fetts – gut schmeckt, müssen wir uns im Anschluss gleich wieder mit einem Salat und einem fettreduzierten Dressing aus der Flasche kasteien. Wenn wir als Überflussgesellschaft aber Angst vor dem haben, was auf den Tisch kommt, und unsere Nahrung als Gift ansehen (alternativ als Medizin), läuft etwas grundlegend schief. Ich möchte sogar behaupten, dass wir nicht nur vor Fett Angst haben, sondern generell vor Genuss. Essen ist ein wichtiger Bestandteil des Lebens und ein Vergnügen, das wir mit Freunden teilen und in der Öffentlichkeit zelebrieren können. Es sollte eine beglückende Erfahrung sein, keine Qual. Wie konnte es nur so weit kommen?

Ein paar Tipps für Koch und Köchin

Kochen ist eine Kunst, keine Wissenschaft, und der eine Koch wird nie genau dieselben Zutaten und Geräte verwenden wie der andere. Obwohl ich alle Rezepte in diesem Buch selbst ausprobiert habe, kann es also sein, dass die Kochzeiten hin und wieder abweichen. Und wie viele Portionen ein Rezept ergibt, hängt von Ihrer persönlichen Einschätzung ab. Arbeiten Sie deshalb mit diesen Rezepten wie mit allen Rezepten – mit einer Portion gesundem Menschenverstand.

Ich verwende für die Gerichte in diesem Buch Meersalz, weil es den besten Geschmack hat und frei von Zusatzstoffen ist. Der Pfeffer sollte immer frisch gemahlen, der Muskat frisch gerieben, der Zitronensaft frisch gepresst sein. Falls Sie noch keine Küchenwaage besitzen, ist es jetzt Zeit für diese Anschaffung, denn die Zutatenmengen sollten möglichst genau abgemessen und nicht nur über den Daumen gepeilt werden. Vor allem Gebäck wird Ihnen so ungleich besser gelingen. Es gibt sogar einige Rezepte, die eine ganz genau abgewogene Menge Salz erfordern.

Schenken Sie dem, was Sie kochen und essen, Ihre ganze Aufmerksamkeit und beginnen Sie damit, nur frische Produkte bester Qualität einzukaufen. Nur so werden Sie im wahrsten Sinne des Wortes gut essen. Vor allem bei so schlichten Rezepten wie dem klassischen Brathuhn auf Seite 148 ist die Qualität des Huhns, der Butter und der Kräuter ganz entscheidend. Fleisch und Fett sind ein Produkt dessen, was die Tiere zu fressen bekommen. Kaufen Sie deswegen die beste Qualität, die Sie sich leisten können – biologisch aufgezogene Tiere von kleinen Herstellern schneiden da häufig am besten ab. Kehren Sie den Supermärkten den Rücken und kaufen Sie auf Bauernmärkten ein, wo noch anständige Lebensmittel verkauft werden. Und – was am wichtigsten ist: Kochen Sie selbst!

Wie das Fett seinen Glanz verlor

Vom Beginn der Menschheitsgeschichte an bis zur Mitte des vergangenen Jahrhunderts weckte das Wort Fett ausschließlich positive Assoziationen. Wer gut lebte, »saß im Fett«, wie man früher sagte, und jeder freute sich über ein »fettes Einkommen«. Fett war kostbar und nützlich. Das beste Fleisch war das marmorierte mit einer dicken Fettschicht darum und nur die fettesten Hühner landeten im Topf. Fett war ein unverzichtbarer Nahrungsbestandteil, und wer nicht genug davon aß, wurde kränklich oder starb sogar. Menschen, die unter extremen Umweltbedingungen leben, wie die Inuit oder die Massai, konnten nur überleben, weil ihre Nahrung einen hohen Fettanteil aufwies. Fett zu essen und korpulent zu sein, galt als Zeichen von Wohlstand und Gesundheit. Kein Mensch wollte dünn sein.

»Ich will euch das Beste geben in Ägyptenland, dass ihr essen sollt das Fett des Landes.«

1. Mose 45,18

Jean Anthèlme Brillat-Savarin, der bekannteste Gourmet des frühen 19. Jahrhunderts, schrieb:

> *Jede magere Frau möchte rundlicher werden. Wie oft wurde dieser inbrünstige Wunsch uns gegenüber ausgestoßen! In Anbetung des am Ende doch stärkeren Geschlechts werden wir daher versuchen, mit echten Formen das auszufüllen, was diese Pölsterchen aus Seide und Baumwolle vorgeben, die man in großer Vielzahl in den Kurzwarenläden ausgestellt sieht – ganz zum Entsetzen streng gesinnter Leute, die verlegen daran vorbeigehen und sich von diesen Falschheiten mit derselben Scheu abwenden, als präsentierte sich ihren Augen deren fleischliche Realität.*

Wie seltsam Brillat-Savarins Ratschlag doch für uns heute klingt, wo fast alle auf Diät sind oder doch zumindest auf ihr Gewicht achten, Fett als wertlos angesehen wird und Dicksein als Gesundheitsrisiko gilt. Fett wird auch nicht länger mit Wohlstand in Verbindung gebracht und, schlimmer noch, das Fett in unserer Nahrung wird gnadenlos mit dem Fett an unserem Körper gleichgesetzt. Die Angst vor dem Dickwerden lässt uns nur noch mageres Fleisch essen. Wie sich unsere Meinung über Fett innerhalb weniger Generationen völlig ins Gegenteil verkehren konnte, ist eine komplizierte Geschichte.

Zum Teil wurzelt diese Geschichte in der Sorge um unsere Gesundheit. In den 1950er-Jahren stellte sich heraus, dass koronare Herzerkrankungen zu den Haupttodesursachen zählen. Wissenschaftler begannen, nach Gründen für dieses Phänomen zu suchen, und eine ihrer Hypothesen lautete, dass die Zunahme an Herzerkrankungen im Zusammenhang mit den Cholesterinwerten in unserem Blut stehen könnte. Schon bald wurde daraus die Theorie entwickelt, dass zu hoher Verzehr von tierischem Fett unsere Cholesterinwerte in die Höhe treibt und zu Herzerkrankungen führt. Die Verbindung zwischen Cholesterin, gesättigten Fetten und Herzerkrankungen war nur eine assoziative, keine kausale, und es wurde dabei auch nicht berücksichtigt, dass einige Volksgruppen, deren Nahrung sehr viel tierisches Fett enthält (wie bei den Franzosen und der traditionellen Ernährung der Inuit), nicht diese hohen Herzerkrankungsraten haben. Während der nächsten zwei Jahrzehnte gelang es der Wissenschaft zwar nicht, den Beweis dafür zu liefern, dass es einen direkten Zusammenhang zwischen dem Verzehr gesättigter Fette und der Entstehung von Herzerkrankungen gibt, aber die Theorie hielt sich hartnäckig und gewann 1977 allgemeine Akzeptanz, als sie vom US-Kongress offiziell bestätigt wurde. Die Amerikaner wurden also von keiner geringeren Autorität als ihrer eigenen Regierung dazu gedrängt, ihrer Gesundheit wegen den Fettverzehr einzuschränken. Jahrtausende der Menschheitsgeschichte, die für die Wichtigkeit von tierischem Fett in unserer Nahrung sprechen, wurden geflissentlich übersehen und das Fett wurde zum »Gesundheitskiller Nr. 1« deklariert. Die Stimmen vieler Ernährungsexperten, die noch immer für eine Ernährung mit Eiern, Fleisch und tierischem Fett plädierten, wurden von der Industrie und Wissenschaft einfach übertönt. »Fettreduziert« und »fettfrei« hießen die neuen Mantras, und weil bekanntlich keiner von uns früher als notwendig sterben will, haben wir alle brav die cholesterinhaltigen tierischen Fette in unserer Nahrung durch neue, vom Menschen produzierte ersetzt.

Das erste von Menschenhand produzierte Fett war Margarine. Sie wurde 1869 als Ersatz für Butter erfunden. Obwohl sie billiger als Butter war, setzte sie sich nicht sofort durch. Zu Beginn des 20. Jahrhunderts waren Schmalz, Talg, Hühnerfett und Butter noch immer die beliebtesten Küchenfette in Nordamerika. Als man entdeckte, wie Öl aus Pflanzen gewonnen werden kann, und das Hydrierungsverfahren entwickelte, vervielfachte sich die Anzahl der industriellen Fette und sie wurden wesentlich billiger (vgl. S. 28). Diese neuen Fette waren anfangs nicht besonders populär – außer bei der Lebensmittelindustrie. Sie waren preiswert und verlängerten die Haltbarkeitsdauer gebackener und gebratener Speisen, so dass sie schon bald in vielen Fertignahrungsmitteln Verwendung fanden. Während tierisches Fett mit Herzerkrankungen in Verbindung gebracht wurde, wurden diese neuen Öle und Aufstriche als gesunde Alternative angepriesen und ihre Verkaufszahlen kletterten in die Höhe. Ende des 20. Jahrhunderts stand kein einziges tierisches Fett mehr auf der Liste der beliebtesten Fette zum Kochen; sie waren alle durch pflanzliche Öle abgelöst worden.

Die Kampagne gegen tierisches Fett war sehr erfolgreich und beschränkte sich nicht auf die Fette zum Kochen, sondern übertrug sich auch auf Fleisch. Auf einmal hatten wir auch eine Phobie gegen marmoriertes Rindfleisch, Schweinefleisch mit Fettrand und fettes Geflügel, und die Fleischproduzenten reagierten mit der Züchtung magerer Rassen. Heute blicken die meisten von uns mit Schuldgefühlen oder, schlimmer noch, mit Schrecken auf eine Scheibe Schweinebauch oder ein gut marmoriertes Steak, obwohl beides heutzutage weit magerer ist als vor dreißig Jahren. Die Erinnerung an das positive Geschmackserlebnis, das Fett auslösen sollte, ist uns abhandengekommen. Und die Angst vor Fett macht vor nichts halt – besonders nicht vor Butter. Vor Kurzem haben Wissenschaftler bekanntgegeben, dass es gelungen ist, eine Kuh zu züchten, die fettreduzierte Milch gibt. Bedeutet dies das Ende von Sahne und Butter?

Fett wurde auch von einer zweiten Front aus angegriffen. Es galt nicht mehr nur als ungesund, sondern wurde auch sozial inakzeptabel. In den westlichen Industrienationen sind wir umgeben von einer Überfülle an billigen Nahrungsmitteln, und da in einer Überflussgesellschaft jeder dick werden kann, steht Dicksein auch nicht mehr automatisch für Reichtum. »Man kann nie reich genug oder dünn genug sein«, soll die Herzogin von Windsor gesagt haben, und dünn zu sein wurde zum neuen Ideal. Dünn zu sein bedeutet heute, schön, reich, erfolgreich und mächtig zu sein, eine Botschaft, die täglich durch Werbung, Kino und die Modeindustrie wiederholt wird. Dein Gewicht verrät, auf welcher Seite du stehst: reich oder arm, einflussreich oder bedeutungslos, mit oder ohne Selbstkontrolle. So ist Fett nicht mehr nur mit gesundheitlichen Erwägungen verbunden, sondern mit Ästhetik, Politik und Moral.

Bombardiert von allen Seiten, von der Lebensmittelindustrie, von Gesundheitskoryphäen, Wissenschaftlern und unseren Regierungen, wie hätten wir da nicht überzeugt sein sollen? Der Anteil an tierischem Fett in unserer Nahrung hat abgenommen und wir essen weniger als ein Viertel der Menge an Butter und ein Fünftel der Menge an Schmalz, die wir um 1900 aßen. Die Low-Fat-Verfechter behaupten, dass von daher die heutigen niedrigen Sterberaten bei Herzerkrankung kommen. Schaut man sich die Daten jedoch genauer an, entdeckt man, dass die verbesserte medizinische Versorgung für diese Abnahme verantwortlich ist. Die Herzerkrankungsraten selbst sind in Wirklichkeit nicht gesunken und die Adipositas-, Diabetes- und Krebsraten steigen. Was läuft da falsch?

Fakten zum Fett

Der Zusammenhang zwischen dem, was wir essen, und der Reaktion unseres Körpers darauf ist sehr komplex und es war sicherlich nicht sehr weise, jahrtausendlange Erfahrung in Bezug auf unsere Nahrung einfach über Bord zu werfen. Der Genuss von tierischem Fett hat unsere Vorfahren nicht umgebracht und es ist bis heute nicht bewiesen, dass eine fettarme Ernährung unserer Gesundheit dient, unser Leben verlängert oder uns gar schön, reich oder mächtig macht. Ausgefeilte Computerhochrechnungen von Fettforschern ergeben allenfalls, dass eine fettarme Ernährung unser Leben um kümmerliche ein oder zwei Wochen verlängern kann. Ist es das wirklich wert? Ich glaube nicht, aber ein Dasein ohne aromatisches Fett würde uns wohl wirklich schier endlos erscheinen.

Wir müssen also unser Verhältnis zum Fett überdenken. Denn das meiste, was wir in Jahrzehnten der Low-Fat-Propaganda verinnerlicht haben, ist schlichtweg nicht wahr:

Alle tierischen Fette sind gesättigte Fette: falsch.
Fett essen macht fett: falsch.
Eine fettarme Ernährung ist gesund: falsch.

Um die Bedeutung von Fett für unsere Ernährung zu verstehen, müssen wir die wissenschaftlichen Fakten verstehen, weswegen ich Ihnen hier eine sehr vereinfachte Lektion in Chemie erteile. Alle Fette sind Lipide, das heißt, sie sind nicht wasserlöslich. Deshalb können wir beispielsweise das kalte Fett auf der Brühe entfernen. Es gibt kein völlig gesättigtes und auch kein völlig ungesättigtes Fett: Jedes Fett stellt eine Mischung aus gesättigten und ungesättigten Fettsäuren dar. Diese Fettsäuren sind einfache Ketten aus Kohlenstoffatomen mit Paaren von Wasserstoffatomen, die an jedem Kettenglied befestigt sind. Wenn jedes Glied in der Kette seine zwei Wasserstoffatome besitzt, handelt es sich um eine gesättigte Fettsäure; fehlt in der Kette ein Paar Wasserstoffatome, ist die Fettsäure einfach ungesättigt, fehlen dagegen zwei oder mehr Paare, ist sie vielfach ungesättigt. Die Stelle in der Kette, an der die Wasserstoffatome fehlen, ist sowohl für die Wissenschaftler als auch für unseren Körper von Bedeutung. Bei einer Omega-3-Fettsäure fehlt das Wasserstoffatompaar am 3. Glied vom Kettenende aus gesehen. (Es ist leicht zu verstehen, warum man von einer Omega-3-Fettsäure spricht: Wissenschaftler lieben eben die griechische Sprache und Omega ist der letzte Buchstabe im griechischen Alphabet.) Bei einer Omega-6-Fettsäure sind am 6. Glied keine Wasserstoffatome. Diese zwei Fettsäuren werden meist speziell erwähnt, weil sie das sind, was man essenzielle Fettsäuren oder EFS nennt. Der Körper kann andere Arten von Fettsäuren bilden, aber keine EFS, sie müssen mit der Nahrung aufgenommen werden. Auch die Länge der Fettsäurenkette ist von Bedeutung. Fettsäuren mit kurzen oder mittellangen Ketten werden rasch verstoffwechselt, langkettige Fettsäuren werden vom Körper meist gespeichert.

»Ich habe so viele Male in meinem Leben zu- und abgenommen. Heute dürfen die Leute ja nicht mehr dick sein. Man kann süchtig sein oder im Gefängnis sitzen und das ist gesellschaftlich akzeptiert, aber dick sein? Das ist nicht akzeptiert.«

Sharon Osbourne, amerikanische Fernsehmoderatorin und Ehefrau von Ozzy Osbourne

Weil die Kette von gesättigten Fettsäuren mit allen Wasserstoffatomen versehen ist, sind sie bei Raumtemperatur fest und sehr stabil. Gesättigte Fettsäuren wie zum Beispiel die in Rinder- und Lammfett vorkommende Stearinsäure sind weniger empfindlich gegen Hitze und Sauerstoff und neigen nicht zu schnellem Fettverderb (Ranzigwerden). Einfach ungesättigte Fettsäuren sind zwar bei Zimmertemperatur weicher als gesättigte Fettsäuren, weil ihnen ein einziges Paar Wasserstoffmoleküle fehlt, aber sie sind fast genauso stabil und werden genauso langsam ranzig. Die am häufigsten vorkommende einfach ungesättigte Fettsäure ist die Ölsäure, die in Schweine- und Rinderfett vorkommt. Vielfach ungesättigte Fettsäuren sind durch das Fehlen von zwei oder mehr Wasserstoffatompaaren in ihrer Kette bei Zimmertemperatur flüssig. Sie sind sehr instabil und werden rasch ranzig.

Die letzte Gruppe Fettsäuren stellen die Transfettsäuren dar. Das sind die Fette, über die am meisten gesprochen wird. Sie entstehen, wenn flüssige oder vielfach ungesättigte Fettsäuren durch Zugabe von Wasserstoff so verändert werden, dass sie bei Zimmertemperatur fest sind. Sie werden alle künstlich hergestellt mit Ausnahme der einzigen natürlichen Transfettsäure, der sogenannten konjugierten Linolensäure oder CLA *(conjugated linoleic acid)*, die sich in Butter und im Fett von Wiederkäuern findet.

Dieses natürliche Transfett ist gut für uns und man nimmt an, dass es Krebs, Gewichtszunahme und Herzerkrankungen vorbeugen kann. Bis ins 20. Jahrhundert hinein war CLA das einzige Transfett, das wir aßen, während wir heute mit Fertigprodukten große Mengen künstlich hergestellter Transfette zu uns nehmen. Man kann zwar jedes Fett hydrieren – so wird zum Beispiel Schweineschmalz manchmal hydriert, um seine Haltbarkeit zu verlängern –, aber die meisten Transfettsäuren nehmen wir mit hydrierten Pflanzenölen zu uns.

Zuletzt sollten wir noch einen kurzen Blick auf das Cholesterin werfen, das stets mit tierischen Fetten einhergeht. Cholesterin wird oft fälschlich als Fett bezeichnet, ist aber tatsächlich ein Sterin beziehungsweise eine Form von Alkohol, die sich in allen tierischen Proteinen findet. Unsere Zellmembranen und ein Großteil unseres Gehirns bestehen aus Cholesterin. Unsere lebenswichtigen Organe funktionieren nur mit Cholesterin und unser Körper verwendet es zur Eigenreparatur. Cholesterin ist für unsere Gesundheit wichtig und neuere Studien stellen eine Verbindung zwischen einem niedrigen Cholesterinspiegel und bestimmten Erkrankungen wie Depressionen und einem erhöhten Infektionsrisiko her. Unser Verständnis von Cholesterin entwickelt sich ständig weiter und der ideale Cholesterinwert wird heiß debattiert, genauso wie Auswirkungen von Cholesterin in der Nahrung auf das Blut- oder Serumcholesterin. Daneben unterscheidet man heute zwei verschiedene Arten von Cholesterin, nämlich Lipoprotein hoher Dichte (*high density cholesterol,* HDL), das sogenannte »gute« Cholesterin, und Lipoprotein niedriger Dichte (*low density cholesterol,* LDL), das »böse« Cholesterin.

»Jahrtausendelang wussten die Leute, wie sie ihr Essen zubereiten. Sie haben sich auf Tiere verstanden und darauf, was sie mit ihnen machen müssen, haben mit den Jahreszeiten gekocht und ein Bauernwissen gehabt darüber, wie der Planet funktioniert. Sie haben die Traditionen der Essenszubereitung bewahrt, sie über Generationen weitervererbt und sie als Ausdrucksformen ihrer Familien kennengelernt. Die meisten Menschen haben diese Art von Wissen heutzutage nicht mehr, obwohl es so grundlegend wie die Erde selbst ist [...].«

Bill Buford, Autor des 2006 erschienenen Buches *Heat* (dt. *Hitze,* 2008) über die Erfahrungen eines Neulings in der Gastronomie

Warum Fett beim Kochen wichtig ist

Wir wissen jetzt also, dass es weder völlig gesättigtes noch völlig ungesättigtes Fett gibt, sondern dass alle Fette eine Kombination aus beidem sind. Butter enthält 50 Prozent gesättigtes Fett, während Schmalz nur zu 39 Prozent saturiert ist und Entenfett bloß zu 33 Prozent. Aber warum beschäftigen wir uns überhaupt damit, ob ein Fett gesättigt ist oder nicht? Warum kochen und essen wir nicht einfach ganz ohne Fett?

Seitdem Menschen zum ersten Mal ein Feuer entfacht haben, ist Fett zu einem wichtigen Hilfsmittel beim Kochen geworden. Ohne Fett zu kochen ist ausgesprochen schwierig, denn Fett lässt unsere Nahrung auch bei größter Ofenhitze saftig bleiben und verhindert, dass sie am Kochgeschirr anhaftet. Fette, die auf hohe Temperaturen erhitzt werden können, sind fürs Braten unerlässlich: Sie lassen unser Essen appetitlich braun werden, geben ihm ein leichtes Karamellaroma und machen es knusprig. Dafür sind am besten die Fette geeignet, deren Anteil an gesättigten und einfach ungesättigten Fettsäuren hoch ist, weil sie stabil sind und beim Erhitzen nicht so leicht verderben – im Gegensatz zu Ölen, die meist einen hohen Anteil an mehrfach ungesättigten Fettsäuren haben. Fett spielt außerdem eine entscheidende Rolle für den Geschmack unseres Essens: Ohne Fett hat Fleisch wenig Geschmack. Mageres Fleisch, das nicht von Fett durchzogen ist und keinen Fettrand aufweist, wird bei der Zubereitung außerdem zäh und trocken. Viele Aromen lösen sich nur in Fett; wenn man kein Fett zum Kochen verwendet, werden sie nicht freigesetzt. Fett erzeugt aber nicht nur mehr Aroma, sondern hilft uns auch, es zu schmecken. Fettmoleküle sind groß, rund und glatt und fühlen sich im Mund gut an; denken Sie nur an das angenehme Gefühl von Butter, die auf der Zunge zergeht. Fett ist der bevorzugte Treibstoff unseres Körpers und liefert mehr als doppelt so viel Energie wie dieselbe Menge an Kohlenhydraten und Eiweiß. Es hilft dem Körper bei der Aufnahme von Nährstoffen, Kalzium und den fettlöslichen Vitaminen A, D, E und K. Fett und Eiweiß kommen in der Natur gemeinsam vor, weil Fett uns hilft, Eiweiß zu verdauen, so dass es absolut sinnvoll ist, ein gut durchwachsenes Steak zu essen oder ein Brathuhn mit knuspriger Haut. Weil Fett langsam verdaut wird, fühlen wir uns nach dem Essen satt und neigen weniger dazu, zwischen den Mahlzeiten zu essen. Wenn Sie die richtigen Fette essen, verlieren Sie wahrscheinlich sogar an Gewicht! Und – wie wir alle wissen – Fett schmeckt gut. Die Wissenschaftler nehmen neuerdings sogar an, dass wir einen eigenen Geschmacksrezeptor für Fett haben, sozusagen einen sechsten Geschmackssinn, der auf Fett reagiert. Dieser käme dann zu den anderen fünf Sinnen dazu, die die Geschmacksrichtungen von Essen bestimmen, nämlich salzig, süß, sauer, bitter und *umami* (ein pikanter Geschmack, der mit Aminosäuren, den Bausteinen von Eiweiß, in Zusammenhang steht und dessen Bezeichnung vom japanischen Wort für »fleischig« oder »wohlschmeckend« abgeleitet ist).

Ob es diesen sechsten Geschmackssinn für Fett nun gibt oder nicht, ich bleibe dabei: Fett ist unverzichtbar für den Geschmack und die Zubereitung unserer Nahrung. Wir sollten also unsere Pommes in Schmalz frittieren, uns Butter aufs Brot streichen, Gebäck mit echtem tierischem Schmalz herstellen, gut durchwachsene Steaks grillen und all das so richtig genießen.

Warum Fett gesund ist

Fett ist für unsere Gesundheit genauso notwendig wie fürs Kochen. Jede Zelle unseres Körpers benötigt Fett, wir brauchen Fett für unser Gehirn und unsere Hormonproduktion. Fett unterstützt unser Immunsystem, bekämpft Krankheiten und schützt unsere Leber. Fett verhilft zu schöner Haut und gesundem Haar, reguliert unsere Verdauung und sorgt für ein Gefühl der Sättigung. Nachdem wir nun dreißig Jahre lang die Aufnahme von tierischen Fetten reduziert haben, sind wir nicht gesünder, sondern lediglich schwerer geworden. Es hat sich herausgestellt, dass die Leute bei fettarmen Diäten hungrig bleiben, depressiv werden, schneller wieder zunehmen oder krank werden. Wir haben die tierischen Fette in unserer Nahrung reduziert, aber unseren Konsum an Zucker und anderen raffinierten Kohlehydraten gesteigert und waren überrascht, dass wir dick werden. Wie konnte das sein? Bis vor Kurzem wusste jeder, dass Fett und Eiweiß zufrieden machen und Stärke und Zucker dick. Schlachttiere werden mit Getreide gemästet und uns macht es genauso dick. Jean Anthèlme Brillat-Savarin schrieb: »Der zweite Hauptgrund der Fettleibigkeit liegt in den Mehlspeisen, aus denen der Mensch die Grundlage seiner täglichen Nahrung macht. Wie schon bemerkt werden alle Thiere, welche von Mehlstoffen leben, fett, sie mögen nun wollen oder nicht; der Mensch unterliegt dem allgemeinen Gesetze.« Dr. Robert Atkins, der bekannteste moderne Verfechter der Idee, dass Fett nicht fett macht, Kohlehydrate aber schon, wurde berühmt, weil er eine Diät propagierte, die auf dieser alten Wahrheit beruht.

Fett ist aber nicht gleich Fett. Wir haben zwar unseren Verzehr an tierischem Fett eingeschränkt, aber gleichzeitig hat die Gesamtmenge an Fett in unserer Nahrung zugenommen. Wir haben tierische Fette durch künstlich hergestellte hydrierte Fette ersetzt, die voller Transfette stecken. Diese Transfette kann unser Körper nur schwer verarbeiten, so dass er sie als Fett speichert. Sie beeinflussen unseren Cholesterinspiegel nachteilig, indem sie den LDL-Wert erhöhen und den HDL-Wert senken, und sie haben Auswirkungen auf die Insulinproduktion und können Diabetes und Fettleibigkeit begünstigen. Man weiß heute, wie gefährlich Transfette sind. 2002 hat das US-amerikanische Institute of Medicine erklärt, dass die Mengen an Transfetten in unserer Nahrung gesundheitsschädlich sind.

Die anderen Nahrungsfette, mit denen wir die tierischen Fette ersetzt haben, sind vielfach ungesättigte Salat- und Bratöle. Nicht hydrierte, vielfach ungesättigte Fette sind sehr instabil und oxidieren leicht, vor allem beim Erhitzen, so dass man mit ihnen nicht gut kochen kann. Oxidiertes Fett macht uns krank und beschädigt die DNA in unseren Zellen. Vielfach ungesättigte Fettsäuren sind auch deswegen gefährlich, weil sie unser Immunsystem schwächen, und unser zunehmender Konsum hat das Gleichgewicht der essenziellen Omega-6- und Omega-3-Fettsäuren in unserem Körper durcheinandergebracht. Ein ideales Verhältnis wäre zwei zu eins – doppelt so viele Omega-6-Fettsäuren als Omega-3-Fettsäuren –, aber weil wir tierisches Fett durch Pflanzenöle ersetzt haben, die reich an Linolsäure, einer Omega-6-Fettsäure, sind, konsumieren manche von uns heute bis zu zwanzig Mal mehr Omega-6- als Omega-3-Fettsäuren. Ein Übermaß an Omega-6-Fettsäuren wird in Zusammenhang mit Krebs, Herzerkrankungen, Leberschäden, Lernstörungen, Gewichtszunahme und Störungen des Immun-, Verdauungs- und Fortpflanzungssystems gebracht. Während unser Konsum von Omega-6-Fettsäuren in die Höhe geschossen ist, verschwinden immer mehr Quellen von Omega-3-Fettsäuren. Fleisch und Butter von Tieren aus Weidehaltung enthalten Omega-3-Fettsäuren, aber Tiere, die mit einer getreidereichen Diät ernährt werden, weisen einen hohen Anteil an Omega-6-Fettsäuren auf. Ein Zuviel an Omega-6-Fettsäuren in unserer Nahrung hemmt aber auch die Aufnahme an Omega-3-Fettsäuren.

In den letzten hundert Jahren hat sich unsere Ernährung radikaler verändert als je zuvor in der Menschheitsgeschichte. Seit Nahrungsmittel billiger und im Überfluss vorhanden sind, haben wir unseren Kalorienverbrauch gesteigert und beziehen diese Kalorien aus ganz anderen Quellen. Wir essen mehr Transfette, mehr Zucker aller Art, mehr Fertignahrungsmittel und große Mengen an Pflanzenölen. Wir sollten innehalten und darüber nachdenken, was wir essen und warum. Tierisches Fett war bis vor Kurzem ein wichtiger Bestandteil unserer Nahrung. Unser Experiment, es zu reduzieren, hat uns nicht gesünder gemacht, aber unserer Nahrung den Geschmack geraubt. Die Ernährung des Menschen ist eine komplizierte Angelegenheit und jeder Körper funktioniert anders, aber für die Mehrzahl von uns kommt der Verzehr von tierischem

»Fett ist zwar heutzutage im Überfluss vorhanden, aber wenig davon zu essen und schlank zu bleiben hat – aufgrund einer aristokratischen Kombination aus Aufwand, Stolz und Selbstkasteiung – dasselbe unbeschreibliche Prestige erlangt, das man einst zarten Händen und sauberem Linnen zuschrieb. Unser sitzender Lebensstil und der Zugang zu den unterschiedlichsten Kalorienquellen haben dazu geführt, dass wir beim Gedanken an die glanzenden, bebenden Fettklumpen, nach denen es Homers Götter so gelüstete, erschaudern. Die meisten von uns essen tatsächlich eine ganze Menge Fett, aber weniger als ein Drittel davon ist wirklich sichtbar und dem Geschmack nach als Fett erkennbar; der Rest ist sehr effektiv in zusammengesetzten und verarbeiteten Nahrungsmitteln versteckt.«

Margaret Visser, kanadische Autorin und Rundfunkmoderatorin

Fett nicht einem Todesurteil gleich, wie man uns glauben machen will. Im Gegenteil, es gibt eine Menge gesundheitlicher Vorteile, die mit dem Verzehr gesunden tierischen Fetts in Verbindung gebracht werden. Ich bin zwar schon heute zuversichtlich, dass sich das Blatt wieder zugunsten des tierischen Fetts wenden wird, aber ein paar Schlachten müssen dafür noch geschlagen werden. Die Angst vor Fett ist uns in Fleisch und Blut übergegangen und wir sind eine Generation, die zwar alles über Olivenöl weiß, aber keine Ahnung davon hat, wie gut Butter schmecken, geschweige denn, was man mit Schweineschmalz oder Rindertalg anfangen kann.

Nicht nur unsere Ernährung hat sich also verändert, sondern auch unsere Denkart in Bezug auf Essen. Die Wissenschaft hat unsere Nahrung in ihre Einzelteile zerlegt – Fett, Eiweiß, Kohlenhydrate, Mikronährstoffe wie Vitamine und Mineralien und ein immer größer werdender Reigen von Spurenelementen, die uns schaden oder nützen – und so Essen vom Vergnügen in ein Minenfeld verkehrt und uns glauben gemacht, eine falsche Entscheidung schon könnte uns umbringen. Ich habe mich deshalb so ausführlich über die wissenschaftlichen Fakten rund ums Fett ausgelassen, um Sie von etwas zu überzeugen, was unsere Vorfahren noch instinktiv wussten: Fett ist gut. Wir alle müssen unser Verhältnis zu dem, was wir essen, überdenken. Wir haben heute wenig Zugang zu den Herkunftsorten unserer Nahrung, und das hat zu einem Verlust des Wissens über Lebensmittel auf allen Ebenen geführt, angefangen damit, wie wir sie kaufen und kochen, bis zu der Frage, was wir essen sollten. So gut sich unsere Generation mit Computern auskennt, so ungebildet ist sie, was Nahrung betrifft. Ich rede nicht davon, immer auf der Höhe der neuesten Ernährungstrends zu sein, sondern von der Fähigkeit, sich ganz selbständig ein einfaches Mahl zuzubereiten, was vielleicht die wichtigste Fähigkeit ist, die wir besitzen können. Denn wir alle müssen essen, und wenn wir kochen können, verstehen wir auch, was wir essen, und können so eine gewisse Esskultur aufrechterhalten. Wenn wir jetzt nicht handeln, werden Generationen dazu verdammt sein, die Kontrolle über ihre Ernährung an die großen Lebensmittelkonzerne abzugeben.

»Wir haben unsere Angst vor den Krankheiten, die unserer Meinung nach durch Fett hervorgerufen werden, auf das Fett selbst projiziert.«

Roberta Pollack Seid

Wir wenden heute weniger als zehn Prozent unseres Einkommens für Essen auf und fast die Hälfte dieses lächerlichen Betrags für Mahlzeiten außer Haus. Wir verbringen weniger Zeit damit, Lebensmittel auszuwählen, sie zuzubereiten und zu verzehren. Die Rechtfertigung, keine Zeit zu haben, gilt nicht; wir müssen sie uns eben nehmen. Kochen und Essen in Gemeinschaft ist entscheidend für die Menschheit; es ist ein wichtiger Teil dessen, was uns zu Menschen macht. Es schmiedet Bande, festigt Freundschaften, führt zum Ideenaustausch und ist damit ein wesentlicher Baustein unserer Zivilisation. Wissen über Essen auszutauschen und weiterzugeben heißt, dass wir aktiv teilnehmen, anstatt passiv im Fernsehen Starköchen zuzusehen und dann das Essen beim Lieferservice zu bestellen. Es verlangt, dass wir verstehen, wo unser Essen herkommt, dass wir die Tiere, die wir töten, respektieren und fähig sind, sie zuzubereiten – und zwar alles von ihnen, auch ihr Fett. Wir müssen die Verantwortung für das, was wir essen und wie unsere Nahrung produziert wird, wiedererlangen. Wenn wir unser Essen genießen und wertschätzen, sorgen wir nicht nur für unsere eigene Gesundheit und die unserer Schlachttiere, sondern werden auch zu echten Tafelfreuden zurückfinden und den Fortbestand unserer Esskultur sichern.

Wozu ein Buch über Fett?

Fett macht alles, was wir essen, geschmackvoller, und Fett zu essen macht zufrieden, so dass wir weniger essen und unser Verlangen nach Zwischenmahlzeiten kleiner wird. Wenn wir unsere Mahlzeiten genießen, sind wir glücklicher und weniger gestresst. Und, kaum zu glauben, Fett ist auch gut für uns. Sicherlich können manche Leute mit ernsthaften Gesundheitsproblemen davon profitieren, wenn sie ihren Fettverzehr einschränken, aber für die meisten von uns ist Fett notwendig und ein wichtiger Nahrungsbestandteil. Die wenigsten von uns haben die Figur von Topmodels und es ist wissenschaftlich belegt, dass Menschen mit ein paar Pfunden zu viel gesünder sind als die Untergewichtigen. Ich möchte hier nicht dafür plädieren, dass wir nur Fett essen, sondern dafür, dass wir uns ganz genau überlegen, welche Fette wir essen und wie wir sie verwenden können.

Warum also nicht ein Buch schreiben, das ganz den Freuden und Vorzügen des Fettessens gewidmet ist? Es gibt stapelweise Kochbücher, die uns belehren, wie man auf Fett verzichtet, sein Fett verliert und ohne Fett kocht, aber wie man Fett genießt, hat uns noch keines beigebracht. Der täglichen Medienbotschaft, dass Fett ungesund ist, muss etwas entgegengesetzt werden. Deshalb will ich in diesem Buch die Vorzüge der verschiedenen Sorten tierischer Fette darlegen und erklären, wann welches Fett verwendet werden sollte und warum. Ich werde Ihnen einige der großen traditionellen Rezepte, bei denen Fett eine wichtige Rolle spielt, in Erinnerung rufen, wie in Entenschmalz gebratene Kartoffeln, Buttersauce mit Rindermark und gebratenen Schweinebauch. Und ich werde Ihnen auch ein paar neue Rezepte vorstellen, wie Speckmayonnaise (S. 111) und süße Knusperkrusten (S. 131).

Dieses Buch ist nicht nur ein Kochbuch. Seine Seiten sind gespickt mit der Kulturgeschichte des Fetts, erzählen davon, wie das Fett unsere Sprache und Literatur durchdrungen hat, die Wirtschaft innerhalb und außerhalb unserer vier Wände, unser tägliches Leben. Fett ist unverzichtbar und köstlich. Wir sollten es feiern, verspeisen und genießen – und zwar ohne jedes Schuldgefühl.

Ranziges Fett

Fett wird ranzig, wenn die Verbindungen zwischen seinen Fettsäureketten aufbrechen. Dies kann auf zweierlei Weise geschehen: erstens durch Hydrolyse, verursacht durch Mikroorganismen, die die Ketten aufbrechen. Auf diese Weise verdauen wir Fett und das ist nicht schädlich. Durch diesen Prozess erhält zum Beispiel Sauerrahmbutter ihren typischen Eigengeschmack. Die andere Weise, auf die Fett ranzig werden kann, ist durch den Kontakt mit Luft, die sogenannte Oxidation. Hitze und Licht beschleunigen diesen Prozess, der jedes Mal abläuft, wenn wir in der Küche Fett erhitzen. Fette, die einen höheren Anteil an gesättigten und einfach ungesättigten Fettsäuren haben, sind unempfindlicher gegen Oxidation und werden am langsamsten ranzig. Fette, die einen hohen Anteil an vielfach ungesättigten Fettsäuren haben, oxidieren leicht. Wenn wir oxidiertes Fett essen, macht uns das nicht nur krank, sondern schädigt auch unsere Körperzellen.

1 Butter
Jedes Gramm wert

Gibt es etwas Besseres als eine Scheibe frisches Brot, dick mit Butter bestrichen? Wie wäre es mit köstlich buttrigem Shortbread? Oder Fisch, der in brauner Butter schwimmt, mit Kapern dazu? Oder einfach Bratensaft, angereichert mit ein bisschen Butter? Butter hat ein wunderbares Aroma und ist äußerst nützlich beim Kochen. Sie zerläuft schon bei Körpertemperatur im Mund und fühlt sich auf der Zunge herrlich an, während sie ihr üppig sahniges Aroma preisgibt. Schon ein kleines Stückchen Butter gibt allem, was wir essen, ein wenig mehr Geschmack. Außerdem ist Butter ein ausgezeichneter Geschmacksträger: Wenn man sie mit Knoblauch und Kräutern oder Zucker und Orange versetzt, wird sie diese Aromen an alles, womit sie in Berührung kommt, weitergeben.

Like a hot knife through butter
wie ein heißes Messer durch Butter

Englischer Ausdruck für: wie geschmiert

Butter ist einzigartig unter den Fetten. Wir müssen nicht wie bei allen anderen tierischen Fetten erst ein Tier töten, um sie zu gewinnen, und ohne unser Zutun würde sie gar nicht existieren. Aber was ist Butter denn eigentlich genau? Was im Einzelnen bei der Umwandlung von flüssiger Milch in festes Fett passiert, ist noch nicht erforscht. Aber wer einmal beim Schlagen von Sahne nicht aufgepasst hat, weiß, wie schnell sie zu Butter werden kann. Wird sie nämlich zu lang geschlagen, spaltet sich die schaumige Sahne in Fettkügelchen und eine wässrige Flüssigkeit, die Buttermilch, auf. Diese Fettkügelchen sind kein reines Fett, sondern eine Emulsion aus Butterfett, Wasser und den festen Bestandteilen in der Milch. Der Fettgehalt von Butter beträgt etwa 82 Prozent – das ist der in Europa festgelegte Standard –, kann aber auf bis zu 86 Prozent ansteigen, abhängig von der Rinderart und ihrer Ernährung. In Nordamerika ist der Mindestfettgehalt von Butter auf 80 Prozent festgelegt, so dass oft Wasser zugegeben wird, um den Fettanteil auf das gesetzliche Minimum abzusenken. Woraus bestehen nun die anderen 20 Prozent der Butter? Hauptsächlich aus Wasser – das sind rund 18 Prozent, was auch das Zischen erklärt, wenn man Butter in die heiße Pfanne gibt –, und der Rest sind feste Bestandteile, die in der Pfanne verbrennen, wenn die Butter zu hoch erhitzt wird. Aus diesem Grund ist Butter nicht das beste Fett zum Braten.

»Lassen Sie die Butter im Kuchenteig und nehmen Sie dafür lieber ein kleineres Stück vom Kuchen.«

Shirley O. Corriher, amerikanische Biochemikerin und Autorin des Buches *The Hows and Whys of Successful Cooking*

Butter ist ein sehr komplexes Fett und enthält mehr als 500 Fettsäuren und 400 flüchtige Bestandteile, die alle zu ihrem Geschmack beitragen. Die Rinderrasse, ihre Ernährung und die Jahreszeit, all das beeinflusst den Geschmack, die Konsistenz und das Aussehen der Butter. Die meisten von uns haben vergessen, dass Butter wie so viele Lebensmittel ein von der Jahreszeit abhängiges Produkt ist. Im Frühling und Frühsommer hat Butter ein kräftigeres Gelb, weil die Kühe zu dieser Jahreszeit frisches Gras essen, das einen hohen Anteil an gelben und orangen Karotinen hat. Außerdem enthält das Weidegras Kräuter und Blumen, die der Butter ihre Aromen verleihen. Im Winter wird Rinderfutter durch Silage ergänzt, so dass die Butter heller, fettreicher, fester und milder im Geschmack wird. Es gibt eine direkte Verbindung zwischen dem, was eine Kuh frisst, und dem Geschmack der Butter, auch wenn wir in der Regel die Kräuter oder Blumen nicht bewusst herausschmecken.

Bevor es Kühlschränke gab, war die Butter, die in die Städte gebracht wurde, stark gesalzen, um sie haltbar zu machen, aber sie wurde trotzdem oft ranzig und war manchmal auch gestreckt. Nur die Leute auf dem Land, die selbst butterten, konnten den Geschmack wirklich frischer Butter genießen. Glücklicherweise wird Butter heute nicht mehr gestreckt, da ihre Massenproduktion strengen Regeln unterliegt, aber dasselbe System, das uns einen gewissen Qualitätsstandard garantiert, führt auch zu einer Einheitsfarbe und einem langweiligen Einheitsgeschmack. Unsere Butter heute war oft längere Zeit gefroren und ist manchmal schon Monate alt, bevor sie überhaupt in den Laden kommt. Das zarte Aroma von Butter wird dann leicht von anderen Geschmacksnoten überlagert, so dass die meisten von uns heute gar nicht mehr wissen, wie gute, frische Butter von Kühen aus Weidehaltung schmeckt.

Mit dem Hintern in die Butter fallen

Niederländische Redensart für: vom Schicksal gesegnet sein

Wenn du Milch und Butter von der Kuh nimmst, musst du auch ihre Tritte hinnehmen.

Indische Weisheit

Gute Butter ist cremig und gut streichbar und entfacht im Mund ein Feuerwerk verschiedenster Aromen. Diese Aromen von frisch und süßlich bis herb und gereift hängen vom Geschmack der Sahne ab und davon, wie diese verarbeitet und gebuttert wurde. Butter aus frischer Sahne ist milder im Geschmack und wird deswegen als Süßrahmbutter bezeichnet (was nicht heißt, dass sie so süß wie Zucker ist). Sie hat bei Weitem nicht das würzige Aroma und die geschmackliche Tiefe von Sauerrahmbutter. Sauerrahmbutter wird aus gereifter Sahne hergestellt oder aus Sahne, der vor dem Buttern Milchsäurebakterien beigefügt wurden. Diese geben der Butter einen komplexeren Geschmack, nussig und leicht säuerlich. Dies sind Geschmacksnoten, die die Butter in Zeiten vor der Pasteurisierung von Natur aus hatte, die heute dagegen extra wieder zugefügt werden müssen. Je länger die Sahne reift, desto ausgereifter ist auch der Geschmack der Butter. Sowohl Süß- als auch Sauerrahmbutter können gesalzen werden, um ihnen mehr Geschmack zu geben und sie haltbarer zu machen. Salz wird aber oft auch verwendet, um unliebsame Geschmacksnoten zu übertünchen. Die Salzmenge variiert von verschwindend gering bis zu drei Prozent. Gesalzene Butter kann einen niedrigeren Fettgehalt haben als ungesalzene und aus diesem Grund wird in Rezepten oft ausdrücklich ungesalzene Butter verlangt. Butter mit höherem Fett- und niedrigerem Wasseranteil ist fester und eignet sich besser zum Kochen und Backen. Ungesalzene Butter ermöglicht auch eine bessere Kontrolle über die Salzmenge, die einem Gericht hinzugefügt wird. Aus diesem Grund wird gesalzene Butter oft als minderwertiger angesehen, aber dies muss nicht der Fall sein. Eine kleine Menge Salz, so wie in der französischen *beurre demi-sel,* kann sowohl den Geschmack der Butter selbst als auch den der Zutaten verstärken. Wenn Sie das nicht glauben, sollten Sie einmal einen Toast mit leicht gesalzener Butter und Marmelade probieren: Wie das Salz in der Butter die Süße der Früchte hervorhebt, ist eine absolute Offenbarung. In der Bretagne, der einzigen Region Frankreichs, die fast ausschließlich und sogar für Gebäck und Desserts gesalzene Butter verwendet, hat sie eine lange Tradition. Aber auch anderswo erlebt sie im Moment eine Renaissance. Man kann der Butter übrigens nicht nur feines Meersalz beifügen, sondern am Ende des Butterns auch große, unregelmäßig geformte Kristalle einarbeiten, die der Butter dann eine fast körnige Konsistenz geben. Wenn diese Butter im Mund oder auf dem Fisch oder den Kartoffeln schmilzt, heben die Salzkristalle auf der Zunge den Geschmack der Butter erst so richtig hervor.

Französische Butter galt lange als das Nonplusultra und mehrere französische Buttermarken haben – wie auch viele Weine und Käse aus Frankreich – das AOC-Siegel (Appellation d'Origine Contrôlée) erhalten. Sie stammen aus der Region Poitou-Charentes und aus der Normandie und spiegeln das wider, was die Franzosen *terroir* nennen, die Einzigartigkeit des Herkunftsortes, durch die man Butter am Geschmack unterscheiden kann. Für diese speziellen Buttersorten verwendet man Sahne von Weidekühen und lässt sie mindestens zwölf Stunden reifen. Dann wird sie in kleinen Portionen langsam gebuttert und oft von Hand fertig verarbeitet, wodurch die Butter ihren exzellenten Geschmack und ihre wunderbare Konsistenz erhält. Viele Gourmets halten die Echiré-Butter, die immer noch in hölzernen Butterfässern hergestellt wird, für die beste Butter der Welt. Aber die Franzosen haben kein Monopol auf gute Butter und viele kleine Produzenten in anderen europäischen Ländern und den USA stellen ebenfalls hochwertige und geschmacklich einzigartige Butter her.

»Butter, gebt mir Butter, immer nur Butter!«

Fernand Point, 1897–1955, französischer Koch, der als Vater der Nouvelle Cuisine gilt

Weil sie so gehaltvoll, fett und reich an Kalorien und Cholesterin ist, hat die Butter lange Zeit keine gute Presse gehabt. Sie besteht hauptsächlich aus gesättigtem Fett (siehe unten) und darf außer im geklärten Zustand nicht so hoch erhitzt werden wie andere vorwiegend gesättigte Fette. Das liegt an den in ihr enthaltenen Feststoffen, die zwar ihren Wert fürs Kochen schmälern, sie andererseits aber so aromatisch machen. Viele der gesättigten Fettsäuren in der Butter sind kurz- und mittelkettig und unser Körper verarbeitet sie rasch, anstatt sie auf den Hüften zu speichern. Die meisten davon sind sehr gut für uns: Laurin- und Buttersäure kurbeln unser Immunsystem an, während Stearin- und Palmitinsäure unseren LDL-Cholesterinwert absenken. Butter enthält die fettlöslichen Vitamine A, D, E und K und zusätzlich Kupfer, Zink, Chrom, Selen, Jod und Lecithin. Sie ist also wirklich gesund.

Fett	% gesättigt	% einfach ungesättigt	% mehrfach ungesättigt
Butter	50	30	4

Hinweis: Alle Angaben sind Annäherungswerte und variieren je nach Rinderrasse und Ernährung. Ihre Summe ergibt keine 100 Prozent, da Butter auch Wasser und feste Bestandteile aus der Milch enthält.

Um von den Vorzügen von Butter zu profitieren, sollten Sie die beste Qualität kaufen, die Sie bekommen können. Sie schmeckt nicht nur besser, sondern ist auch gesünder. Butter von Weidekühen enthält Omega-3-Fettsäuren, von denen wir mehr mit unserer Nahrung aufnehmen sollten. Zusätzlich ist konjugierte Linolsäure (CLA) enthalten, das einzige natürliche Transfett, das in unserem Körper wirkt wie eine Omega-3-Fettsäure und gegen Herzerkrankungen, Krebs und Übergewicht schützen soll. Butter sollte nicht nur nach Fett schmecken, sondern wir sollten auch herausschmecken können, was die Kühe zu fressen bekommen haben: Gras, Kräuter und Blumen. Wir sind zwar bereit, ein halbes Vermögen für edelste Olivenöle auszugeben, greifen aber völlig gedankenlos nach der nächsten Packung Butter.

Versuchen Sie einmal, Butter ganz bewusst zu schmecken. Schneiden Sie sich ein dickes Stück ab, riechen Sie daran und legen Sie es sich auf die Zunge. Lassen Sie es im Mund zergehen und schmecken Sie dem Aroma nach. Und denken Sie daran, dass Butter unter den Fetten einen ganz besonderen Platz einnimmt.

Fine words butter no parsnips
Schöne Worte buttern keine Pastinaken

Englisches Sprichwort für: Schöne Worte machen den Kohl nicht fett

Aufbewahrung und Verwendung von Butter

Ob nun gesalzen oder nicht, Butter verdirbt schnell und beginnt schon ab dem Moment ihrer Herstellung langsam an Qualität einzubüßen. Obwohl sie hauptsächlich aus gesättigtem Fett besteht, das langsamer ranzig wird, beschleunigen die festen Bestandteile aus der Milch diesen Prozess.

Promettre plus de beurre que de pain
mehr Butter als Brot versprechen

Französische Redewendung für: jemandem das Blaue vom Himmel versprechen

Butter frisch aus dem Fass wurde schon früher als Qualitätsprodukt geschätzt, und viele Gourmets setzten alles daran, sie täglich genießen zu können. In der Normandie wurde Butter jeden Morgen ganz früh hergestellt und dann eilig auf die Frühstückstische der anspruchsvollen Pariser befördert, die ihrerseits wahrscheinlich eher spät aufstanden. Heute ist es kaum mehr möglich, wirklich frische Butter zu bekommen, außer man kennt jemanden, der buttert, oder man tut es selbst (siehe S. 31).

Mögen Ghee und Zucker in deinem Mund sein

Hindi, als Entgegnung auf ein Kompliment oder als Ausdruck der Hoffnung, dass etwas wahr wird, in etwa für: dein Wort in Gottes Ohr

Ob hausgemacht oder nicht, Butter sollte auf jeden Fall im Kühlschrank aufbewahrt und gut verpackt werden, damit sie vor Licht und strengen Gerüchen geschützt ist. Butter nimmt nämlich jeden Geruch an, der im Kühlschrank zirkuliert. Wenn in Ihrem Kühlschrank haufenweise Trüffel aus dem Périgord lagern, werden Sie am Ende Butter mit Trüffelaroma haben, was ganz großartig ist, solange sie nicht Shortbread damit backen wollen. Was die Benutzung des Butterfachs in der Kühlschranktür betrifft: Lassen Sie es lieber! Wird Butter nämlich bei einer höheren Temperatur als die restlichen Lebensmittel gelagert und der Luft ausgesetzt, verdirbt sie umso schneller. Natürlich können Sie Butter auch einfrieren.

To look as if butter wouldn't melt in one's mouth
aussehen, als ob einem die Butter im Mund nicht schmelzen würde

Englische Redewendung für: aussehen, als ob man kein Wässerchen trüben könnte

Die Geschichte der Butter

Butter wird schon seit Langem gegessen. Die Domestikation von Ziegen, Schafen und Kühen begann in Mesopotamien und auf dem Gebiet des späteren Römischen Reiches in der Zeit zwischen 9000 und 8000 v. u. Z. Obwohl die Tiere ursprünglich ihres Fleisches wegen aufgezogen wurden, erwarben ihre Halter bald die Fähigkeit, auch ihre Milch zu nutzen. Der Sprung von der Haltung von Tierherden des Fleisches wegen hin zum Melken war jedoch ein großer und man weiß bis heute nicht genau, wann er stattgefunden hat.

Sumerische Tempelfriese von 2500 v. u. Z. zeigen die Tätigkeit des Butterns, so dass im Allgemeinen davon ausgegangen wurde, dass Butter seit mindestens 4500 Jahren bekannt ist. Doch kürzlich erst haben Wissenschaftler festgestellt, dass der Zeitraum sogar noch viel länger ist. Man hat Spuren von Butterfett, die in Töpferscherben gefunden wurden, auf 4000 v. u. Z. datiert, was beweist, dass die Menschen seit wenigstens 6000 Jahren Butter produzieren. Es lässt sich nicht mehr nachvollziehen, wie die Butter erfunden wurde, und um ihre Entstehung ranken sich volkstümliche Mythen. Eine beliebte Legende erzählt, wie ein Reisender, der Milch dabeihatte, nicht mit der sahnigen Milch ankam, mit der er abgereist war, sondern mit einer dünnen, wässrigen Flüssigkeit, in der Fettklumpen schwammen. Seine holprige Reise hatte die Milch zu Butter werden lassen. So war die Entdeckung der Butter wahrscheinlich tatsächlich ein glücklicher und gleichzeitig folgenschwerer Zufall. Dass eine Flüssigkeit sich wie von Geisterhand in etwas Festes verwandelt, gab der Butter einen besonderen Status. Sie wurde deswegen von Anfang an nie einfach nur als Nahrungsmittel, sondern auch als wirkungsvolle Medizin und nützliches Kosmetikum angesehen. Man sprach ihr magische Kräfte zu und verwendete sie als kostbare Opfergabe für die Götter.

Obwohl sich Butter länger als Milch hält, ist sie doch äußerst verderblich, vor allem in wärmeren Regionen. Erfinderisch, wie die Menschen sind, entdeckten sie jedoch bald, dass sich die Haltbarkeit von Butter durch Kochen oder Salzen verlängern lässt. In Indien und im Nahen Osten erhitzte man Butter und entfernte die Feststoffe, so dass sie nicht mehr ranzig wurde. In Indien ist das sogenannte Ghee in seiner Bedeutung für religiöse Zeremonien genauso wichtig wie als Nahrungsmittel. Im Mittelmeerraum, wo andere Fette und Öl zum Kochen zur Verfügung standen, blieb die Butter lange der äußerlichen Anwendung vorbehalten. Tatsächlich hielten viele Kulturen die Idee, Butter zu essen, für lächerlich; man glaubte, nur Barbaren wären dazu fähig. In seiner *Historia naturalis* behandelt Plinius der Ältere die medizinischen Eigenschaften von Butter und bezeichnet sie als »das delikateste Nahrungsmittel der Barbarenvölker« (betont aber gleichzeitig, dass kein Römer sie je essen würde). Die Mehrzahl der Menschen, die Butter in festem Zustand aßen, lebte in den kühleren Regionen Europas und den Steppen Zentralasiens, wo Butter länger hielt und die üppigen Weiden ausreichend Viehfutter lieferten. Die Wikinger und die Kelten, die die Butterkultur in Nordeuropa verbreiteten, schätzten auch die medizinischen Vorzüge der Butter und verwendeten für »Butter« und »Salbe« dasselbe Wort. Doch obwohl Butter sich im kühlen Nordeuropa länger hielt, wurde sie früher oder später ranzig, und die Menschen suchten ständig nach Wegen, sie länger frisch zu halten. Um 1000 v. u. Z. bauten die Kelten in Mitteleuropa Salz ab und entdeckten, dass Butter durch den Zusatz von Salz konserviert werden konnte, während die Bewohner von Irland, Schottland und Skandinavien die Butter zum selben Zweck in Torfmooren versenkten (siehe S. 45).

Das Verhältnis zur Butter teilte Europa grob in zwei Hälften, mit Butterliebhabern im Norden und Butterskeptikern im Süden. Man könnte Butter für einen Luxusartikel halten, aber sie wurde lange Zeit als Bauernessen angesehen, speziell unter Nordeuropäern, die außerordentlich viel Butter verspeisten. Da sie im Überfluss vorhanden war, wurde die Butter vom Adel, der keinen Mangel an Fleisch litt, völlig links liegen gelassen. Frühe Kochbücher künden vom niedrigen Ansehen der Butter: In einer auf das Jahr 1450 datierten Ausgabe von *Le Viandier* aus der Feder von Guillaume Tirel (der

As easy to get butter out of a dog's mouth as money out of a lawyer
Eher kann man einem Hund die Butter aus dem Maul ziehen als einem Rechtsanwalt das Geld aus der Tasche

Englisches Sprichwort

Die Holländer wurden von den Engländern früher ***butter boxes*** (Butterdosen) oder ***butter mouths*** (Buttermäuler) genannt, weil sie Butter so gern mochten und sogar eigene Behältnisse mit Butter auf Reisen mitnahmen.

Ende des 14. Jahrhunderts Leibkoch König Karls V. von Frankreich wurde), verlangen gerade einmal 2 Prozent der Rezepte Butter, während Schmalz das bevorzugte Fett ist. Das Erstarken der Mittelschicht im 15. Jahrhundert steigerte den Butterkonsum und das tat später auch die Reformation, in der das Butterverbot für Fasttage abgeschafft wurde. In den Rezeptbüchern des 16. Jahrhunderts taucht Butter in einem Drittel der Rezepte auf und im 19. Jahrhundert wurde sie zu einer Hauptzutat der klassischen französischen Küche.

Die Nordeuropäer nahmen ihre Liebe zur Butter mit in alle Welt. Nordamerikaner, Südafrikaner, Australier und Neuseeländer entwickelten alle dieselbe Leidenschaft für Butter, die durch die ausgedehnten Weideflächen in diesen Ländern noch unterstützt wurde. Ein Franzose, der im 20. Jahrhundert Amerika bereiste, merkte etwas angewidert an, dass kein Gericht ohne eine Sauce aus geschmolzener Butter serviert wurde.

Er ist so nutzlos, dass er nicht mal eine Delle in ein Stück Butter machen kann

sagt man im Niederländischen über einen Taugenichts.

Seit Anfang des letzten Jahrhunderts aber steht Butter unter Beschuss und die Verbreitung unrichtiger Fakten schürte in uns die Angst, sie könnte uns umbringen. Der Butterkonsum in Nordamerika hat sich von etwa 8 Kilogramm pro Person und Jahr zu Beginn des 20. Jahrhunderts auf klägliche 2 Kilogramm in der heutigen Zeit reduziert.

Butter ist einzigartig, nicht nur im Geschmack, sondern auch in der Art ihrer Herstellung. Und trotz aller Bemühungen ist es uns bis heute nicht gelungen, ein Produkt herzustellen, das an sie heranreicht.

Margarine

Il (ou elle) n'a pas inventé(e) le fil à couper le beurre

er/sie hat nicht die Schnur zum Butterschneiden erfunden

Französische Redewendung für: er/sie hat die Weisheit nicht mit Löffeln gefressen

Als die französischen Küchenchefs gerade ihre auf Butter basierende klassische Küche entwickelten, war ein Landsmann von ihnen damit beschäftigt, die Margarine zu erfinden. Um die Mitte des 19. Jahrhunderts hatte eine Viehseuche Europa heimgesucht und Butter zu einer teuren Rarität gemacht. Aus diesem Grund war die französische Marine auf der Suche nach einer Substanz, die Butter auf langen Seereisen ersetzen sollte. Man wollte ein billiges, nahrhaftes Fett, das nicht ranzig wird. Napoleon III. schrieb eine Belohnung für die Erfindung eines Buttersurrogats aus, den der französische Chemiker Hippolyte Mège-Mouriès gewann, dem bereits zuvor der französische Verdienstorden Légion d'honneur für die Rationalisierung der Brotproduktion für die französische Armee verliehen worden war. 1869 bekam Mège-Mouriès ein Patent für »certains corps gras d'origine animale« oder Margarine verliehen. Dieses neue Fett ähnelte in seiner Konsistenz der Butter, hatte eine helle Farbe und wurde aus einer nicht gerade appetitlichen Mischung aus gehacktem Schafsmagen, Talg, Kuheuter, Pottasche, Wasser und etwas Milch zum Aromatisieren hergestellt. Es war nicht der erste Versuch, einen Butterersatz herzustellen, aber trotz der Zutatenliste offensichtlich der erste halbwegs genießbare. Mège-Mouriès nannte seine Erfindung »oléo margarine«, weil er glaubte, sie enthielte eine Substanz namens »Margarinsäure« – die es aber eigentlich gar nicht gibt. Ein anderer Franzose, Michel Chevreul, hatte nämlich 1813 in tierischem Fett eine perlmuttfarbene Substanz identifiziert. Da er dachte, es handle sich um eine neu entdeckte Fettsäure, nannte er sie Margarinsäure nach dem griechischen Wort *margarítes* für Perle. Aber er lag falsch – seine Margarinsäure war nichts Neues, sondern lediglich eine Kombination aus Stearin- und Palmitinsäure. Der Name Margarine blieb trotzdem haften.

1870 begann der Deutsch-Französische Krieg und verhinderte, dass Mège-Mouriès aus seiner Erfindung Kapital schlagen konnte, so dass er das Patent schließlich an die damals erfolgreichsten Butterhersteller der Welt verkaufte, nämlich die Niederländer. Vielleicht war ihm auch klargeworden, dass seine Landsleute niemals ihre köstliche Butter durch seine Erfindung ersetzen würden. Die neue Oleomargarine war billig in der Herstellung und bereits im Jahr 1880 wurden große Mengen davon in Europa und den Vereinigten Staaten hergestellt. In seinem Buch *Leben auf dem Mississippi* gibt Mark Twain folgende Unterhaltung wieder, die er auf einem Mississippi-Dampfer aufgeschnappt hat:

> »Was nun diesen Artikel hier betrifft«, sagte Cincinnati, schnitt in die angebliche Butter hinein und hielt eine Scheibe davon auf seiner Messerklinge, »der stammt von unserer Firma; sehen Sie sich ihn mal an, riechen Sie, kosten Sie. Machen Sie damit jede Probe, die Sie wollen. Nehmen Sie sich Zeit – es eilt nicht –, machen Sie's gründlich. So – na, was sagen Sie? Butter, nicht wahr? Weit gefehlt – ist Margarine. Allerdings, Sir, Margarine. Sie können sie nicht von Butter unterscheiden. Weiß der Kuckuck, nicht mal'n Fachmann kann das. Stammt von unsrer Firma. Wir beliefern die meisten Schiffe im Westen damit; kaum eins hat auch nur ein Pfund Butter an Bord. Wir kommen Schritt für Schritt voran – vielmehr mit Siebenmeilenstiefeln, das ist das richtige Wort. Wir werden den gesamten Geschäftszweig in die Hand bekommen. Ja, und das Geschäft mit den Hotels ebenfalls. Sie werden bald den Tag erleben, wo Sie im Mississippi- und im Ohiotal außerhalb der Großstädte in keinem Hotel mehr auch nur eine Unze Butter auftreiben können. Wir stellen ja jetzt schon Tausende von Tonnen Margarine her. Und wir können sie so spottbillig verkaufen, daß das ganze Land sie nehmen *muß* – gar nicht zu umgehen, verstehen Sie. Butter kommt da nicht mit – für die gibt's nicht die geringste Chance als Konkurrenz. Die Zeit für Butter ist vorbei – die wird von jetzt ab an die Wand gedrückt. Mit Margarine läßt sich mehr Geld verdienen als .... ja, Sie können sich überhaupt nicht vorstellen, was wir für'n Geschäft machen. In jeder Stadt von Cincinnati bis Natchez hab ich haltgemacht und aus jeder große Bestellungen nach Hause geschickt.«

Twains Handelsvertreter war zu optimistisch: Obwohl Margarine billiger war, blieb die Butter doch wegen ihres guten Geschmacks beliebt. Zu Beginn des 20. Jahrhunderts entwickelten französische und deutsche Wissenschaftler eine Methode zum Härten von Öl, die Hydrierung genannt wird. Pflanzenöle konnten nun das tierische Fett in der Margarine ersetzen, so dass die neue Oleomargarine sogar noch billiger und haltbarer wurde. Das machte sie zwar bei Lebensmittelherstellern beliebt, die Konsumenten aber reagierten zögerlich und die mächtige Milchindustrie arbeitete ebenfalls kräftig dagegen. Sie konnte durchsetzen, dass die Hersteller die Margarine nicht färben durften, um das blasse Weiß durch ein einladenderes Gelb zu ersetzen, und überzeugte die Regierung davon, Steuern auf das neue Produkt zu erheben. Erst die Butterrationierung während der beiden Weltkriege brachte die Menschen wieder zur Margarine. Die Abschaffung des Färbeverbots und die Bewerbung der Margarine als »gesunde« Alternative zu Butter trieben die Verkäufe in die Höhe und endlich ließen sich die Amerikaner für die Margarine begeistern. Ab Mitte der Sechziger- bis in die frühen Neunzigerjahre aßen sie viermal so viel Margarine als Butter.

Heute weiß man besser über die Gefährlichkeit von hydrierten Fetten Bescheid und der Margarineverbrauch hat stark abgenommen. Es wird daran geforscht, Öle zu härten, ohne dabei Transfette zu produzieren. Das interessiert vor allem die Lebensmittelhersteller, die wie früher die französische Marine ein Fett haben wollen, das billig ist und nicht ranzig wird. Der hohe Wassergehalt der Margarine macht sie fürs Kochen unbrauchbar und die paar Kalorien, die man sich vielleicht spart, wenn man sie statt Butter auf den Toast streicht, können ihren Mangel an Geschmack kaum wettmachen.

Hausgemachte Butter

Beim Buttern in Ihrer Küche erhalten Sie einen Einblick in die magische Verwandlung von Sahne in Butter und können selbst feststellen, wie gut ganz frische Butter tatsächlich schmeckt. Im Gegensatz zu Alexandre Dumas brauchen Sie dazu auch kein Pferd (siehe das Zitat rechts), sondern lediglich einen Küchenmixer, ein Sieb und die beste Sahne, die Sie auftreiben können. Das Ganze funktioniert mit Sahne mit 35 % Fettgehalt, aber wenn Sie Sahne mit einem noch höheren Fettgehalt auftreiben können, wird Ihre Butter noch gehaltvoller.

Ergibt etwa 175 g

500 ml Sahne erster Güte, mindestens 35 % Fett

½ TL oder 5 g fein gemahlenes Meersalz (nach Belieben)

Die Sahne in die Rührschüssel eines Standmixers geben und bei Zimmertemperatur stehen lassen, bis ihre Temperatur etwa 15 °C beträgt. Dann auf mittlerer Stufe mit dem Schneebesen des Mixers schlagen. Die Sahne wird erst dickflüssiger und dann steif. Nach 7 bis 15 Minuten trennt sie sich in eine milchige Flüssigkeit und kleine Fettkügelchen, die am Schneebesen klumpen. Jetzt mit dem Schlagen aufhören.

Die Butterklumpen vom Schneebesen entfernen und in ein feines Sieb geben. Die Flüssigkeit durch das Sieb gießen und auffangen. Es handelt sich um reine Buttermilch, die Sie trinken können. Die Butterklumpen so lange unter fließend kaltem Wasser abspülen, bis das abfließende Wasser nicht mehr milchig ist. Auf diese Weise wird die restliche Molke entfernt und die Butter wird nicht so schnell ranzig.

Mit den Händen möglichst viel Wasser aus der Butter drücken. Den Klumpen auf die Arbeitsplatte legen und weiter mit den Händen und einem Teigschaber bearbeiten, um die Restflüssigkeit vollständig zu entfernen.

Wenn Sie gesalzene Butter bevorzugen, das Salz mit den Händen in die weiche Butter einarbeiten. Die Butter nach Belieben formen, gut verpacken und in den Kühlschrank legen. Sie ist bis zu 1 Woche haltbar.

»In einigen Ländern, die ich bereist habe, hatte ich immer frische Butter zur Hand, die am selben Tag gefertigt war. Allen Reisenden zum Nutzen gebe ich hier mein Rezept; es ist sehr einfach und gleichzeitig idiotensicher.
Wo immer ich Kuh- oder Kamelmilch, Stutenmilch, Ziegenmilch, ja, besonders Ziegenmilch, finden konnte, nahm ich etwas davon. Ich füllte eine Flasche zu drei Vierteln voll, pfropfte sie zu und hängte sie meinem Pferd um den Hals. Den Rest überließ ich dem Pferd. Abends, wenn ich ankam, brach ich den Hals der Flasche auf und fand darin ein Stück Butter, von der Größe einer Faust, das sich sozusagen selbst gemacht hatte.«

Alexandre Dumas

Geklärte Butter

Geklärte Butter, auch geläuterte Butter oder Butterschmalz genannt, wird oft zu gekochtem Hummer gereicht. In den Feststoffen der Milch (Milcheiweiß und Milchzucker), die man beim Klären absondert, stecken viele Aromastoffe. Man sollte sie also nicht wegwerfen, sondern statt Butter an Gemüse, Reis oder jedes andere Gericht geben.

Ergibt 175 g

225 g Butter

Die Butter in Stückchen schneiden und in einem kleinen Topf mit schwerem Boden auf der kleinsten Stufe erwärmen, ohne dass sie zu schäumen beginnt. Die aufgestiegenen Flocken sorgfältig abschöpfen.

Die Butter vom Herd nehmen. Nach 5 Minuten sollte sie sich in eine klare goldene Flüssigkeit und die weißen Feststoffe, die auf den Topfboden sinken, getrennt haben.

Die goldene Flüssigkeit vorsichtig durch ein feines Sieb, das mit einer doppelten Lage Seihtuch ausgelegt ist, in ein sauberes Glasgefäß (z. B. ein Schraubglas) gießen, so dass die Feststoffe im Topf bleiben. Das Gefäß nach dem Abkühlen abdecken oder verschließen und die geklärte Butter im Kühlschrank aufbewahren.

»Wenn Sie Angst vor Butter haben wie so viele Leute heutzutage, geben Sie doch einfach Sahne dran.«

Julia Child, 1912–2004, bekannte amerikanische Fernsehköchin und Kochbuchautorin

Geklärte Butter und Usili Ghee

Ich habe früher geklärte Butter und Ghee sprichwörtlich in einen Topf geworfen, weil ich dachte, es wäre dasselbe. Aber das stimmt nicht. Obwohl der Hindi-Begriff *ghee* heute oft gleichbedeutend mit geklärter Butter gebraucht wird und das Ausgangsprodukt in beiden Fällen geschmolzene Butter ist, handelt es sich tatsächlich um verschiedene Dinge.

Da Butter kein reines Fett ist, verbrennt sie bereits bei der relativ niedrigen Temperatur von 121 °C. Um das Butterfett von den Feststoffen in der Milch zu trennen, schmilzt man die Butter deshalb bei geringer Hitze. Gießt man dann das Butterfett ab, hat man geklärte Butter. Sie kann wesentlich höher erhitzt werden und hält sich auch länger als normale Butter. Die typischen Aromen der Butter verbleiben aber in den abgesonderten Feststoffen, so dass geklärte Butter anders schmeckt als einfach nur geschmolzene Butter.

Butter hält sich zwar besser als Rohmilch, verdirbt aber bei Hitze immer noch sehr rasch. In wärmeren Regionen ist das Klären von Butter deshalb Tradition. (Sowohl geklärte Butter als auch Ghee kann man ungekühlt aufbewahren, aber sie halten sich im Kühlschrank natürlich länger.) Früher wurde Ghee in Indien aus der Butter von Wasserbüffeln gefertigt, heute wird meist Kuhmilchbutter dafür verwendet. Die Ghee-Herstellung hat eine lange Tradition in Indien und spielt eine wichtige Rolle in Kultur und Religion. Die Indus-Zivilisation (2600–1700 v. u. Z.) war zum einen berühmt für die Qualität ihres cremefarbenen Büffel-Ghee und zum andern für die Schönheit ihrer Kupferartikel, die von geschickten Handwerkern hergestellt wurden. Sie exportierte ihr Ghee bis in den Oman und tauschte es gegen Kupfer, den Rohstoff für ihre Handwerkskunst. Im Rigveda, dem ältesten der hinduistischen Veden von etwa 1500 v. u. Z., gibt es einen Lobeshymnus auf Ghee und in einem anderen Veda werden Ströme von Ghee beschrieben, die gen Himmel fließen. Die Veden sprechen vom Ghee als Quelle der Kraft und als exzellenter Nahrung für das Gehirn, so dass es in Indien allgemein verbreitet ist, Babys und Kleinkindern täglich zur Förderung ihrer Gesundheit und Intelligenz ein Löffelchen Ghee zu verabreichen.

Doch damit nicht genug: Man glaubt auch, dass Ghee von Sünden reinigen kann. Es spielt eine wichtige Rolle in vielen religiösen Zeremonien und wird häufig auf Scheiterhaufen gegossen oder in Tempellampen verbrannt. Vor allem gealtertem Ghee werden heilende Kräfte zugeschrieben. Ghee kann nämlich für sehr lange Zeit aufbewahrt werden, *kumbhaghrta ghee* ist zwischen 10 und 100 Jahre alt, während *mahaghtra ghee* über 100 Jahre alt ist. Nach der hinduistischen Religion wird jedes Lebensmittel durch die Zubereitung mit Ghee *pukka,* das bedeutet vollendet und rein. Das findet praktische Anwendung im komplizierten Kastensystem der Hindus, denn es erlaubt Personen aus einer höheren Kaste etwas zu essen, was von jemandem aus einer niedrigeren Kaste zubereitet wurde, solange es mit Ghee gekocht wurde. Ghee wird auch mit Fruchtbarkeit und sexueller Potenz in Zusammenhang gebracht: Bei hinduistischen Hochzeitszeremonien stellen die männlichen Gäste ihre Manneskraft unter Beweis, indem sie große Mengen Ghee verspeisen.

Die Herstellung von Ghee (ganz korrekt: von *usili ghee* im Gegensatz zu *vanaspati ghee,* das aus Pflanzenöl hergestellt wird) beginnt wie die von geklärter Butter. Die Butter wird geschmolzen, dann aber stärker erhitzt, so dass das Wasser verkocht und die Feststoffe aus der Milch braun werden. Ghee kann deswegen sogar noch höher erhitzt werden als geklärte Butter, nämlich bis auf etwa 190 °C, und es ist länger haltbar. Ghee hat auch ein stärkeres Eigenaroma als geklärte Butter, da die gebräunten Feststoffe ihren charakteristisch nussigen Geschmack an das Ghee abgeben. Das Bräunen der Milchfeststoffe lässt Antioxidantien entstehen, die das Ranzigwerden verlangsamen. Manchmal werden mit der Butter noch Kräuter und Gewürze gekocht, wie Minze, Curryblätter, Chilis, frischer Ingwer, Kreuzkümmel, Kardamom und Nelken, die dann zusätzlich Aroma geben. Die nach dem Abgießen des Ghee zurückbleibenden gebräunten Feststoffe werden zum Aromatisieren von Reis, Brot und Desserts verwendet.

In anderen warmen Regionen wie im Nahen Osten und in Nordafrika wird Butter ebenfalls geklärt, um zu verhindern, dass sie ranzig wird. Im Nahen Osten wird sie *samneh, samn* oder *samna* genannt und in Nordafrika *smen.* Auch hier wird oft mit Kräutern und Gewürzen aromatisiert. Weiter südlich, in Äthiopien, wird ein gewürztes Butterschmalz hergestellt, das sich *nit'r k'ibe* nennt (siehe S. 35).

Paula Wolfert beschreibt in ihrem Buch *Couscous and Other Good Food from Morocco,* dass *smen* oft in vergrabenen Töpfen aufbewahrt wird und mit der Zeit einen strengen Geruch und einen Geschmack ähnlich Gorgonzola annimmt. Diese gealterte Butter wird meist zu besonderen Gelegenheiten serviert. Die ersten englischen Reisenden in dieser Region schätzten es allerdings weniger und beschrieben es als ranzig und ekelerregend.

Ghee

Ergibt 175 g

225 g Butter

Ghee ist zwar in indischen Lebensmittelläden erhältlich, aber man kann es auch sehr einfach selbst herstellen. Die Feststoffe aus der Milch, die bei der Zubereitung von Ghee übrig bleiben, sind besonders schmackhaft und lassen sich gut zum Aromatisieren von Reis- und Gemüsegerichten verwenden.

Die Butter in Stückchen schneiden und in einem kleinen Topf mit schwerem Boden bei schwacher Hitze erwärmen. Wenn sie geschmolzen ist, die Temperatur etwas erhöhen, bis die Butter köchelt. Dabei bildet sich eine Schicht von weißem Schaum auf der Oberfläche und die Butter fängt an zu sprudeln und zu zischen, weil das Wasser verkocht. Nach etwa 10 Minuten sollte dies wieder aufhören.

Danach fangen die Feststoffe auf dem Topfboden an zu bräunen. Sie sollten jetzt gut aufpassen und den Schaum immer wieder mit einem hölzernen Kochlöffel zur Seite schieben, um die Farbe dieser Feststoffe zu prüfen. Wenn sie braun werden und ein süßlich nussiger Duft aufsteigt, den Topf vom Herd ziehen und 10 Minuten stehen lassen, so dass die gebräunten Feststoffe ihr Aroma an das Ghee abgeben können.

Das Ghee jetzt vorsichtig durch ein Sieb, das mit einer doppelten Lage Seihtuch ausgelegt ist, in ein sauberes Glasgefäß abgießen, so dass die gebräunten Feststoffe im Topf zurückbleiben. Wenn es abgekühlt ist, das Gefäß verschließen und in den Kühlschrank stellen. Ghee hält sich bis zu einem halben Jahr und kann eingefroren werden.

Äthiopische Gewürzbutter

Ich gebe zu, dass meine Kenntnis der afrikanischen Küche sich eigentlich auf die Mittelmeerküste im Norden beschränkt. Aber meine Suche nach Butterrezepten bescherte mir diese äthiopische Gewürzbutter. Und dann lernte ich auf einer Food-Veranstaltung in Michigan Marcus Samuelsson kennen, einen bekannten New Yorker Küchenchef äthiopischer Herkunft (der, nebenbei bemerkt, ein großer Fan von Ochsenschwanz ist). Er hatte gerade ein Buch über die Küche Afrikas geschrieben, und dieses Rezept hier ist eine Variation seiner *nit'r k'ibe,* der Gewürzbutter auf äthiopische Art. Ich verwende sie zum Aromatisieren von Reis und gedünstetem Gemüse und für meine Lammschulter auf Kapmalaien-Art (S. 209). Mein Mann bestreicht gegrillte Maiskolben damit.

Ergibt 175 g

225 g Butter

1 Schalotte, gehackt

2 Knoblauchzehen, zerdrückt

1 EL frische Ingwerwurzel, geschält und fein gehackt

4 Kardamomkapseln, zerdrückt

1 Zimtstange, 7,5 cm, in Stücke gebrochen

1 Gewürznelke

½ TL getrockneter Oregano

¼ TL gemahlene Kurkuma

Die Butter in Stückchen schneiden, in einen kleinen Topf geben und bei schwacher Hitze erwärmen. Wenn sie geschmolzen ist, die Schalotte und alle Gewürze zugeben. Die Temperatur etwas erhöhen, bis die Butter leise köchelt. Auf der Oberfläche setzt sich nun oranger Schaum ab und im Topf fängt es an zu blubbern und zu spritzen, weil das Wasser aus der Butter, der Schalotte und dem Ingwer verkocht. Nach etwa 10 Minuten sollte das Blubbern wieder aufhören.

Die Butter mit den Gewürzen weiterköcheln lassen und dabei häufig umrühren, damit nichts am Topfboden anhaftet. Sobald die Feststoffe unten im Topf oder der Schaum oben braun werden, den Topf von der Herdplatte nehmen und beiseitestellen, damit die Feststoffe und Gewürze nach unten sinken können.

Die geklärte Butter behutsam durch ein Sieb, das mit einer doppelten Lage Seihtuch ausgelegt ist, in ein sauberes Glasgefäß abgießen, so dass die gebräunten Feststoffe zurückbleiben. Wenn die Butter abgekühlt ist, das Gefäß verschließen und in den Kühlschrank stellen. Die Gewürzbutter hält sich bis zu einem halben Jahr und kann eingefroren werden.

Gewürzte Butter

Erinnern Sie sich noch an die verschiedenen Sorten von Gewürzbutter? In den Siebzigerjahren war sie so populär, dass einfach jeder Baguettescheiben mit Knoblauchbutter bestrich und sie im Ofen röstete oder Kräuterbutter auf sein Steak legte. Aber natürlich gab es gewürzte Butter schon lange vorher, und in meinem *Larousse gastronomique* aus dem Jahr 1961 finden sich über vierzig verschiedene Rezepte dafür. Da sie so einfach zu machen ist – man muss ja lediglich die Butter weich werden lassen und die Aromazutaten unterheben –, sollten wir sie wieder in unser Speisenrepertoire aufnehmen. Es gibt endlos viele Variationen, wie Knoblauch-, Chili-, Kräuter-, Anchovis-, Zitronen-, Limetten- oder Foie-gras-Butter (S. 169) und sogar süße Sorten (S. 38).

Hier ein Grundrezept: Zu 60 g weicher Butter werden 4 abgespülte, klein gewürfelte Anchovisfilets oder 1½ EL gehackte Kräuter oder 1 EL Blauschimmelkäse gegeben. Noch etwas Zitronensaft oder -schale und 1 TL Dijon-Senf dazugeben und mit Salz und Pfeffer würzen (bei der Anchovisbutter das Salz weglassen). Alle Zutaten mit einer Gabel gründlich vermengen.

Die Butter mithilfe von Backpapier zu einer Rolle formen und im Kühlschrank fest werden lassen. Ich stelle meist nur kleine Mengen davon her und verbrauche sie schnell, aber Sie können die Rezepte natürlich auch mit der doppelten Menge zubereiten und die Butter einfrieren. Scheiben davon können auf gegrilltes Fleisch, Fisch oder Huhn gegeben werden oder an Gemüse. Gewürzte Butter kann auch in eine Sauce geschlagen oder einer Suppe zugegeben werden.

Seihtuch und Butterpapier

Das Seihtuch ist ein fein gewebtes Leinen- oder Baumwolltuch, das in der Küche gute Dienste leistet. Es wird gebraucht für Cremes, Saucen, Käse und eben Butter. Zur Not kann eine Baumwollwindel oder ein feines Geschirrtuch verwendet werden.

Butterpapier, die Verpackung der Butter, hebe ich wie meine Mutter früher immer auf, weil man damit so gut ein Backblech oder eine Pfanne ausfetten kann.

Fleur de Sel

So wird die erste Ernte des Salzes bezeichnet, das an der französischen Küste durch die Verdunstung von Meerwasser in Salzteichen gewonnen wird. Fleur de Sel wird von Hand geerntet und ist wegen seines delikaten Geschmacks begehrt. Das an Mineralien reiche Salz sollte ausschließlich zum Würzen fertiger Speisen verwendet werden, nicht zum Kochen. Das berühmteste Fleur de Sel stammt aus den Salzmarschen der Guérande und von den Inseln Noirmoutier und Ré.

Steinpilzbutter

Ich serviere diese Butter mit ihrem kräftigen Aroma gerne auf Crackers oder Brot, manchmal mit Spänen von altem Comté-Käse darauf, aber sie passt auch gut zu einem Grillsteak oder einem Omelett. Sie können sie auch unter gedünstete Champignons heben, direkt vor dem Servieren in eine Champignonsuppe geben oder unter Ihre Pasta mischen.

Ergibt etwa 115 g

15 g getrocknete Steinpilze
125 ml kochendes Wasser
75 g weiche Butter
feines Meersalz, schwarzer Pfeffer
ein Spritzer Zitronensaft

Die Pilze mit kochendem Wasser übergießen und 1 Stunde einweichen. Die Pilze ausdrücken. Das Einweichwasser durch einen Kaffeefilter oder ein Sieb mit Seihtuch gießen und beiseitestellen. Die ausgedrückten Pilze fein hacken.

1 EL der Butter in einer Pfanne bei mittlerer Hitze zerlassen, die gehackten Pilze zugeben und mit Salz und Pfeffer würzen. Die Hitze reduzieren und die Pilze unter Rühren sanft kochen, bis man sie riechen kann und sie anfangen, sich am Pfannenboden anzulegen. Die abgeseihte Einweichflüssigkeit zugeben und alles unter Rühren weiterkochen, bis fast die ganze Flüssigkeit verdampft ist, die Pilze aber noch feucht und glänzend sind. Von der Herdplatte nehmen und abkühlen lassen.

Die Pilzmischung unter die übrige weiche Butter heben und einen Spritzer Zitronensaft zufügen. Abschmecken und wenn nötig nachwürzen. Abdecken und im Kühlschrank aufbewahren.

To butter someone up

jemanden einbuttern

Englische Redewendung für: jemandem Honig ums Maul schmieren

Radieschenbutter

Ich hatte Radieschen nie gemocht – bis ich nach Frankreich kam. Dort entdeckte ich hellrote längliche Radieschen, die zur Spitze hin weiß werden. Sie sind milder als die leuchtend roten runden, die ich bis dahin als einzige kannte, und für mich war es quasi Liebe auf den ersten Biss. Die Franzosen stippen sie in Salz und essen sie mit Butterbrot zum Aperitiv, ich mache lieber einen Aufstrich daraus. Diese Radieschen der Sorte French Breakfast haben knapp die Größe des kleinen Fingers. Sie können natürlich auch die größeren und schärferen runden verwenden, benötigen dann aber weniger davon. Eine halbe Tasse fein gewürfelte Radieschen ist etwa die richtige Menge.

Bestreichen Sie mit der Butter dünne Baguettescheiben oder Crackers und servieren Sie sie als Appetizer. Auf Sandwichs harmoniert Radieschenbutter besonders gut mit Ei, Räucherfisch oder würzigem Schinken.

Ergibt etwa 115 g

15 Radieschen (Sorte French Breakfast)
6 Radieschenblätter (nach Belieben)
3 EL zimmerwarme Butter
½ TL Fleur de Sel (siehe Kästchen S. 36)
ein Spritzer Zitronensaft

Die Radieschen putzen und zusammen mit den Blättern im Mixer sehr fein hacken. Die Butter dazugeben und alles gründlich verrühren. Mit Salz und Zitronensaft würzen.

Die fertige Butter ist leicht klumpig und ähnelt mehr einem groben Aufstrich als Butter. Vor dem Servieren in einem verschlossenen Gefäß einige Stunden im Kühlschrank durchziehen lassen.

Rumbutter

Ergibt etwa 115 g

75 g weiche Butter

40 g Puderzucker

2 EL alter Rum

Gewürzbutter muss nicht immer pikant sein. Diese hier mit Rumgeschmack wird in England zum traditionellen Christmas Pudding gereicht (S. 224). Verwenden Sie dafür einen alten Rum erster Güte, vorzugsweise denselben, mit dem Sie auch Ihren Christmas Pudding flambieren. Ersatzweise kann sie auch mit Weinbrand hergestellt werden. Natürlich kann man Rumbutter auch zu frischen Waffeln oder Pfannkuchen servieren oder sie einfach aufs Brot streichen für eine kleine Zwischenmahlzeit. Oder Sie dünsten Obst darin, beispielsweise Apfelscheiben.

Butter, Zucker und Rum in einer Schüssel mit einem hölzernen Kochlöffel gut vermengen. In eine kleine Servierschüssel umfüllen und bis zum Servieren kühl stellen.

Braune Butter

Ergibt etwa 125 ml

115 g Butter

2 EL Zitronensaft

2 EL glatte Petersilie, gehackt

Meersalz, schwarzer Pfeffer

In England reicht man diese Sauce traditionellerweise zu Schollenfilets aus der Pfanne, aber sie eignet sich auch bestens für Gemüse wie Spargel, Broccoli und gedämpfte Kartoffeln. Herrlich schmeckt auch Pasta mit brauner Butter (S. 43).

Die Butter in Stückchen schneiden und in einer Bratpfanne bei schwacher Hitze schmelzen. Die Temperatur erhöhen und die Butter so lange köcheln lassen, bis die Feststoffe braun werden und es leicht nussig riecht.

Die Pfanne von der Herdplatte nehmen, den Zitronensaft hineingeben (die Butter schäumt und spritzt) und gut unterrühren. Die Petersilie untermischen, mit Salz und Pfeffer würzen und sofort servieren.

VARIANTE Für eine exzellente Sauce zu gedünstetem Rochen, Hirn oder Eiern ersetzen Sie den Zitronensaft durch Rot- oder Weißweinessig und geben 2 EL Salzkapern dazu, die Sie abgespült und gehackt haben.

Butterstinker

Als die Japaner zum ersten Mal auf Europäer trafen, ekelten sie sich vor deren Körpergeruch, der durch den hohen Verzehr an tierischem Fett zustande kommt. Weil sie Butter für die Ursache hielten, nannten die Japaner die Europäer abschätzig *bata-kusai,* Butterstinker. Noch im letzten Jahrhundert wurde dieser Begriff in Japan gebraucht, um sich über Menschen oder Dinge lustig zu machen, die übertrieben westlich wirken. Mit zunehmender Akzeptanz der amerikanischen Kultur verlor sich der Ausdruck jedoch wieder.

Buttersalat (hoch zwei)

Dieses Dressing stammt aus Flandern, dem Norden Belgiens, wo Butter besonders beliebt ist. Seine herrliche Konsistenz und den nussigen Geschmack erhält es durch braune Butter. Welche Salatsorte damit am besten schmeckt? Natürlich Kopfsalat, der übrigens manchmal auch Buttersalat genannt wird, obwohl er an sich überhaupt nicht nach Butter schmeckt. Dem kann man mit diesem Dressing abhelfen. Weil es nur wenig Säure hat, lässt es die empfindlichen Salatblätter nicht so schnell zusammenfallen. Der Salat sollte Zimmertemperatur haben, ehe Sie das Dressing darangeben, sonst wird die Butter hart und klebt an den kalten Blättern fest.

Für 4 Portionen

1 kleiner Kopfsalat oder
2 Römersalat-Herzen
(Lattich-Herzen)

60 g Butter

1 EL Cidre- oder Apfelessig

1 EL Schnittlauchröllchen

Meersalz,
schwarzer Pfeffer

Die Salatblätter waschen, trocken schleudern und in einer Schüssel bei Zimmertemperatur stehen lassen.

Die Butter in Stückchen schneiden und in einer kleinen Pfanne bei schwacher Hitze schmelzen. Dann bei mittlerer Hitze so lange köcheln lassen, bis sie braun wird. Die Pfanne vom Herd ziehen, den Essig hineingeben (die Butter brodelt und zischt), gut umrühren und dabei vom Boden die gebräunten Feststoffe lösen, bis sich alles gut verbindet. Den Schnittlauch unterrühren und mit wenig Salz und viel Pfeffer würzen.

Das Dressing leicht abkühlen lassen und dann über die Salatblätter gießen. Alles gut mischen und sofort servieren.

To have one's bread buttered for life

sein Brot fürs ganze Leben gebuttert haben

Englische Redensart für: ausgesorgt haben

VARIANTE Dieses Dressing eignet sich auch für Spargel, warmen Kartoffelsalat und gegrillte oder gebratene Gemüse.

Braune und schwarze Butter

Braune Butter wird ähnlich wie Ghee hergestellt. Man köchelt die Butter, bis die Feststoffe karamellisieren und goldbraun werden, entfernt sie dann aber nicht. Sie geben der Butter das charakteristisch nussige Aroma, das ihr im Französischen den Namen *beurre noisette,* Haselnussbutter, eingebracht hat. Oft wird zum Schluss etwas Zitronensaft zugegeben, um den Kochvorgang zu unterbrechen und den Geschmack abzurunden. Schwarze Butter, *beurre noir,* ist nicht wirklich schwarz: Würde man die Butter nämlich so lange kochen, bis die Feststoffe tatsächlich schwarz sind, wäre sie bitter. Schwarze Butter ist braune Butter, die ein paar Sekunden länger gekocht und dann mit Kapern und Essig abgerundet wird. Stellen Sie eine Schüssel mit Eiswasser neben den Herd, in das Sie notfalls die Pfanne tauchen können, ehe die Butter zu dunkel wird. Braune Butter ist nicht nur eine Sauce, sondern ergibt mit ihrem nussigen Aroma auch ein großartiges Salatdressing (siehe oben). Man kann sie wie Butter praktisch überall zur Verfeinerung einsetzen, und das nicht nur bei pikanten Speisen: Besonders gut zur Geltung kommt sie in Braune-Butter-Eiscreme (S. 60) und Braune-Butter-Keksen (S. 62).

Pikant-süßes Popcorn mit Butter

1,75 l fertiges Popcorn

180 g brauner Zucker

115 g Butter

2 EL Maissirup

½ TL feines Meersalz

3 EL Chipotle-Chilis in Adobo-Sauce, püriert

½ TL Backsoda

Was mir das Popcorn im Kino wirklich verleidet hat, ist, dass auf einmal statt echter Butter dieses sonderbar schmeckende künstliche Butteraroma dafür verwendet wurde. Popcorn selbst hat ja keinen besonderen Geschmack und wird erst lecker durch Butter und Salz oder, noch besser, durch eine gewürzte Butter. Dieses Rezept hier ist eine Variation des pikant-süßen Popcorns, das in einer bekannten Tapasbar in Toronto zum Aperitif gereicht wird.

Den Backofen auf 120 °C vorheizen. Ein Backblech mit Backpapier belegen und das Popcorn gleichmäßig darauf verteilen.

Zucker, Butter, Maissirup und Salz unter Rühren in einem Topf bei schwacher bis mittlerer Hitze erwärmen, bis die Butter und der Zucker geschmolzen sind und die Mischung zu kochen beginnt. Jetzt nicht mehr rühren und die Mischung kochen lassen, bis das Thermometer 120 °C anzeigt. Die Pfanne vom Herd nehmen und Chipotle-Püree und Backsoda untermischen.

Die Mischung über das Popcorn gießen und dieses so lange mit einem Küchenspatel wenden, bis es gleichmäßig von der Buttersauce überzogen ist.

35 Minuten backen und dabei zwei- bis dreimal wenden. Auskühlen lassen und in einem luftdichten Behältnis aufbewahren.

Mafia-Butter

Seitdem mit Butter gehandelt wird, wird sie auch auf die verschiedenste Art und Weise verfälscht. Man hat sie mit Ringelblumen, Karottensaft und Annatto (einem Farbstoff aus den Früchten des tropischen Annatto- oder Orleanstrauches) gelblich gefärbt oder durch die Zugabe von Schweineschmalz und Wasser gestreckt. Heute ist die Herstellung von Butter zwar gesetzlich streng geregelt, in der Praxis wird aber noch immer an ihr herumgepfuscht.

Zwischen 1997 und 1999 sind mehr als 16 000 Tonnen gefälschte Butter in Europa verkauft worden. Der Großteil dieser »Butter« war gar nicht aus Milch gemacht, sondern aus Talg, Tierkarkassen, Chemikalien und Erdöl-Nebenprodukten – ein echtes Gesundheitsrisiko für die Verbraucher. Mithilfe von Bestechung und Drohungen hatte die sizilianische Camorra die Kontrolle über eine der größten italienischen Butterfabriken erlangt und produzierte dort die gefälschte Butter. Und kassierte dafür sogar von den großzügigen EU-Agrarsubventionen.

Gebutterte Eier

Für 4 Portionen

75 g weiche Butter

2 Scheiben gebratener Frühstücksspeck, klein geschnitten

1 EL Schnittlauchröllchen

4 Eier

schwarzer Pfeffer

Fleur de Sel

Eier in Förmchen zu backen ist eine großartige Methode der Zubereitung, die fast völlig in Vergessenheit geraten ist. Auf diese Art können ganz leicht große Eiermengen gleichzeitig gegart werden. In diesem Rezept werden die Eier mit Butter gebacken, in die Frühstücksspeck und Schnittlauch eingearbeitet wurde – das ist genau das Richtige fürs Frühstück und auch eine großartige Vorspeise.

Morgens serviere ich die gebackenen Eier mit knusprigen Toastbrotstreifen (»Toastsoldaten« haben wir in meiner Kindheit dazu gesagt). Zum Abendessen kann man dazu ganz kurz gegarte Spargelstangen reichen, die man ebenfalls hervorragend in die Eier dippen kann.

Als ***butter and egg man*** bezeichnete man früher in Amerika reiche Farmer, die auf ihren Ausflügen in die Stadt mit Geld um sich warfen.

Den Backofen auf 180 °C vorheizen. Vier ofenfeste Portionsförmchen (Fassungsvermögen 125 ml) mit Butter ausstreichen.

Die restliche Butter in eine Schüssel geben und den Frühstücksspeck und die Schnittlauchröllchen untermengen. In jedes Förmchen ein rohes Ei gleiten lassen und die Buttermischung darüberverteilen. Jedes Ei großzügig mit Pfeffer würzen.

Die Förmchen in eine ofenfeste Back- oder Auflaufform stellen und diese bis zur halben Höhe der Förmchen mit Wasser füllen.

Die Eier etwa 15 Minuten backen, bis das Eiweiß gerade gestockt ist und die Dotter sich leicht eintrüben. Am Rand der Förmchen kann man gut sehen, ob das Eiweiß gestockt ist (die geschmolzene Butter lässt es nämlich leicht so wirken, als sei das Eiweiß noch flüssig). Die Förmchen auf Teller stellen, Fleur de Sel dazu servieren.

Gebutterte Eier

Die meisten Leute denken bei gebutterten Eiern an frische Eier, die in viel Butter vorsichtig gegart und mit Salz und Pfeffer und vielleicht ein paar frischen Kräutern gewürzt werden. Aber Butter wurde früher nicht nur zum Kochen, sondern auch zum Haltbarmachen von Eiern verwendet. Eine Schicht Butter oder anderes Fett auf einem Lebensmittel versiegelt dieses luftdicht und schützt es so vor Licht, Sauerstoff und Bakterien. In Südirland, in der Gegend um Cork, wälzte man früher die noch warmen Eier direkt nach dem Legen in Butter. Die Schale absorbierte die Butter, so dass sich eine luftdichte Schutzschicht um das abkühlende Ei bildete. Man konnte diese Eier an einem kühlen Ort bis zu einem halben Jahr lagern und so die Eierversorgung für den Winter sichern, wenn die Hennen weniger legten. Die Butter machte die Eier aber nicht nur haltbar, sondern verlieh ihnen auch Aroma. Diese Eier hätten sicher ganz besonders traumhafte gebutterte Eier ergeben!

Spaghetti mit Butter und Salbei

Reisen erweitert unseren Horizont auch in kulinarischer Hinsicht. Ich liebe es, auf Reisen neue Rezepte auszuprobieren, und stelle mir eine lange Liste zusammen mit Restaurants, die ich besuchen, und Gerichten, die ich ausprobieren will. Als ich einmal mit meinem Mann in Italien unterwegs war, legten wir unvorhergesehen in der toskanischen Stadt Arezzo eine Pause ein. Es war gerade Mittag und ich wusste kein einziges Restaurant, das wir hätten ausprobieren können! Mein Mann hat jedoch die göttliche Gabe, ohne Reiseführer gute Restaurants ausfindig zu machen, und es gelang ihm auch da. Wir aßen *spaghetti al burro e salvia,* Spaghetti mit Butter und Salbei, und dieses Gericht hat meine Meinung über Salbei komplett geändert. Ich fand bis dahin immer, dass er eher modrig riecht und schmeckt und man ihn höchstens zum Füllen von Geflügel verwenden kann. Aber wenn man ihn in Butter brät, verlieren die Blätter ihren charakteristischen Pelz, werden knusprig und geben ein süßliches Aroma an die Butter ab. Die Sauce schmeckt nicht nur wunderbar an Nudelgerichten, sondern passt auch gut zu Kalbfleisch und Fisch (vgl. S. 97).

Für 2 Portionen

Meersalz, schwarzer Pfeffer

200 g Spaghetti

115 g Butter

20–30 frische Salbeiblätter

Spaghetti al dente kochen. Inzwischen die Butter in Stückchen schneiden und in einer großen Bratpfanne bei schwacher Mittelhitze schmelzen. Die Salbeiblätter hineingeben und etwa 7 Minuten darin köcheln lassen, bis sie knusprig sind und die Butter braun ist. Die Blätter einmal wenden.

Die abgetropften Spaghetti in die Pfanne geben und alles gut vermengen, bis die Nudeln ganz von der Butter überzogen sind. Großzügig mit Salz und Pfeffer würzen und sofort servieren.

Faire son beurre

seine Butter machen

Französische Redensart für: seinen Profit machen

Blätterteig

Viele Kochbuchautoren warnen ihre Leser davor, selbst Blätterteig zu machen. Natürlich ist er nicht durch rasches Zusammenrühren von ein paar Zutaten mit der Küchenmaschine gemacht, aber mit ein bisschen Muße und Planung ist es eigentlich gar nicht so schwer. Es lohnt sich, ihn selbst zu machen, weil man nur selten wirklich guten fertigen Blätterteig kaufen kann. Meistens wird er nämlich nicht aus reiner Butter hergestellt, obwohl das ein absolutes Muss ist. Die Mengenangaben müssen genau eingehalten werden. Die kleine Menge Teig kann leicht verarbeitet und ausgerollt werden. Blätterteig enthält zu gleichen Teilen Mehl und Butter. Seine Besonderheit: Durch mehrmaliges Ausrollen und Falten entstehen Butterschichten innerhalb des Teigs, die ihn so herrlich aufgehen lassen. Arbeiten Sie in einer kühlen Küche, sonst gelingt er nicht.

Ergibt 650 g

250 g Mehl

1 TL feines Meersalz

250 g kalte Butter

150 ml eiskaltes Wasser

ein Spritzer Zitronensaft

Mehl und Salz in eine Schüssel sieben. Mit den Fingerspitzen 2 EL der Butter in den Teig einarbeiten, bis das Mehl krümelig ist. Wasser und Zitronensaft zugeben und gut unterrühren. Die Mischung auf eine kühle Arbeitsfläche geben und so lange kneten, bis alles Mehl aufgenommen ist und der Teig sich zu einem Klumpen formt. Die Oberfläche leicht mehlen und weiterkneten, bis ein geschmeidiger Teig entstanden ist. Diesen zu einer Kugel formen, die man kreuzförmig einschneidet. In Frischhaltefolie einwickeln und für 10 Minuten in den Kühlschrank legen.

Die restliche Butter zwischen zwei Lagen Butterbrotpapier legen und so lange mit dem Nudelholz daraufschlagen, bis sie sich gut bearbeiten lässt. Zu einem Quadrat von 15 cm Seitenlänge formen. Butter und Teig sollten dieselbe Temperatur und Konsistenz haben. Das kann man testen, indem man mit dem Finger zuerst in den Teig und dann in die Butter drückt. Wenn nötig, den Teig noch einmal etwa 15 Minuten kühlen.

Den Teig auf eine kühle bemehlte Arbeitsfläche geben und die vier Teiglappen, die sich durch den Einschnitt ergeben, nach außen klappen und ausrollen, bis der Mittelteil etwa viermal so dick ist wie diese Lappen. Es sollte schließlich ein grobes Viereck entstehen, in das die Butter eingeschlagen werden kann. Das Butterquadrat auf die dickere Teigmitte setzen und die vier Lappen nacheinander darüberfalten, so dass die Butter vollständig umschlossen ist und vier Lagen Teig darüber liegen. Es entsteht ein Quadrat aus Teig mit der Butter in der Mitte. Mit dem Nudelholz kräftig daraufdrücken, um die Teigenden zu fixieren und das Quadrat abzuflachen. Dann von der Mitte des Quadrats aus mit dem Ausrollen beginnen und den Teig zu einem 45 × 15 cm großen Viereck ausrollen. Beim Ausrollen darauf achten, dass gerade Seitenlinien entstehen. Den Teig wie einen Brief auf ein Drittel zusammenfalten. Jetzt sollte wieder in etwa ein Quadrat entstanden sein, das aus drei Lagen Teig besteht. Dieses dreht man um 90°, so dass man eines der offenen Enden direkt vor sich liegen hat. Den Teig wieder mit dem Nudelholz zusammen- und flach drücken und dann erneut zu einem Rechteck derselben Größe wie vorher ausrollen. Wieder auf ein Drittel zusammenfalten. In eine Ecke zwei Finger hineindrücken, als Zeichen dafür, dass der Teig bereits zwei sogenannte Touren bekommen hat. In Frischhaltefolie einschlagen und mindestens ½ Stunde im Kühlschrank ruhen lassen.

Den Teig Zimmertemperatur annehmen lassen, wieder zu einem Rechteck ausrollen, auf ein Drittel zusammenfalten und um 90° drehen, so dass man eines der offenen Enden direkt vor sich liegen hat. Noch einmal ausrollen, auf ein Drittel zusammenfalten und mit den Fingerspitzen in eine Ecke des Teigs vier Vertiefungen drücken, als Zeichen dafür, dass er vier Touren bekommen hat. In Frischhaltefolie einschlagen und im Kühlschrank mindestens 1 Stunde oder über Nacht ruhen lassen.

Den Teig wieder auf Zimmertemperatur bringen, noch zweimal tourieren (insgesamt sechs Touren) und wieder 30 Minuten kühl stellen. Jetzt kann man ihn entsprechend dem gewählten Rezept ausrollen. Wenn man ihn in die gewünschte Form gebracht hat, einmal umdrehen, so geht er gleichmäßiger auf.

Den Teig vor dem Backen bei 220 °C ½ Stunde in den Kühlschrank legen. Dann innerhalb von 2 Tagen fertigstellen oder bis zu einem halben Jahr einfrieren.

TIPP Wenn Sie schon wissen, welches Gebäck Sie später aus dem Blätterteig machen wollen, können Sie ihn schon vor dem Gefrieren in die entsprechende Form bringen. Dann müssen Sie ihn vor dem Backen nur noch auftauen.

Si tu as la tête de beurre, ne te fais pas boulanger
Wenn du einen Kopf aus Butter hast, solltest du nicht Bäcker werden

Französisches Sprichwort für: Wenn man für eine Aufgabe nicht geeignet ist, sollte man lieber die Finger davon lassen

Butterfingers
nennt man auf Englisch einen Tollpatsch.

Moorbutter

Butter, vor über
Hundert Jahren versunken,
Fand man wieder, salzig und weiß.
Der Boden selbst ist sanfte, schwarze Butter,

Schmilzt und gibt nach unterm Fuß,
Verpaßt seine letzte Vollendung
Um Millionen von Jahren.

Aus »Bogland«, einem Gedicht des irischen Dichters Seamus Heaney

1681 berichtete ein englischer Reisender in Irland namens Thomas Dinely über »Butter, gelagert in Körben, gemischt mit einer Art Knoblauch und für einige Zeit im Moor vergraben, um Vorsorge für eine Gaumenfreude zur Fastenzeit zu treffen«. Er beschrieb damit eine Methode, die von Island bis Finnland mindestens 2000 Jahre lang betrieben und noch bis ins 19. Jahrhundert fortgeführt wurde.

Moore stellen mit ihrem durchnässten Torfboden ein kühles, nahezu luftabgeschlossenes Milieu dar, das wie ein primitiver Kühlschrank funktioniert. Moorboden ist äußerst sauer und konserviert deswegen von antiken Gegenständen über Leichen bis hin zu Butter alles gleichermaßen. Butter (und auch manchmal Talg) wurde dafür sorgfältig entweder in Tuch oder Tierhaut gehüllt oder in Behältnisse aus Rinde, Korb oder geschnitztem Holz verpackt. Man hat die Butter wohl einerseits im Moor vergraben, um sie reifen zu lassen, andererseits, um sie zu konservieren. Lucas Jacobson Debes' *Natürliche und Politische Historie der Inseln Färöe* aus dem Jahr 1673 beschreibt, wie auf diesen Inseln Schafstalg vergraben wurde, um seinen Geschmack so zu verbessern, dass er schließlich weniger nach Talg und mehr nach Käse schmeckte.

Heute fördern Bauern und Torfschneider regelmäßig weiße, wachsartige Klumpen Tierfett aus Mooren zutage. Die mengenmäßig größte Entdeckung wog etwa 50 Kilogramm und bei der ältesten ist mithilfe der Radiokohlenstoffdatierung nachgewiesen worden, dass sie fast 2000 Jahre alt ist. Moorbutterfunde sind im schottischen und im irischen Nationalmuseum ausgestellt.

Frisch ausgegrabene Moorbutter ist entweder weiß oder grau und hat durch ihren hohen Wassergehalt eine wachsartige Konsistenz. Wenn sie austrocknet, wird sie krümelig. Je nach ihrem Alter und dem Geruchsempfinden des Entdeckers riecht sie entweder stark nach Käse, nach alten Socken oder schlichtweg ranzig. Manche Moorbutter kann man sogar essen, wenn man sie wohl auch nicht gerade als schmackhaft bezeichnen kann.

Pikante Knabbernüsse

450 g gemischte ungesalzene Nüsse

½ TL gemahlener Koriander

½ TL gemahlener Kreuzkümmel

2 EL Butter

2 EL brauner Zucker

2 EL frischer Rosmarin, gehackt

¼ TL Cayennepfeffer

1½ TL feines Meersalz

Dieses köstliche Knabberzeug beweist, dass Butter der Geschmacksträger schlechthin ist. Besonders gut eignen sich dafür Cashewnüsse, Mandeln, Macadamia-, Wal- und Pekannüsse. Paranüsse dagegen nehmen die Gewürzbutter nicht so gut an. Obwohl ich sonst kein Fan von Knabbereien bin, finde ich, dass diese Nüsse hier ganz wunderbar zu Drinks passen. Wie bei jedem guten Knabberzeug kann man gar nicht mehr aufhören, wenn man einmal damit angefangen hat.

Den Backofen auf 180 °C vorheizen.

Die Nüsse auf einem Backblech ungefähr 10 Minuten im Ofen rösten. Das Blech ein paar Mal rütteln, so dass sie auf allen Seiten schön bräunen.

Inzwischen Koriander und Kreuzkümmel in einen kleinen Topf mit schwerem Boden geben und bei mittlerer bis starker Hitze etwa 30 Sekunden rösten. Den Topf von der Herdplatte nehmen und Butter, braunen Zucker, Rosmarin und Cayennepfeffer zugeben. Den Topf wieder auf die Platte stellen und bei schwacher Hitze so lange rühren, bis die Butter geschmolzen ist und der Zucker sich aufgelöst hat. Das dauert etwa 2 Minuten. Das Salz unterrühren und die Mischung warm stellen.

Die Nüsse in eine große angewärmte Schüssel geben, die warme Gewürzbutter darübergießen und alles gründlich durchmischen, bis die Nüsse gleichmäßig von Butter überzogen sind. Abschmecken. Die Nüsse sollten vor dem Servieren ganz abgekühlt sein. Sie halten sich in einem luftdichten Behältnis bis zu 1 Woche.

Grundwissen Buttersauce

Butter ist ideal zur Herstellung einer schnellen Sauce. Man muss sie nur unter den Bratenfond schlagen. Im Gegensatz zu Sahne, die man ein paar Minuten aufkochen muss, damit sie eindickt, emulgiert Butter mit dem Bratenfond sofort zu einer Sauce.

Zwei Saucen, die fast ausschließlich aus Butter bestehen, sind *beurre blanc* und *beurre rouge,* weiße und rote Butter. Beurre blanc (auch *beurre blanc nantais)* wurde im Loiretal als Sauce zu einer lokalen Spezialität, dem gedünsteten Hecht, kreiert. Der französische Kochbuchautor Curnonsky, der im Loiretal geboren ist, schreibt ihre Erfindung den Hausfrauen von dort zu. Tatsächlich ist es nur ein kleiner Schritt vom Verbessern der Dünstflüssigkeit des Fischs durch ein Stückchen Butter bis hin zur Zubereitung einer richtig gehaltvollen Buttersauce. Beurre rouge dagegen hat eine wirklich alte Tradition. Charles Barrier, dessen gleichnamiges Lokal sich ebenfalls im Loiretal befindet, in Tours, wollte eine Buttersauce zu Fleisch kreieren und begann mit einer Weinreduktion. Barrier kocht zwar heute nicht mehr in seinem Restaurant, aber seine Sauce hat überdauert und viele Küchenchefs dazu inspiriert, neue Saucen zu erfinden, die auf dem Einmontieren von Butter in den reduzierten Koch- oder Bratensaft von Fleisch, Geflügel oder Fisch beruhen.

Harold McGee erklärt in seinem Buch *The Curious Cook,* was bei der Herstellung einer Buttersauce vor sich geht. Wer mit Beurre-blanc-Rezepten vertraut ist, weiß, dass das Verhältnis zwischen Butter und der Wein- oder Essigreduktion je nach Rezept ganz unterschiedlich ist und eine Menge Brimborium um die Herstellung von Buttersaucen gemacht wird, das Anfänger oft abschreckt. McGees Experimente zeigen uns aber, dass Beurre blanc eine ungeheuer vielseitige Sauce ist, deren einziger Nachteil darin besteht, dass sie sehr hitze- und kälteempfindlich ist. McGee meint, dass Butter die Sauce sozusagen schon in sich hat, weil sie aus Fett, Wasser und den Feststoffen der Milch besteht. Wenn man Beurre blanc herstellt, verwandelt man Butter zurück in die dickliche Sahne, aus der sie entstanden ist. Und genau darum ergibt Butter eine so ideale Sauce in letzter Minute.

Zwei Dinge sind wichtig, wenn man eine Buttersauce herstellt: Erstens muss man eine Pfanne mit schwerem Boden verwenden, die die Hitze langsam und gleichmäßig abgibt, damit die Sauce eine Temperatur zwischen 38 und 54 °C hält. Wenn man zu Anfang ein wenig Sahne dazufügt, ist die Sauce stabiler. Ist sie zu heiß geworden, muss man sie leicht abkühlen lassen, einen Spritzer Wasser dazugeben und alles wieder gut verrühren. Denken Sie daran, dass Buttersauce warm sein sollte, nicht heiß, und dass sie sofort nach der Fertigstellung serviert werden muss. Man kann sie für ein paar Minuten warm stellen, indem man das Gefäß in einen Topf mit handwarmem Wasser (etwa 48 °C) stellt. Wenn Sauce übrig bleibt, kann man sie im Kühlschrank aufheben. Bei Bedarf auf Zimmertemperatur bringen und einmal gut durchrühren, dann kann man sie wie gewürzte Butter verwenden.

Beurre blanc (weiße Buttersauce)

Ursprünglich für Fisch aus der Loire kreiert, eignet sich diese Sauce gut zu jedem mild gewürzten Fisch, zu Jakobsmuscheln, Hummer, Garnelen, Huhn und Gemüsen. Und jetzt ist die Stunde des weißen Pfeffers gekommen, denn mit schwarzem bekommt die Sauce hässliche Sprenkel.

Ergibt 250 ml

- **1 Tasse trockener Weißwein**
- **2 EL fein gehackte Schalotte**
- **1 EL Weißweinessig**
- **1 EL Sahne (35 % Fett)**
- **Meersalz, weißer Pfeffer**
- **200 g kalte Butter**

Wein, Schalotte und Essig in einem kleinen Topf bei mittlerer Hitze zum Kochen bringen, die Hitze reduzieren und die Mischung so lange einköcheln, bis noch etwa 3 EL davon übrig sind.

Die Mischung durch ein Sieb in einen kleinen, sauberen Topf abgießen und dabei die Schalotte gut ausdrücken. Es sollten etwa 2 EL Flüssigkeit sein. Die Sahne einrühren und mit Salz und Pfeffer würzen.

Die Butter in 12 Stückchen schneiden. Den Topf wieder auf den Herd stellen und bei sehr geringer Hitze die Butter mit dem Schneebesen einschlagen – das nächste Stückchen immer erst, wenn das vorige sich völlig aufgelöst hat. Während des Montierens (so nennt man das Einschlagen der Butter) die Sauce warm halten, aber nicht zu heiß werden lassen, sonst trennt sie sich wieder. Wenn die ganze Butter eingearbeitet ist, die Sauce abschmecken und sofort servieren.

VARIANTE Man kann diese Sauce durch die Zugabe folgender Zutaten variieren: 1 EL gehackte frische Kräuter, 1 EL körniger Senf oder eine gehäutete, entkernte und sehr klein gewürfelte Tomate und einige fein gehackte Basilikumblätter. Man kann die Reduktion auch durch Orangensaft oder den ausgetretenen Saft von gebratenem oder gedünstetem Fleisch ersetzen, sollte aber dann noch etwas Zitronensaft oder Essig zugeben, damit genug Säure als Gegengewicht zur Butter vorhanden ist.

Tomber dans le beurre
in die Butter fallen

Französische Redewendung für: weich fallen, keinen (finanziellen) Schaden nehmen

Beurre rouge (rote Buttersauce)

Sie passt bestens zu Rindfleisch, Ente und Wild. Küchenchefs nach Charles Barrier haben sich wieder auf den Fisch besonnen und servieren Beurre rouge auch zu Lachs. Ich dagegen esse sie am liebsten zu gedünstetem Rindermark (S. 191).

Ergibt 250 ml

200 g kalte Butter

2 EL fein gehackte Schalotten

1 EL fein gehackte Karotten

1 EL fein gehackte Stangensellerie

½ frisches Lorbeerblatt

250 ml fruchtiger Rotwein

1 EL Rotweinessig

1 EL Sahne (35 % Fett)

Meersalz, schwarzer Pfeffer

1 EL der Butter in einem Topf bei mittlerer Hitze erwärmen. Schalotte, Karotte, Sellerie und Lorbeer zufügen und dünsten, bis die Gemüse etwas weicher sind. Wein und Essig zugeben und alles zum Kochen bringen. Hitze leicht reduzieren und die Mischung so lange kochen lassen, bis sie auf etwa 60 ml reduziert ist.

Die Reduktion durch ein Sieb in einen kleinen Topf gießen und dabei die Gemüse ausdrücken, damit die ganzen Aromen freigesetzt werden. Man sollte etwa 2 EL Reduktion erhalten. Die Sahne zugeben und mit Salz und Pfeffer abschmecken.

Die restliche Butter in 12 Stücke schneiden – und weiterfahren wie im vorangehenden Rezept für Beurre blanc.

In Butter pochierte Jakobsmuscheln

Die Idee, in Butter zu pochieren, habe ich aus Thomas Kellers *The French Laundry Cookbook*. Ich machte mich gleich an seinen Hummer. Er schmeckte herrlich, war aber sogar für mich zu viel Arbeit. So etwas isst man am besten im Restaurant. Nun, immer, wenn ich Schweinefett ausließ oder Entenkeulen in ihrem Fett kochte, kam mir die Zubereitungsart wieder in den Sinn und mir wurde klar, dass Pochieren in Butter ähnlich funktioniert wie Confit-Herstellung. (Nein, ich habe nicht mit dem Gedanken gespielt, eine Kuh in Butter zu garen.) Weil ich aber, anders als Keller, keine Lust habe, große Mengen von *beurre monté* herzustellen, ungewürzte Beurre blanc, pochiere ich meine Jakobsmuscheln einfach in normaler Butter. Servieren Sie sie mit einem Gurkensalat mit Dill oder warmem Blattspinat.

Für 4 Vorspeisenportionen

12 Jakobsmuscheln (nur das weiße Muskelfleisch)

Meersalz, schwarzer Pfeffer

etwa 300 g Butter

ein Spritzer Zitronensaft

Einen Topf wählen, in dem die Jakobsmuscheln nebeneinander den Boden fast ganz bedecken. So viel Wasser hineingießen, dass die Muscheln gerade bedeckt sind. Die Muscheln auf Küchenpapier vorsichtig trocken tupfen. Gut mit Salz und Pfeffer würzen, beiseitestellen. Das Wasser aus dem Topf in einen Messbecher gießen: Ebenso viel geschmolzene Butter wird benötigt. Jetzt die Butter würfeln und in einem Topf, an dem innen ein Thermometer befestigt ist, bei mittlerer Hitze unter gelegentlichem Rühren erwärmen, bis das Thermometer 85 °C anzeigt. Die Muscheln hineinlegen und die Temperatur wieder auf 85 °C bringen. Die Muscheln 2 bis 4 Minuten pochieren, dabei einmal umdrehen. Schneiden Sie eine Muschel zur Probe in der Mitte durch; sie sollte innen noch leicht glasig sein.

Die Jakobsmuscheln mit einem Schaumlöffel auf vorgewärmte Teller setzen, mit etwas Kochbutter und einem Spritzer Zitronensaft beträufeln und servieren.

Avoir le cul dans le beurre
den Hintern in der Butter haben

Belgische Redensart für: sehr viel Schwein haben

Pastinaken und Steckrüben in Butter

Für 4 bis 6 Portionen

450 g Pastinaken

225 g Steckrüben

1 Blutorange

60 g Butter

½ TL gemahlener Kreuzkümmel

Meersalz, schwarzer Pfeffer

Eigentlich mag ich Steckrüben (auch Bodenkohlrabi) überhaupt nicht, weil ich sie aufdringlich bitter finde, aber mein Mann liebt sie so sehr, dass ich immer nach Zubereitungsarten suche, die auch mir schmecken. Dazu gehört diese Kombination mit süßlichen Pastinaken und Butter, die das durchdringende Steckrübenaroma abmildern. Wenn keine Saison für Blutorangen ist, können Sie auch eine gewöhnliche Orange verwenden.

Pastinaken und Steckrüben schälen. Große Pastinaken halbieren, die Steckrüben in 1 cm große Würfel schneiden. Das Gemüse in einen Topf mit Dämpfeinsatz geben und in etwa 10 Minuten sehr weich kochen.

Beide Rübensorten durch ein Passiergerät (Passevite, »Flotte Lotte«) in einen Topf drehen, dabei den feinsten Einsatz verwenden. Die Schale der Blutorange fein abreiben und zusammen mit 3 EL Saft zum Rübenpüree geben. Den Topf bei schwacher Hitze auf die Herdplatte stellen, die Butter in Stückchen schneiden und zusammen mit dem Kreuzkümmel ebenfalls in den Topf geben. Vermengen, salzen und pfeffern und durchwärmen.

Vom Butterboot zum Saucenboot

Im Englischen werden ovale Saucenschalen seit dem 17. Jahrhundert als *boats,* Boote, bezeichnet. Im späten 18. Jahrhundert, als Butter auch auf den Tischen der Adligen in Mode kam, wurden diese Schalen mit flüssiger Butter gefüllt und *butter boats* genannt. Hundert Jahre später servierte man dann genauso gern wieder Saucen darin. Noch heute werden ovale Saucieren im englischen Sprachraum als *gravy boat* oder *sauce boat* bezeichnet.

Butterkühler: Gefäß im Gefäß

Vor Erfindung des Kühlschranks dienten Buttergefäße nicht nur zum Servieren der Butter, sondern auch dazu, sie haltbar zu machen. Dazu wurde sie in Salzwasser gelagert. Auch heute gibt es sogenannte Butterkühler, zweiteilige Buttergefäße aus Keramik, die sich dieses Prinzip zunutze machen, so dass man darin Butter bei Zimmertemperatur einige Wochen lang aufbewahren kann. Am Deckel hängt ein nach unten offenes Gefäß, in das die Butter gedrückt wird. Dann füllt man etwas Wasser in den unteren Teil des Butterkühlers und verschließt ihn mit dem Deckel. So wird die Butter vor Licht und Sauerstoff geschützt, bleibt frisch und ist trotzdem immer streichfähig.

Gedünstete Garnelen mit Beurre blanc und Spinat

Um die Zubereitung dieses Gerichts zu vereinfachen, wird der Spinat zuvor gekocht und aufgewärmt (einmal aufgewärmter Spinat ist für Erwachsene gesundheitlich unbedenklich). Die Sauce bereiten Sie zu, während die Garnelen gar ziehen.

Für 4 Hauptspeisen- oder 6 Vorspeisenportionen

etwa 700 g frischer Spinat

450 g große Garnelen (16–20 Stück), geschält und entdarmt

60 ml trockener Wermut

2 frische Lorbeerblätter

2 Stengel glatte Petersilie, ohne Blätter

1 Zwiebelscheibe

1 Zitronenscheibe

1 Knoblauchzehe, geschält

1 TL grobes Meersalz

½ TL schwarze Pfefferkörner

1 Rezeptmenge Beurre blanc (S. 47)

Butter zum Erwärmen des Spinats

Spinat entstielen, abbrausen und in einem Sieb abtropfen lassen. Eine große Bratpfanne bei starker Hitze heiß werden lassen, den Spinat hineingeben und unter Rühren zusammenfallen lassen. Im Sieb mit fließend kaltem Wasser abschrecken. Das Wasser aus den Blättern drücken und diese grob hacken; man sollte etwa 340 g Spinat erhalten. Beiseitestellen.

In einer Schüssel die Garnelen mit dem Wermut vermischen. 1 l Wasser in einen Topf geben, Lorbeerblätter, Petersilienstengel, Zwiebel, Zitronenscheiben, Knoblauch, Salz und Pfefferkörner hineingeben. Bei großer Hitze zum Kochen bringen, Hitze reduzieren und die Flüssigkeit im offenen Topf 5 Minuten köcheln lassen. Die Garnelen mit dem Wermut zugeben und alles wieder zum Köcheln bringen. Den Topf von der Herdplatte ziehen, einen Deckel darauflegen und das Ganze 3 bis 5 Minuten stehen lassen, so dass die Garnelen gar ziehen können. Inzwischen die Beurre blanc zubereiten.

Den Spinat in einer Pfanne mit etwas Butter erwärmen und auf vorgewärmte Teller verteilen. Die Garnelen aus dem Kochwasser nehmen, kurz abtropfen lassen und auf den Spinat legen. Die weiße Buttersauce darüberträufeln und das Gericht sofort servieren.

Sauce hollandaise und ihre Verwandten

Noch eine Saucenfamilie, die von der kulinarischen Bildfläche fast verschwunden ist, seit Butter als gesundheitsschädlich gilt. Die »holländische Sauce« hat ihren Namen von den butterliebenden Holländern; in England hieß sie bis etwa zur Mitte des 19. Jahrhunderts *Dutch sauce.* Die Hollandaise gehört zu einer Gruppe von Saucen, die durch Eigelb eingedickt werden; darunter auch die Sauce béarnaise aus Béarn im Südwesten Frankreichs und meine Lieblingssauce, die Sauce maltaise oder Malteser Sauce (S. 52), die nach den Blutorangen aus Malta benannt ist.

Ich habe früher für eine Hollandaise die Eigelbe immer im Wasserbad erwärmt und dann die geschmolzene Butter eingeschlagen, aber nach der Lektüre von McGees *The Curious Cook* habe ich seine Methode ausprobiert, bei der einfach alle Zutaten auf einmal im Topf zusammengemischt werden. Das funktioniert so hervorragend, dass ich mich von der viel umständlicheren Methode, die ich auf der Kochschule gelernt hatte, endgültig verabschiedet habe.

Diese Saucen sind stabiler als einfache Buttersaucen, aber wenn sie zu heiß werden, trennen sie sich oder gerinnen. Man muss sie deswegen mit etwas Fingerspitzengefühl behandeln.

Malteser Sauce

Ergibt 375 ml

3 Eigelb

Saft und abgeriebene Schale einer Blutorange

¼ TL feines Meersalz

weißer Pfeffer

175 g Butter

ein Spritzer Zitronensaft

»Butter und Honig wird er essen, bis er weiß, Böses zu verwerfen und Gutes zu erwählen.«

Jesaja 7,15

Hergestellt mit Saft und Schale der Blutorange ist das die beste Sauce zu gedünstetem Spargel, speziell zu den dicken weißen Spargelstangen. Die Blutorangensaison überschneidet sich mit der Spargelsaison meist nur um wenige Wochen. Sie können danach auch eine gewöhnliche Orange verwenden, müssen aber leichte Einbußen im Hinblick auf Aroma und Farbe hinnehmen. Der dunkle, weinfarbene Saft der Blutorange hat weniger Säure als der heller Orangen und gibt der Sauce mit seinen Anklängen an Himbeere und Kirsche ein reiches und komplexes Aroma. Sie sollten diese Sauce aber nicht nur zu Spargel reichen: Köstlich schmeckt sie auch zu Broccoli und gedünstetem Fisch.

Eigelbe, Orangenschale und 60 ml des Orangensafts mit Salz und Pfeffer in einen Topf geben und gut verquirlen. Die Butter in 12 Stücke schneiden und auf einmal in den Topf geben.

Den Topf auf den Herd stellen und die Sauce bei mittlerer Hitze behutsam durchschlagen. Die Hitze so regulieren, dass sich die schmelzende Butter langsam und gleichmäßig mit dem Eigelb verbinden kann. Wenn sie vollständig geschmolzen ist, die Sauce noch etwa 4 Minuten weiterschlagen, bis sie eindickt (dabei bleibt sie am Schneebesen haften). Man darf die Sauce auf keinen Fall zu heiß werden lassen (wer sichergehen will, verwendet ein Thermometer), bei 71 °C sollte sie eingedickt sein. Noch einen Spritzer Zitronensaft zugeben und, wenn nötig, mit etwas Salz und Pfeffer abschmecken.

Die Sauce sofort servieren oder in ein Glasgefäß umfüllen und dieses in warmes Wasser stellen. Von Zeit zu Zeit umrühren, so kann sie ganz einfach eine halbe Stunde oder länger warm gehalten werden.

VARIANTEN Für eine Hollandaise den Blutorangensaft durch 2 EL Zitronensaft und 2 EL Wasser ersetzen.

FÜR die verwandte Béarnaise 60 ml Weißweinessig, 60 ml trockenen Weißwein, eine fein gehackte Schalotte, 6 schwarze Pfefferkörner und ein halbes frisches Lorbeerblatt in einen kleinen Topf geben und bei starker Hitze zum Kochen bringen. Die Hitze reduzieren und die Mischung so lange weiterkochen, bis noch etwa 3 EL übrig sind. Durch ein Sieb in einen kleinen Topf umgießen und dabei die Schalotte gut ausdrücken, damit sie ihr ganzes Aroma freigibt. Zum Abkühlen beiseitestellen. Die festen Bestandteile wegwerfen. Jetzt dem Rezept für Malteser Sauce folgen und dabei den Blutorangensaft durch die Essig-Wein-Reduktion und 1 EL Wasser ersetzen. 1 EL gehackte Estragonblätter in die fertige Sauce rühren.

Gebuttertes Kartoffelpüree

Es hat eine Weile gedauert, bis ich begriffen habe, warum mir das Kartoffelpüree in Frankreich immer so gut schmeckt. An die Quetschkartoffeln, mit denen ich aufgewachsen bin, kamen ein wenig Milch und ein, zwei Klümpchen Butter und das war es dann aber auch. Dadurch waren sie immer relativ fest und ein wenig trocken. Das Püree, das ich in Frankreich aß, war dagegen so cremig, dass es auf dem Teller zerlief. Des Rätsels Lösung war ganz einfach: viel, viel Butter und statt Milch Crème fraîche, die mit ihrem leicht säuerlichen Geschmack ein wunderbares Gegengewicht zur Butter bildet. Diese Zutaten machen aus einem simplen Püree eine himmlische Beilage, verführerisch leicht und üppig in einem und jede Kalorie wert.

Ein weiteres Geheimnis zur Herstellung eines guten Kartoffelpürees liegt in der Verwendung eines Passiergeräts (Passevite, »Flotte Lotte«). Dieses Rezept hier basiert auf dem des französischen Meisterkochs Joël Robuchon, der nicht nur ein Passiergerät verwendet, sondern sein Püree zusätzlich durch ein feines Sieb streicht (ein sogenanntes Trommelsieb, bei dem ein feines Siebgewebe in einen Holzrahmen gespannt ist). Ich gebe ihm recht, dass dadurch ein außergewöhnlich feines und cremiges Püree entsteht, aber ich reinige mein Sieb so ungern, dass ich es fast nie verwende.

Für 6 Portionen

1 kg mehlige Kartoffeln

1 frisches Lorbeerblatt

grobes und feines Meersalz

125 ml Crème fraîche oder Sauerrahm, zimmerwarm

225 g Butter, gewürfelt

weißer Pfeffer

Mit hölzernen ***Buttermodeln*** oder ***Butterstempeln*** mit geschnitzten Reliefs hat man die Butter früher verschönert.

Die Kartoffeln schälen und in große Stücke schneiden. In einen großen Topf geben, mit kaltem Wasser bedecken, Lorbeerblatt und 1 TL grobes Meersalz dazugeben. Den Topf mit einem Deckel versehen und alles bei starker Hitze zum Kochen bringen. Den Deckel abnehmen und die Hitze reduzieren, so dass das Wasser nur noch köchelt. Die Kartoffeln 15 bis 20 Minuten kochen, bis sie sehr weich sind, aber noch nicht zerfallen. Die Dauer ist abhängig von der Kartoffelsorte und der Größe der Stücke.

Die Kartoffeln abgießen, das Lorbeerblatt entfernen, ausdampfen lassen. Dann durch den feinsten Einsatz des Passiergeräts treiben. Das Püree in den Topf geben und bei schwacher Hitze mit einem hölzernen Kochlöffel so lange rühren, bis alle Feuchtigkeit aus den Kartoffeln entwichen ist und sie am Topfboden leicht anhaften. Bei ganz schwacher Hitze die Crème fraîche unterschlagen und dann nach und nach die Butter. So entsteht ein sehr feines und cremiges Püree. Wenn nötig, noch mit Meersalz abschmecken und mit Pfeffer würzen.

Wenn das Püree nicht sofort serviert werden soll, kann es im Wasserbad bis zu 1 Stunde warm gehalten werden: Einfach mit Butterflocken bedecken und Deckel darauflegen.

Buttergewicht

Analog zum sogenannten Bäckerdutzend, bei dem der Käufer 13 Stück bekam, gab es in England früher auch das »Buttergewicht«, das 18 Unzen hatte – 2 Unzen mehr als das gebräuchliche Pfund. Butter wurde im 16. Jahrhundert in *barrels* (großen Fässern) zu 224 Pfund gehandelt, ein *tub* (kleineres Butterfass) wog 84 Pfund, während ein *firkin* (Fässchen) ein Viertel der Menge eines *barrels,* nämlich 56 Pfund, fasste.

Murgh Makhani (Butterhuhn)

Für 4 bis 6 Portionen

2 Zwiebeln, gehackt

6 Knoblauchzehen, halbiert

30 g Ingwer, grob gehackt

8 Kardamomkapseln, nur die Samen

2 frische Lorbeerblätter

2 TL Kreuzkümmel, geröstet

1 TL schwarze Pfefferkörner

2 grüne Chilischoten, entkernt, gehackt

1 getrocknete rote Chilischote

1 Huhn von 1,4 kg (oder Keulen und Flügel)

grobes Meersalz

2–3 EL Ghee (S. 34)

2 Stangen Ceylon-Zimt, je etwa 7 cm

400 g Dosentomaten

60 ml Sahne (35 % Fett)

115 g Butter, gewürfelt

2 EL Koriandergrün, gehackt

1 Limette

Iss Butter als Erstes und als Letztes und du wirst gut hundert Jahre leben

Niederländische Weisheit

Jedes indische Restaurant hat sein eigenes Rezept für Butterhuhn. Es ist ein ideales Gericht für Lokale, weil dafür die übrig gebliebenen Stücke von Tandoori-Huhn verwendet und in einer Sauce mit Tomaten und Butter zubereitet werden. Dieses Rezept hier baut zwar nicht auf Tandoori-Huhn auf, ist aber dennoch leicht zuzubereiten. Ich habe dafür ein Rezept meiner Freundin Elizabeth abgewandelt, die es wiederum ursprünglich von Madhur Jaffrey hat, einer indischen Schauspielerin und Kochbuchautorin, die die indische Küche im Westen bekannt gemacht hat. Ich verwende gewöhnlich ein ganzes Huhn, aber es funktioniert auch gut mit Keulen und Flügeln. Sie sollten echten Ceylon-Zimt für dieses Rezept verwenden.

Servieren Sie das Gericht mit Reis und Lammschmalz-Spinat-Chapatis (S. 216), die Sie allerdings in diesem Fall besser mit Ghee statt mit Lammschmalz bestreichen.

Zwiebeln, Knoblauch, Ingwer, Kardamom, Lorbeerblätter, Kreuzkümmel, Pfeffer und alle Chilischoten in das Gefäß des Mixers geben. Zusammen mit 60 ml Wasser durchmixen, bis eine dünne Paste entstanden ist. Beiseitestellen.

Das Huhn in 8 Stücke teilen (siehe S. 57) und die Haut entfernen. Diese kann für ein anderes Gericht wie Geflügelkrusten (S. 143) verwendet werden. Die Hühnerteile salzen.

In einer großen Bratpfanne (sie muss einen Deckel haben) 2 EL Ghee bei großer Hitze erwärmen und darin die Hühnerteile portionsweise kräftig anbraten (nach Bedarf mehr Ghee zugeben). Herausnehmen und beiseitelegen. Auf ganz schwache Hitze reduzieren und die Zwiebel-Gewürz-Paste in die Pfanne geben. Mit einem Holzlöffel den Bratensatz lösen und alles gut vermischen. Zimtstangen, Tomaten mit Saft, 110 ml Wasser und 1 TL Salz zugeben. Alles zum Kochen bringen, Hitze reduzieren, die Pfanne zudecken und die Sauce unter gelegentlichem Rühren 30 Minuten köcheln lassen.

Die Hühnerteile mit dem ausgetretenen Bratensaft in die Sauce geben. Zum Kochen bringen, Hitze reduzieren und das Huhn zugedeckt unter gelegentlichem Wenden etwa 30 Minuten köcheln lassen, bis es gar ist.

Die Hühnerteile aus der Sauce nehmen und warm stellen. Die Zimtstangen ebenfalls herausnehmen, die Sahne in die Sauce geben und diese wieder zum Kochen bringen. Unter Rühren so lange kochen, bis sie eindickt. Von der Platte nehmen und die Butterwürfel unterrühren. Die Hühnerteile wieder in die Pfanne geben und in der Sauce wenden, bis sie gleichmäßig davon überzogen sind. Mit Koriandergrün bestreuen, etwas Limettensaft darüberträufeln und servieren.

Huhn Kiew

Für zwei Portionen

60 g weiche Butter

2 Knoblauchzehen

feines Meersalz, schwarzer Pfeffer

1 EL frische Kräuter (glatte Petersilie, Schnittlauch, Estragon), gehackt

1 TL Zitronensaft

2 Hühnerbrüste ohne Haut (mit dem Flügelgelenk daran), je 200–250 g

1 Ei

1 EL Milch

2 EL Mehl

100 g feine Semmelbrösel

800 g flüssiges Schweineschmalz (siehe S. 84)

Eine knusprige Hühnerbrust, aus der beim Anschneiden würzige Kräuterbutter fließt – Huhn Kiew ist ein einzigartiger Genuss! Ich beharre darauf, dass dieses Rezept lediglich für zwei Personen gedacht ist, nicht für mehr. Die Zubereitung ist zeitaufwendig und nicht ganz einfach, deshalb sollte man sich auf diese kleine Menge beschränken. Wenn Ihr Metzger bereit ist, Ihnen echte Suprêmes zu liefern (also Hühnerbrüste ohne Haut, die bis auf das erste Flügelgelenk ausgelöst sind), lassen Sie ihn es machen, sonst können Sie sie aber auch leicht selbst auslösen (siehe nächste Seite). Die zwei Suprêmes sollten dieselbe Größe haben und deswegen möglichst vom selben Huhn stammen.

Servieren Sie dazu ein grünes Gemüse – Erbsen passen beispielsweise perfekt. Und obwohl die dicke Semmelbröselpanade Kartoffeln fast überflüssig erscheinen lässt, eignen sich ein paar Salzkartoffeln doch ganz wunderbar, um die knoblauch- und kräuterduftende Butter aufzunehmen. Schneiden Sie das fertige Huhn vorsichtig an, andernfalls haben Sie die gesamte Füllung auf Ihren Kleidern.

Die weiche Butter in eine kleine Schüssel geben. Die Knoblauchzehen zusammen mit ein paar großzügigen Prisen Salz so lange zerdrücken, bis eine Paste entstanden ist. Kräuter mit Knoblauch, Zitronensaft und Pfeffer gut in die weiche Butter einarbeiten. Diese Kräuterbutter in zwei gleich große Portionen teilen und jede auf ein Stück Frischhaltefolie geben. Mithilfe der Folie zu einem flachen Oval von ungefähr 4 auf 7 cm formen. Beide Stücke mit der Folie umwickeln und in den Kühlschrank legen.

Die kleinen Filetstücke, die an den Brüsten durch eine Membran befestigt sind, abschneiden und beiseitelegen. Die Suprêmes mit der Knochenseite nach oben auf ein Schneidbrett legen. Mit einem kleinen scharfen Messer parallel zur Arbeitsfläche in den dicksten Teil der Brust eine Tasche schneiden. Jedes Suprême zwischen zwei Lagen Frischhaltefolie legen und mit einem Fleischhammer so lange klopfen, bis es durchgehend dieselbe Dicke hat. Mit einem der Butterstücke aus dem Kühlschrank die Taschengröße prüfen, gegebenenfalls die Taschen erweitern oder die Butterstücke durch Zusammenpressen verkleinern. Butterstücke, Suprêmes und Filets ½ Stunde in den Kühlschrank legen.

Die fest gewordenen Butterstücke in die Brusttaschen stecken, dann je ein Filetstück fest in jede Tasche hineinpressen, so dass sie verschlossen wird.

Die Eier mit der Milch in einem flachen Suppenteller verquirlen, Mehl und Semmelbrösel je auf einen Teller geben. Die Suprêmes leicht in Mehl wenden, dann in die Eiermischung tauchen, gleichmäßig mit Semmelbröseln panieren und ½ Stunde in den Kühlschrank stellen. Dann noch einmal in Mehl wenden, in die Eiermischung tauchen und mit Semmelbröseln panieren.

Das Schmalz in einem Topf oder einer tiefen Pfanne erhitzen; es sollte 2 bis 2,5 cm hoch stehen. Wenn das Schmalz auf 180 °C erhitzt ist (mit einem Thermometer überprüfen), die Suprêmes vorsichtig hineingleiten lassen. Die Temperatur wird sofort ab-

To know which side your bread ist buttered

wissen, auf welcher Seite das eigene Brot gebuttert ist

Englischer Ausdruck für: wissen, was für einen von Vorteil ist und was nicht sinken, die Hitze muss so reguliert werden, dass das Schmalz konstant eine Temperatur von etwa 160 °C hat. Die Suprêmes unter gelegentlichem Wenden 12 bis 15 Minuten frittieren, bis sie goldbraun sind.

Die Suprêmes auf Küchenpapier entfetten und sofort servieren.

VARIANTE Knoblauch-Kräuter-Butter ist zwar die klassische Füllung für Huhn Kiew, aber man kann auch Steinpilzbutter (S. 37), Anchovisbutter (S. 36) oder sogar Foie-gras-Butter (S. 169) verwenden.

Auslösen der Suprêmes

Kaufen Sie ein großes Huhn mit einem Gewicht von etwa 1,8 kg. Das ergibt zwei Suprêmes von 200 bis 250 g. (Suprême nennt man das edelste Stück eines Tiers, beim Huhn ist das die Brust samt Flügelknochen.) Das Huhn mit der Brustseite nach oben auf ein großes Schneidbrett legen. Eine Keule vom Rumpf wegziehen, die Haut durchtrennen, die Keule einmal um ihre Achse drehen und durch das Gelenk schneiden, damit sie sich völlig ablöst. Mit der anderen Keule ebenso verfahren. Jetzt der einen Seite des Brustbeins über die ganze Länge des Huhns entlangschneiden und die erste Brust auslösen, indem man dicht am Knochen entlangschneidet. Wenn Sie zum Flügelgelenk kommen, dieses durchtrennen, damit der Flügel an der Brust bleibt. Mit der anderen Brust ebenso verfahren. Dann bei jeder Brust die Flügelspitze und das zweite Gelenk entfernen, so dass nur das erste Gelenk daran bleibt. Die Haut packen und von der Brust abziehen. Alles Fleisch vom Flügelknochen abschaben, der dabei aber immer noch in der Brust stecken bleiben sollte. Zum Schluss mit einem kleinen Hackebeil den Flügelknochen möglichst kurz abtrennen.

Ein Huhn in 8 Stücke teilen

Das Huhn mit der Brust nach oben auf ein Schneidbrett legen, eine Keule vom Rumpf wegziehen und die Haut durchtrennen. Mit der Messerspitze das ovale Fleischstück am Rückgrat so auslösen, dass es mit der Keule verbunden bleibt. Die Keule kräftig drehen, damit das Gelenk aus der Pfanne springt. Die Keule zusammen mit dem Fleischstück abtrennen. Mit der anderen Keule ebenso verfahren.

Mit dem Messer das Brustfleisch dicht am Brustbein auf der ganzen Länge bis zum Knochen einschneiden. Das Brustbein mit dem Messer oder der Geflügelschere durchtrennen. Jetzt auf beiden Seiten parallel zum Rückgrat durch die Rippenbögen schneiden, um die Brusthälften vom Rückgrat abzutrennen. Das Rückgrat mit den Rippen zerkleinern und für eine Hühnerbrühe beiseitelegen.

Die Keulen im Gelenk in Ober- und Unterschenkel trennen. Die Brüste diagonal halbieren. Die Flügel abschneiden und für die Brühe beiseitelegen.

Buttery und Butterkammer

Ab dem späten 14. Jahrhundert wurde in England die Kammer, in der Wein und andere Spirituosen gelagert wurden und deren Inhalt der Butler überwachte, *buttery* genannt. Die Begriffe *buttery* und *butler* haben eigentlich nichts mit Butter zu tun, sondern kommen vom englischen Wort *butt* für ein großes Wein- oder Bierfass, das wiederum mit den deutschen Wörtern Bottich und Bütte (norddeutsch für Eimer) verwandt ist. Trotzdem hat man das Wort *buttery* bald mit dem Milchprodukt in Verbindung gebracht und im 17. Jahrhundert stand der Begriff dann allgemein für die Speisekammer, in der natürlich auch Butter zu finden war. Viele Universitäten in England hatten eine sogenannte *buttery,* einen Laden, der Lebensmittel und Getränke für die Studenten bereithielt, deren Verbrauch dann im *buttery book* festgehalten wurde. In Deutschland gab es in großen Gehöften früher neben der Speisekammer oft eine extra Butterkammer, in der ausschließlich Milchprodukte gelagert wurden.

Welsh Rabbit

Für 2 Portionen

- 115 g Gloucester-, Chester- oder Cheddar-Käse
- 115 g Butter, gewürfelt
- 1 EL trockener Weißwein
- 1 EL Sahne (35 % Fett)
- 1 EL Senfpulver
- 1 Prise Cayennepfeffer
- 1 Ei
- 4 dicke Scheiben geröstetes Toastbrot

Heißt es nun *Welsh rabbit,* also »walisisches Kaninchen«, oder *Welsh rarebit,* also »walisischer Leckerbissen«? Die meisten Engländer benutzen heute letzteren Begriff, obwohl Welsh rabbit der originale Name für dieses Gericht ist und zum ersten Mal für das Jahr 1725 belegt ist. Die Bezeichnung Welsh rarebit wurde erst 1785 geprägt, vielleicht zur Unterscheidung, dass es mit Käse und nicht mit Kaninchenfleisch zubereitet wird. Aber was haben eigentlich die Waliser damit zu tun?

Nun, die Leidenschaft der Waliser für Käse ist ja bekannt, aber es gibt keine Indizien dafür, dass sie dieses Gericht erfunden haben. Varianten des Gerichts, *English rabbit* und *Scotch rabbit,* sind zuerst für 1747 belegt, und heute gibt es sogar eine, die sich *Buck rabbit* nennt (ein mit einem Spiegelei belegtes Welsh rabbit), um die Sache noch etwas zu verkomplizieren. Die Franzosen mögen das Welsh rabbit übrigens auch, es erscheint auf Speisekarten und in Kochbüchern unter dem Namen *Le Welsch* (womit die Rabbit-rarebit-Kontroverse geschickt umgangen wird).

Egal, wie man es nun nennt, es ist auf jeden Fall ein köstlicher Snack. Diese einfache, buttrige Version ist inspiriert von Jane Grigson, einer bekannten britischen Kochbuchautorin. Wenn man es mit einem grünen Salat (in diesem Fall besser ohne Buttersauce) serviert, wird ein schnelles Mittagessen daraus.

Etre beurré

gebuttert sein

Französisch für: besoffen/blau sein

Den Käse zerkrümeln und mit der Butter und dem Wein in einen Topf geben. Sahne, Senfpulver und Cayennepfeffer verquirlen und zur Käsemischung gießen.

Die Mischung bei sehr geringer Hitze unter ständigem Rühren erhitzen, bis sich eine homogene Flüssigkeit ergibt.

Den Topf von der Herdplatte ziehen, das Ei verquirlen und rasch in die Käsemischung einrühren. Die Käsemischung über den Toast gießen und das Gericht sofort servieren.

Butter, Frauen und Magie

Früher, als den Menschen noch nicht klar war, was bei der Umwandlung von Sahne in Butter geschieht, hat man das Buttern mit Mythos und Magie in Verbindung gebracht. Da das Melken und Buttern als Frauenarbeit angesehen wurde (das englische *dairy* für »Molkerei« leitet sich vom mittelenglischen *dey* für »Magd« ab), rankten sich zahlreiche obskure Geschichten um die Frauen und die Butter. Es gab zum Beispiel den weitverbreiteten Glauben, dass Milch in der Nähe von menstruierenden Frauen gerinnt, so dass Frauen während ihrer Periode nicht bei der Herstellung von Milchprodukten mitarbeiten durften. Wurde Sahne nicht zu Butter, glaubten die Leute, dass sich eine Hexe in der Nähe herumtrieb, und es wurden die unterschiedlichsten Vorkehrungen getroffen, um Hexenflüche zu verhindern oder aufzuheben. So war die Kurbel des Butterfasses oft aus Ebereschenholz gefertigt, einem Holz, das angeblich den Teufel vertreiben konnte. In der Bretagne streuten die Frauen Salz in Form eines Kreuzes auf den Boden des Butterfasses, bevor sie die Sahne hineingaben, um ihre Butter vor bösen Flüchen zu schützen. Wenn frau ihre Butter nicht salzen wollte, flüsterte sie stattdessen heimlich ein Gebet für die heilige Haseka (siehe S. 77), die Schutzpatronin der Butter, oder wandte sich gleich direkt an den heiligen Petrus mit folgendem Stoßgebet:

Come, butter, come,
come, butter, come.
Peter stands at the gate,
waiting for a buttered cake,
come, butter, come.

Komm, Butter, komm,
komm, Butter, komm.
Petrus steht draußen,
will Butterkuchen schmausen,
komm, Butter, komm.

Buttrige Desserts

Butter – die sich so wunderbar mit Zucker vermählt – ist der unbestrittene Star in der Nachspeisenküche. Viele Desserts wie beispielsweise Shortbread (S. 74) und Braune-Butter-Kekse (S. 62) werden geschmacklich ganz entscheidend von der Butter geprägt. In der Regel ist zum Kochen und besonders zum Anfertigen von Desserts ungesalzene Butter vorzuziehen, da die Salzmenge in gesalzener Butter sehr unterschiedlich ausfallen kann. Die Ausnahme zu dieser Regel bilden die Rezepte aus der Bretagne, wo immer gesalzene Butter verwendet wird. Ich kann gar nicht genug betonen, wie wichtig es ist, die absolut beste Butter zu verwenden, die man auftreiben kann, mit möglichst hohem Fettgehalt. Diese Buttersorten, die in der Regel aus Europa stammen, ergeben ein besseres Aroma und ihr niedrigerer Wassergehalt macht Teige geschmeidig. Für die bretonischen Rezepte sollten Sie eine gesalzene Butter mit einem Salzanteil von etwa 2,8 Prozent wählen, aber auch 3 Prozent sind kein Problem, solange der Butterfettanteil hoch ist (manchmal enthält gesalzene Butter mehr Wasser als ungesalzene). Sie können je nach persönlichem Geschmack zwischen Sauer- oder Süßrahmbutter wählen. Ich habe es gern, wenn der Geschmack so buttrig wie möglich ist und greife deswegen immer zur Sauerrahmbutter. Weil Butter einen hohen Anteil an gesättigten Fettsäuren hat, sollten wir die gesündeste Butter wählen, die wir kriegen können. In Biobutter von Kühen aus Weidehaltung sind mehr Omega-3-Fettsäuren und CLA enthalten. Beides wirkt dem Zunehmen entgegen – ein nützlicher Nebeneffekt, wenn es um Desserts geht.

Braune-Butter-Eiscreme

Ergibt 750 ml

250 ml Milch

250 ml Sahne (35 % Fett)

100 g Zucker

115 g kalte Butter, gewürfelt

½ TL Zitronensaft

3 Eigelb

1–2 Prisen feines Meersalz

Ich mache wahnsinnig gerne Eis, und dieses hier ist köstlich üppig und buttrig und außerdem die ideale Abwechslung zum üblichen Vanilleeis. Ich habe schon mit den unterschiedlichsten Eissorten herumexperimentiert (sogar mit Avocado- und Senfeis) und dachte mir, dass Eis aus brauner Butter doch kinderleicht zu machen sein müsste. Das war es nicht, aber nach ein paar Versuchen hatte ich heraus, dass man die Butter in die Eigelbe emulgieren muss wie bei einer Mayonnaise, damit das Eis cremig wird. Bei der Herstellung von Eis muss man im Übrigen zwei wichtige Dinge beachten: Die gekochte Grundmischung muss möglichst schnell gekühlt und dann am besten über Nacht in den Kühlschrank gestellt werden, damit das Aroma sich entwickeln kann. Wie jede hausgemachte Eiscreme sollte man auch diese innerhalb einer Woche verbrauchen – aber ich wette, sie ist viel schneller verspeist! Servieren Sie dieses Eis am besten ohne alles oder mit der gesalzenen Karamellsauce (S. 65).

Milch und Sahne mit ungefähr der Hälfte des Zuckers in einen Topf geben. Bei mittlerer Hitze zum Kochen bringen. Den Topf von der Platte nehmen.

In einem anderen Topf die Butter bei schwacher Hitze erwärmen. Wenn sie geschmolzen ist, auf Mittelhitze erhöhen. Man muss jetzt sehr gut aufpassen und den auf der Oberfläche entstehenden Schaum immer wieder mit einem Löffel beiseiteschieben, um den Bräunungsgrad der Feststoffe zu kontrollieren. Sobald sie braun werden und man einen süßlich nussigen Duft riechen kann, den Topf von der Platte nehmen, den Zitronensaft hineingeben und die Butter zum Auskühlen in eine Schüssel gießen.

Die Eigelbe mit dem restlichen Zucker und dem Salz in einer Schüssel so lange durchschlagen, bis die Mischung hell und dick geworden ist. Die abgekühlte braune Butter (sie darf sich nicht mehr heiß anfühlen) in einem dünnen Strahl langsam zugießen und dabei kräftig schlagen, damit die Mischung emulgiert. Wenn die ganze Butter untergerührt ist, langsam die Milch-Sahne-Mischung unterschlagen.

Das Ganze in einen sauberen Topf gießen und bei Mittelhitze unter ständigem Rühren kochen, bis die Mischung eindickt und an der Rückseite eines Löffels haften bleibt. Die Mischung wieder in eine Schüssel umfüllen und rasch in Eiswasser abkühlen. Beim Abkühlen häufig durchrühren. Wenn die Mischung kühl ist, abdecken und über Nacht in den Kühlschrank stellen.

Am nächsten Tag nach Herstelleranweisung in der Eismaschine fertigstellen.

Oder probieren Sie es ohne Maschine: Die Masse in eine Edelstahlschüssel füllen und ins Gefrierfach stellen. Alle 30 Minuten mit einem Schneebesen kräftig durchrühren. Den Vorgang wiederholen, bis die gewünschte Konsistenz erreicht ist (etwa sechsmal). Vor dem Servieren erneut durchrühren.

Braune-Butter-Kekse

Ergibt etwa 20 Kekse

115 g Butter, gewürfelt

185 g Mehl

1½ TL Backpulver

¼ TL feines Meersalz

1 Zitrone, unbehandelt

100 g Zucker

1 Ei

20 ganze Mandeln, geschält (nach Belieben)

Butter hands nennt man im Englischen hölzerne Kellen, mit denen Butter geformt wird.

Diese Kekse gab es in meiner Jugend in Australien. Sie sind schnell und einfach gemacht, deswegen waren sie bei uns zu Hause so beliebt. Obwohl sie auf Englisch *burnt butter biscuits* heißen, ist die Butter nicht wirklich verbrannt, sondern wird nur gebräunt wie bei dem Rezept für Braune-Butter-Eiscreme (S. 60). Das nussige Aroma der Butter gibt diesen Keksen ihren besonderen Geschmack. Vielleicht hat ein Koch, der zu dunkel gebräunte Butter verwerten wollte, das Rezept erfunden? Dem Zufall verdanken wir ja viele gute Rezepte. Meine Mutter hat immer auf jeden Keks eine geschälte Mandel gedrückt, aber mir sind sie lieber nur mit dem Gabelmuster darauf.

Die Butter in einem Topf mit schwerem Boden bei schwacher Hitze schmelzen. Auf Mittelhitze erhöhen und jetzt gut aufpassen: Den Schaum auf der Oberfläche immer wieder mit einem Holzlöffel beiseiteschieben, um den Bräunungsgrad der Feststoffe zu kontrollieren. Sobald sie braun werden und man einen süßlich nussigen Duft riechen kann, den Topf von der Herdplatte nehmen und die Butter zum Abkühlen in eine Schüssel gießen.

Den Backofen auf 180 °C vorheizen. Ein Backblech mit Backpapier auslegen.

Mehl, Backpulver und Salz in eine Schüssel sieben. Die abgeriebene Zitronenschale zugeben. Wenn die Butter sich nicht mehr heiß anfühlt, den Zucker unterschlagen und dann das Ei. Die Buttermischung langsam in das gesiebte Mehl einrühren, so dass ein glänzender und fester dunkelgelber Teig entsteht.

1 gestrichenen EL Teig abnehmen und zu einer Kugel rollen. So mit dem gesamten Teig verfahren und die Kugeln mit etwa 4 cm Abstand auf das Blech legen. Mit einer Gabel zu flachen Keksen drücken und dann nach Belieben mit einer Mandel verzieren.

Die Kekse etwa 15 Minuten goldbraun backen. Auf einem Kuchengitter auskühlen lassen und in einem luftdichten Behältnis aufbewahren.

Die größten Butteresser

Man könnte vermuten, dass die Franzosen mehr Butter verbrauchen als jedes andere Volk, aber es sind – die Inder. Sie schummeln allerdings ein bisschen, weil sie ihr Ghee nicht nur essen, sondern auch für religiöse Zeremonien verwenden. Sie haben auch die höchste Butterproduktion der Welt und können trotz jährlich wachsender Produktionsmengen nicht ganz so viel herstellen, wie sie verbrauchen. Die meiste Butter exportieren die Neuseeländer und die Australier, während die Europäer mit dem höchsten Pro-Kopf-Verbrauch aufwarten können, mit durchschnittlich etwas mehr als 4 Kilogramm pro Person und Jahr. Am meisten ins Gewicht fallen hier natürlich die Franzosen: Mit einem Pro-Kopf-Verbrauch von stolzen 8 Kilogramm pro Jahr sind sie ernst zu nehmende Butteresser, während die Kanadier es nur auf 3 und die US-Amerikaner auf 2 Kilogramm im Jahr bringen. Den heute am schnellsten anwachsenden Buttermarkt hat China, wo die Mittelschicht gerade ihr Faible für Butter entdeckt, die dort noch immer als Luxusgut gilt.

Süßer Mürbeteig

Dieser köstlich buttrige Teig ist mein Lieblingsteig und ich verwende ihn für alle möglichen Kuchen. Extrafeiner Zucker eignet sich besser als gewöhnlicher, er löst sich schneller auf. Als Flüssigkeit wird hier Ei benutzt, aber wenn Sie zum Beispiel Eierrahm als Belag möchten, können Sie das Ei im Teig auch durch dieselbe Menge (etwa 3 EL) einer anderen Flüssigkeit ersetzen. Natürlich bietet sich hier Eiswasser an; oder Orangensaft, er kann für eine Nuss- oder Fruchtfüllung eine wunderbare Ergänzung sein. Wegen des hohen Butteranteils ist es vielleicht ein bisschen schwierig, den Teig auszurollen; man nimmt ihn deswegen am besten eine Viertelstunde vorher aus dem Kühlschrank. Wenn der Teig zu klebrig ist, kann man ihn zwischen zwei Lagen Butterbrotpapier ausrollen. So lässt er sich auch leichter in die Backform heben.

Für zwei Kuchen Ø 22 cm

250 g Mehl

1 Prise feines Meersalz

150 g kalte Butter, in Stückchen

1 Ei

65 g extrafeiner Zucker

Mehl und Salz in der Küchenmaschine vermischen. Die Butter zugeben und so lange weiterrühren, bis die Mischung sehr groben Semmelbröseln ähnelt. Dann die Mischung in eine große Schüssel geben.

In einer anderen Schüssel Ei und Zucker verquirlen. Die Eiermischung über die Mehl-Butter-Mischung gießen und alles mit einer Gabel vermengen. Eine kleine Menge des Teigs zwischen die Finger nehmen und zusammenpressen. Wenn sie zusammenhält, den Teig auf eine leicht bemehlte Arbeitsfläche legen, wenn nicht, noch ein paar Teelöffel Eiswasser zugeben und den Test erneut durchführen. Alles sanft durchkneten und zu einer Kugel formen, diese dann in zwei Hälften teilen und jede zu einer Scheibe flach drücken. Die beiden Scheiben in Frischhaltefolie wickeln und vor der Weiterverarbeitung mindestens ½ Stunde kalt stellen.

Wenn du Butter schenkst, schenkst du dein Herz

Bretonisches Sprichwort

Oder ohne Maschine: Mehl, Salz und Zucker mischen. Die kalten Butterstückchen zugeben und mit kalten Händen mit dem Mehl zu einer gleichmäßig krümeligen Masse verreiben. Mit dem verquirlten Ei rasch zu einem Teig zusammenkneten (wenn er sich nicht verbindet, 2 bis 3 TL Eiswasser zugeben). Zu einer Kugel formen und weiterfahren wie oben beschrieben.

Hochzeitsbutter

Da Butter für Fruchtbarkeit und Wohlstand steht, gibt es in England den alten Hochzeitsbrauch, Frischvermählten einen Topf mit Butter zu schenken, damit sie mit zahlreichen Kindern gesegnet werden. Auf der anderen Seite des Ärmelkanals, in der Bretagne, gehörte Butter früher ebenfalls zu jeder Hochzeitsfeier. Man überreichte dem Hochzeitspaar mit kunstvollen Schnitzereien versehene Blöcke aus Butter, die auch als Dekoration während der Hochzeitszeremonie dienten. Die Gäste drückten Münzen und Papiergeld in die Butter hinein. Nach den Feierlichkeiten wurde das Geld eingesammelt und die Butterblöcke wurden versteigert. Das Geld, das so zusammenkam, wurde dem Brautpaar als Starthilfe für die gemeinsame Zukunft mitgegeben.

Butter in Kosmetik und Medizin

Die alten Ägypter strichen sich Butter ins Haar, damit es glänzt und fixiert ist – eine Art antikes Haargel also. Weil sie ein so gutes Schmiermittel ist, die Haut geschmeidig hält und Insekten vertreibt, wurde die Butter auch als Salbengrundlage und pflegende Körperlotion beliebt. Reisende, die in Zentralasien unterwegs waren, beschrieben, dass die Tibeter und Mongolen ihre Körper mit Butter einrieben, um sich vor Insekten oder Kälte zu schützen. Es störte sie nicht, wenn die Butter schon ranzig und schwarz war. Die Römer bestrichen zwar ihre schmerzenden Glieder und Brandwunden mit Butter, hätten aber nicht im Traum daran gedacht, sie zu essen.

Meine Mutter, die sehr wohl mit Butter kochte, griff immer sofort nach der Butter, wenn ich mir den Kopf angestoßen oder mich verletzt hatte, und rieb die wunde Stelle mit einem Stückchen davon ein. Obwohl sie gelernte Krankenschwester war, vertraute sie auf die Heilkraft der Butter oder zumindest ihre Fähigkeit, Schwellungen oder Wundheit zu lindern. Letztendlich geht diese Tradition auf die Kelten zurück und wurde über die schottischen Vorfahren meiner Mutter an sie weitergereicht, aber das wusste sie nicht.

Aus dem 16. Jahrhundert gibt es ein Rezept für Maibutter als Heilmittel gegen Arthritis. Dafür soll man die Butter einige Tage in der Sonne liegen lassen und im geschmolzenen Zustand dann trinken. Ob diese ohne Zweifel unangenehm ranzig schmeckende Medizin tatsächlich gegen Gelenkschmerzen half, ist nicht bekannt, als Abführmittel wirkte sie sicher grandios. Ein gewisser John Quincy schrieb 1718 abfällig über diese Medizin: »Sie wird durch Schmelzen gänzlich salzloser frischer Butter gemacht, in der Sonne, und das muss so lange wiederholt werden, bis sie eine weißliche Farbe annimmt. Es ist eine äußerst läppische Medizin und gewiss nicht nützlicher, als eine simple Salbe oder gewöhnliches Schmalz es sein mag.«

Butter wurde auch Tieren zur Gesundung verabreicht. Während des 1. Jahrhunderts rieb man in Indien die Wunden von Elefanten mit Butter ein oder zwang sie (wenn das überhaupt möglich ist), Butter zu schlucken. Da es sich höchstwahrscheinlich um Ghee handelte, blieben ihnen wenigstens die lästigen Nebenwirkungen ranziger Maibutter erspart. In der Bretagne benutzte man Butter zur Heilung von Kühen, die von einer Schlange gebissen worden waren. Erst wurde Butter in die Bisswunde einmassiert und dann verfütterte man der Kuh eine Mischung aus Salz und Butter, die vorher in ein Kohlblatt gewickelt wurde.

Aber nicht alle Menschen hielten Butter für eine gute Medizin. Bis zum 18. Jahrhundert waren viele Südeuropäer, sogar die gebildeteren, fest davon überzeugt, dass der Verzehr von Butter Lepra auslöse. Dieser Glaube wurde durch die Tatsache unterstützt, dass Lepra im Norden Europas häufiger auftrat als im Süden. Als der Kardinal von Aragon 1516 nach Holland reiste, nahm er große Mengen Olivenöl mit, damit er unterwegs nicht gezwungen sein würde, Butter zu essen.

Die Butteresser aus dem Norden haben den Kardinal wahrscheinlich ausgelacht; sie wussten, dass Butter gegen Krankheiten schützen und sogar heilen konnte. In der Bretagne legte man neben das Bett eines Kranken einen großen Block Butter, der die Krankheit absorbieren, den Kranken heilen und den Rest des Haushalts vor Ansteckung bewahren sollte. Wenn jemand zu krank war, um noch mit Butter geheilt werden zu können, gab man sie dem Verstorbenen mit ins Grab, damit das Leiden aus dem Haus entfernt wurde. Nach heutigem Kenntnisstand hätten die Patienten die Butter besser essen sollen, um von ihrer immunstärkenden und krebshemmenden Wirkung zu profitieren.

Keine Butter zu essen kann krank machen. Butter ist reich an Vitamin A, dessen Mangel unter anderem zu Xerophthalmie, extremer Augentrockenheit, und sogar zu Blindheit führen kann. In Dänemark trat diese Krankheit während des Ersten Weltkriegs gehäuft auf. Die Deutschen kauften fast die ganze dänische Butter auf und trieben die Preise so in die Höhe, dass der Durchschnittsdäne sie sich gar nicht mehr leisten konnte. Als der Preis wieder fiel und der Butterverbrauch sich normalisierte, verschwand diese Krankheit wieder.

Gesalzene Karamellsauce

Dieses Rezept hat mir der Konditor des Chez Michel gegeben, eines Restaurants in Paris, das sich auf die bretonische Küche spezialisiert hat. Das Geheimnis bei dieser Sauce ist die gesalzene Butter. Das Salz betont den Karamellgeschmack und verhindert, dass die Sauce übermäßig süß wirkt. Wahrscheinlich werden Sie keine bretonische Butter bekommen, aber diese Sauce hat die absolut beste gesalzene Butter verdient, die Sie auftreiben können. Im Chez Michel wird sie mit dem Kouign amann (S. 68) serviert, aber ich mag sie lieber auf Eis, frischen Früchten oder Milchreis mit Rindermark (S. 231).

Ergibt 375 ml

150 g Zucker

100 ml Sahne (35 % Fett)

150 g leicht gesalzene Butter, gewürfelt

Den Zucker in einen Topf mit schwerem Boden geben und bei schwacher bis mittlerer Hitze erwärmen, bis er schmilzt und die Farbe von Karamell annimmt. Immer wieder umrühren, damit der Zucker sich wirklich völlig auflöst. Wenn er ganz zu flüssigem Karamell geworden ist, den Topf von der Platte ziehen und in kaltes Wasser stellen, damit er nicht noch dunkler wird.

Behutsam die Sahne unterrühren (die Mischung zischt und schäumt auf), die Butter zugeben, den Topf wieder auf die Herdplatte stellen und bei schwacher Hitze so lange rühren, bis sich der Karamell aufgelöst hat.

Die Sauce warm oder zimmerwarm servieren. Sie kann im Kühlschrank bis zu 2 Wochen aufbewahrt und auch eingefroren werden.

Butter teeth
(Butterzähne) nannte man früher die mittleren oberen Schneidezähne im Englischen.

Das Fest der Buttergötter

Harrison Forman hat 1948 im *Canadian Geographic Magazin* über das Fest der Buttergötter geschrieben, wie es damals im Kumbum-Kloster in Tibet stattfand. Aus ganz Asien strömten Pilger herbei, um an den mehrere Tage dauernden Feierlichkeiten teilzunehmen. Diese gipfelten in der Enthüllung riesiger Butterskulpturen der buddhistischen Götter und mythischer Figuren am letzten Tag. Die außerordentlich detailreichen Skulpturen, als Relief in über drei Meter hohe Platten aus Yakbutter geschnitzt, wurden von einer großen Schar von Mönchen und lokalen Künstlern angefertigt, die den ganzen Winter damit verbrachten. Um jedes Detail herauszuarbeiten, wurde die Butter zudem in vielen verschiedenen Farben eingefärbt. Forman schrieb: »Die Beschaffenheit der Seidentücher [war] so realistisch, dass man am liebsten die Hand ausgestreckt und sie berührt hätte. Sogar die Blumenmuster bis zum winzigsten Blütenblatt, Blatt und Stiel [...] waren aufs Genaueste ausgeführt.« Die Platten wurden unmittelbar nach Sonnenuntergang enthüllt und von Hunderten von Yakbutterlampen erleuchtet. Forman erinnert sich, dass die Menschenmassen, die seit Stunden auf diesen Moment gewartet hatten, nach vorne drängten, um einen Blick aus der Nähe erhaschen zu können. Die ganze Nacht über standen die Menschen Schlange, um endlich die prächtigen Skulpturen ansehen zu können. Die Hitze der Lampen zusammen mit der Wärme, die die Menschen ausströmten, wurde aber sogar den Buttergöttern zu viel. Am Ende der Nacht waren die Bildplatten zu einer unförmigen Masse farbiger Butter verschmolzen und wurden bei Tagesanbruch in den Abgrund gestürzt, wo sich die Krähen darüber hermachten.

Salzbutter-Tarte

Für 6 bis 8 Portionen

½ Rezeptmenge süßer Mürbeteig (S. 63)

250 g extrafeiner Zucker

115 g gesalzene Butter, gewürfelt

leicht geschlagene Sahne zum Servieren

Auch manche meiner Rezepte sind eher durch Zufall entstanden. So habe ich zuerst die gesalzene Karamellsauce gemacht (S. 65) und war von ihrem Geschmack begeistert. Dann hat Eric Kayser, ein bekannter Pariser Bäcker, eine Bäckerei in meinem Viertel in Paris übernommen, und in der Woche darauf schneite meine Freundin Laura bei mir herein, in der Hand Kaysers neues Backbuch. Darin fand ich ein Rezept für *tarte au beurre salé*, Salzbutter-Tarte. Ich habe sie natürlich sofort nachgebacken. Und hier kommt meine süchtig machend süße Version dieses Rezepts. Wenn Sie die Zutaten dafür einkaufen, sollten Sie etwas Sahne extra kaufen und die Tarte dann mit einer Schlagsahnewolke darauf servieren. Das mildert die Süße ein wenig ab – auch dafür kann Fett gut sein.

Den Teig auf einer bemehlten Arbeitsfläche ausrollen und eine Tarteform von 23 bis 24 cm Durchmesser damit auslegen. Den Boden mit einer Gabel gleichmäßig einstechen und mindestens 30 Minuten in den Kühlschrank stellen.

Den Backofen auf 190 °C vorheizen.

Den Teig mit Backpapier belegen und mit getrockneten Hülsenfrüchten bestreuen. Etwa 15 Minuten blindbacken, bis der Teig gerade fest geworden ist. Backpapier und Hülsenfrüchte entfernen und 10 bis 15 Minuten weiterbacken, bis der Boden eine dunkelgelbe Farbe angenommen hat. Dann die Form auf ein Backgitter stellen und den Boden vollständig auskühlen lassen.

Zucker und Butter in einen tiefen Topf mit schwerem Boden geben. Gut verrühren und bei mittlerer Hitze schmelzen. 15 bis 20 Minuten unter gelegentlichem Rühren weiterkochen, bis Butter und Zucker karamellisieren. Zucker und Butter werden nun verschiedene Stadien durchlaufen. Zuerst sieht das Ganze aus wie eine Art Mehlschwitze, dann wirkt es wie geronnen und schließlich trennt sich die Butter wieder vom Zucker. Aber keine Sorge: Zum Schluss verbindet sich alles wieder.

Während der Karamell kocht, die Sahne in einen Topf geben und bei mittlerer Hitze zum Kochen bringen. Von der Herdplatte nehmen und beiseitestellen.

Die Butter-Zucker-Mischung immer weiterrühren und gut aufpassen, wenn sie zu karamellisieren beginnt. Das Ziel ist zwar ein satt dunkler Karamellton, aber der Karamell darf auf keinen Fall anbrennen, da er sonst bitter wird. Wenn er die richtige Farbe hat, den Topf von der Herdplatte nehmen und langsam und vorsichtig die Sahne hineingießen; die Mischung wird jetzt zischen und aufschäumen. Wenn sie damit aufhört, wieder bei schwacher Hitze auf die Herdplatte stellen und noch einmal 5 Minuten kochen, dabei rühren und den Karamell so vollständig in der Sahne auflösen. Den Topf vom Herd ziehen und den Karamell 10 Minuten abkühlen lassen. Wenn er abgekühlt ist, langsam auf den gebackenen Kuchenboden gießen und die Tarte mindestens 2 Stunden kühl stellen.

Gekühlt lässt sich die Tarte auch leichter schneiden. Dazu aus der Form nehmen und mit einem nassen Messer in Portionsstücke teilen. Sie sollte zimmerwarm serviert werden. Jetzt noch ein Klecks Schlagsahne dazu – perfekt.

Schneller Apfelkuchen

Für 6 Portionen

200 g Blätterteig (S. 43)
30 g gemahlene Mandeln
2–3 Kochäpfel
3 EL Butter, geschmolzen
3 EL Zucker

Dieser einfache Kuchen ist viel schneller gemacht als ein klassischer Apple Pie und doch wesentlich eindrucksvoller. Wenn ich Blätterteig herstelle, rolle ich Teigkreise für diesen Kuchen aus und friere sie ein. So ist der Teig immer schon fix und fertig, wenn es mir in den Sinn kommt, einen Apfelkuchen zu backen. Ich lasse ihn auftauen, während ich die Äpfel schneide, und muss den Teig dann auch vor dem Backen nicht mehr im Kühlschrank ruhen lassen. Das Schwierigste ist, die Äpfel ganz dünn zu schneiden. (Das geht am einfachsten mit einem Gemüsehobel.) Richten Sie die Zeit so ein, dass der Kuchen genau dann aus dem Ofen kommt, wenn Sie ihn servieren wollen, denn warm schmeckt er am besten. Sie können Braune-Butter-Eiscreme (S. 60) dazu reichen.

Butterscotch nennt man seit dem 19. Jahrhundert in England mittelhartes Toffee, das aus gesalzener Butter und Zucker hergestellt wird und mindestens 4 Prozent Butterfett enthalten muss. Trotz des Namens ist seine Verbindung zu Schottland völlig unklar.

Den Teig zu einem dünnen Quadrat von etwa 26 cm Seitenlänge ausrollen. Einen Kreis von 25 cm Durchmesser ausschneiden und auf ein ungefettetes Backblech legen. Den Teig gleichmäßig mit einer Gabel einstechen, dabei aber einen gut ½ cm breiten Rand unberührt lassen. Dieser Rand geht später im Ofen auf, so dass die Apfelspalten eingefasst werden. Die Teigscheibe ½ Stunde in den Kühlschrank legen.

Den Backofen auf 220 °C vorheizen.

Die Äpfel schälen, vierteln und das Kerngehäuse entfernen. Jedes Viertel der Länge nach in ganz dünne Spalten schneiden.

Den Teigboden aus dem Kühlschrank nehmen und mit den gemahlenen Mandeln bestreuen (den Rand frei lassen). Jetzt die Apfelspalten in konzentrischen Kreisen auf den Mandeln auslegen. Mit der geschmolzenen Butter beträufeln und mit dem Zucker bestreuen.

25 bis 30 Minuten backen, bis die Äpfel gar sind, der Teig goldbraun und der Kuchenrand gut aufgegangen ist. Warm servieren.

Kouign amann (bretonischer Butterkuchen)

Für 8 Portionen

1 TL Trockenhefe (4 g)
175 g Zucker
150 ml warmes Wasser
200 g Mehl
175 g gesalzene Butter

Es gibt eine Menge guter Gründe dafür, im Chez Michel zu speisen, einem Pariser Restaurant in der Nähe des Gare du Nord, ganz besonders im Herbst, wenn vor allem Wild auf der Speisekarte steht. Aber zu jeder Jahreszeit gibt es dort Spezialitäten aus der Bretagne, die sowohl für die Pariser als auch für ausländische Besucher etwas ganz Besonderes sind. Eines meiner Lieblingsgerichte dort ist der Kouign amann (bretonisch für Butterkuchen), den ich beim ersten Mal wegen seines Namens bestellt habe. Er ist eigentlich mehr ein Gebäckstück als ein richtiger Kuchen, mürb und buttrig, wie ein üppiges Croissant, unten karamellisiert und oben knusprig. Er wird warm (nicht heiß!) serviert, und unter der knusprigen, mit Zucker überzogenen Decke stößt man auf sein weiches buttriges Innenleben. Sein Geschmack wird geprägt

von der gesalzenen Butter, die in großen Mengen darin enthalten ist, und er ist das einzige Dessert, für das mein Mann den cremigen Milchreis des Restaurants stehen lässt. Folgerichtig stammt dieses Rezept hier von Thierry Breton, dem Besitzer und Küchenchef des Chez Michel.

Die Hefe in einer kleinen Schüssel mit 1 TL Zucker mischen. Das warme Wasser unterrühren. Diesen Vorteig an einem warmen Ort etwa 10 Minuten gehen lassen.

Das Mehl in eine Schüssel sieben und mit der Hefemischung zu einem Teig rühren. Diesen auf eine bemehlte Arbeitsfläche legen und sanft kneten, bis er weich und geschmeidig ist. Zu einer Kugel formen und abgedeckt 30 Minuten ruhen lassen.

Mit etwa 2 TL Butter eine Kuchenform von 23 cm Durchmesser einfetten und dann den Boden und die Seitenwände mit 1 EL Zucker bestäuben.

Die restliche Butter zwischen zwei Lagen Backpapier mit einem Nudelholz so lange schlagen, bis sie formbar ist. Das Ziel ist, dass Butter und Teig etwa dieselbe Konsistenz haben. Die weich gewordene Butter zu einem Quadrat formen, das gut ½ cm dick ist und eine Seitenlänge von etwa 15 cm hat.

Den Teig auf eine kühle bemehlte Fläche legen und von der Mitte aus vier Ecken ausrollen. Es sollte sich ein grobes Quadrat von etwa 30 cm Seitenlänge ergeben, in das man die Butter einschlagen kann, wobei die Mitte etwa viermal so dick sein sollte wie die Ecken. 2 EL vom Zucker beiseitestellen und mit der Hälfte des restlichen Zuckers die Teigmitte bestreuen. Die Butter darauflegen und die zweite Hälfte Zucker darüberstreuen. Jetzt die Teigenden darüberschlagen, so dass Butter und Zucker komplett umhüllt sind. Man hat nun ein Teigquadrat mit der Butter im Inneren. Fest mit dem Nudelholz auf das Quadrat drücken, um es etwas flacher zu machen. Dann in alle Richtungen ausrollen, bis ein etwa 40 × 20 cm großes Viereck entstanden ist. Dieses wie einen Briefbogen in drei gleiche Teile falten und dann um 90 Grad drehen, so dass man eines der offenen Enden direkt vor sich liegen hat. Den Teig wieder zu einem Viereck derselben Größe ausrollen, dieses wieder in drei gleiche Teile falten, mit einem Tuch abdecken und beiseitestellen.

Den Backofen auf 220 °C vorheizen.

Den Teig zu einem Kreis von etwa 23 cm Durchmesser ausrollen. In die vorbereitete Form legen, mit der Hand gut in die Form einpassen und andrücken. 15 Minuten ruhen lassen.

Die Oberfläche des Teigs mit Wasser bestreichen und mit den restlichen 2 EL Zucker bestreuen. Den Kuchen etwa 25 Minuten backen, bis er goldbraun und oben karamellisiert ist. In der Form leicht abkühlen lassen, herausnehmen und zusammen mit dem buttrigen Karamell in der Form auf eine Platte geben. Noch warm oder zimmerwarm servieren. Der Kuchen hält sich gut im Kühlschrank, sollte aber nicht gekühlt serviert werden.

Der Butterturm von Rouen

Die Kathedrale von Rouen, die im Mittelalter aus dem hellen Stein der Gegend dort erbaut wurde, ist ein herrliches Beispiel des spätgotischen Flamboyant-Stils. Ursprünglich hatte sie nur einen Turm, aber 1485 beschloss man, einen weiteren am südlichen Ende der Westfassade zu errichten. Als mit dem Bau begonnen wurde, sackte jedoch der Grund ab und die Fassade neigte sich, so dass das gesamte Eingangsportal erneuert werden musste.

Der neue Turm, dessen Bau 1506 schließlich abgeschlossen war, wurde im Volksmund »Butterturm« genannt. Manche Leute nehmen an, dass der Name mit dem gelblichen Farbton des Steines zusammenhängt, aber es gibt auch eine andere, plausiblere Erklärung. Reiche Katholiken kauften sich nämlich damals häufig von der Kirche die Erlaubnis, auch während der Fastenzeit Butter zu essen, obwohl es offiziell verboten war. Viele der guten Bürger von Rouen konnten trotz der Aussicht auf ewige Erlösung den Lockungen der Butter nicht widerstehen, bezahlten der Kirche ihre Buttergier teuer und haben so den Butterturm der Kathedrale finanziert.

Der Sitz der katholischen Kirche ist allerdings im Vatikan und die südeuropäischen Katholiken aßen weder Butter noch kochten sie damit, sondern sie zogen das jederzeit verfügbare Olivenöl vor, das in der Fastenzeit auch nicht verboten war. Im Norden Europas dagegen war tierisches Fett und speziell Butter ein wichtiger Bestandteil der Ernährung. Die Kirche nutzte das nur allzu gerne, um durch Butterablässe ihren Säckel zu füllen, und auch geschäftstüchtige Händler aus dem Süden exportierten während der Fastenzeit Öl (meist von minderwertiger Qualität) in den Norden. Diese Praktiken gehörten zu den vielen Dingen, die Martin Luther in Rage versetzten. In seiner Schrift *An den christlichen Adel deutscher Nation* aus dem Jahr 1520 schrieb er: »Denn sie selbst zu Rom der Fasten spotten, lassen uns haussen Oele fressen, da sie nicht ihre Schuhe mit liessen schmieren; verkaufen uns darnach Freyheit, Butter, und allerley zu essen; [...]. Aber sie haben mit ihrem geistlichen Recht uns gefangen und gestohlen, auf daß wirs mit Geld wieder kaufen müssen; haben damit so blöde, schüchterne Gewissen gemacht, daß nicht gut mehr von derselben Freyheit zu predigen ist; darum daß sich das gemeine Volk so fast darinnen ärgert, und achtet für grössere Sünde Butter essen, denn lügen, schwören, oder auch Unkeuschheit treiben.«

Der Import von Öl während der Fastenzeit erhöhte die Auslandsschulden der nordeuropäischen Länder und die einheimische Agrarproduktion wurde zurückgefahren, weil der Bedarf an tierischen Lebensmitteln sank. Man kann vielleicht nicht direkt sagen, dass der Protestantismus der Liebe zur Butter entsprang, aber es ist doch interessant, dass die Länder, die im 16. Jahrhundert mit der katholischen Kirche brachen, auch diejenigen waren, in denen tierisches Fett und nicht das Olivenöl das meistgebrauchte Fett zum Kochen war.

Blätterteig-Palmiers

Zucker
Blätterteigreste (S. 43)

Wenn Sie mit Blätterteig backen, werden immer ein paar Teigstücke übrig bleiben. Sie sollten sie nicht wegwerfen, sondern zu einem Zuckergebäck verarbeiten, das man in Frankreich *palmier* nennt. Keine Ahnung, wie es dazu kam, denn wie eine Palme sieht es nun wirklich nicht aus. In Deutschland heißt das Gebäck Schweinsöhrchen und im Englischen werden sie manchmal auch *elephant ear* genannt, was wesentlich sprechendere Namen sind. In der Schweiz heißen sie übrigens Prussiens oder Preußen.

Wie viele Palmiers Sie backen können, hängt natürlich von der Menge der Teigreste ab. Sie schmecken schon für sich ganz wunderbar, sind aber auch eine hübsche Verzierung für Eis oder Fruchtdesserts.

Eine Arbeitsfläche mit Zucker bestreuen. Nachdem Sie so viel Zeit und Mühe darauf verwendet haben, einen Blätterteig selbst zu machen, sollten Sie mit den Resten ebenfalls sehr behutsam umgehen. Die einzelnen Stücke leicht überlappend auf der Arbeitsfläche zu einem Patchwork-Viereck auslegen. Dieses mit dem Nudelholz zu einem größeren Viereck ausrollen, das etwa 6 mm dick ist. Wie einen Briefbogen auf ein Drittel falten, um 90 Grad drehen und wieder ausrollen, damit die Schichten sich zu einem homogenen Teigstück verbinden. In Klarsichtfolie wickeln und 30 Minuten in den Kühlschrank legen.

Auf der Arbeitsfläche Zucker wie sonst Mehl ausstreuen, damit der Teig nicht kleben bleibt, und den Teig mit dem Nudelholz zu einem Viereck ausrollen, das etwa 3 mm dick ist. Wenn man mit dem Ausrollen fertig ist, sollte der Teig auf beiden Seiten von Zucker überzogen sein. Den Teig anschließend zu einem sauberen Viereck zurechtschneiden.

Jetzt die beiden kurzen Enden einschlagen, so dass sie sich in der Mitte des Teigvierecks treffen. Den Teig wieder mit Zucker bestreuen und dann leicht mit dem Nudelholz darüberrollen, um den Zucker in den Teig zu pressen. Wieder die kurzen Enden zur Mitte falten, den Teig zuckern und mit dem Nudelholz leicht darüberrollen. Es sind nun vier Lagen Teig entstanden. Jetzt den Teig so zusammenklappen, dass ein langes schmales Viereck aus 8 Teiglagen entsteht. Den Teig wieder in Frischhaltefolie einschlagen und etwa 1 Stunde in den Kühlschrank legen.

Den Backofen auf 220 °C vorheizen. Ein Backblech mit Backpapier belegen.

Den Teig aus dem Kühlschrank nehmen und in etwa 1 cm dicke Scheiben schneiden. Die Scheiben mit etwa 5 cm Abstand auf das Backblech legen.

Die Palmiers 8 bis 10 Minuten backen, bis sie auf der Unterseite braun geworden sind. Man riecht dann deutlich den kochenden Zucker. Mit einem Spatel wenden und etwa 5 Minuten weiterbacken, bis sie karamellisiert sind. Gut darauf achten, dass sie nicht zu dunkel werden. Auf ein Backgitter legen. Wenn sie abgekühlt sind, zum Aufbewahren in ein luftdichtes Behältnis geben.

Butterkaffee: Bevor man daraufkam, Kaffeebohnen zu rösten und daraus Kaffee zu brauen, wurden die Bohnen gekaut. Dazu wurden die ganzen grünen Bohnen mit Fett (häufig Ghee) vermischt. Reisende aßen sie oft, um auf langen Fahrten wach zu bleiben.

Warum lässt sich Butter streichen?

Butter ist ein sehr eigenwilliges Material, das aus Fett, Wasser und Milchfeststoffen besteht, also aus lauter Bestandteilen, deren Konsistenz temperaturabhängig ist. Butter aus dem Kühlschrank ist fest und lässt sich kaum streichen, während zimmerwarme Butter zwar noch immer fest, aber doch schon streichfähig ist. Sie wird durch ein Gerüst aus Kristallen in Form gehalten. Erst bei einer Temperatur von 35 °C, also knapp unter Körpertemperatur, brechen die Kristalle auseinander, die Butter schmilzt und ruft dann auf der Zunge dieses herrlich cremige Gefühl hervor. Um Butter wieder fest werden zu lassen, muss sie auf 23 °C heruntergekühlt werden. Was tut man nun aber, wenn man vergessen hat, die Butter rechtzeitig aus dem Kühlschrank zu nehmen? Schaben Sie die Oberfläche dünn mit dem Messer ab. Dadurch wird die Kristallstruktur aufgelöst und die Butter lässt sich besser streichen.

Pfund(s)kuchen mit Pfeffer und Orange

Für 6 bis 8 Portionen

150 g Mehl, gesiebt

150 g Zucker plus 3 EL extra

1½ TL schwarze Pfefferkörner, zerdrückt

¾ TL Backpulver

¼ TL feines Meersalz

1 Orange, unbehandelt

3 Eier, zimmerwarm

3 EL Milch

185 g weiche Butter, gewürfelt

Butter zum Einfetten

Ein Rezept für *pound cake* findet sich bereits in Richard Bradleys *The Country Housewife and Lady's Director in the Management of a House* (etwa: Die Hausfrau und Führungsdame des ländlichen Haushalts) von 1736. Ursprünglich als Butterkuchen bezeichnet, wurde er auch *pound cake,* Pfundkuchen, genannt, weil je ein Pfund Butter, Zucker, Eier und Mehl verwendet wurden. Die Franzosen nannten ihn *quatre-quarts,* vier Viertel, wegen der vier Zutaten derselben Menge. Im Originalrezept werden erst nur Butter und Zucker cremig gerührt und dann die Eier zugegeben, damit der Teig später gut aufgeht. Dank der heutigen Backtriebmittel können alle Zutaten zugleich vermischt werden und man vermeidet so langwieriges Rühren. Manche nehmen mehr Butter und noch etwas Milch, so dass der Kuchen saftiger und aromatischer wird. Ich habe dem Rezept mit einer Kombination aus Orange und Pfeffer meinen eigenen Stempel aufgedrückt. Beide Zutaten können natürlich weggelassen werden, wenn man einen ganz einfachen Kuchen will. Auch Zitrone oder Kümmel ergeben je eine eigene Version. Auf jeden Fall aber sollte man der englischen Tradition folgen und zu diesem Kuchen ein Gläschen Madeira trinken.

Den Backofen auf 180 °C vorheizen. Eine 24 cm lange Kastenform buttern und mit Mehl bestäuben. Den Boden mit Backpapier auslegen.

Mehl, 150 g Zucker, die zerdrückten Pfefferkörner, das Backpulver und das Salz in der Rührschüssel der Küchenmaschine von Hand mischen und dann bei niedriger Geschwindigkeit durchrühren, bis alles gut vermengt ist. Die Orangenschale fein abreiben, den Saft auspressen. In einer Schüssel die Schale und 1½ TL vom Saft mit den Eiern und der Milch leicht verquirlen. Den restlichen Saft beiseitestellen.

Die Butter zur Mehlmischung geben und die Hälfte der Eiermischung dazugeben. Bei niedriger Geschwindigkeit durchrühren, bis das Mehl feucht ist, dann die Geschwindigkeit steigern und alles 1 Minute durchschlagen. Allen Teig von der Schüsselwand schaben; erst die eine Hälfte der restlichen Eiermischung zugeben und den Teig 20 Sekunden durchschlagen, dann die andere Hälfte und noch einmal 20 Sekunden schlagen.

Den Teig in die vorbereitete Form gießen und glattstreichen. Den Kuchen 20 Minuten backen und dann, damit er gleichmäßiger aufgeht, mit einem scharfen Messer längs in der Mitte einschneiden. Den Kuchen 10 Minuten weiterbacken, mit Alufolie abdecken und noch etwa 25 Minuten backen, bis an einem Holzstäbchen, das man in den Kuchen sticht, nichts mehr kleben bleibt. Den Kuchen herausnehmen und in der Form 10 Minuten abkühlen lassen.

Währenddessen die restlichen 3 EL Zucker mit 60 ml vom Orangensaft in einen kleinen Topf geben. Bei mittlerer Hitze zum Kochen bringen und den Zucker durch Rühren auflösen. Den Kuchen aus der Form nehmen und auf das Kuchengitter stellen (nicht stürzen). Die Oberfläche mit einem Holzstäbchen in geringen Abständen einstechen und so oft mit dem heißen Sirup bestreichen, bis alles eingesickert ist.

Den Kuchen vollständig auskühlen und über Nacht ruhen lassen.

Butter in Tibet

In Tibet muss wegen des kühlen Klimas Butter nicht zu Ghee gekocht werden, um sie haltbar zu machen, und außerdem mögen die Tibeter ihre Butter gern ranzig. Die Butter aus Yakmilch wird nicht nur gegessen, sondern auch für *tsocha* verwendet, eine Mischung aus Tee, Yakbutter und Salz, die die Tibeter mehrmals täglich zu sich nehmen. Außerdem wird Yakbutter zusammen mit geröstetem Gerstenmehl zu einem nahrhaften Porridge gekocht, das *tsampa* heißt und ein Grundnahrungsmittel ist. Butter wird auch als Zahlmittel verwendet, um sich von sozialen Verpflichtungen freizukaufen oder Schulden zu bezahlen.

Die meiste Yakbutter wird in Tibet von den Lamaklöstern verbraucht. Die Mönche essen die Butter, befeuern damit ihre Altarlampen und balsamieren ihre verstorbenen Gurus, die man in Tibet *lama* nennt, damit ein. Auch bei religiösen Festlichkeiten wie dem Fest der Buttergötter (S. 65) werden traditionell große Mengen Butter verbraucht.

Shortbread

Für ein großes rundes Shortbread (12 Stück)

225 g kalte Butter, gewürfelt, plus 1 TL weiche Butter

100 g extrafeiner Zucker

185 g Mehl

65 g Reismehl

1 Prise feines Meersalz

⅛ TL Fleur de Sel oder Hagelzucker (nach Belieben)

Meine Großmutter ist mit achtzehn Jahren von Schottland nach Australien ausgewandert. Ich würde ja allzu gerne behaupten, dass sie dieses Rezept mitgenommen hat, um es dort an die kommenden Generationen weiterzugeben, aber in Wirklichkeit haben wir unser Shortbread gekauft (immerhin war es aus Schottland importiert). Ich mag Shortbread am liebsten weich und fast krümelig wie dieses hier. Ich habe eine Sammlung von Shortbread-Formen, aber weil ich nur ein- oder zweimal im Jahr Shortbread backe, werden sie nicht oft genug benutzt und das Shortbread bleibt immer darin haften. Deswegen benutze ich einfach eine Tarteform mit herausnehmbarem Boden, so bekomme ich einen schönen gewellten Rand und kann das Shortbread ganz leicht als Ganzes aus der Form nehmen. Versuchen Sie einmal, das Shortbread mit ein wenig Fleur de Sel statt mit Zucker zu bestreuen, der buttrige Geschmack kommt so noch besser zur Geltung.

Mit 1 TL weicher Butter Rand und Boden einer Tarteform mit herausnehmbarem Boden leicht fetten.

Die kalte Butter und den Zucker in die Schüssel des Standmixers geben. Mit dem Flachrührer auf niedriger Stufe 15 Sekunden durchrühren. Beide Mehlsorten und 1 Prise Salz zugeben und wieder auf niedriger Stufe rühren, bis der Teig nach etwa 3 bis 5 Minuten zusammenklumpt.

Den Teig zu einer Kugel formen und diese auf bemehlter Arbeitsfläche zu einem etwa 1 cm dicken Kreis von 23 cm Durchmesser ausrollen. Diesen in die Tarteform legen und mit den Fingern einpassen. Die Oberfläche mit einer Gabel in kleinen Abständen einstechen. Man darf dabei ruhig bis auf den Boden durchstechen. 1 Stunde in den Kühlschrank stellen.

Den Backofen auf 150 °C vorheizen.

Den Teig mit Fleur de Sel oder Hagelzucker bestreuen. Die Tarteform auf einen Rost stellen und das Shortbread ungefähr 1 Stunde backen, bis es in der Mitte gerade fest geworden ist und leicht Farbe angenommen hat.

Auf ein Kuchengitter stellen und mit einem scharfen Messer so einritzen, dass sich 12 Stück ergeben. Auskühlen lassen. Wenn das Shortbread abgekühlt ist, aus der Form nehmen und dann den Markierungen folgend in Stücke schneiden. Es kann in einem luftdichten Behältnis bis zu 1 Woche aufbewahrt werden.

Boil stones in butter and you may sup the broth

Koch Steine in Butter und du kannst die Brühe schlürfen

Schottisches Sprichwort

Königskuchen mit Rhabarber

Für 10 bis 12 Portionen

100 g weiche Butter

100 g extrafeiner Zucker plus 2 EL extra

1 Prise feines Meersalz

100 g gemahlene Mandeln

2 EL Mehl

2 Eier

1 EL alter Rum oder Cognac

450 g frischer Rhabarber, geputzt

1 Rezeptmenge Blätterteig (S. 43)

Mettre du beurre dans les épinards

Butter an den Spinat geben

Französische Redensart für: seine Lebensbedingungen verbessern, es sich gut gehen lassen

Je älter ich werde, desto wichtiger finde ich Traditionen. In meiner Jugend gab es an Ostern *hot cross buns,* Hefebrötchen mit einem kreuzförmigen Einschnitt, und *Simnel cake* (eine Art Ostertorte mit Marzipandecke und vielen Trockenfrüchten darin) und Weihnachten wäre sogar in Australien ohne den klassischen Christmas Pudding (S. 224) unvorstellbar gewesen. In Frankreich, so habe ich entdeckt, gibt es spezielle Kuchen für bestimmte Heiligenfeiertage. Das Datum für meinen Hochzeitstag hab ich mir wegen eines Gebäcks ausgesucht. Der 16. Mai ist der Tag von Saint Honoré (Schutzpatron der Bäcker), und eine Saint-Honoré-Torte ist eine wundervolle Kombination aus Blätter- und Brandteig, gefüllt mit einer Crème Chiboust, einer Konditorcreme, die mit Schlagsahne verfeinert und mit Karamell verziert wird. Außerdem liebe ich die *galette des rois,* einen Kuchen aus Blätterteig mit einer Mandelfüllung, der am Dreikönigstag gegessen wird. Darin wird eine Bohne oder ein kleiner Gegenstand versteckt, und wer ihn findet, ist dann König oder Königin für diesen Tag. Die Tradition, Gegenstände in Backwerk zu verstecken, gibt es übrigens auch in anderen Kulturen.

Jüngere Konditoren in Frankreich ersetzen die Mandelfüllung heute oft durch etwas anderes, wie etwa eine Füllung aus Pistazien, aber mir sind diese Kreationen meist zu süß. Meine moderne Variante hat deswegen eine Schicht aus leicht säuerlichem Rhabarber, der ein gutes Gegengewicht zur süßen Mandelfüllung bildet – eine nette Entschädigung, falls man das Stück mit der Bohne nicht bekommt.

Die Butter mit 100 g Zucker und dem Salz in die Schüssel der Küchenmaschine geben und sehr gut verrühren. Mandeln und Mehl zugeben und so lange rühren, bis alles gut vermengt ist. Für die Mandelfüllung (Frangipane) die 2 Eier in einer Schüssel gut verquirlen und 2 EL davon für das Bestreichen der Torte beiseitestellen. Die übrigen Eier mit dem Rum vermischen und zur Mandelmischung gießen. Alles wieder gut durchrühren. Die Mandelmischung in eine Schüssel umfüllen, abdecken und 4 bis 6 Stunden oder über Nacht in den Kühlschrank stellen.

Den Backofen auf 190 °C vorheizen. Eine gläserne Auflaufform in den Kühlschrank stellen.

Den Rhabarber waschen und in 7 cm lange Stücke schneiden (dickere Stücke einmal längs durchschneiden). In einer Schicht auf dem Boden einer anderen Glasform auslegen. (Wenn die Stücke sehr unterschiedlich dick sind, die dickeren in die eine und die dünneren in die andere Hälfte der Form legen.) Der Rhabarber sollte noch feucht vom Waschen sein, sonst mit 1 EL Wasser besprühen. Die restlichen 2 EL Zucker darüberstreuen.

Den Rhabarber im Ofen 8 bis 15 Minuten backen, bis er weich ist. Wenn Sie mit dem Finger daraufdrücken, sollten die Stücke nachgeben, aber noch nicht matschig sein. Dann den Rhabarber in die gekühlte Form legen. Die abgekühlten Stücke in eine mit Küchenpapier ausgelegte Schüssel legen, damit der überschüssige Saft aufgenommen wird.

Ein Backblech mit Backpapier belegen. Den Blätterteig in zwei Hälften teilen und zu zwei Quadraten von etwa 28 cm Seitenlänge ausrollen, dann zwei Kreise ausschneiden. Einer sollte etwa 25 cm Durchmesser haben, der andere 26 cm. (Die Teigreste für die Palmiers von Seite 71 aufbewahren.) Den 25 cm großen Kreis auf das vorbereitete Backblech legen.

Die Mandelmischung aus dem Kühlschrank nehmen, zwischen zwei Lagen Frischhaltefolie legen und zu einem Kreis von 23 cm Durchmesser ausrollen. Diesen mittig auf den Teigkreis legen und die gut abgetrockneten Rhabarberstücke darauf verteilen. Den Rand des Teigkreises mit Ei bepinseln und dann den größeren Teigkreis über die Mandelfüllung legen. Die Ränder des oberen und unteren Teigkreises fest zusammendrücken und den oberen Teigkreis wenn nötig noch etwas kleiner schneiden. Den Teigrand mit dem hinteren Ende eines Messers in regelmäßigen Abständen eindrücken, damit er eine Art Bogenkante bekommt. Ein kleines Loch in die Mitte des oberen Teigkreises schneiden, damit beim Backen der Dampf entweichen kann. Dann mit einem scharfen Messer vorsichtig von diesem Loch aus rundum Schlangenlinien bis zum Rand schneiden. Den Teigdeckel mit Ei bepinseln und den Kuchen mindestens 30 Minuten in den Kühlschrank stellen.

Den Backofen auf 220 °C vorheizen.

Den Kuchen oben noch einmal mit Ei bepinseln und dann 30 bis 40 Minuten backen, bis der Blätterteig aufgegangen und goldbraun geworden ist.

Den Kuchen abkühlen lassen und zimmerwarm servieren.

Die Butterheilige

Im 13. Jahrhundert lebte in Deutschland eine Frau namens Haseka in religiöser Askese. Sie bewohnte ein einfaches Zimmerchen bei einer Kirche und aß nur, was sie als Almosen bekam. Eine fromme Frau namens Berta ging ihr zur Hand. Eines Tages bekam Haseka ein Stück Butter geschenkt und bewahrte es in einer Truhe in ihrem Zimmer auf. Schon bald roch es im Zimmer äußerst ranzig und Berta sagte zu Haseka, sie könne wegen des Gestanks nicht länger bei ihr bleiben. In dieser Nacht betete Haseka zu Gott: »Herr, wir werden diese Butter, woraus auch immer sie bestehen mag, in deinem Namen essen. Alle Dinge sind in deiner Gewalt; und in deiner Gewalt und Stärke wirst du Gutes aus dem Bösen schaffen, wenn du es nur willst; und wenn du es nur willst, kannst du auch diese Butter gut machen.«

Als Haseka am nächsten Morgen erwachte, war der ranzige Geruch verschwunden, und als sie von der Butter kostete, schmeckte diese wie frisch gebuttert. Die treue Berta kam zurück und Haseka lebte ein langes frommes Leben und aß jeden Tag ein kleines Stückchen Butter. Wie durch ein Wunder blieb die Butter frisch und ging nie aus. Obwohl Haseka erst in hohem Alter starb, bewunderten alle, die ihre Leiche sahen, ihr jugendliches Aussehen, das ohne Zweifel davon gekommen war, dass sie jeden Tag frische Butter aß. Natürlich wurde Haseka daraufhin zur Schutzpatronin der Butter ernannt und Frauen baten beim Buttern um ihre Hilfe, damit die Butter gelinge, oder beteten zu ihr, sie solle ranzige Butter wieder frisch machen. Und natürlich aßen sie jeden Tag ein kleines Stückchen Butter, in der Hoffnung, dadurch ewig jung zu bleiben wie Haseka.

2 Schweinefett
König unter den Fetten

Saftiger Schweinebauch, würzig geräucherter Speck, knusprig in Schweineschmalz ausgebackene Pommes frites, Schweinshaxe mit Kruste, mürbe Pasteten aus Schmalzteig: All dies wird erst durch das Schwein möglich. Kein Wunder, dass die traditionelle Kochkunst in Europa, Amerika und China auf Schweinefett basiert und viele ihrer Rezepte auf der einen oder anderen Art von Schweinefett aufbauen.

Das Schwein hat von allen Tieren den höchsten Fettanteil im Fleisch. Dabei ist Schweinefett nicht gleich Schweinefett: Es gibt Rückenspeck und Flomen, Schweinenetz und Bauchschmalz. Dann sind da noch die vielen aus Schwein hergestellten Produkte wie Frühstücksspeck, Schinken oder Lardo. Für sein Fett wird das Schwein ebenso geschätzt wie für sein Fleisch – zumindest früher war das so der Fall.

Lardy Cake
Gebäck aus mit Schmalz angereichertem Brotteig, verfeinert mit Zucker und Trockenobst – immer noch beliebt in der englischen Grafschaft Wiltshire, die für ihr ausgezeichnetes Schweinefleisch bekannt ist.

In den letzten hundert Jahren hat das Ansehen des Schweins rapide abgenommen. Anfang des 20. Jahrhunderts war Schmalz noch das beliebteste Fett in den Küchen. Es war überall erhältlich und vielseitiger einsetzbar als Butter. Mit Schmalz wurde geschmort, gebacken und gebraten, es diente sogar als Brotaufstrich. Mit dem Aufkommen der Pflanzenöle und der neuen billigeren gehärteten Fette, die ohne Kühlung aufbewahrt werden können, verlor Schmalz jedoch seine Vormachtstellung in den Küchen. Bald darauf lief die allgemeine Kampagne gegen tierische Fette an. Die Nachfrage nach fettem Schweinefleisch und reinem Schweinefett sank rapide und die Schweinezüchter reagierten darauf mit der Züchtung magerer Rassen. Die Zahlen der amerikanischen Landwirtschaftsbehörde sind traurig genug: 1950 lieferte ein Schwein noch 15 Kilogramm Fett, doch 1990 war diese Zahl auf nur 4,6 Kilogramm gesunken. Schmalz steht heute nicht einmal mehr auf der Liste der meistverwendeten Fette beim Kochen. Je magerer die Schweine wurden, desto tiefer fiel in Nordamerika der jährliche Pro-Kopf-Verbrauch von Schmalz, und zwar von 5,7 Kilogramm 1950 auf nur 180 Gramm 1995. Da wir keine Verwendung für ihr Fett haben, werden Schweine nun viel jünger geschlachtet und ihr Fleisch ist nun statt zartrosa fast so hell wie das von Geflügel. Inzwischen ist es so mager, dass es gepökelt werden muss, um überhaupt noch nach etwas zu schmecken. Es hat sein Fett verloren und mit dem Fett auch seinen Geschmack.

Was Schweineschmalz betrifft, so ruft das Wort allein schon allgemein Entsetzen hervor, außer bei ganz hartgesottenen Gourmets. Schmalz wird allgemein mit Fettleibigkeit gleichgesetzt und die Leute glauben, dass alles, was Schmalz enthält, auch »schweinisch« schmeckt und lauter ungesunde Fette enthält, die nur darauf warten, vom Magen schnurstracks auf Hüften und Bauch zu wandern oder noch schlimmer: direkt in unsere Arterien. Selbst Menschen, die mit Schmalz im Kühlschrank groß geworden sind, wurden mittlerweile von der Anti-Fett-Liga davon überzeugt, dass Kochen mit Schmalz ein sündhaftes Vergnügen ist, dem man nur äußerst selten frönen sollte. Echtes Schmalz gibt es kaum noch zu kaufen.

Schweinefett in all seinen Erscheinungsformen ist jedoch nicht nur nützlich in der Küche, sondern auch gut für uns. Wie alle Fette besteht es aus verschiedenen gesättigten sowie mehrfach und einfach ungesättigten Fettsäuren. Abhängig von ihrer Rasse und der Art ihrer Fütterung besteht das Fett von Schweinen größtenteils aus einer Mischung einfach ungesättigter Fettsäuren (siehe unten) in Form von Oleinsäure und es enthält Palmitoleinsäure, die antimikrobielle Eigenschaften besitzt. Seine gesättigten Fettsäuren bestehen aus Stearinsäure, die im Körper zu Oleinsäure umgewandelt wird, sowie Palmitinsäure, von der man annimmt, dass sie sich neutral auf Cholesterin auswirkt. Da Schweinefett nur wenige mehrfach ungesättigte Fettsäuren enthält, wird es nicht so schnell ranzig, ist äußerst hitzebeständig und dadurch ideal zum Braten geeignet. In Schmalz Ausgebackenes ist nicht nur wunderbar knusprig, es nimmt auch weniger Fett auf als in Öl gebratene Speisen. Schmalz eignet sich auch hervorragend zur Gebäckherstellung, da seine kristalline Struktur den Teig äußerst mürbe macht. Warum also sollte Schmalz nicht in jedem Kühlschrank stehen?

»[...] und da Schweine geschaffen wurden, damit man sie esse, essen wir das ganze Jahr hindurch Schweinernes: Wer also behauptet, alles ist gut, redet dummes Zeug; es muss heißen, alles ist bestens.«

Voltaire, *Candide*

Seit Neuestem ist Schweinefett wieder im Kommen, denn je mehr über die schädliche Wirkung von Transfetten bekannt wird, desto eher ist man bereit, die Vorteile von Schmalz neu in Betracht zu ziehen. 2005 erhöhte sich der Schmalzverbrauch in den USA auf 680 g pro Kopf – ein kleiner Schritt nur, aber in die richtige Richtung. Dieser Trend und die Forderung von Köchen nach fetterem und geschmackvollerem Schweinefleisch haben dazu geführt, dass das Interesse an traditionellen Schweinerassen wie Berkshire, Tamworth und Middle White wieder auflebt (für Deutschland sind Rassen wie Buntes Bentheimer, Schwäbisch-Hällisches, Rotbuntes Husumer Schwein oder Deutsches Sattelschwein, für die Schweiz ist das Wollschwein zu nennen). Diese Schweinerassen werden auf natürliche Weise fett und ihr Fleisch ist schmackhaft marmoriert. Wir sind jedoch so auf mager getrimmt, dass Metzger oft mit Widerstand rechnen müssen, wenn sie uns rosiges Schweinefleisch mit dickem Fettrand anbieten. Dabei steht ja gerade dieses Fett dafür, dass das Tier langsam aufgezogen wurde und das Fleisch darunter viel mehr Geschmack hat. Die Fettschicht bedeutet auch, dass es hier mehr Fett zum Auslassen gibt. Zwar bieten einige Hersteller Schmalz an, doch diese kommerziellen Produkte werden oft gehärtet, damit sie länger haltbar sind, und die darin enthaltenen Transfette wirken sich negativ auf das gute Fett aus. Fett auslassen ist relativ einfach (siehe S. 84), und wenn Sie es selbst tun, haben Sie die besten Fette zum Kochen und Backen zur Auswahl. Schmalz hält sich gut im Kühlschrank und kann sogar eingefroren werden.

Fett	% gesättigt	% einfach ungesättigt	% mehrfach ungesättigt
Schmalz	39	45	11
Speck	39	45	11

Hinweis: Alle Angaben sind Annäherungswerte und hängen ab von Rasse und Aufzucht der Tiere. Die Zahlen ergeben in der Summe keine 100 Prozent, da sich im Fett auch Wasser und Bindegewebe befindet.

Verschiedene Schweinefettarten

Das Schwein liefert verschiedene Fettarten, die in der Küche jeweils unterschiedlich eingesetzt werden.

Rückenspeck

Wie der Name schon sagt, stammt dieser Speck vom Rücken des Tieres, aber auch von Schulter und Rumpf. Die Fettschicht wird am Stück verkauft, meist noch mit der Schwarte daran. Im gekühlten Zustand kann dieses Fett dünn geschnitten werden und eignet sich somit bestens zum Umwickeln magerer Fleischstücke wie von Geflügel oder Wild, die beim Braten nicht austrocknen sollen. Scheiben von Rückenspeck werden dazu verwendet, Terrinenformen auszulegen, und fein gemahlener Rückenspeck wird dem Brät von Würsten, Pasteten und Hackfleisch untergemischt, um es geschmeidiger zu machen. Ausgelassener Rückenspeck eignet sich gut für kurzes Anbraten und zum Ausbacken.

Schweinebauch

Schweinebauch besteht aus festerem und weicherem Fett, durchwachsen mit Fleisch, wobei sich der dickere und fleischigere Teil näher am Kopf befindet und der schmalere mit mehr Fett näher am Schwanzende. Für gewöhnlich wird er mit der Schwarte verkauft, gelegentlich auch mit Rippen, meist jedoch ohne, da diese als Spareribs vertrieben werden. Schweinebauch wird in erster Linie zu Speckseiten oder durchwachsenem Speck verarbeitet, doch kann man sehr viel mehr damit anfangen. Die Kombination von Fett und Fleisch ist ideal für einen Braten, da die dicken Fettschichten das Fleisch nicht austrocknen lassen. In Salz eingelegt, wird daraus Salzfleisch (S. 101) und es ist das perfekte Fett für spanische Rillettes (S. 88) oder Frikadellen mit Zwiebelsauce (S. 114).

Flomenschmalz

Bauchwandfett und das um die Nieren des Schweins gelagerte Fett, beides Flomen genannt, ergibt das feinste Schweineschmalz überhaupt. Aufgrund seiner kristallinen Struktur eignet es sich bestens für Backwaren.

Schweinenetz

Schweinenetz besteht aus der Fettmembran, die die Innereien des Schweins umgibt. Es ähnelt einem faserigen Netz, das teils mit großen Stücken Fett durchsetzt, teils von zarten Fettadern durchzogen ist. Eigentlich sieht es mehr wie ein Spitzengewebe als nach etwas Essbarem aus. Das Netz kann bis zu ein Quadratmeter groß werden und eignet sich hervorragend zum Auslegen von Terrinen – es ist einfacher und hübscher in der Anwendung als Rückenspeck. Auch Wurstbrät lässt sich gut damit umwickeln, wenn keine andere Wursthaut zur Verfügung steht oder wenn es einfach zu mühsam erscheint, Füllung in eine Haut zu stopfen. Schweinenetz haftet, also braucht es weder Küchengarn noch Zahnstocher, und beim Braten nimmt es eine schöne goldbraune Farbe an. Ein ideales Fettgewebe, um mageres Fleisch, Geflügel und Wildbret vor dem

Braten zu umwickeln. Fettnetz wird normalerweise frisch verkauft und muss vor dem Gebrauch in warmes Wasser gelegt werden, damit die Membran weich wird. Falls es etwas riecht, kann man dem Wasser einen Spritzer Essig zugeben. Vor der Anwendung vorsichtig das Wasser herausdrücken, die Fettmembran auseinanderziehen und dabei achtgeben, dass sie nicht zerreißt; schließlich auf einem Küchentuch ausbreiten und trocken tupfen. Schweinenetz muss im Voraus beim Metzger bestellt werden, hält sich aber gut im Gefrierfach. Bestellen Sie also ruhig mehr, als Sie im Moment benötigen.

Frittieren und braten in Schmalz

Frittieren/ausbacken

Obwohl ich eine Schwäche für Rindertalg habe, verwende ich gerne Schweineschmalz, weil es leichter erhältlich ist. Außerdem ist es geschmacksneutraler, so dass das Frittierte knusprig wird, ohne den Fettgeschmack anzunehmen. Wie die meisten Menschen habe ich lange Zeit kaum mehr zu Hause frittiert, nicht etwa, weil ich frittierte Speisen für ungesund halte, sondern aufgrund der Geruchsbelästigung. Denn obwohl meine Küche mit einem normalen Dunstabzug ausgestattet ist, hinterließ doch jedes Frittieren einen Fettgeruch. Wenn man Speisen direkt aus dem heißen Öl verzehrt, fällt das zwar nicht auf, wohl aber am nächsten Tag, wenn der Fettgeruch noch in der Luft hängt. Erst die Arbeit an diesem Buch machte mir die Vorteile des Frittierens mit Schmalz wieder klar. Jetzt, wo ich Schmalz in meiner Fritteuse verwende, sind nicht nur meine Pommes frites wieder knusprig und schmecken nach nichts anderem als Kartoffeln, sondern meine Küche ist auch noch frei von Frittiergerüchen.

Beim Frittieren werden Lebensmittel in heißem Fett schwimmend gebacken. Sobald sie darin eingetaucht werden, fängt das Fett an zu zischen, da sich das im Lebensmittel enthaltene Wasser in Dampf verflüchtigt. Der austretende Dampf verhindert das Eindringen von Fett, so dass das Frittierte selbst nicht fett wird. Die Hitzebeständigkeit des verwendeten Fetts ist deshalb so wichtig, weil es zum Frittieren sehr heiß werden muss, und in diesem Sinn ist Schmalz ideal.

Schmalz enthält sehr wenige mehrfach ungesättigte Fettsäuren und kann deshalb hoch erhitzt werden. Öl mit seinen vielen mehrfach ungesättigten Fettsäuren oxidiert schon bei relativ niedrigen Temperaturen und wird ranzig. Mit 200 °C liegt der Rauchpunkt von Schmalz sehr hoch, was beim Frittieren wichtig ist. Außerdem wirkt es sich positiv auf dem Geschmack frittierter Speisen wie Kartoffeln, Fisch oder schmalzgebackene Donuts aus, dass Schmalz keinen Eigengeschmack vermittelt. Schmalz kann geklärt und mehrmals verwendet werden, doch sollte man davon absehen, sein Schmalzgebäck in Fett auszubacken, in dem schon Fisch frittiert wurde, es sei denn, es soll nach Fisch schmecken.

Ich rate ganz dringend davon ab, Fett in der Fritteuse oder Pfanne zu belassen. Wer England von früher her kennt, kann sich vielleicht noch an die *chip pan* erinnern, einen verbeulten alten Topf neben dem Ofen, in dem das immer wieder verwendete Fett aufbewahrt wurde. Dies ist nicht nur ungesund, sondern sogar richtiggehend gefährlich. Alle Fette verderben nach und nach und durch Hitze wird der Vorgang noch beschleunigt. Fett sollte nach dem Gebrauch gefiltert, dann abgekühlt und im Kühlschrank aufbewahrt werden. Es ist nicht ratsam, Fett mehr als dreimal zu verwenden. Wenn es sich im gekühlten Zustand beige oder braun verfärbt, sollte es erneuert werden. Bei jedem Erhitzen wird der Rauchpunkt schneller erreicht, wodurch es leichter entflammbar wird. Heißes Fett darf nie sich selbst überlassen bleiben und verschüttetes Fett muss sofort aufgewischt werden. Sollte Fett sich tatsächlich einmal entzünden, stellen Sie sofort den Herd ab und ersticken Sie die Flammen mit einem Topfdeckel oder Backblech. Zum Löschen von brennendem Fett auf keinen Fall Wasser verwenden, da dies zu Dampfexplosionen führt.

Zugegebenermaßen ist Frittieren mit Schmalz nicht so einfach wie mit Öl. Schmalz muss erst ausgelassen werden, und da es bei Zimmertemperatur nicht flüssig ist, muss man es vor dem Einfüllen in die Fritteuse verflüssigen. Wenn man das zum Frittieren bestimmte Schmalz jedoch in sauberen Glasgefäßen aufbewahrt, genügt es, diese Gläser im Wasserbad anzuwärmen, bis das Schmalz flüssig ist.

Es gibt elektrische Fritteusen, aber ich bevorzuge schwere, tiefe Frittiertöpfe mit Drahtsieb und einem Thermometer, das die Temperatur meist genauer angibt als die Anzeige einer Fritteuse. Fritteuse oder Frittiertopf dürfen nie mehr als halb voll mit Fett gefüllt werden, damit genügend Platz bleibt für das Frittiergut und das Aufkochen des Fetts. Das Erhitzen sollte langsam vor sich gehen und die Temperatur genau stimmen, bevor das Frittiergut hineingegeben wird. Am wichtigsten ist aber wahrscheinlich, dass man nicht zu viel auf einmal hineingibt, da sonst das Fett zu sehr abkühlt und das Frittiergut dann zu viel Fett aufnimmt.

In der Pfanne braten

Schmalz eignet sich gut für längeres oder kurzes Braten in der Pfanne, da es auch hier geschmacksneutral ist und das Gebratene knusprig werden lässt. Insbesondere Huhn wird goldgelb und knusprig in Gerichten wie Huhn Kiew (S. 56).

Schinken und Speck

Überall, wo Schweinefleisch gegessen wird, schätzt man auch Speck. Selbst als Schweinefett unpopulär wurde, blieb der Speck mit seinem eigenen salzigen und oft geräucherten Aroma beliebt. Das Wort Speck für unter der Haut sitzendes Fettgewebe von Tieren ist in der deutschen Sprache schon für das Alt- und Mittelhochdeutsche nachgewiesen. Zahlreiche ältere oder mundartliche Sprichwörter verwenden den Speck als Symbol für Verlockung, wie zum Beispiel *das ist kein Speck für sein Maul* für: damit kann man ihn nicht reizen. *Mit Speck schießen* bedeutet, mit Lug und Trug vorgehen, und wenn man jemandem schmeicheln will, zieht man ihm *den Speck durchs Maul.*

Die Angst vor dem Dickwerden verkehrte kulinarisches Vergnügen in schlechtes Gewissen – das überhaupt nicht angebracht ist. Wie andere Schweinefette auch besteht Speck aus einfach ungesättigten Fettsäuren (siehe S. 80) und man braucht nur wenig davon, um Gerichte mit Nudeln, Hülsenfrüchten und vielerlei Gemüsen, besonders aber mit Kohl, grünen Erbsen, Kürbis und Kartoffeln schmackhaft zu machen. Speck passt auch gut zu Eiern und verleiht Fisch und Meeresfrüchten sowohl Geschmack als auch das nötige Fett. Selbst mit Zucker harmoniert er. Das Beste am Speck ist der Geschmack nach Würze und Geräuchertem. Ein guter Speck enthält viel Fett als Geschmacksträger. Bauch- und Rippenspeck sind würziger als Rückenspeck.

Um Geld und Zeit zu sparen, wird der Pökelvorgang oft durch Einspritzen von Salzlake beschleunigt. Von außen ist die Qualität nicht eindeutig erkennbar, doch guter Speck sollte trocken aussehen, auf keinen Fall wässrig aufgeschwemmt, und er sollte nicht zu dünn geschnitten werden. Seinen wahren Charakter zeigt Speck allerdings erst in der Pfanne. Wenn sich beim Braten Wasser in der Pfanne sammelt, dann wurde die Spritzpökelung angewendet. Speck von guter Qualität wird in der Pfanne knusprig, während sein Fett langsam zerschmilzt.

Est-ce du lard ou du cochon?
Ist das Speck oder Schwein?

Französischer Ausdruck für: nicht wissen, woran man ist

Auch beim Schinken beeinflusst Fett den Geschmack. Ohne eine gute Außenschicht aus Fett, die es vor Bakterien schützt, kann aus dem Fleisch der Schweineschlegel kein gut abgelagerter Schinken hergestellt werden. Jedes Land, in dem Schweine gehalten werden, hat seine eigene Schinkentradition und jedes Produkt schmeckt anders, je nach Rasse und Aufzucht der Tiere und der Art der Herstellung.

On the pig's back
auf dem Rücken des Schweins

australische Wendung für: in einer glücklichen Lage sein

Der wohl beste Schinken der Welt – zumindest der beste, den ich je gegessen habe – ist *jamón ibérico* aus Spanien. Wer diesen Schinken isst, liebt den Geschmack und die Beschaffenheit seines Fetts. Ich serviere ihn immer zimmerwarm, damit das Fett durchscheinend wird und auf der Zunge zergeht. Dieser spanische Schinken stammt von Schweinen, deren Futter viel Eicheln enthält. Ein einziges Schwein frisst am Tag 6 bis 10 Kilogramm Eicheln, was nicht nur zum besonderen Geschmack des Schinkens beiträgt, sondern ihn auch noch reich an einfach ungesättigten Fettsäuren macht, und zwar bis zu einem Anteil von 60 Prozent. Er enthält viermal so viele Omega-3-Fettsäuren wie normaler Schinken und schmeckt daher nicht nur gut, sondern ist auch noch gesund.

Schweinefett auslassen

A. J. Liebling, der berühmte Journalist des *New Yorker*, soll ein Stück ***Speck als Lesezeichen*** verwendet haben.

Ich kann mich noch gut daran erinnern, dass meine Mutter früher in Wachspapier eingewickeltes Schmalz vom Metzger gekauft hat. Es gibt zwar heute wieder Metzger, die Schmalz herstellen, aber andererseits ist es auch so einfach, Speck auszulassen, dass man es am besten selbst macht, denn dann kann man sich das Fett aussuchen und den Geschmack selbst bestimmen. Rückenfett eignet sich am besten zum Braten in der Pfanne, während Flomenschmalz ideal ist für die Gebäckherstellung. Natürlich lässt sich auch aus Rückenspeck Schmalz zum Backen herstellen, aber man sollte versuchen, die jeweils richtige Specksorte vom Metzger zu bekommen. Gefilterter ausgelassener Speck hält sich gut im Kühlschrank und kann eingefroren werden.

Wenn Sie nur wenig Speck auslassen, also bis zu etwa einem Pfund, können Sie das auf dem Herd tun. Da ich selbst meist größere Mengen auslasse, benutze ich lieber den Backofen. Es ist einfacher, und da die Temperatur sehr niedrig gehalten wird, nimmt das Fett keine Farbe an, ein Zeichen dafür, dass es geschmacksneutral bleibt. Es gibt aber durchaus auch Köche, die einen leichten Röstgeschmack vorziehen und diesen durch bestimmte Techniken verstärken (siehe S. 89).

Im Voraus lässt sich schwer sagen, wie viel flüssiges Fett aus einer bestimmten Menge Speck gewonnen werden kann, da dies vom Feuchtigkeitsgehalt und der Dichte des Bindegewebes abhängt. Das Auslassen im Backofen ist meist ergiebiger als das auf dem Herd. Über den Daumen gepeilt rechnet man mit 270 bis 400 Milliliter pro Pfund Fett.

Es versteht sich von selbst, dass nur beste Qualität verarbeitet werden sollte. Suchen Sie sich einen Bauernhof, auf dem gute traditionelle Rassen gezüchtet werden, oder einen Metzger, der solches Fleisch verkauft. Mein Metzger hat früher überschüssiges Fett vom Fleisch der traditionellen Schweinerassen einfach weggeworfen. Die Fettschicht war so dick, dass er vor dem Auslegen in seiner Theke gut zwei Zentimeter davon abgeschnitten hat, aus Angst, seine Kunden würden ihm sonst davonlaufen. Ich habe ihn tüchtig gescholten und das hat geholfen: Jetzt gibt er das Fett mir.

Zum Auslassen zunächst den Backofen auf 120 °C erhitzen. Das Fett sollte ganz kalt oder noch halb gefroren sein, dann ist es leichter zu handhaben. Die Schwarte kann man vorher abschneiden und später scharf gewürzte Schweinekrusten (S. 86) oder süße Knusperkrusten (S. 131) daraus herstellen. Bleibt die Schwarte beim Auslassen am Speck, ergibt dies Krusten ohne Geschmack. Bei Flomenfett muss zunächst die papierne Membran entfernt werden, die das Fett zusammenhält.

Nun das Fett in 2 bis 3 cm große Stücke schneiden. Je kleiner die Stücke, desto schneller schmilzt das Fett aus. Drehen Sie den Speck aber nicht durch den Fleischwolf, sonst bleibt mehr Fett im Wolf als für den Topf. Die Speckwürfel in eine schwere Kasserolle oder einen gusseisernen Topf geben und etwa 80 ml Wasser pro Pfund Fett hinzufügen. Dies verhindert, dass das Fett vor dem Schmelzen anbrennt. Den offenen Topf in den Backofen oder auf den Herd bei schwacher Hitze schieben. Im Ofen das Fett nach 30, dann nach 45 Minuten umrühren, später einmal pro Stunde. Dabei ständig prüfen, ob es Farbe annimmt. Beim Auslassen auf dem Herd muss öfter umgerührt werden und sichergestellt sein, dass die Temperatur niedrig bleibt. Das Fett schmilzt, das Wasser verdampft und im flüssigen Fett schwimmen bald einige festere Fettklumpen. Beim Umrühren drückt man diese am besten gegen den Rand des Topfs, damit sie schneller schmelzen. Der ganze Vorgang kann sich über 4 bis 8 Stunden hinziehen, je nach der Menge des Fetts und der Größe der Fettwürfel. Flomen lässt sich schneller auslassen als Rückenspeck.

Sobald die Klumpen im Topf Farbe annehmen, den Topf vom Herd oder aus dem Ofen nehmen und den Inhalt leicht abkühlen lassen. Das flüssige Fett durch ein mit einem Seihtuch ausgelegtes Sieb drücken und in saubere Gefäße abfüllen. Die verbleibenden Fettklumpen in den Topf zurückgeben und weiter auslassen, um mehr Fett zu erhalten. Sie verfärben sich goldbraun und werden zu ungewürzten Grieben, die ich persönlich nicht so schmackhaft finde, es sei denn, die Schwarte wurde daran gelassen.

Das Fett vollkommen abkühlen lassen, dann abdecken und im Kühlschrank bis zu 2 Monate aufbewahren. Es hält sich im Tiefkühlfach oder in der Gefriertruhe bis zu 1 Jahr. Denken Sie daran, die Behältnisse zu beschriften, da man oft nicht erkennen kann, um welches Schmalz es sich handelt.

Scharf gewürzte Schweinekrusten

Ergibt etwa 150 g

1 ½ TL Pimentkörner

1 ganzer Sternanis, in Stücke gebrochen

⅓ kleine Muskatnuss (gerieben ½ TL)

½ TL schwarze Pfefferkörner

300 g grobes Meersalz

Zitrone, unbehandelt

300 g Schweineschwarte ohne Fett

Iss Schweineschwarte immer mit ein wenig Kascha (Buchweizengrütze), denn Kascha wird durch Fett gewiss nicht schlecht.

Ukrainische Weisheit

Schon als Kind mochte ich hausgemachte Schweinekrusten und in meiner Familie war besonders meine Tante für die Kruste auf ihrem Schweinebraten berühmt. Doch Kruste kann man auch ohne Schweinebraten herstellen: Es genügt, die Schwarte auszulassen. Mit dem folgenden Rezept, inspiriert durch die Molekularküche von Heston Blumenthal, erhalten Sie Krustenchips ohne Zauberei. Die Schweineschwarte wird mit einer Gewürz-Salz-Mischung eingerieben, die Geschmack verleiht und gleichzeitig das Wasser entzieht. Am besten lassen sich Krusten beim Auslassen von Rückenspeck herstellen, da die Schwarte mit dem Speck zusammen geliefert wird. Schwarte vom Rücken wird knuspriger als die dünnere Bauchschwarte. Die Haut von traditionellen Schweinerassen ergibt die beste Kruste.

In einem luftdichten Gefäß halten sich Schweinekrusten bis zu 1 Woche. Man kann sie als Snacks zu Drinks servieren – etwa mit einem einfachen Essig-Dip, Tomatensalsa (S. 191) oder einem Chili-Essig-Dip (S. 89), doch auch in Suppen, Salaten und Reisgerichten schmecken sie gut, oder als süße Knusperkrusten (S. 131).

Pimentkörner, Sternanis und Pfefferkörner in einer Gewürzmühle oder einem Mörser zu Pulver zermahlen. Den Muskat dazureiben, das Salz zufügen und alles vermischen. Die geriebene Zitronenschale und 2 EL Zitronensaft hinzugeben und gut verrühren.

Die Schwarte in vier Stücke teilen. Ein Drittel Würzmischung in eine Glasschüssel streuen, zwei Schwartenteile darauflegen (keine Sorge, wenn sie überlappen) und ein Drittel der Würzmischung darüberstreuen. Die anderen zwei Schwartenteile darauflegen und die verbleibende Würzmischung darüberstreuen. Die Glasschüssel zudecken und alles 24 bis 36 Stunden im Kühlschrank kalt stellen; nach 12 Stunden wenden.

Den Backofen auf 180 °C vorheizen.

Die Würzmischung von den Schwarten spülen und diese trocken tupfen. Mit einem Allzweck- oder Teppichmesser Abstände von etwa 5 mm einritzen, dabei darauf achten, dass die Schwarte nicht ganz durchgeschnitten wird.

Eine Fettpfanne mit Aluminiumfolie auslegen und die Schwarten nebeneinander mit der Haut nach unten legen. Mit Backpapier abdecken und Aluminiumfolie darüberlegen. Mit einem gusseisernen Topf oder schweren Topfdeckel beschweren und 20 Minuten backen.

Das Fett aus der Pfanne in ein Behältnis abgießen und für später aufbewahren. Die Schwartenstücke umdrehen, dann wie vorher abdecken und beschweren und weitere 15 Minuten backen, bis die Schwarte goldbraun ist. Man hört die Schwarte im Backofen knacken und prasseln.

Die Fettpfanne herausziehen, das ausgelassene Fett abgießen und die Schwarte etwas abkühlen lassen. Gegebenenfalls restliche Fettteile von der Schwarte abkratzen.

Die Ofentemperatur auf 200 °C erhöhen.

Die Schwartenstücke auf ein Backblech legen und 10 bis 15 Minuten backen, bis sich die Teile einrollen und knusprig werden. Aus dem Ofen nehmen, etwas abkühlen lassen, in Stücke brechen und warm oder kalt servieren.

Spanische Schweine-Rillettes (Manteca colorá)

Ergibt etwa 1,25 l

1 kg Schweinebauch ohne Haut und Knochen

250 g Rückenspeck vom Schwein

125 ml trockener Sherry

4 Knoblauchzehen

2 frische Lorbeerblätter

4 Stengel Thymian

1 EL grobes Meersalz

1 TL Fenchelsamen, zerdrückt

1 TL scharfer Pimentón (geräuchertes Paprikapulver)

1 TL edelsüßes Paprikapulver

feines Meersalz, schwarzer Pfeffer

Wenn ich bei Freunden bin, durchstöbere ich in ihrer Küche die Kochbuchsammlung und finde dort immer neue Ideen für Rezepte. Bei meiner Freundin Laura in London fand ich *Moro: The Cookbook* von Samuel und Samantha Clark, in dem die beiden Kochrezepte ihres Restaurants Moro veröffentlichen. Eines davon inspirierte mich zu diesem Rillettes-Rezept.

Rillettes kann man aus jeder Art fettigem Fleisch zubereiten und sie lassen sich mit unzähligen Gewürzen und Kräutern verfeinern. Worauf es ankommt, ist die Konsistenz: Das Endprodukt muss aus saftigen, in Schmalz eingebetteten Fleischstücken bestehen. Hin und wieder hört man die Anweisung, das Fleisch mit zwei Gabeln zu zerteilen, aber ich finde, die Konsistenz wird besser, wenn man die Finger dazu nimmt. Außerdem können so die Sehnen im Fleisch besser aufgespürt und aussortiert werden (und die Hände bekommen eine ganz weiche Haut von dem ganzen Fett).

Ich fülle die Mischung entweder in Auflaufförmchen oder in eine kleine Terrinenform, wenn ich die Rillettes später in Scheiben als Vorspeise reichen will. Zum Aperitif reicht man sie auf Baguette oder Toast, als Vorspeise mit knackigem grünen Salat.

Schweinebauch und Rückenfett in 2 bis 3 cm große Stücke schneiden und in eine große Schüssel legen. Den Sherry hinzugießen. Die halbierten Knoblauchzehen, Lorbeer, Thymian, grobes Salz und Fenchelsamen in die Schüssel geben. Beide Paprikapulver über Fleisch- und Speckwürfel streuen und reichlich Pfeffer darübermahlen. Alles gut vermengen und 6 bis 8 Stunden oder über Nacht im Kühlschrank marinieren.

Den Backofen auf 120 °C vorheizen.

Die Fleisch- und Speckwürfel zusammen mit allen Gewürzen und dem Sherry in einen schweren Schmortopf geben. Den Topf zudecken und alles etwa 4 Stunden im Ofen schmoren, dabei gelegentlich umrühren, bis das Schweinefleisch so weich ist, dass es zerfällt.

Den Topf aus dem Ofen nehmen und den gesamten Inhalt durch ein feines Sieb in eine Schüssel passieren. Die Rückstände im Sieb auf einen großen Teller geben. Die Flüssigkeit in der Schüssel in einen Messbecher umfüllen und beiseitestellen. Die Fleischmischung leicht abkühlen lassen.

Mit den Fingern Fleisch und Fett zerteilen und dabei die Thymianstengel und Lorbeerblätter aussortieren. Gewebereste und Sehnen, die sich nicht zerteilen lassen, ebenfalls aussortieren. Hier ist Geduld gefordert, denn dieser Vorgang nimmt einige Zeit in Anspruch. Ziel ist es, Fleisch- und Fettfetzen herzustellen. Die zerkleinerten Teile in die Schüssel zurückgeben.

Von der Flüssigkeit im Messbecher hat sich in der Zwischenzeit das Fett abgesetzt. Dieses vorsichtig abgießen und beiseitestellen. Etwa 125 ml des Bratensafts zu den zerteilten Stücken gießen, damit sie gut durchfeuchtet werden. Gegebenenfalls die Mischung mit Salz und Pfeffer abschmecken.

To lard one's prose

seine Worte spicken

Englischer Ausdruck für: den eigentlichen Inhalt einer Rede mit ausufernden, irrelevanten Details anfüllen

Die feuchte Mischung in Keramikförmchen oder eine Terrinenform füllen, gut andrücken und dabei ½ cm zum oberen Rand frei lassen. Beim Andrücken sollte das Fleisch etwas Saft abgeben. Die gefüllten Förmchen einige Minuten in den Kühlschrank stellen. Sobald sich die Oberfläche fest anfühlt, die Rillettes mit einer Lage flüssigem Fett versiegeln und 2 bis 3 Tage in den Kühlschrank stellen, damit die Aromen sich verteilen können. Unter dem Fettsiegel halten sich Rillettes bis zu 2 Monate. Ist das Fettsiegel aufgebrochen, sollte man sie innerhalb einer Woche verzehren.

TIPP Fett, das bei der Zubereitung von Rillettes übrig bleibt, lässt sich gut für Refried Beans (S. 118) verwenden.

Chili-Essig-Dip

Essig passt gut zu fettigen Schweinekrusten. Ein Bekannter von mir stippt seine Schweinekrusten am liebsten direkt in Malzessig, aber ich bevorzuge diesen leichteren und schärferen Essig.

Ergibt 60 ml

1 frische rote Serrano-Chilischote

60 ml Reisweinessig

Samen und Scheidewände von der Chilischote entfernen und die Schote klein hacken, in den Essig geben und 30 Minuten ziehen lassen, dann servieren. Der Dip hält sich bis zu 3 Tage im Kühlschrank.

Würziges Schmalz

Schmalz mexikanisch: Der auf mexikanische Küche spezialisierte Koch Rick Bayless berichtet, dass die Mexikaner ihr Schmalz bei höheren Temperaturen – bei etwa 180 °C – auslassen. So gewonnen, hat es das Aroma von geräuchertem Speck und lässt sich hervorragend bei Refried Beans (S. 118) einsetzen. Ich persönlich verwende Schmalz zum Kochen und Braten wie auch zum Backen und mag es daher am liebsten, wenn es so geschmacksneutral wie möglich ist. Wenn Sie aber beides haben wollen, neutrales und würziges Schmalz, erhitzen Sie einfach nach dem ersten Abgießen des reinen Schmalzes die restlichen Grieben etwas länger, bis Sie auf diese Weise eine kleine Menge Schmalz mit würzigem Geschmack erhalten.

Fett von Frühstücksspeck: Gießen Sie das Fett, das beim Anbraten von Frühstücksspeck anfällt, nicht weg. Es verleiht Fleisch, Gemüse, Mayonnaise (S. 111) oder auch Keksen (S. 128) eine geräucherte Note. Nach dem Braten Ihres Frühstücksspecks passieren Sie das Fett einfach durch ein mit einem Seihtuch ausgelegtes Sieb in ein Gefäß und bewahren es im Kühlschrank oder Gefrierfach auf. Beschriften nicht vergessen!

Beim Zubereiten spanischer Rillettes aus Schweinefleisch (S. 88) bleibt mir oft mehr Fett übrig, als ich benötige. Dieses leuchtend orange Fett hat einen kräftigen Geschmack, deshalb verwende ich es für Refried Beans (S. 118) oder andere Gerichte, bei denen die Farbe nicht stört und die durch den würzigen Geschmack gewinnen.

Terrine auf Bauernart

Für 10 Portionen

400 g Schweineschulter

400 g Schweinebauch ohne Schwarte

300 g Schweineleber

1 Stück Schweinenetz

2 EL Schweineschmalz

4 Schalotten, in feine Scheiben geschnitten

1 EL Zucker

2 Knoblauchzehen, fein gehackt

125 ml dunkler Rum

2 Eier

125 ml Sahne (35 % Fett)

1 Bund glatte Petersilie, gehackt

2 TL frischer Thymian, gehackt

20 g grobes Meersalz

1 ½ TL gemahlener schwarzer Pfeffer

¾ TL gemahlener Piment d'Espelette (siehe S. 91) oder scharfer Paprika

2 frische Lorbeerblätter

Im Pariser Bistro Le Regalade habe ich oft und gerne eine Terrine gegessen, die dieser hier ähnelt. Terrinen lassen sich einfach zubereiten und sind im Prinzip nichts anderes als ein verfeinerter Hackbraten, der kalt gegessen wird. Wenn Sie Hackbraten machen können, dann gelingt Ihnen auch eine Terrine. Diese hier ist einfach eine Wucht: Die Schweineleber verleiht ihr den ganz besonderen Geschmack, sie darf also nicht weggelassen oder durch etwas anderes ersetzt werden. Außerdem findet sich *piment d'Espelette* darin, ein würziger Pfeffer aus der französischen Baskenregion. Ist keiner zur Hand, dann nehmen Sie stattdessen scharfes Paprikapulver. Bei diesem Rezept ist es wichtig, das Salz genau zu dosieren.

Planen Sie gut im Voraus, da die Terrine vor dem Servieren mindestens 48 Stunden im Kühlschrank ziehen muss, damit sich die Aromen durchdringen. Im Kühlschrank hält sich eine Terrine bis zu 10 Tage. Mit Brot, Senf, Gewürzgurken, eingelegten Zwiebeln oder einem Salat servieren oder leckere Sandwichs damit zubereiten.

Schweineschulter, Schweinebauch und Leber in kleine Stücke schneiden, die leicht vom Fleischwolf verarbeitet werden können, dabei Sehnen aus dem Fleisch entfernen. Die Stücke in eine Schüssel geben und zusammen mit der Schüssel des Standmixers und dem Fleischwolf 2 Stunden in den Kühlschrank stellen.

Das Schweinenetz in eine Schüssel mit warmem Wasser legen und 1 Stunde einweichen.

Das Schmalz in einer kleinen Pfanne bei mittlerer Hitze heiß werden lassen, dann Schalotten und Zucker hinzugeben. Alles unter gelegentlichem Rühren etwa 10 Minuten dünsten, bis die Schalotten karamellisieren. Knoblauch hinzufügen und die Pfanne von der Herdplatte nehmen. Den Rum einrühren und den Pfanneninhalt damit ablöschen, dabei mit einem hölzernen Kochlöffel den Bratensatz lösen. Die Schalottenmischung zum Abkühlen beiseitestellen.

Das Fleisch durch den groben Einsatz im Fleischwolf in die gekühlte Schüssel drehen, dabei abwechselnd Fleisch- und Leberstücke eingeben, damit die Masse besser durchläuft.

Die Eier mit der Sahne aufschlagen. Petersilie, Thymian, Salz, schwarzen Pfeffer und Piment d'Espelette hinzugeben und wieder aufschlagen.

Im Standmixer das gehackte Fleisch und die abgekühlte Schalottenmischung mit dem Flachrührer bei niedriger Geschwindigkeit verrühren und nach und nach die geschlagene Eiermischung hinzufügen, bis alles gut vermischt ist. Ein Löffelchen voll aus der Fleischmasse nehmen und eine Frikadelle daraus formen. Sie wird sehr weich sein. Diese in der Pfanne durchbraten und dann den Geschmack testen. Bei Bedarf abschmecken. Die Terrine muss gut gewürzt werden, da sie nicht heiß, sondern zimmerwarm gegessen wird. Die Fleischmasse im Kühlschrank kalt stellen.

Den Backofen auf 180 °C vorheizen.

Das Schweinenetz aus der Schüssel nehmen und vorsichtig das Wasser herausdrücken, dann auf ein Küchentuch legen und trocken tupfen. Eine 23 × 13 cm große Terrinen- oder Brotform mit dem Netz auslegen. Es soll so weit überhängen, dass es die Terrine decken kann. Die abgekühlte Fleischmasse in die Form einfüllen und oben etwas anhäufen. Die Lorbeerblätter darauflegen, das überhängende Schweinenetz darüberlegen.

Die Terrine in einen Bräter stellen und diesen bis zur halben Höhe der Terrinenform mit heißem Wasser füllen. Etwa 1½ Stunden unbedeckt im Backofen backen, bis die Terrine durch ist. Sie ist nun goldbraun und die Fleischmasse hat sich von der Form gelöst, so dass sie im eigenen Saft schwimmt. Ein Bratenthermometer in der Terrinenmitte sollte 71 °C messen.

Die Terrine auf einem Gitter abkühlen lassen. Nach Erreichen der Zimmertemperatur 2 Tage in den Kühlschrank stellen und erst dann servieren. Das Fett in der Terrinenform belassen; es verlängert die Haltbarkeit der Terrine und lässt sich in kaltem Zustand leicht entfernen.

Zum Servieren die Terrinenform etwa 30 Sekunden in heißes Wasser tauchen (um das Fett weich zu machen) und mit einem heißen Palettenmesser an den Seiten der Backform entlangfahren. Die Terrine aus der Form lösen und auf ein Küchenbrett legen. Überflüssiges Fett abkratzen. (Das Fett kann zwar wiederverwendet werden, hat jedoch einen sehr starken Geschmack.) Den Saft am Boden der Terrinenform weggießen. Die Terrine sollte Zimmertemperatur haben, wenn sie in Scheiben geschnitten wird.

TIPP Nachdem das letzte Stück Fleisch durch den Wolf gedreht ist, ein paar alte Brotstücke durchlassen. Dadurch lösen sich restliche Fleischteilchen im Innern der Maschine. Erst wenn Brot aus dem Einsatz kommt das Gerät abschalten.

Avoir la langue grasse
eine fette Zunge haben

Französische Redensart für undeutliche Aussprache

Piment d'Espelette

Dieser Pfeffer kam aus Mexiko in die Baskenregion, wo er sich erfolgreich verbreitete. Wenn man zur richtigen Jahreszeit durch das Baskenland reist, sieht man überall aufgefädelte Pfefferschoten. Diese sind rot und schmal und 7 bis 14 cm lang. Den Pfeffer gibt es frisch, getrocknet oder zu grobem Pulver zerstoßen. Piment d'Espelette hat ein starkes, fruchtiges Aroma und ist nicht allzu scharf. Auf der Scoville-Skala liegt die Schärfe etwas unter dem Mittelwert. Frische Pfefferschoten werden oft mit Kartoffeln gefüllt oder mit einer Mischung aus Kartoffeln und Kabeljau und sie werden als Gemüse serviert. 1999 erhielt Piment d'Espelette seine kontrollierte Herkunftsbezeichnung AOC.

Kürbissuppe mit Speck

Bei uns zu Hause gab es oft Suppen auf Basis von Schweinespeck. Wenn zum Beispiel Gemüse gekocht wurde, dann wurden die geräucherten Knochen einer Speckseite oder ganze Speckwürfel in der Brühe mitgekocht und manchmal wurden die Gemüse auch im Speck kurz angebraten und dann abgelöscht. Wenn man Speck verwendet, braucht es für die Suppe nur Wasser, keine Fleischbrühe. Viele Gemüse, wie zum Beispiel Kürbis, vereinigen ihr Eigenaroma mit dem salzigen, rauchigen Geschmack von Speck. Welche Kürbissorte Sie nehmen, ist gleichgültig, solange er nicht wässrig, sondern fest und trocken ist. Für diese Suppe habe ich einen orangen Hubbard-Kürbis mit seinem an Kastanien erinnernden Geschmack ausgewählt.

Die Suppe kann einfach so oder aber mit frisch gehacktem Salbei, Speckwürfelchen, scharf gewürzten Schweinekrusten (S. 86) oder Scheiben gekochter Chorizo-Wurst (S. 117) serviert werden.

Ergibt 3 l

225 g durchwachsener Speck am Stück

1 große Zwiebel, in feine Ringe geschnitten

1 Selleriestange, in Stücken von 1 cm

1 großer Stengel Salbei

1 Hubbard- oder auch Hokkaido-Kürbis, etwa 1,5 kg

grobes Meersalz, schwarzer Pfeffer

Die Schwarte vom Speck schneiden und ihn in 5 mm große Würfel schneiden. In einem großen Topf bei mittlerer Hitze behutsam erhitzen, so dass das Fett ausschmilzt. Wenn ein Großteil des Fetts ausgelassen ist, Zwiebeln, Sellerie und Salbei hinzugeben und rühren, bis alles von Fett überzogen ist. Etwa 7 Minuten garen.

Den Kürbis vierteln und entkernen. Die Viertel schälen und grob in etwa gleich große, kleinere Stücke schneiden.

Das Speck-Gemüse im Topf mit 250 ml Wasser ablöschen und die Temperatur erhöhen. Den Bratensatz lösen. 1,75 l Wasser hinzugeben, dann die Kürbisstücke, 1 EL Salz und etwas Pfeffer. Zum Kochen bringen, die Hitze reduzieren, den Topf zudecken und alles 30 bis 40 Minuten köcheln lassen, bis der Kürbis ganz weich ist. Den Salbei entfernen und die Suppe leicht abkühlen lassen.

Im Standmixer die Suppe pürieren und in einen sauberen Topf umfüllen. Abschmecken und zum Servieren wieder erhitzen.

Speck in der Literatur

Ende des 19. Jahrhunderts hat Emile Zola in *Le ventre de Paris* eine wunderbare Beschreibung von Les Halles geliefert, den riesigen, geschäftigen Markthallen mitten in Paris, auch der Bauch von Paris genannt:

An jenem Tage war sie herrlich frisch; die Weiße ihrer Schürze und ihrer Ärmel war gleichsam eine Fortsetzung der Weiße der Schüsseln bis zu ihrem fetten Halse, bis zu den rosigen Wangen, wo die zarten Farben der Schinken und die durchsichtige Weiße der Fette sich wiederholten. Immer schüchterner, je länger er sie ansah, beunruhigt durch diese ebenmäßig geformte Schulterbreite, begann Florent schließlich, sie verstohlen in den Spiegeln rings in dem Laden zu betrachten. Man sah sie darin vom Rücken, von vorne, von der Seite; selbst an der Decke fand er sie wieder, mit dem Kopfe nach unten, mit ihrem knapp geschürzten Haarknoten, ihrem glatt gescheitelten, über die Schläfen gestrichenen Haar. […] Längs der Marmortafeln und der Spiegel hingen an gekrümmten Nägeln große Stücke Schweinefleisch und Speckschnitten; und das Profil Lisas mit ihrem kräftig gebauten Nacken, ihren runden Linien, ihrem vorspringenden Busen war gleichsam das Bild einer in diesen Fleisch- und Fettmassen verdickten Königin.

Langsam gebratener Schweinebauch mit Fenchel und Rosmarin

Für 6 Portionen

1,4 kg Bauchfleisch vom Schwein, mit Schwarte, ohne Knochen

4 Knoblauchzehen

15 frische Salbeiblätter (Stengel beiseitelegen)

1 EL frische Rosmarinblätter (Stengel beiseitelegen)

1 EL grobes Meersalz

1 EL geröstete Fenchelsamen

1 TL schwarze Pfefferkörner

3 Zwiebeln

1 Fenchelknolle

375 ml trockener Weißwein

2 TL feines Meersalz

2–3 Grünkohlblätter, gekocht und zerkleinert

2 TL Dijon-Senf

1 TL Maisstärke

Schweinebauch bietet die perfekte Mischung von Fleisch und Fett. Das Fett sorgt dafür, dass das Fleisch nicht austrocknet, selbst wenn der Braten einmal etwas länger im Ofen bleibt. Trotz hoher Anfangstemperatur ist mir die Schwarte aber nie richtig knusprig gelungen, also stelle ich nach dem Braten kurz den Grill im Backofen an. Dabei muss man gut aufpassen, dass die Schwarte nicht anbrennt.

Der Grünkohl gibt diesem Gericht nicht nur Farbe, sondern auch eine leicht bittere Note, die den süßen Geschmack von Fenchel und Zwiebel gut zur Geltung bringt. Mit knusprigem Brot oder Kartoffelpüree servieren oder auf italienische Art mit Polenta.

Den Schweinebauch mit Küchenpapier trocken tupfen und mit einem Allzweck- oder Teppichmesser die Schwarte rautenförmig einritzen; dabei nur durch das Fett, nicht durch das Fleisch schneiden.

Die Knoblauchzehen halbieren und den grünen Keim entfernen. Knoblauch, Salbei und Rosmarin, grobes Meersalz, Fenchelsamen und Pfefferkörner im Mörser zu einer groben Paste zerstoßen. Die Fleischseite des Schweinebauchs damit einreiben.

Den Schweinebauch mit der Schwarte nach oben in eine Schüssel geben und unbedeckt 8 Stunden oder über Nacht in den Kühlschrank stellen.

Den Schweinebauch Zimmertemperatur annehmen lassen. Den Backofen auf 220 °C vorheizen.

Die Zwiebeln in dicke Ringe schneiden. Das fedrige Grün des Fenchels beiseitelegen, die Knolle der Länge nach halbieren und den Strunk herausschneiden, in 5 mm breite Streifen schneiden. Den Boden eines Bratentopfs mit den Zwiebelringen und Fenchelstreifen auslegen. Die Salbei- und Rosmarinstiele sowie das Fenchelgrün darauflegen. 250 ml Weißwein angießen. Den Schweinebauch auf der Schwartenseite mit dem feinen Meersalz einreiben und dann mit der Schwarte nach oben auf das Gemüse legen.

Den Schweinebauch 30 Minuten im Backofen braten, dann die Temperatur auf 160 °C reduzieren und alles 2 bis 2½ Stunden weiterbraten, bis der Bratensaft klar ist oder das Bratenthermometer 71 °C anzeigt. Während des Bratens immer wieder kontrollieren, ob sich genügend Flüssigkeit in der Pfanne befindet, damit das Gemüse nicht anbrennt. Bei Bedarf etwas Wasser angießen.

Den fertigen Braten in die Fettpfanne des Backofens legen und das Gemüse in eine Servierschüssel geben. Kräuterstengel entfernen und den Grünkohl untermengen. Den Bratensaft in einen Messbecher geben und einige Minuten stehen lassen, bis sich das Fett oben absetzt.

Um die Schwarte knusprig zu machen, den Braten unter den Backofengrill (höchste Stufe) schieben. Die Schwarte wölbt sich und wirft Blasen; darauf achten, dass sie nicht anbrennt! Danach den Braten 10 Minuten ruhen lassen und währenddessen die Sauce zubereiten.

Das Fett vom Bratensaft abschöpfen und für eine andere Verwendung beiseitestellen. Es sollten etwa 125 ml Bratensaft verbleiben. Diesen in einen kleinen Topf geben und den Senf hinzufügen. Das Maismehl in einer kleinen Menge Weißwein auflösen, dann das aufgelöste Maismehl und den Rest des Weins in den Topf geben und alles bei hoher Temperatur zum Kochen bringen, dabei ständig schlagen. Die Sauce etwa 1 Minute köcheln lassen, dann abschmecken.

Den Braten in dicke Scheiben schneiden und mit dem Gemüse und der Sauce servieren.

TIPP Für dieses Gericht sollte ein Stück vom dickeren, kopfseitigen Ende des Bauchfleischs verwendet werden, da der Fleischanteil hier höher ist.

Wenn ich Knoblauchzehen nicht als ganze verwende, schneide ich sie immer der Länge nach auf und entferne den Keim. Bei frischem Knoblauch ist er kaum sichtbar, bei älterem verfärbt er sich grün und ist schwer verdaulich – wie zumindest viele französische Köche glauben.

»Kein fremder Sedley soll deine trockene Epsom-Prosa mit Witz spicken.«

John Dryden, englischer Dichter und Literaturkritiker des 17. Jahrhunderts, über seinen Zeitgenossen Charles Sedley, einen für seinen Witz bekannten Dichter und Dramatiker

Crisco

Es überrascht nicht, dass die Ursprünge des amerikanischen Bratfetts im Seifen- und Kerzengeschäft liegen. Zwei Männer, ein Kerzenzieher namens William Procter und ein Seifensieder namens James Gamble, taten sich 1837 zusammen. Die beiden Herren wären sich wohl nie begegnet, hätten sie nicht zufällig Schwestern geheiratet, und es war ihr gemeinsamer Schwiegervater, der ihnen anriet, eine Firma zu gründen. Sie vertrieben Seifen und Kerzen und fügten ihrer Produktlinie 1870 noch Schmalz hinzu.

Ende des 19. Jahrhunderts wurde der Zuliefermarkt sowohl für Talg als auch für Schmalz von den großen fleischverarbeitenden Firmen kontrolliert, also sahen sich die Schwäger nach einer anderen Möglichkeit um, ihr Geschäft zu erweitern. Ihrer Meinung nach lag die Zukunft in den neu entdeckten pflanzlichen Ölen und so sicherten sie sich ihre Rohstoffe, indem sie Baumwollsamen-Farmen und -Mühlen aufkauften. Ihr größter Durchbruch gelang ihnen durch die Mitarbeit des deutschen Chemikers Edwin C. Kayser, der sich in der neuen Wissenschaft der Hydrierung von Pflanzenöl auskannte. Mit seiner Hilfe gelang es ihnen, gehärtetes Baumwollsamen- oder Cottonöl herzustellen, das sie für die Herstellung von Kerzen und Seifen einsetzen wollten. Allerdings fiel ihnen bald auf, dass das neue Produkt Schmalz außerordentlich ähnlich war, und so wurde 1911 die Marke Crisco gegründet. Der Name des Bratfetts leitet sich von seinem Hauptbestandteil ab: *crystallized cotton seed oil* (kristallisiertes Cottonöl). Dieses neue Fett musste nicht gekühlt werden, war billiger als Butter und konnte in der Küche sowohl Butter als auch Schmalz ersetzen. Die Firma startete eine clevere Marketingkampagne durch Verteilen kostenloser Kochbücher, in denen die Anwendung des neuen Bratfetts beschrieben wurde. Sie priesen darin ihr Produkt als gesunde, kostengünstige Alternative zu Tierfetten an. Es gab sogar eine Ausgabe des Kochbuchs für die koschere Küche. Crisco wurde immer wieder den Gegebenheiten des Markts angepasst. Zum Beispiel wurde es in denselben Verkaufseinheiten wie Butter verpackt, damit es eins zu eins in Rezepten ausgewechselt werden konnte, und es wurde mit Butteraroma versetzt.

Procter & Gamble, heute weltweit der größte Konsumgüterkonzern, hat die Marke 2001 abgestoßen, und in Anbetracht des Trends gegen Transfette haben die neuen Eigentümer von Crisco 2007 die Rezeptur verändert.

Spaghetti alla carbonara

Für 2 Portionen

100 g Pancetta

200 g Spaghetti

2 Eier

1 Eigelb

grobes Meersalz, schwarzer Pfeffer

30 g Parmesan, sehr fein gerieben

60 ml trockener Weißwein

2 EL frische glatte Petersilie, gehackt

Vor mehr als dreißig Jahren war dies das erste »ausländische« Gericht, das zu kochen ich mir selbst beibrachte. Damals bestand italienische Küche außerhalb Italiens zum großen Teil aus Lasagne und Spaghetti mit Fleischbällchen. Dass eine Pasta-Sauce so leicht zubereitet werden konnte, war fast so etwas wie eine Revolution.

Wie bei allen einfachen Gerichten liegt auch hier das Geheimnis in der Qualität der Zutaten. In diesem Fall handelt es sich um Pancetta, Eier und Parmesan. Pancetta, was so viel wie »kleiner Magen« bedeutet, ist gepökelter, aber nicht geräucherter Schweinebauch. Sie sollten Pancetta nehmen, die mehr Fett als Fleisch enthält, denn erst durch das Fett erhält die Sauce ihren Geschmack. Bei mir liegt immer ein Stück Pancetta im Gefrierschrank, damit ich mir jederzeit schnell eine leckere Mahlzeit zubereiten kann.

Kochen Sie Spaghetti alla carbonara für eine, zwei oder maximal vier Personen, denn bei mehr Personen fallen mehr Spaghetti an, als sie gleichzeitig braten können. Für ein gemütliches Abendessen allein zu Hause halbieren Sie die Menge der Zutaten und verwenden ein Ei und ein Eigelb. Für vier Personen nehmen Sie einfach die doppelte Menge, aber halten Sie zwei Pfannen bereit. Ein Salat aus Wasserkresse passt am besten zu diesem Gericht.

Das englische Wort ***larder,*** das heute ganz generell für Speisekammer oder Vorratsschrank steht, bezeichnete ursprünglich den Raum oder die Hütte, in der der Speck *(lard)* aufgehängt wurde.

Die Pancetta in streichholzgroße Stücke schneiden. Die Spaghetti al dente kochen.

Eine große Pfanne bei schwacher Hitze heiß werden lassen, die Pancetta etwa 10 Minuten vorsichtig braten, so dass das Fett ausgelassen und die Pancetta knusprig wird.

In einem Schüsselchen Eier und Eigelb verquirlen, gut mit Salz und Pfeffer würzen und die Hälfte des Käses unterrühren.

Wenn die Pancetta fertig ist, mit dem Wein ablöschen und mit einem hölzernen Kochlöffel den Bratensatz lösen. Die Pfanne von der Herdplatte nehmen.

Die abgetropften Spaghetti in die Pfanne geben und gut im Fett mit der Pancetta wenden. Die Eimischung darübergießen und die Spaghetti weiter wenden, bis sie damit überzogen sind. Die Hitze der Pfanne und der Spaghetti gart die Eier.

Mit Petersilie bestreuen und den restlichen Käse separat servieren.

TIPP Sollten Ihre Spaghetti noch nicht weich sein, wenn die Pancetta schon bereit ist, trotzdem mit Wein ablöschen, die Pfanne von der Herdplatte nehmen und wieder anwärmen, bevor die Spaghetti hinzugefügt werden.

Heilbutt im Schinkenmantel mit Salbeibutter

Fisch und Meeresfrüchte werden oft mit Speck zubereitet, um ihnen sowohl Fett als auch Geschmack zu verleihen. Bei diesem Rezept hier verwende ich Prosciutto (luftgetrockneten rohen Schinken aus Italien), da er sehr knusprig wird und gut mit dem Fisch kontrastiert. Man kann den gekochten Fisch auch einfach mit geschmolzener Butter beträufeln, aber ich verwende eine Sauce aus angebräunter Butter mit Salbei, um noch eine Geschmackskomponente hinzuzufügen. Dieses Gericht eignet sich ausgezeichnet für ein Abendessen mit Gästen. Der Fisch kann im Voraus zubereitet werden und sieht mit seinem Schinkengürtel ganz beeindruckend aus. Sie können Heilbutt, Kabeljau oder jeden anderen Fisch mit festem weißem Fleisch verwenden. Dazu ein einfaches grünes Gemüse und Salzkartoffeln servieren.

Für 6 Portionen

6 Heilbuttfilets ohne Haut, je etwa 175 g

Meersalz, schwarzer Pfeffer

36 frische Salbeiblätter

6 Scheiben Prosciutto (z. B. Parma-Schinken)

2 große Zitronen, unbehandelt

100 g Butter

Den Backofen auf 200 °C vorheizen.

Die Fischfilets mit Salz und Pfeffer bestreuen. 2 Salbeiblätter auf jedes Filet legen und jedes in eine Scheibe Prosciutto einschlagen. Der Schinken legt sich wie ein Band um den Fisch, und zwar über die Salbeiblätter; auf beiden Seiten bleibt etwas Fisch unbedeckt. Aus dem mittleren Teil der Zitronen je 6 etwa 5 mm dicke Zitronenscheiben schneiden und die Zitronenenden für den Saft aufbewahren.

Auf der Fettpfanne des Backofens die Zitronenscheiben in Paaren anordnen, die sich etwas überlappen. Auf jedes Paar ein Fischfilet im Schinkenmantel legen. 15 bis 20 Minuten backen, bis der Fisch auch in der Mitte nicht mehr glasig ist.

Währenddessen die Butter bei mittlerer Hitze in einer Pfanne zerlaufen lassen. Die restlichen 24 Salbeiblätter hinzufügen und etwa 7 Minuten braten, dabei einmal wenden, bis sie knusprig sind und die Butter braun wird. Von der Herdplatte nehmen, salzen und den aus den Zitronenenden gepressten Saft hinzufügen.

Den Fisch und die Zitronenscheiben auf vorgewärmte Teller geben. Den Bratensaft aus der Fettpfanne in die Butter-Salbei-Sauce geben und diese über den Fisch träufeln. Sofort servieren.

TIPP Achten Sie darauf, dass die Fischfilets etwa gleich groß und dick sind, damit alle gleichzeitig gar werden.

To bring home the bacon

den Speck heimbringen

Englische Redensart für: seine Brötchen verdienen

Geschmorter Schweinebauch nach Cheong Liew

Für 4 bis 6 Portionen

900 g Schweinebauch mit Schwarte

3 EL helle Sojasauce

2 EL dunkle Sojasauce

2 EL trockener Sherry

45 g brauner Zucker

½ TL grobes Meersalz

1 Tangerine, unbehandelt (oder 1 Mandarine)

2 Zimtstangen, je 7,5 cm, in Stücke gebrochen

2,5 cm frischer Ingwer in Scheiben plus 1 TL fein gerieben

1 Sternanis, in Stücke gebrochen

1–2 EL Schweineschmalz

6 getrocknete Cayenne- oder Serrano-Chilischoten

4 Knoblauchzehen

3 Blätter Frühlingszwiebel, in 1 cm lange Stücke geschnitten

Cheong Liew ist gebürtiger Malaysier und in Australien ein sehr bekannter Küchenchef. Sein Lokal The Grange ist im Hilton in Adelaide untergebracht. Liews originelle und innovative Art zu kochen verbindet die Aromen und Gewürze verschiedener Traditionen. Leider kam ich noch nicht dazu, seine Kochkunst zu probieren, aber wir haben öfters miteinander gefrühstückt und uns dabei lebhaft über die Vorzüge von Schweinebauch unterhalten. Er gab mir dieses Rezept für Schweinebauch in Sojasauce gekocht. Diese klassische chinesische Methode nennt sich »rot kochen« (rot ist die Farbe des Glücks in der chinesischen Kultur), doch trotz des Namens ist das Gericht am Ende braun und nicht rot. Das so gekochte Fleisch ist sehr gehaltvoll und aromatisch, dazu noch äußerst fettreich, so dass man es am besten mit gedämpftem Reis serviert, dem man etwas von dem Fett unterzieht – das schmeckt gut und man isst vorwiegend einfach ungesättigtes Fett.

Den Schweinebauch in 2,5 × 5 cm große Stücke schneiden und in eine Schüssel legen. Sojasaucen, Sherry, 2 EL braunen Zucker und Salz verrühren und über das Fleisch gießen. Von der Tangerine einen langen Streifen der Schale abschälen und die Tangerine beiseitelegen. Tangerinenschale, Zimtstangen, Ingwerscheiben und Sternanis zum Fleisch geben und alles gut durchmischen. Die Schüssel bedecken und 6 Stunden oder über Nacht im Kühlschrank marinieren lassen.

Das Fleisch abgießen und die Marinade – es wird nur wenig sein – beiseitestellen. Das Fleisch trocken tupfen.

In einer tiefen Bratpfanne 1 EL Schmalz bei mittlerer Hitze heiß werden lassen und die Fleischstücke portionsweise anbräunen, dabei bei Bedarf immer wieder Schmalz hinzufügen. Das Fleisch auf einen Teller ablegen. Danach das Fett aus der Pfanne abgießen, mit 500 ml Wasser ablöschen und den Bratensatz lösen.

Die übrig gebliebene Marinade mit dem Zimt, den Ingwerscheiben und dem Sternanis in die Pfanne geben. Pfefferschoten, Knoblauch und den restlichen Zucker ebenfalls hinzufügen.

Das angebräunte Fleisch wieder in die Pfanne geben und alles kurz aufkochen. Die Temperatur reduzieren und das Fleisch etwa 1 Stunde in der unbedeckten Pfanne köcheln lassen, bis es durch ist und der Fond etwas eindickt. 2 EL Saft von der Tangerine sowie den geriebenen Ingwer und das Frühlingszwiebelgrün in die Pfanne einrühren. Mit einem Schaumlöffel das Fleisch auf eine Servierplatte legen und servieren.

Gebratener Schweinebauch an Orangen-Miso

Für 6 Portionen

1,4 kg Schweinebauch ohne Schwarte und Knochen

Meersalz, schwarzer Pfeffer

60 ml rotes Miso (vergorene Sojabohnenpaste)

2 EL Honig

2 EL brauner Zucker

1 EL frischer Ingwer, fein gerieben

3 Knoblauchzehen, fein gehackt

1 große Orange, unbehandelt

125 ml trockener Sherry

Als ich erst einmal angefangen hatte, Schweinebauch zu kochen, konnte ich nicht mehr damit aufhören. Er ist zu köstlich und so einfach in der Zubereitung. In einem guten Stück sind mehr Fett- als Fleischschichten und manchmal muss ich meine Freunde erst dazu überreden, das Fett zu essen. Doch wenn sie dann feststellen, wie aromatisch es ist, sind sie ebenso überzeugt wie ich. Das folgende Rezept entstand aus dem Wunsch heraus, aus ein paar Zutaten in meinem Kühlschrank etwas zu kochen. So kommen die besten Rezepte zustande. Ich serviere dieses Gericht mit gebratenem Kürbis und gedünstetem Pak Choi.

Den Backofen auf 220 °C vorheizen.

Den Schweinebauch mit Küchenpapier trocken tupfen und mit einem Allzweck- oder Teppichmesser das Fett rautenförmig einritzen; dabei nur durch das Fett, nicht ins Fleisch schneiden. Mit Salz und Pfeffer würzen und mit der Fettseite nach oben auf das Grillgitter im Bräter legen. 500 ml Wasser angießen und 30 Minuten braten.

In der Zwischenzeit Miso, Honig, braunen Zucker Ingwer und Knoblauch in einer Schüssel verrühren. Die Orangenschale fein abreiben und in die Miso-Mischung geben. 125 ml Saft der Orange auspressen und beiseitestellen.

Die Ofentemperatur auf 160 °C reduzieren. Die Fettseite des Bratens mit der Hälfte der Miso-Mischung bestreichen. 250 ml Wasser hinzugießen und weitere 30 Minuten braten. Den Braten nun mit der restlichen Miso-Mischung bestreichen und etwa 2 Stunden weiterbraten; dabei den Schweinebauch gelegentlich mit dem Bratensaft bestreichen (notfalls etwas Wasser zugeben). Am Ende sollte der Bratensaft klar sein oder das Bratenthermometer im Fleisch 71 °C anzeigen.

Den Braten auf eine Platte legen und lose mit Aluminiumfolie abdecken. 10 Minuten ziehen lassen. In der Zwischenzeit das Fett aus dem Bräter abgießen und für weitere Verwendung beiseitestellen. Den Bräter bei mittlerer Hitze auf den Herd stellen, mit dem Sherry ablöschen und mit einem hölzernen Kochlöffel den Bratensatz lösen. Den Orangensaft einrühren und die Sauce abschmecken. Den ausgetretenen Bratensaft von der Platte hinzufügen und köcheln, bis die Sauce etwas eindickt.

Den Schweinebraten in Scheiben schneiden und mit der Sauce servieren.

Salzfleisch

Salzfleisch und Räucherspeck werden oft miteinander verwechselt. Salzfleisch ist aber einfach in Salz eingelegtes Bauchfleisch, das nicht geräuchert wird. Früher gab es Salzfleisch überall im Handel, aber heutzutage leider nicht mehr, wie ich selbst feststellen musste. Deswegen beschloss ich, mein eigenes Salzfleisch zu machen. Es geht ganz einfach: Man muss den Schweinebauch nur mit einem Gewürzsalz einreiben und einige Tage im Kühlschrank lassen. Das Gewürzsalz aromatisiert das Fleisch und entzieht ihm Wasser, so dass es fester wird. Je länger man das Fleisch im Salz belässt, desto salziger wird es. Man kann den Grad der Salzigkeit also selbst bestimmen. Der Vorgang nimmt natürlich Zeit in Anspruch, daher sollte man gut im Voraus planen. Salzfleisch hält sich bis zu 2 Wochen im Kühlschrank.

Salzfleisch ist ein wichtiger Bestandteil von Gerichten wie Baked Beans Bostoner Art (S. 103) und Chowder. Außerdem ist es einfach praktisch, Salzfleisch vorrätig zu haben, denn wie Speck und Pancetta macht es Gerichte gehaltvoller und aromatischer.

Für 1,2 kg

300 g grobes Meersalz

60 g brauner Zucker

8 Wacholderbeeren, zerdrückt

2 TL schwarze Pfefferkörner

2 frische Lorbeerblätter, zerpflückt

½ TL Quatre épices (siehe unten)

1,2 kg Schweinebauch mit Schwarte, ohne Knochen

In einer kleinen Schüssel Salz, Zucker, Wacholder, Pfefferkörner, Lorbeerblätter und Quatre épices verrühren. Den Schweinebauch rundum mit der Mischung einreiben. Eine dünne Lage Salz auf einen Glasteller streuen und den Schweinebauch mit der Schwarte nach oben darauflegen. Den Schweinebauch mit etwas Gewürzsalz bestreuen und den Rest beiseitestellen. Den Schweinebauch mit Frischhaltefolie abdecken und 2 Tage im Kühlschrank ziehen lassen.

Den Schweinebauch aus dem Kühlschrank nehmen und die entstandene Flüssigkeit weggießen. Das Fleisch umdrehen und mit der restlichen Salzmischung einreiben. Wieder abdecken und weitere 2 Tage in den Kühlschrank stellen.

Das Gewürzsalz vom Schweinebauch abspülen und das Fleisch gut trocken tupfen. Dann in ein Seihtuch einschlagen und im Kühlschrank bis zu 2 Wochen lagern.

TIPP Man kann das Salzfleisch dünn aufschneiden und in der Pfanne braten wie Frühstücksspeck, oder aber wie Schinkenspeck – ohne den rauchigen Geschmack – zur Aromatisierung von Gerichten verwenden. Probieren Sie vorher ein Stück, um den Salzgehalt zu prüfen. Sollte er zu stark sein, kann man das Salzfleisch einige Stunden in Wasser legen; das Wasser dabei regelmäßig wechseln. Man kann Salzfleisch auch in kochendem Wasser ein paar Minuten blanchieren.

Quatre épices

Quatre épices ist eine französische Gewürzmischung, die je nach Hersteller alles Mögliche enthalten kann. Für gewöhnlich besteht sie aus einer Mischung von weißem Pfeffer, Muskat, Gewürznelken und Ingwer, doch Zimt und Piment können ebenfalls darin enthalten sein. Gemahlener Piment hat zwar nicht denselben Geschmack, doch kann man ihn als Ersatz verwenden.

Salzfleisch mit Linsen

Für 6 Portionen

1 Rezeptmenge Salzfleisch (S. 101)

2 Zwiebeln, geviertelt

2 Karotten, in dicke Scheiben geschnitten

4 Selleriestangen, geschnitten

2 frische Lorbeerblätter

½ TL schwarze Pfefferkörner

240 g Puy-Linsen

Dijon-Senf zum Servieren

Normalerweise spielt Salzfleisch nur eine Nebenrolle in einem Gericht, doch bei diesem Rezept ist es der Star. Als *petit salé* wird es in Frankreich oft mit Linsen serviert, die winzigen grünen Puy-Linsen schmecken am besten dazu. Doch man kann es auch mit Flageolet-Bohnen reichen oder im Frühjahr oder Frühsommer mit frischen Erbsen, die im Salzfleischsud mitgekocht wurden, oder mit blanchierten geschälten Dicken Bohnen, die langsam auf dieselbe Weise gegart wurden.

Das Salzfleisch 3 bis 4 Stunden in kaltem Wasser einweichen, das Wasser mindestens zweimal wechseln.

Das Wasser abgießen und das Fleisch in einen großen Topf geben, zusammen mit Zwiebeln, Karotten, Sellerie, Lorbeer und Pfefferkörnern. Mit kaltem Wasser bedecken und langsam bei mittlerer Hitze zum Kochen bringen. Ohne Deckel etwa 1½ Stunden köcheln lassen, bis Schwarte und Salzfleisch weich sind. Den Topf mit Inhalt beiseitestellen.

Etwa 30 Minuten bevor das Salzfleisch gar ist, die Linsen unter fließend kaltem Wasser abspülen, in einen Topf geben und mit kaltem Wasser bedecken. Bei starker Hitze zum Kochen bringen, das Wasser abgießen und die Linsen unter kaltem Wasser abspülen.

Die Linsen in einen sauberen Topf geben. 1 l Kochsud vom Salzfleisch entnehmen und zu den Linsen geben. Zum Kochen bringen, die Temperatur reduzieren und unbedeckt 20bis 25 Minuten köcheln lassen, bis die Linsen gerade weich werden. Regelmäßig kontrollieren, dass sie nicht zu weich werden.

Wenn die Linsen durch sind, den Sud abgießen und die Linsen in eine vorgewärmte Servierschüssel geben. Den Salzbraten aus dem Sud nehmen und auf ein Küchenbrett legen. Den Sud durch ein feines Sieb passieren. Lorbeerblätter und Pfefferkörner entfernen und das Gemüse zu den Linsen geben.

Das Salzfleisch in dicke Scheiben schneiden und mit den Linsen und Dijon-Senf servieren.

VARIANTE Linsen passen gut zu fettreichen Gerichten wie Bauchfleisch und sie schmecken ganz besonders lecker mit Enten-Confit. Dazu werden sie einfach wie oben abgekocht, jedoch beide Male nur mit Wasser. Wenn sie gar sind, mit Salz und Pfeffer abschmecken.

Baked Beans Bostoner Art

Meine Mutter hat mir zum Frühstück oft *baked beans* auf Toast gemacht, als einen von drei Gängen, zu denen auch noch Frühstücksflocken gehörten. Wahrscheinlich frühstücke ich heute deshalb so selten. Diese gebackenen Bohnen kamen aus der Dose und es hat eine Weile gedauert, bis mir klar wurde, dass man sich das Bohnengericht auch selbst zubereiten kann. Dazu braucht man Salzfleisch (S. 101), und deshalb muss man mit der Zubereitung bereits eine Woche, bevor man Baked Beans essen will, beginnen.

Ich serviere den dicken Bohnentopf gerne mit knusprigem Brot, gefolgt von einem Salat, aber manchmal häufe ich ihn auch einfach auf Toast, um Kindheitserinnerungen wachzurufen. Eigentlich ist dieses Rezept für 6 Portionen gedacht, aber vier hungrige Leute verdrücken die Menge locker, denn wenn man einmal angefangen hat zu essen, ist es schwer, wieder aufzuhören.

Für 6 Portionen

450 g getrocknete weiße Bohnen, über Nacht in kaltem Wasser eingeweicht

6 Cipollini-Zwiebeln (kleine flache weiße Zwiebeln) oder Schalotten

3 Gewürznelken

450 g Salzfleisch (S. 101)

60 g brauner Zucker

60 g Zuckerrübensirup

1 EL Senfpulver

1 EL grobes Meersalz

Die Bohnen in einem Sieb abtropfen lassen und in einen großen Topf geben, mit frischem Wasser bedecken und zum Kochen bringen. Den Topf von der Herdplatte ziehen, den Schaum an der Oberfläche abschöpfen und die Bohnen abgießen, den Sud dabei auffangen und beiseitestellen. Die Bohnen in einen Schmortopf geben.

Den Backofen auf 140 °C vorheizen.

In drei der Zwiebeln je eine Gewürznelke stecken und zusammen mit den restlichen Zwiebeln zu den Bohnen hinzufügen. Das Salzfleisch in 5 cm dicke Scheiben schneiden und zu den Bohnen geben. Braunen Zucker, Sirup, Senfpulver und Salz mit 250 ml Kochsud verrühren und mit Bohnen und Salzfleisch vermengen. Den Topfinhalt mit dem Kochsud bedecken und den restlichen Kochsud beiseitestellen.

Den Topf zudecken und kochen lassen, dabei hin und wieder nachprüfen, ob die Bohnen noch mit Sud bedeckt sind; gegebenenfalls Sud nachgießen. Nach etwa 4 Stunden sollten die Bohnen weich werden, abhängig vom Alter der getrockneten Bohnen. Je älter sie sind, desto mehr Garzeit benötigen sie. Den Topfdeckel wegnehmen und die Bohnen 1 Stunde weiterkochen, bis die Sauce eindickt und das Salzfleisch Farbe annimmt.

Baked Beans aus Boston

Baked beans ist etwas typisch Amerikanisches, ursprünglich ein Gericht der ersten Pilger in Boston. Da sich Baked Beans praktisch alleine kochen, waren sie das ideale Essen für den Sabbat: Die vorbereiteten Bohnen garten über Nacht im Backofen, so dass die Köchin am Tag des Herrn nicht kochen musste. In vielen Landesküchen werden Bohnen zusammen mit fettem Fleisch gekocht, auch in der französischen mit ihrem heißgeliebten Cassoulet (S. 166). Die Firma Heinz aus Pittsburgh in Pennsylvania brachte Ende des 19. Jahrhunderts die ersten Baked Beans in Dosen auf den Markt. In England vermarktet unter dem Slogan »beanz meanz Heinz«, wurde das Produkt so populär, dass viele Engländer Heinz für einen englischen Hersteller hielten.

LARDO
639
B1004
11/21

Lardo

Lard bezeichnet im Englischen cremig-weißes Schweineschmalz, im Französischen dagegen Frühstücksspeck. Das italienische Wort *lardo* bezieht sich aber auf eine besondere italienische Spezialität: gepökelten Rückenspeck vom Schwein.

Diese schon seit Jahrhunderten bekannte Delikatesse drohte noch in den 1990er-Jahren ganz zu verschwinden, doch nun ist sie auf den Speisenkarten von Mailand bis London zu finden. In New York kann man sogar Lardo-Pizza bestellen.

Die Herstellungsmethode von Lardo hat sich im Lauf der Zeit kaum verändert. Ausgegangen wird von einem Stück Rückenspeck, normalerweise mit Schwarte, das in dicke, rechteckige Scheiben geschnitten wird. Diese Speckscheiben werden mit einer Spezialmischung aus Meersalz und Gewürzen wie schwarzem Pfeffer, frischem Rosmarin und Knoblauch eingerieben. Jeder Hersteller hat seine eigene Gewürzmischung, die auch Nelken, Zimt, Koriander, Muskat, Wacholderbeeren, Lorbeer, Salbei, Oregano, Thymian und Sternanis enthalten kann. Nach dem Würzen wird der Speck in einen rechteckigen, *conca* genannten Marmortrog gelegt. Dieser wird in einem Keller gelagert, in dem der Speck sechs Monate bis zwei Jahre lang reifen kann. Während dieser Zeit entzieht das Salz dem Speck Flüssigkeit und bildet eine Salzlake, die den Speck konserviert, während gleichzeitig die Gewürze tief einziehen können.

Da Lardo sehr kalorienreich ist, eignete er sich ideal als Mahlzeit für die Arbeiter in den Marmorsteinbrüchen. Lardo gab ihnen Kraft für ihre harte Arbeit und erhielt auch die italienischen Partisanen am Leben, die nach dem fehlgeschlagenen Aufstand gegen die Österreicher 1849 in die Apuanischen Alpen flüchteten und nur ihre Schweine mitbrachten. Aufgrund dieser Verknüpfung war Lardo auch als »Anarchistennahrung« bekannt und man sagt den Menschen, die ihn herstellen, einen Willen zur Unabhängigkeit nach. Das ist vielleicht der Grund, warum es den Lardo heute noch gibt.

Wie fast alle traditionellen Nahrungserzeugnisse verlor auch Lardo im 20. Jahrhundert viel an Popularität. Eine größere Auswahl an Nahrungsmitteln und die allgemeine Ablehnung tierischer Fette führten selbst in Italien zu einer geringeren Produktion. Dann versetzte Brüssel im April 1996 den wenigen übrig gebliebenen Herstellern den Todesstoß. Entsetzt über die antiquierte Art der Herstellung erklärten Gesundheitsinspektoren der EU, Lardo sei nicht für den menschlichen Verzehr geeignet, und beschlagnahmten ihn tonnenweise. Dabei ließen die Bürokraten vollkommen außer Acht, dass Lardo schon seit Jahrhunderten gegessen wird und noch niemand davon krank wurde. Nachdem ein Schwall lästiger Regulierungen eingeführt worden war, sah es so aus, als würden kleinere Lardo-Hersteller aus dem Geschäft gedrängt. Doch dann trat die Slow-Food-Bewegung dazwischen und stellte sich schützend vor diese Art der Herstellung. Die Slow-Food-Kampagne beim alle zwei Jahre stattfindenden Salone del Gusto in Turin verschaffte dem Lardo schließlich weltweite Aufmerksamkeit.

Der bekannteste Lardo ist *Lardo di Colonnata* aus dem toskanischen Städtchen Colonnata, das sich in den Bergen oberhalb der Marmorbrüche von Carrara befindet. Die berühmten Steinbrüche, in denen schon die Römer Marmor abbauten, lieferten den Stein für Bildhauer wie Michelangelo und Henry Moore. Lardo war bei den Steinmetzen vor Ort beliebt, auch bei Michelangelo, der oft monatelang in der Gegend weilte, um sich seinen Marmor auszusuchen. Die Steinbrüche liefern immer noch das Material für die *conche,* die Marmortröge, und einige Hersteller behaupten, dass es die poröse Konsistenz dieses Marmors sei, der den Lardo di Colonnata so besonders fein macht. Andere wiederum sagen, dass die Lage hoch oben in den Bergen das ideale kühl-feuchte Klima bietet, das der Herstellung von Lardo so zuträglich ist.

Direkt aus der *conca* sieht der Lardo erst einmal recht unappetitlich aus in seiner dunklen Schutzhülle von getrockneten Kräutern. Doch wird diese weggeschabt, erscheint das cremig-weiße, gelegentlich von Fleischadern durchzogene Fett. Obwohl beim Pökelprozess viel Salz verwendet wird, schmeckt Lardo nicht salzig, sondern im Gegenteil eher cremig-weich, fast süß und ein wenig nach den verwendeten Gewürzen. Man kann mit dem Essen einfach nicht mehr aufhören. Die Arbeiter in den Steinbrüchen aßen ihren Lardo zwar in dicken Scheiben auf Brot, mit Zwiebeln und Tomaten, aber ich brauche nicht so viele Kalorien und mag ihn lieber fein geschnitten. Am leichtesten lässt sich das mit einer Aufschnittmaschine bewerkstelligen, doch wenn keine zur Hand ist, geht es auch mit dem Messer, sofern der Lardo vorher gut gekühlt wurde. Serviert werden sollte er zimmerwarm auf getoastetem Bauernbrot mit viel schwarzem Pfeffer. Die Wärme des Toasts schmilzt das Fett ein wenig an. Freunden, die noch überzeugt werden müssen, kann man erzählen, es sei weißer Prosciutto. Wie mit Pancetta kann man auch mit Lardo Pasta oder Reis verfeinern oder ihn auf Pizzas legen, aber Lardo di Colonnata isst man am besten einfach pur.

Lardo di Colonnata ist zwar der feinste, doch auch in anderen Regionen Italiens wird Lardo hergestellt. In der Stadt Arnad im Aostatal wird Lardo in Kastanienholztrögen gereift und die Leute essen ihn dort mit Schwarzbrot und Honig.

Der Begriff *lardo crudo* bezeichnet sehr fein gehacktes, gewürztes Schweinefett, ähnlich dem Speckfett *burro del Chianti,* das der berühmte toskanische Metzger Dario Cecchini herstellt. Es wird mit Zwiebeln, Knoblauch und Kräutern aromatisiert. Meine Version besteht aus von Rosmarin durchzogenem Schweineschmalz (S. 108). Versuchen Sie es mal – es schmeckt besser als Butter.

Portugiesische Erbsen

Für 2 bis 4 Portionen

- 2 von Brendas Chorizo-Würsten (S. 117), gekocht
- 2 EL Schmalz oder Rückenspeck
- 1 Zwiebel, gehackt
- 400 g tiefgefrorene Erbsen, aufgetaut
- 15 g Koriandergrün, gehackt
- ½ TL Zucker
- Meersalz, schwarzer Pfeffer
- 4 Eier

Bei mir zu Hause steht wahrscheinlich die komplette Time-Life-Serie *Foods of the World* im Regal. Die Fotos sind zwar veraltet, aber die Bücher enthalten einige ganz interessante Rezepte. In der Ausgabe für Spanien und Portugal fand ich eines für Erbsen, Eier und Wurst, das ich mir selbst oft zubereitet habe. Dann hat mir ein in Portugal lebender Freund sein eigenes Rezept für dieses Gericht zugeschickt. Das nachfolgende Rezept ist eine Mischung aus den beiden. Es reicht für 4 Personen für einen leichten Lunch oder zum Dinner für zwei.

Die Würste in 5 mm dicke Scheiben schneiden.

In einer mittelgroßen (Ø 25 cm) gusseisernen Pfanne den Speck bei mittlerer Temperatur auslassen. Die Zwiebeln hinzugeben und anschwitzen, bis sie glasig sind und anfangen, Farbe anzunehmen. Die Erbsen und die Hälfte des Korianders hinzugeben, dann den Zucker. Mit Salz und Pfeffer würzen. 125 ml Wasser einrühren. Die Wurstscheiben entlang des Pfannenrands auf die Erbsen legen, dabei leicht überlappen lassen. Aufkochen lassen, dann die Temperatur reduzieren, zudecken und etwa 5 Minuten köcheln lassen, bis die Erbsen knapp durch sind. Viermal ein Ei aufschlagen, in ein Schüsselchen geben und innerhalb des Wurstrings auf die Erbsen gleiten lassen. Die Eier gut mit Pfeffer bestreuen und die Pfanne zudecken. Vorsichtig etwa 4 Minuten köcheln lassen, bis das Eiweiß sich leicht verfestigt hat.

Den restlichen Koriander über die Eier streuen und alles direkt aus der Pfanne servieren.

Löwenzahnsalat mit heißer Specksauce

Löwenzahn wird oft für Unkraut gehalten, aber als Salat haben seine Blätter einen angenehm bitteren Geschmack. Im alemannischen Sprachgebrauch wird er auch Bettseicher (Bettnässer, französisch *pissenlit)* genannt, vermutlich wegen seiner diuretischen Eigenschaft. Der Essig passt gut zur starken Geschmacksnote des Löwenzahns und das Fett mildert die Würze, während die heiße Sauce die festen Blätter weich macht. Löwenzahn gibt es in unterschiedlichen Größen, oft sind viele Stengel dazwischen. Für das Rezept benötigen Sie etwa 10 Tassen geschnittene Blätter. Als Vorspeise ist dieser Salat ideal, und wenn Sie ihn mit wachsweich in der Schale gekochten oder pochierten Eiern servieren, werden Sie fast schon satt.

Für 4 Portionen

4 Handvoll junge Löwenzahnblätter

115 g Pancetta oder Schinkenspeck am Stück

1 EL Schalotten, fein gehackt

2 EL Sherryessig

2 EL trockener Weißwein

Meersalz, schwarzer Pfeffer

Die Löwenzahnblätter von den dicken Stengeln befreien und waschen. Trocken schleudern und in mundgerechte Stücke schneiden. In eine Salatschüssel geben.

Die Pancetta in streichholzgroße Stücke schneiden. In einer Pfanne bei niedriger Temperatur das ganze Fett auslassen und knusprig werden lassen. Mit einem Schaumlöffel die knusprige Pancetta aufnehmen und über den Salat geben, das ausgelassene Fett in der Pfanne lassen. Es sollte etwa 60 ml Fett vorhanden sein; gegebenenfalls etwas Schmalz hinzufügen.

Die Pfanne wieder auf den Herd stellen, die Schalotten hinzugeben und etwa 5 Minuten bei schwacher Hitze braten, bis sie anfangen, Farbe anzunehmen. Mit Essig ablöschen und dabei den Bratensatz lösen. Den Weißwein hinzugeben, mit Salz und Pfeffer abschmecken und aufkochen.

Die heiße Sauce über Löwenzahn und Pancetta gießen und gut durchmischen. Sofort servieren.

»Doch was war lardo? […] Beim ersten Anblick war ich nicht besonders beeindruckt von diesem fast legendären Produkt. Es sah aus wie ein ganz normales Stück Speck mit einer dunklen Beschichtung, die mich stark an Heuschnipsel erinnerte.«

Anne Dolamore, bekannte englische Kochbuchautorin

Frühstück mit gebratenen Brotscheiben

Somerset Maugham sagte einmal, dass man in England dreimal am Tag frühstücken müsse, um gut zu essen. Obwohl sich in dieser Beziehung vieles gebessert hat, ist ein englisches Frühstück immer noch eine große Sache. Schade, dass man Eier und Speck bei uns immer nur zum Frühstück serviert, denn ich könnte sie jederzeit auch mittags, wenn nicht gar abends essen.

Die beste Zeit für ein solches Frühstück ist am Wochenende, wenn man viel Zeit für die Zubereitung und noch mehr für das gemütliche Genießen hat. Eier mit Speck machen viele, aber gebratene Brotscheiben sind vom Frühstückstisch so gut wie verschwunden. Das sollte sich wieder ändern. Wenn man es richtig anstellt, dann sind gebratene Brotscheiben knusprig, ohne vor Fett zu triefen, und ihr weiches Inneres hat den rauchigen Geschmack des Frühstücksspecks angenommen.

Sie brauchen wahrscheinlich kein Rezept für dieses Frühstück, aber ein paar Tipps will ich Ihnen doch geben. Beginnen Sie auf jeden Fall mit gutem Frühstücksspeck, der in der Pfanne Fett auslässt und kein Wasser. Es sollte gut durchwachsener Schinkenspeck sein, nicht zu dick geschnitten. Braten Sie ihn langsam in der Pfanne an, so dass er all sein Fett abgibt, und stellen Sie ihn dann im Backofen warm. Zwei bis drei Scheiben pro Person sollten genügen. Braten Sie nun die Eier, aber nicht im Fett des Specks. Benutzen Sie Butter dazu und eine frische Pfanne. Erhitzen Sie die Butter, bis sie Blasen wirft und gerade Farbe annimmt. Geben Sie die Eier in die Pfanne und reduzieren Sie dann die Temperatur. Braten Sie die Eier, bis die gewünschte Konsistenz erreicht ist. Wenn Sie das Eiweiß mit Butter bestreichen, verfestigt es sich schneller. Das ausgelassene Speckfett wird für das Brot verwendet. Eine Scheibe pro Person genügt wahrscheinlich, aber ich kann gut zwei davon essen. Nehmen Sie gutes Weißbrot, das ein paar Tage alt ist. Wenn es zu frisch ist, saugt es das Fett auf, bevor es knusprig wird. Das Brot im heißen Fett 2 bis 3 Minuten pro Seite braten, bis es knusprig und goldbraun ist. Je nachdem, welchen Speck Sie verwendet haben und wie viele Brotscheiben Sie braten, geht Ihnen eventuell das Fett in der Pfanne aus. In diesem Fall nehmen Sie einfach ein wenig Schmalz oder notfalls Butter.

Schweinefett mit Rosmarinaroma

Ergibt 100 g

100 g Schweineschmalz

2 Stengel Rosmarin

1/8 TL feines Meersalz

In einem Restaurant in Toronto nahm ich einmal an einem besonderen Abendessen teil, bei dem als erster Gang eine Aufschnittplatte gereicht wurde. Darauf befanden sich wunderbare selbst gemachte Würste und Schinken, aber ich bediente mich am liebsten aus einer kleinen Schüssel mit weißem Aufstrich, der sich als aromatisiertes Schweinefett herausstellte. Hier ist meine Version dieser »weißen Butter«. Sie schmeckt am besten mit dunklem Roggenbrot und auf Sandwichs mit kaltem Schweinebraten. Dieser Aufstrich kann zu jedem Dinner gereicht werden, genauso gut wie das gelbe Fett – Butter. Lassen Sie Ihre Gäste erst probieren, bevor Sie ihnen verraten, was es ist.

Schmalz, Rosmarin und Salz in einen kleinen Topf geben. Bei niedriger Temperatur langsam erhitzen, dabei durch Rühren das Salz auflösen, und etwa 15 Minuten köcheln lassen.

Den Topf von der Herdplatte nehmen und das Fett etwas abkühlen lassen. Die Rosmarinstengel entfernen und das Schmalz in eine Schüssel gießen. Kühlen, bis es anfängt, fest und weiß zu werden.

Das Fett mit einem hölzernen Kochlöffel schlagen, bis es cremig und locker ist. Abschmecken und in eine Servierschüssel füllen. Bis zum Servieren im Kühlschrank aufbewahren. Es wird bei Zimmertemperatur viel schneller streichfähig als Butter.

Chinesische Pfannkuchen mit Frühlingszwiebeln

Ich gehe wahnsinnig gerne Dim Sum essen. Wenn ich sonntagmorgens in ein chinesisches Restaurant gehe, bekomme ich immer meine Portion Schweinefett für die Woche. Zu meinen liebsten Dim Sum gehören Frühlingszwiebelpfannkuchen. Meine chinesischen Freunde aus Kanada nennen sie »chinesische Pizza«. Ich nahm an, dass die mürbe Konsistenz dieser Pfannkuchen durch Schmalz hervorgerufen wird und lag damit richtig. Der Teig wird in mehreren Gängen ganz dünn ausgerollt und dazwischen immer wieder ruhen gelassen. Am besten schmecken die Pfannkuchen direkt aus der Pfanne, aber man kann sie auch im Backofen bis zum Finish warm halten. Die Menge der Frühlingszwiebeln hängt von der Jahreszeit ab. Im Winter habe ich 20 gebraucht, bei den fetten Sommerzwiebeln waren 12 ausreichend.

Ergibt 12 Pfannkuchen Ø 10 cm

250 g Mehl

1 TL feines Meersalz

100 g Schmalz, geschmolzen (S. 84)

12–20 Frühlingszwiebeln

Mehl und Salz in einer Küchenmaschine verrühren. 1 EL vom flüssigen Schmalz in einen Messbecher geben und mit kochendem Wasser aufgießen, bis 250 ml erreicht sind.

Bei laufender Maschine das Schmalzwasser über das Mehl gießen. Etwa 40 Sekunden rühren, bis der Teig zur Kugel wird. Diese auf einer bemehlten Arbeitsfläche sanft zu einer weichen Kugel walken. Mit Mehl bestäuben, in ein Tuch schlagen und 15 Minuten abkühlen lassen.

Von den Frühlingszwiebeln das Weiße entfernen. Den grünen Teil in feine Streifen schneiden. Am Ende sollten es etwa 2 Tassen sein. Beiseitestellen.

Auf einer bemehlten Arbeitsfläche den Teig zu einer Rolle von 30 cm rollen. In 12 Teile schneiden und mit einem Tuch bedecken. Jedes Teigstück mit den Fingern zu einem Fladen von 7,5 cm Durchmesser formen und gleich wieder unter das Tuch legen. Jeden Fladen auf doppelte Größe (Ø 15 cm) ausrollen – unter das Tuch. Jetzt noch dünner zu einem ungefähren Oval von 25 × 15 cm und wieder bedecken. Der Teig soll so dünn sein, dass man durch ihn die Zeitung wenn nicht lesen, so doch erkennen kann.

Ein Teigoval mit flüssigem Schmalz bestreichen und mit 2 EL Zwiebelgrün bestreuen. Längs kompakt aufrollen und die Enden zusammendrücken. Die Rolle zu einer Schnecke einrollen, die Enden einschlagen und das Ganze mit dem Handballen etwas flach drücken. Die Schnecke zu einem Pfannkuchen von 10 cm Durchmesser ausrollen und auf ein mit Wachspapier ausgelegtes Backblech legen. Mit einem Tuch bedecken. Mit den anderen Teigovalen gleich verfahren. Das kann einen Tag im Voraus gemacht werden; zugedeckt in den Kühlschrank stellen.

Den Backofen auf 100 °C vorheizen.

Eine große, schwere Pfanne bei mittlerer Hitze heiß werden lassen und so viel Schmalz hinzugeben, dass der Boden bedeckt ist. Die Pfannkuchen portionsweise etwa 4 Minuten backen, bis sie auf einer Seite knusprig und goldbraun sind. Die rohe Seite mit Schmalz bepinseln und diese Seite backen. Die Pfannkuchen sollten gar sein, bevor sie zu sehr bräunen, die Temperatur also entsprechend anpassen. Die Pfannkuchen gleich servieren oder im Ofen warm halten.

Wie die Made im Speck leben

Deutsche Redensart

Speckstein

Ein beliebter Natur- und Werkstein, der aufgrund seiner geringen Härte bereits im alten Ägypten und in China zu Siegeln, Skulpturen und verschiedenen Haushaltsgegenständen verarbeitet wurde.

Das perfekte BLT-Sandwich

Kann man diesen amerikanischen Klassiker aus den Zutaten *bacon* (Speck), *lettuce* (Salat) und *tomato* (Tomate) noch verbessern? Meiner Meinung nach schon, und zwar mit meiner Speckmayonnaise, die den Geschmack intensiviert. Dabei handelt es sich nicht um Mayonnaise mit Speckstückchen darin, sondern um Mayonnaise, die mit dem Fett von Speck zubereitet wird. Das Rezept unten ist für eine kleine Menge gedacht, gerade genug für 4 Sandwichs. Am besten verbraucht man die Mayonnaise auch gleich, da sich bei der Lagerung im Kühlschrank das Schweinefett erhärten würde.

Speckmayonnaise schmeckt in allen Sandwichs gut, besonders aber bei solchen mit Ei, gegrilltem Gemüse, Crevetten oder Hummer. Auch in einen warmen Kartoffelsalat gerührt schmeckt sie lecker und es finden sich immer wieder neue Verwendungsmöglichkeiten. Im Prinzip nimmt man dazu das ausgelassene Fett vom Anbraten des Frühstücksspecks, doch da nie sicher ist, wie viel Fett ausgelassen wird, sollte man zusätzlich etwas fetten Speck zur Hand haben. Im Notfall kann man auch ein oder zwei Löffel Schmalz hinzufügen, aber nicht mehr, da sonst der Speckgeschmack verloren geht. Neben Mayonnaise und gutem Frühstücksspeck brauchen Sie reife, saftige Tomaten dazu, was bedeutet, dass dieses Sandwich gegen Mitte oder Ende Sommer am besten schmeckt.

Für 1 Sandwich

2 EL Speckmayonnaise (Rezept unten)

2 Scheiben Ihres Lieblingsbrots

1 Salatblatt

2–3 Scheiben Tomate

schwarzer Pfeffer

3–4 Scheiben gebratener Frühstücksspeck

Die Brotscheiben mit je 1 EL Mayonnaise bestreichen. Salat und Tomatenscheiben auf eine Brotscheibe legen und gut mit Pfeffer würzen. Dann die Speckscheiben darauflegen und schließlich die zweite Brotscheibe. Vorsichtig drücken und servieren.

TIPP Sicher hat hier jeder seine eigenen Tricks, das klassische Sandwich zu variieren. Ich ersetze gerne das Salatblatt durch ein paar große Basilikumblätter und den Speck durch Pancetta.

Speckmayonnaise

Für 4 Portionen

1 Eigelb

3/4 TL Dijon-Senf

1 TL Zitronensaft

Meersalz, schwarzer Pfeffer

125 ml flüssiges Fett vom Speck

Eigelb, Senf und Zitronensaft in der kleinen Schüssel einer Küchenmaschine oder einem Mixer verrühren. Mit Salz und Pfeffer würzen.

Das Fett sollte flüssig, aber nicht heiß sein. Während die Maschine läuft, tröpfchenweise Fett hinzugeben, bis die Mischung sich versteift und emulgiert. Sobald sich eine Emulsion gebildet hat, kann das Fett etwas schneller hinzugegeben werden. Sollte die Mayonnaise zu dick werden, kann sie mit 1 TL kochendem Wasser verdünnt werden. Abschmecken und bei Bedarf nachwürzen.

Bacon nach Art du Bedat

Dies ist die Variante eines Sandwichs, das im Buch *A Pike in the Basement: Tales of a Hungry Traveller* von Simon Lofthus beschrieben ist. Wenn Simon von meiner Speckmayonnaise gewusst hätte, dann hätte er sie bestimmt auf den Toast geschmiert, bevor er den Lachs darauflegt. Probieren Sie es mal.

Zwei dünne Scheiben Weißbrot von guter Qualität leicht toasten. Etwas Mango-Chutney auf einer Toastscheibe verteilen, darüber ein paar Scheiben Räucherlachs und gebratenen Frühstücksspeck legen. Auf die andere Toastscheibe Speckmayonnaise (S. 111) verteilen und dann auf den belegten Toast legen. Sofort essen.

In Schmalz frittierte Pommes frites

Für 2 Portionen

450 g mehlige Kartoffeln

800 g Schmalz, geschmolzen (S. 84)

Meersalz

Ich liebe das Frittieren in Schmalz: Es hinterlässt keine Gerüche und das Gebackene ist wunderbar knusprig. Trotzdem möchte ich nicht viel Zeit an der Fritteuse verbringen und backe daher Pommes frites immer in kleinen Portionen. Man kann zwar größere Mengen zubereiten und sie im Backofen warm halten, aber Pommes frites schmecken nun mal am besten direkt aus dem Fett. Sie müssen zweimal frittiert werden, einmal bei niedrigerer Temperatur, um die Kartoffeln zu garen, dann bei höherer Temperatur, damit sie goldbraun und knusprig werden. Der erste Vorgang kann einige Stunden im Voraus erfolgen. Zum Ausbacken wird ein Drahtkorb benötigt, und die Anweisungen zum Frittieren sollten Sie auch durchlesen (siehe S. 82).

Die Kartoffeln schälen und der Länge nach in 1 cm dicke Scheiben schneiden, diese in Stäbchen von 1 cm Breite. Unter kaltem Wasser abspülen und in eine große Schüssel geben. Mit kaltem Wasser bedecken und 30 Minuten stehen lassen.

Das Wasser abgießen und die Kartoffelstäbchen gut trocken tupfen. In ein sauberes Tuch einschlagen und 30 Minuten beiseitestellen.

Das geschmolzene Schmalz in einen schweren, tiefen Topf geben und ein Thermometer daran befestigen. Den Topf auf den Herd stellen und das Schmalz bei mittlerer Hitze 160 °C heiß werden lassen. Die Kartoffelstäbchen portionsweise 5 bis 7 Minuten frittieren, bis sie weich sind und gerade anfangen, Farbe anzunehmen. Auf Küchenpapier ablegen und bis zum zweiten Frittieren unbedeckt liegen lassen.

Das Schmalz auf 190 °C erhitzen und die Pommes portionsweise etwa 4 Minuten ausbacken, bis sie knusprig und goldbraun sind. Salzen und sofort servieren.

TIPP Wenn Sie mit dem Frittieren fertig sind, den Topf von der Herdplatte nehmen und abkühlen lassen. Das abgekühlte Fett durch ein Seihtuch filtern und die Überreste im Seihtuch entsorgen. Das Fett kann wiederverwendet werden (siehe S. 83).

Fett und der Künstler

Für den deutschen Künstler Joseph Beuys war Fett ein Medium ähnlich wie Ton. Beuys' Interesse an Fett hatte doppelten Ursprung: in einer Begegnung mit den Tataren und in seiner Theorie der »sozialen Plastik«.

Beuys wurde 1921 in Norddeutschland geboren und überlebte 1943 als Stuka-Pilot einen desaströsen Flugzeugabsturz. Eigenen Berichten zufolge wurde er von Krimtataren aus dem brennenden Wrack gerettet, die ihn anschließend am Leben erhielten, indem sie ihn mit tierischen Fetten einrieben und mit Filz umwickelten. Er erinnere sich an Stimmen, berichtete er, die »Wasser« sagten, dann an den Filz ihrer Zelte und an den scharfen Geruch von Käse, Fett und Milch; dass man seinen ganzen Körper mit Fett eingerieben habe, damit dieser wieder Wärme produzieren konnte, und dass man ihn in Filz eingewickelt habe, um die Körperwärme zu erhalten.

Obwohl Beuys diesen Vorfall später herunterspielte, wurde er Teil der Mythologie um seine Kunst, bei der er oft Filz und Fett verarbeitet hat. Sein Zugang zu Kunst und Alltagsleben war radikal, und da er von den natürlichen Materialien des Alltagslebens fasziniert war, verarbeitete er sie gerne in seinen Installationen und Plastiken. Beuys' Ansicht nach war Fett ein besseres Medium als Ton, da es in Gewicht und Handhabung leichter war und sowohl in flüssiger als auch in fester Form verwendet werden konnte. Das Erschaffen einer Skulptur war für ihn ein dynamischer Prozess und die Arbeit mit Fett gab ihm die gewünschte Flexibilität und entsprach seiner Theorie der »sozialen Plastik«, in der er darlegte, dass in der menschlichen Physiologie alles, was am Ende hart wird, in einem fließenden Prozess begonnen hat und dies ganz klar auf die Embryologie zurückgeführt werden könne.

Beuys war fasziniert von den Veränderungen, die Fett mit der Zeit durchläuft und wie es dem Einfluss der Umgebungstemperatur unterliegt. So verwendete er in den 60er-Jahren Fett in Plastiken wie *Stuhl mit Fett,* einem einfachen Küchenstuhl, dessen Sitz mit einem Keil aus Fett belegt ist, und in Installationen wie *Raum 653 × 491 × 563 mit Fettflecken und auseinandergerissenen Luftpumpen* aus der Aktion Nürnberg und *Luzerner Fettraum – acht Fettecken in sonst leerem Raum.*

1977 schafft Joseph Beuys *Unschlitt/Tallow,* eine Wärmeskulptur auf Zeit. Dazu schmolz er 20 Tonnen Hammeltalg gemischt mit etwas Rindertalg und goss das flüssige Fett in eine fünf Meter hohe Sperrholzverschalung, die dem toten Raum unter einer Fußgängerbrücke nachgebaut war. Vor Projektbeginn soll Beuys mehrere Wissenschaftler befragt haben, wie lange es wohl dauern würde, bis das Fett fest wird. Dass ihm keiner genaue Angaben machen konnte, schien ihn nicht zu beirren: Das zeige eben die Dynamik von Fett. Nach anderthalb Monaten war die Skulptur im Innern immer noch flüssig und selbst nach drei Monaten war sie kaum abgekühlt.

Doch Beuys beschränkte sich nicht auf Fett. Würste, Schokolade und Gelatine – alles fand Platz in seinen Kunstwerken.

Die New Yorker Performancekünstlerin Janine Antoni trat 1992 mit ihrer Installation *Gnaw* in Beuys' Fußstapfen. Antoni knabberte – tatsächlich mit den Zähnen – an zwei 270 Kilogramm schweren Blöcken herum, einem aus Schmalz und einem aus Schokolade. Aus den abgebissenen und durchgekauten Stücken Schmalz stellte sie 130 Lippenstifte her und die Schokoladenstücke formte sie zu 127 Herzen, um die Installation zu vervollständigen. Sie steht heute im MoMA in New York.

Faggots in Zwiebelsauce (Innereienfrikadellen)

Für 6 Portionen

450 g Schweineleber

300 g Schweinebauch ohne Schwarte

5 Zwiebeln

2 Knoblauchzehen

120 g frische feine Semmelbrösel

15 g glatte Petersilie, gehackt

12 frische Salbeiblätter, gehackt

1 TL frische Thymianblätter, gehackt

grobes Meersalz, schwarzer Pfeffer

2 große Schweinenetze (etwa 30 x 45 cm)

2 EL Schmalz plus etwas mehr zum Einfetten

500 ml Schweinefleisch- oder Hühnerbrühe

2 EL Portwein

1 EL Zucker

Variationen zu diesem Rezept sind überall in Europa zu finden, denn wenn ein Schwein geschlachtet wurde, dann fanden die Innereien oft auf diese Weise ihre Verwendung. Meist wurden Herz, Leber und Milz mit Schweinefett zusammen durch den Wolf gedreht, gewürzt und dann zu Frikadellen geformt, die in Schweinenetz (siehe S. 81) eingewickelt wurden. Diese kleinen Wickelpakete werden auf den Britischen Inseln *faggots* genannt, nach einem alten englischen Wort für Bündel. Als der Begriff *faggot* in den amerikanischen Sprachgebrauch einging, entwickelte er sich zum abfälligen Slang-Ausdruck für Homosexuelle. Darüber machten nun wiederum die Briten ihre Witze. John Ayto erzählt in *The Diner's Dictionary* von einer an britische Hausfrauen gerichteten Werbekampagne mit dem Slogan »Surprise your husband with a faggot!«. Sie war kein großer Erfolg.

Doch egal, wie man sie nennt, diese würzigen kleinen Frikadellen sind eine köstliche Alternative zu Fleischbällchen. Ich selbst verwende von den Innereien nur die Leber, die ihnen die besondere Konsistenz und ihr Aroma verleiht. Hier sollte man unbedingt mit einem Fleischwolf arbeiten, denn mit einer Küchenmaschine erhalten Sie nicht die richtige Konsistenz. Einmal durchgebraten, halten sich Faggots gut im Kühlschrank. Ich bereite sie gerne im Voraus zu, damit die Aromen sich gut miteinander verbinden können, und wärme sie dann in der Zwiebelsauce auf.

Zu Faggots serviert man Kartoffelpüree und ein kräftig schmeckendes grünes Gemüse wie Grünkohl oder Rübstiel. Kalte Frikadellen schmecken auch gut, mit eingelegten Gürkchen und Silberzwiebeln oder aufgeschnitten in einem Sandwich.

Die Schüssel des Standmixers und den Fleischwolf 2 Stunden vor Arbeitsbeginn im Kühlschrank deponieren.

Leber und Schweinebauch in kleinere Stücke schneiden, die durch den Fleischwolf gehen, dabei die Sehnen entfernen. 2 Zwiebeln hacken. Die Lochscheibe mit den kleinsten Löchern einsetzen, dann Leber, Schweinebauch, gehackte Zwiebeln und Knoblauch durch den Fleischwolf in die gekühlte Schüssel drehen. Semmelbrösel, Petersilie, Salbei und Thymian dazugeben und mit 2 TL Salz und viel Pfeffer würzen.

Im Standmixer mit dem Flachrührer das gehackte Fleisch 1 Minute bei niedriger Geschwindigkeit verrühren. 1 EL der Mischung zu einer Frikadelle formen und braten zum Abschmecken. Die Fleischmischung etwa 2 Stunden im Kühlschrankgut durchkühlen.

Nun das Schweinenetz in eine Schüssel mit warmem Wasser legen und 1 Stunde einweichen.

Den Backofen auf 180 °C vorheizen und einen etwa 23 × 33 cm großen Bräter mit Schmalz ein wenig einfetten.

Das Schweinenetz behutsam ausdrücken, auf ein Küchentuch legen und trocken tupfen. In 12 Teile von je 15 cm Seitenlänge schneiden. Auf jedes Teil 90 g der Fleischmischung legen und doppelt im Schweinenetz einschlagen. Überhängende Teile abschneiden. Die eingepackten Frikadellen mit der Nahtseite nach unten in den Bräter legen. Fleischbrühe bis auf halbe Höhe der Frikadellen in den Bräter gießen, den Rest der Brühe aufbewahren. Im Backofen etwa 1 Stunde braten, bis die Frikadellen braun und innen gar sind. Mit einem Metallspieß in eine Frikadelle stechen; er sollte sich danach warm anfühlen und der austretende Bratensaft muss klar sein.

Während die Faggots garen, die 3 restlichen Zwiebeln der Länge nach halbieren und in 3 mm dicke Scheiben schneiden. Schmalz in einer großen Pfanne mit Deckel bei mittlerer Hitze schmelzen. Die Zwiebeln hinzugeben, gut durchrühren, damit sie rundum mit dem Schmalz überzogen sind, dann salzen und pfeffern. Die Temperatur reduzieren, die Pfanne zudecken und die Zwiebeln bei gelegentlichem Umrühren 35 bis 40 Minuten schmoren lassen, bis sie ganz weich sind. Falls die Zwiebeln am Boden anhaften, einen Löffel Brühe oder Wasser hinzufügen. Portwein und Zucker hinzufügen, die Temperatur auf mittlere Hitze erhöhen und die Zwiebeln unter gelegentlichem Rühren karamellisieren. Beiseitestellen.

Die Faggots auf eine Platte geben und warm stellen. Die Bratflüssigkeit in einen Messbecher abfüllen und einige Minuten stehen lassen. Das Fett abschöpfen und für andere Verwendung beiseitestellen. 250 ml der Bratflüssigkeit (wenn nötig mit Brühe ergänzen) zu den Zwiebeln geben und bei mittlerer Hitze eindicken lassen, dabei mit einem hölzernen Kochlöffel den Bratensatz lösen. Abschmecken und die Faggots in der Sauce servieren.

»Wenn man sagt: ›Das ist ein gutes Specksandwich‹, sagt man eigentlich, dass nach den Kriterien, die von ähnlich denkenden Liebhabern von Specksandwichs aufgestellt wurden, dieses hier Beifall verdient. […] Alle Werturteile in Bezug auf Gut und Böse, ganz gleich, ob sie sich auf das Verhalten oder Specksandwichs beziehen, geben keine Fakten wieder, sondern sind nur Ausdruck von Empfindungen, Geschmack oder Eigeninteresse.«

Tom Stoppard, *Jumpers*

Schweinswürstchen mit Fenchel und Orange

Fett ist bei Wurstbrät ganz besonders wichtig. Ohne Fett werden Würste trocken und fad. Selbst Wurst herzustellen mag nach viel Aufwand klingen, aber die Arbeit macht Spaß und man weiß dann wenigstens genau, was in der Wurst ist. Wenn man einmal den Bogen heraus hat, fängt man schnell an, mit eigenen Rezepten zu experimentieren. Es wird ein Fleischwolf benötigt, ein Wurstfüller und eine Quelle, wo Sie Wursthaut beziehen können. Ich kann nicht oft genug betonen, wie wichtig eine genaue Küchenwaage ist, nicht nur, um Fleisch abzuwiegen, sondern auch für das Salz. Die Mischung aus Fenchel und Orange passt gut zu Schweinefleisch. Wenn keine Saison für Blutorangen ist, verwenden Sie eine gewöhnliche.

Ergibt 10 bis 12 Würstchen von 15 cm

- 1 kg fette Schweineschulter
- 225 g Schweinefett
- 25 g grobes Meersalz
- 2 EL gehacktes Fenchelgrün
- 1 TL Fenchelsamen, zerdrückt
- 1 TL gemahlener schwarzer Pfeffer
- 1 Blutorange, unbehandelt
- 60 ml Pernod
- 2 m Wursthaut (Naturdarm, siehe S. 116)

Schweinefleisch und -fett in kleine Stücke schneiden, die leicht vom Fleischwolf verarbeitet werden können, dabei Sehnen entfernen. In einer großen Schüssel Fleisch, Fett, Salz, Fenchelgrün, Fenchelsamen und Pfeffer vermengen. Von der Orange die Schale fein abreiben und unterrühren. Die Schüssel zugedeckt 4 bis 6 Stunden oder über Nacht in den Kühlschrank stellen.

Pernod und 60 ml Saft von der Orange mischen und 2 Stunden in den Kühlschrank stellen, ebenso die Schüssel des Standmixers und den Fleischwolf.

Die Lochscheibe mit den kleinsten Löchern einsetzen, die Fleischmischung durch den Fleischwolf in die gekühlte Schüssel drehen, dabei immer zwischen Fleisch- und Fettstücken abwechseln, damit sich kein Fett im Wolf absetzt.

Im Standmixer mit dem Flachrührer das Gehackte bei niedriger Geschwindigkeit mit dem Orangen-Pernod verrühren. Nach etwa 2 Minuten, wenn die Masse homogen ist, 1 EL des Bräts zu einer Frikadelle formen und braten zum Abschmecken. Das Brät etwa 2 Stunden in den Kühlschrank stellen, bis es gut kalt ist.

Währenddessen die Wursthaut 1 Stunde in warmem Wasser einweichen, dann unter kaltem Wasser innen und außen abspülen. Ich ziehe immer ein Ende der Wursthaut über den Wasserhahn und drehe dann vorsichtig das Wasser auf. Die Wursthaut dann in ein Sieb legen, damit das Wasser ablaufen kann. Sie soll beim Abfüllen noch feucht sein, da dies die Arbeit erleichtert.

Den Wurstfüller an den Fleischwolf anschließen und die Wursthaut über den Trichter ziehen, bis nur noch etwa 10 cm überhängen. Dieses Ende mit einem Knoten verschließen. Besonders wenn man ungeübt ist, sollte man ab hier mit einer zweiten Person arbeiten.

Die gekühlte Masse bei niedriger Geschwindigkeit in den Fleischwolf geben und die Wursthaut langsam füllen, dabei aufpassen, dass keine Lufteinschlüsse verbleiben. Während das Brät die Wursthaut füllt, sollte diese langsam vom Trichter gleiten. Wenn man zu zweit arbeitet, kann eine Person sich darauf konzentrieren, das Brät in den Fleischwolf einzugeben, während die andere die Wursthaut stopft. Wenn alles Brät in die Haut gestopft ist, das restliche Hautende vom Trichter ziehen.

Die Wurst nun auf einer feuchten Fläche rollen, um die Füllung so gleichmäßig wie möglich zu verteilen. Dann im Abstand von 15 cm Würstchen abdrehen. Bei jedem Abdrehen die Richtung wechseln, damit die Wurst sich nicht wieder aufdreht.

Die aneinanderhängenden Würstchen zudecken und bis zu 3 Tage im Kühlschrank aufbewahren. Sie können auch tiefgekühlt werden.

VARIANTE Das Wurstbrät kann auch zu Frikadellen geformt und in Schweinenetz (siehe S. 81) eingeschlagen oder einfach ohne jede Hülle gegart werden.

Wursthaut

Wursthaut besteht meist aus Schweinsdärmen (etwa 4 cm Durchmesser) und kann von einem guten Metzger bezogen werden. Sie wird in Salz haltbar gemacht und hält sich gekühlt etwa 6 Monate. Die Därme müssen vor Gebrauch eingeweicht und durchgespült werden, um das Salz zu entfernen. Falls sie einen Eigengeruch haben, sollte man einen Spritzer Zitronensaft ins Einweichwasser geben. Man kann auch Schafs- oder Rinderdärme als Wursthaut nehmen (Schafsdärme haben einen kleineren, Rinderdärme einen größeren Durchmesser), aber Schweinsdärme sind am ehesten erhältlich.

Mit einem langen Schweinsdarm kann man nicht nur Würstchen abdrehen, sondern auch eine Schnecke formen, mit einem Spieß zusammenstecken und dann garen.

Brendas Chorizo

Die Paprikawurst Chorizo ist auf der iberischen Halbinsel und in Mexiko äußerst beliebt. In meiner Nachbarschaft in Toronto leben viele portugiesische Immigranten, und geräucherte Chorizos, mild oder scharf, gibt es dort überall zu kaufen. Ich wollte gerne meine eigene frische Chorizo aus Schweinefleisch herstellen, also bat ich meine Freundin Brenda, die im Norden Mexikos lebt, um ein Rezept. Diese Wurst hier ist recht scharf und die Mischung aus verschiedenen Chilischoten verleiht ihr die gehaltvolle Würze, deshalb verwende ich sie gerne für portugiesische Erbsen (S. 106). Wie bei allen Wurstrezepten in diesem Buch ist es wichtig, dass das Salz genau abgewogen wird.

Ergibt 10 bis 12 Würstchen von 15 cm

- 1 kg fette Schweineschulter
- 225 g Schweinefett
- 25 g grobes Meersalz
- 1 EL Kreuzkümmel, zerdrückt
- 2 TL getrockneter griechischer Oregano
- 2 Knoblauchzehen, fein gehackt
- 1 TL gemahlener schwarzer Pfeffer
- 1 TL Chipotle-Chilipulver (aus geräucherten Jalapeños)
- ½ EL gemahlener Piment
- 3 Ancho-Chilischoten
- 250 ml kochendes Wasser
- 1 EL Weißweinessig
- 2 m Wursthaut

Schweinefleisch und Fett in kleine Stücke schneiden, die leicht in den Fleischwolf passen, dabei Sehnen entfernen. In einer großen Schüssel Fleisch, Fett, Salz, Kreuzkümmel, Oregano, Knoblauch, schwarzen Pfeffer, Chilipulver und Piment vermischen. Zudecken und 4 bis 6 Stunden oder über Nacht kalt stellen.

Die Ancho-Chilischoten in Stücke brechen, die Stengel und Samen entfernen. In eine Schüssel geben und mit kochendem Wasser bedecken. 1 Stunde einweichen.

Die Chilistücke aus dem Wasser nehmen und in eine Küchenmaschine oder einen Mixer geben. Das Einweichwasser durch ein Seihtuch passieren, um es von Rückständen zu reinigen. Davon 60 ml und den Essig zum Chili geben und pürieren, bis die Mischung glatt ist. Das Chilipüree, die Schüssel des Standmixers und den Fleischwolf etwa 2 Stunden in den Kühlschrank stellen.

Alles aus dem Kühlschrank nehmen. Die Lochscheibe mit den kleinsten Löchern einsetzen und die Fleischmischung durch den Fleischwolf in die gekühlte Schüssel drehen, dabei immer zwischen Fleisch- und Fettstücken abwechseln, damit sich kein Fett im Wolf absetzt.

Im Standmixer mit dem Flachrührer das gehackte Fleisch bei niedriger Geschwindigkeit verrühren und das Chilipüree hinzufügen. Nach etwa 2 Minuten, wenn die Masse homogen und zäh ist, 1 EL Masse zu einer Frikadelle formen und in der Pfanne braten zum Abschmecken. Das Wurstbrät etwa 2 Stunden im Kühlschrank gut durchkühlen.

Zum Füllen der Wursthaut den Anweisungen im Rezept Schweinswürstchen mit Fenchel und Orange (S. 115) folgen. Die Würste zudecken und bis zu 3 Tage im Kühlschrank kalt stellen. Sie können auch bis zu 3 Monate tiefgefroren werden. Zum Garen der Würste siehe unten.

Würstchen garen

Würstchen können auf vielerlei Art gegart werden. Ich mag sie am liebsten gegrillt. Denken Sie immer daran, dass Würstchen bei niedriger Temperatur gegart werden müssen, damit sie vollkommen durch sind und die Haut nicht platzt. Das dauert 10 bis 15 Minuten. Schneiden Sie eines der Würstchen an, um festzustellen, ob sie ganz durchgegart sind.

Refried Beans (Bohnenmus)

Für 6 Portionen

225 g Pintobohnen

2 Zwiebeln

1 große Prise Epazote (nach Belieben) (siehe unten)

125 g plus 2 EL Fett von Rillettes (S. 88) oder Schmalz

Meersalz, schwarzer Pfeffer

Mein Mann liebt *refried beans* über alles. Einmal waren wir in Paris, als ihn Gelüste danach überkamen. Im Internet fanden wir ein winziges mexikanisches Restaurant im fünften Arrondissement, das auch noch ein Lebensmittelgeschäft führte, in dem man Bohnen, Epazote, getrocknete Chilis und äußerst leckere Mais-Chips verkaufte. Im folgenden Rezept wird das würzige Schmalz von der Rillettes-Herstellung (S. 88) verwendet, das den Bohnen ein wunderbares Aroma verleiht. Sollten Sie keines zur Hand haben, dann verwenden Sie normales Schmalz oder mexikanisches Schmalz (siehe S. 89).

Das Bohnenmus kann mit Carnitas (mexikanisches Schweinefleisch, S. 119) oder ganz einfach mit Tortillas, in Streifen geschnittenem Kopfsalat, Radieschen und Tomatensalsa (S. 191) serviert werden.

Die Bohnen über Nacht einweichen. Das Wasser weggießen, die Bohnen in einen Topf geben, zusammen mit 1 halbierten Zwiebel und Epazote. Mit Wasser bedecken, zum Kochen bringen, den Topf zudecken, die Temperatur reduzieren und 1½ bis 2 Stunden köcheln lassen, bis die Bohnen ganz weich sind.

Die Bohnen abgießen und dabei 250 ml Kochwasser auffangen. Mit dem Kartoffelstampfer die Bohnen zerdrücken. 1 Zwiebel fein hacken. In einer großen, schweren Bratpfanne bei mittlerer Hitze 125 g Rillettes-Fett oder Schmalz schmelzen, die gehackte Zwiebel darin weich garen und anbräunen.

Die Bohnen zu den Zwiebeln geben und nach und nach 125 ml Kochwasser hinzugießen, bis sich ein weiches Püree ergibt. Weiterrühren und durchkochen; Kochwasser hinzufügen, wenn die Bohnen zu trocken werden. Salzen und pfeffern.

Nach Belieben 2 EL Fett schmelzen und kurz vor dem Servieren darüberträufeln.

Epazote

Epazote ist ein stark schmeckendes Gewürz aus Mexiko. Er gehört zur Familie der Fuchsschwanzgewächse (siehe S. 142) und wird auch Mexikanischer Drüsengänsefuß, Mexikanischer Traubentee und Amerikanisches Wurmkraut genannt. Man findet ihn gelegentlich frisch auf Kräutermärkten, aber meist ist er getrocknet. Den Bohnen etwas Epazote beizufügen ist schon deshalb eine gute Idee, weil er entblähend wirkt, was bei Bohnen immer von Vorteil ist.

Carnitas

Carnitas werden wie Rillettes zubereitet, nur dass das Fleisch anstatt im Fett in einer gewürzten Brühe gegart, dann angebräunt und heiß serviert wird. Man nimmt dazu eine gut marmorierte Schweineschulter mit einer dicken Fettschicht. Wenn Ihnen Ihr Fleisch etwas zu mager erscheint, ersetzen Sie einen Teil der Schultermenge durch Schweinebauch. Beim Anbräunen des Fleischs ist es wichtig, ständig zu rühren und den Bratensatz zu lösen.

Carnitas werden mit warmen Tortillas serviert, dazu nach Belieben: Tomatensalsa (S. 191), Refried Beans (S. 118), Avocadoscheiben, Rettichscheiben und in Streifen geschnittener Salat.

Für 6 Portionen

- 1,4 kg fette Schweineschulter
- 3 große Orangen, unbehandelt
- 1 ½ TL grobes Meersalz
- 1 TL gemahlener Kreuzkümmel
- 4 Knoblauchzehen
- 6 Stengel Koriandergrün
- 1 Chipotle-Chili in Adobo-Sauce
- 3 EL Schmalz oder Fett von spanischen Rillettes (S. 88)
- 2 EL Weinbrand

Die Schwarte von der Schulter entfernen und für andere Verwendung beiseitelegen, etwa für Schweinekrusten (S. 86). Große Fettpartien vom Fleisch entfernen und beiseitelegen. Das Fleisch in 4 cm große Stücke schneiden und das Fett fein würfeln. Beides in eine große Schüssel geben.

Von 1 Orange die Schale in langen breiten Streifen dünn abschälen und zum Fleisch geben. Die Orangen auspressen für 250 ml Saft. Salz und Kreuzkümmel in den Saft einrühren und über das Fleisch gießen. Knoblauchzehen, Koriandergrün und Chipotle-Chili mit ein wenig Adobo-Sauce hinzufügen und alles gut vermischen. Zudecken und 24 bis 48 Stunden kalt stellen, gelegentlich umrühren.

Die Fleischmischung mit der ganzen Flüssigkeit in eine große, tiefe Bratpfanne mit Deckel geben. Etwa 500 ml Wasser hinzufügen, bis das Fleisch zu drei Vierteln bedeckt ist. Unter ständigem Umrühren bei starker Hitze zum Kochen bringen. Die Temperatur reduzieren und etwa 1 ½ Stunden leicht köcheln lassen, bis das Fleisch ganz zart ist.

Den Deckel von der Pfanne nehmen und die Temperatur erhöhen, so dass die Sauce anfängt zu kochen. Bei gelegentlichem Umrühren etwa 25 Minuten kochen, bis fast die gesamte Flüssigkeit verdampft ist. Beim Rühren die Orangenschalenstreifen und die Korianderstengel entfernen. Das Schmalz hinzugeben und weiterrühren, dabei den Bratensatz lösen. Das Fleisch beginnt zu zerfasern und braun zu werden. Ständig rühren, damit das Fleisch nicht anbrennt.

Wenn das Fleisch schön braun ist, die Pfanne von der Herdplatte nehmen und mit Weinbrand ablöschen, dabei mit dem Holzlöffel den Satz am Boden und an den Seiten der Pfanne lösen. Sofort servieren. Oder abkühlen lassen und 3 bis 4 Tage in den Kühlschrank stellen; bei schwacher Hitze aufwärmen.

Speckgugelhupf

Für einen Kuchen
Ø 23 cm (2 l)

250 ml Milch

1 EL Zucker

1 Packung (8 g) Trockenhefe

500 g Mehl

1 TL feines Meersalz

150 g plus 1 EL Butter, weich

3 Eier, leicht geschlagen

225 g Schinkenspeck ohne Schwarte

2 Schalotten, fein gehackt

1 EL frischer Salbei, fein gehackt

Gugelhupf wird vom Elsass bis Österreich gern gebacken. Für gewöhnlich ist es ein süßer Hefekuchen mit Rosinen, kandierten Früchten und Mandeln in der charakteristischen Gugelhupfform. Als ich einmal bei Freunden im Elsass war, machten wir richtiggehend Jagd auf Speckgugelhupf, einer salzigen Variante. Doch wann immer wir in eine Stadt kamen und sogleich zum Bäcker gingen, um Speckgugelhupf zu kaufen, passierte uns dasselbe: Die Verkäuferin entschuldigte sich mit einem Lächeln, heute sei nicht der Tag … Anscheinend wird Speckgugelhupf nur einmal die Woche gebacken, und zwar in jeder Stadt an einem anderen Tag. Immer kamen wir gerade vierundzwanzig Stunden zu spät. Endlich, an unserem allerletzten Tag im Elsass, waren wir am richtigen Tag am richtigen Ort. Das mussten wir unbedingt feiern. Wir kauften uns gleich zwei Gugelhupfe und verspeisten sie mit Genuss zu ein, zwei Gläschen Riesling.

In einem kleinen Topf die Milch bei niedriger Temperatur handwarm erwärmen. 125 ml Milch in eine Schüssel geben, Zucker einrühren und die Hefe darüberstreuen. Umrühren und beiseitestellen. Nach 5 bis 10 Minuten sollten sich Blasen bilden; falls nicht, die Hefe entsorgen und noch einmal mit neuer Hefe beginnen.

Mehl und Salz in der Schüssel des Standmixers verrühren, die Hefemilch und die restliche Milch hinzugeben. Mit einem Knethaken bei niedriger Geschwindigkeit alles gut durchkneten. 150 g Butter in Stückchen nach und nach zum Teig geben. Dann die Eier; nach jedem Ei den Teig gut schlagen. Auf mittlere Geschwindigkeit stellen und den Teig etwa 5 Minuten durchkneten, bis er glatt ist, ganz weich und klebrig.

Mit etwas Butter eine große Schüssel einfetten. Den Teig in die Schüssel kippen, mit einem Tuch zudecken und an einem warmen Ort 1 bis 1½ Stunden um das Doppelte aufgehen lassen. Mit der restlichen Butter die Gugelhupfform einfetten.

Den Speck in Würfel von 3 mm schneiden. Etwa 10 Minuten bei mittlerer Temperatur in einer Pfanne anbraten, bis das ganze Fett ausgelassen und der Speck knusprig ist und zu knacken beginnt. Die Schalotten hinzugeben und 5 Minuten glasig werden lassen. Den Salbei einrühren und abkühlen lassen.

Den Teig zusammenschlagen und auf eine bemehlte Arbeitsfläche setzen. Speck und Zwiebeln über dem Teig verteilen und alles gut verkneten. Den Teig zu einer Wurst von 45 cm rollen und in die Form einlegen.

Den Gugelhupf mit einem Tuch zudecken und etwa 1 Stunde an einem warmen Ort aufgehen lassen, bis etwa 2 cm unterhalb des Rands.

Den Backofen auf 200 °C vorheizen.

35 bis 40 Minuten backen, bis der Kuchen goldbraun ist und sich beim Klopfen hohl anhört. Die Form auf ein Kuchengitter stellen und vor dem Stürzen 5 Minuten abkühlen lassen. Den Kuchen warm oder zimmerwarm servieren. Er hält sich etwa 3 Tage.

To chew the fat
das Fett kauen

Englischer Ausdruck für: ein Schwätzchen halten; hergeleitet aus dem französischen *tailler une bavette*

To save a person's bacon
jemandem den Speck retten

Englische Redensart für: jemandem aus der Patsche helfen

Schweinefett in Süßspeisen

In der Süßspeisenküche hat Schweinefett eine lange Tradition, die jedoch im Zuge der Kampagne gegen tierische Fette und der Einführung gehärteter Pflanzenfette vollkommen zum Erliegen kam. Im Unterschied zu Butter zeichnet sich Schweinefett nicht durch sein Aroma, sondern durch die Konsistenz aus, die es Süßspeisen wie zum Beispiel den spanischen Schmalzplätzchen (S. 130) verleiht. Richtig ausgelassen, ergibt Schweinefett Schmalz ohne jeden Schweinegeschmack, und darin liegt der große Vorteil beim Selbermachen: Sie können sicherstellen, dass Ihr Schmalz geschmacksneutral ist. Daneben ist Schmalz auch ein gutes Fett für Schmalzgebäck aller Art, das darin goldbraun ausgebacken wird, ohne viel Fett aufzunehmen. Wenn ich in bestimmten Speisen Fleischgeschmack haben will, nehme ich Speck. Im Gegensatz zum reinen Schmalz verleiht aus Speck gewonnenes Fett Süßspeisen wie Gewürzplätzchen (S. 128) ein leicht salzig-rauchiges Aroma.

Schmalzteig

Ergibt Teig für einen gedeckten Kuchen Ø 23–24 cm

250 g Mehl

3/4 TL Backpulver

1/2 TL feines Meersalz

125 g gekühltes Flomenschmalz (siehe S. 81), gewürfelt

75 ml eiskaltes Wasser

Mein Mann mag mein leichtes, mürbes Schmalzteiggebäck lieber als mein Buttergebäck, das ihm fast ein wenig zu reichhaltig scheint. Bevor ich nach Amerika kam, hatte ich noch nie Schmalzteig für süße Kuchen zubereitet. Bei uns zu Hause wurde sehr buttriges, süßes Gebäck gegessen, aber eigentlich eignet sich diese Teigart mehr für offene als für gedeckte Obstkuchen. Schmalzteig lässt sich leichter herstellen und ausrollen als Butterteig und hat weniger Eigengeschmack, so dass das Obst besser zur Geltung kommt. Manchmal gebe ich beim folgenden Rezept ein wenig Butter dazu (siehe Variante).

Mehl, Backpulver und Salz in der Küchenmaschine verrühren. Das Schmalz hinzugeben und etwa 15 Sekunden weiter verrühren, bis die Schmalzstücke nur noch erbsengroß sind. In eine Schüssel geben.

Das Wasser über die Mehl- und Schmalzmischung gießen und mit einer Gabel alles vermengen. Zum Testen etwas Teig mit den Fingern zusammenpressen. Wenn er noch brüchig ist, ein paar Teelöffel Eiswasser einrühren und wieder testen. Wenn wenn er zusammenklebt, den Teig auf eine mit Mehl bestäubte Arbeitsfläche geben und behutsam zu einer Kugel kneten. Den Teig halbieren und zu zwei flachen Scheiben formen. Jede Scheibe mit Frischhaltefolie umhüllen und mindestens 30 Minuten in den Kühlschrank legen. Dieser Teig kann auch gut eingefroren werden.

VARIANTE Wenn man die Hälfte des Schmalzes durch kalte Butter ersetzt – 60 g Schmalz und 70 g Butter –, erhält man ein mürbes Gebäck mit Buttergeschmack. In diesem Fall die Butter als das härtere Fett zuerst in das Mehl einarbeiten.

Leitfaden für Fett beim Backen

Wenn Sie erst einmal verstanden haben, wie sich Fett im Teig auswirkt, dann können Sie munter mit den verschiedenen Fetten in Ihren Rezepten experimentieren. Dadurch lernen Sie nebenher auch noch, mit dem Fett auszukommen, das sich gerade im Kühlschrank befindet.

Es gibt viele Arten von Gebäck, die sowohl süß als auch pikant gefüllt werden können (außer natürlich Pastetenteig mit Rinderfett und seinem würzigen Fleischgeschmack). Der Teig von Süßspeisen muss nicht immer süß sein. Bei Blätterteig (S. 43) und Schmalzteiggebäck (S. 122) zum Beispiel kommt alle Süße von der Füllung oder vom Zucker, der eventuell vor dem Backen darübergestreut wird. Andere Teigarten, wie zum Beispiel süßer Mürbeteig (S. 63), enthalten selbst Zucker.

Fett erfüllt zwei Aufgaben im Teig: Es ist Geschmacksträger und macht das Mehl geschmeidig, indem es die Proteine im Mehl umhüllt, so dass sie beim Hinzufügen von Wasser nicht verklumpen und hart werden können. Butter verleiht besonders viel Geschmack und wird deshalb gern zum Backen verwendet. Ein Tortenboden nur mit Butter ist knusprig und hält eine flüssige Füllung aus. Doch erzielt man dies nicht nur durch Butter. Schmalz, insbesondere Flomenschmalz, hat eine ausgesprochen kristalline Struktur und ergibt wunderbar mürbes Gebäck, wenn auch ohne Eigengeschmack. Butter und Schmalz werden deshalb gerne zusammen verwendet, weil sich so der Buttergeschmack und die goldbraune Backfarbe sehr vorteilhaft mit der Leichtigkeit und Mürbe von Schmalz vereinigen. Wenn zwei Fettarten in einem Teig verwendet werden, muss das härtere Fett zuerst ins Mehl eingearbeitet werden.

Auch die Temperatur der Zutaten und die Art und Weise, wie Fett ins Mehl eingearbeitet wird, wirken sich auf die Konsistenz des Teigs aus. Für einen schweren, krümeligen Teig wie süßen Mürbeteig wird die Butter ins Mehl gehackt, bis das Ergebnis groben Semmelbröseln ähnelt, während bei Schmalzteiggebäck das Fett in erbsengroßen Klumpen belassen wird, damit der Teig mürber wird. Kalte Butter kann den Teig auch mürbe machen, wenn die Butterstückchen groß bleiben, wie zum Beispiel beim Blätterteig (S. 43), wo die Butter schichtweise in die Mehlmischung eingearbeitet wird.

Falls nicht anders angegeben, sollte Fett dem Teig immer kalt hinzugegeben werden. Je weniger gesättigt ein Fett ist, desto weicher ist es bei Zimmertemperatur. Unter Umständen ist es hilfreich, es kurz ins Gefrierfach zu legen, bevor es dem Mehl beigemischt wird.

Ich habe oft kalte Hände, was beim Herstellen von Teig äußerst nützlich ist. Da aber nicht alle mit kalten Händen gesegnet sind, ist die Küchenmaschine eine große Hilfe: Mit ihr lässt sich Fett am besten unters Mehl hacken. Von Nachteil ist dabei, dass sie den Teig auch zu sehr verrühren kann. Wenn das Fett unter das Mehl gehackt ist, den Teig in eine Schüssel geben, bevor Flüssigkeit zugeführt wird. Flüssigkeiten müssen kalt sein und man darf nur eben so viel hinzufügen, wie der Teig benötigt. Stellt man Teig vor dem Ausrollen kalt, dann kühlt auch das Klebereiweiß ab; er lässt sich dann leichter ausrollen und das Gebäck zieht sich beim Backen weniger zusammen. Je gesättigter das Fett im Teig ist, desto härter wird er in der Kälte. Man muss ihn also unter Umständen vor dem Ausrollen erst wieder Zimmertemperatur annehmen lassen.

Wird für ein Rezept ein anderes Fett als vorgegeben genommen, ersetzt man es normalerweise eins zu eins, außer bei Butter, die ja kein reines Fett ist, sondern eine Emulsion mit Wasser. Man muss sie daher mit 15 bis 20 Prozent weniger Fett ersetzen. Ersetzt man hingegen ein anderes Fett mit Butter, müssen 15 bis 20 Prozent mehr Butter hinzugefügt werden. Und: Beim Backen ist es äußerst wichtig, alle Zutaten genau abzuwiegen, besonders aber Mehl und Fett.

Stachelbeer-Pie

Für 6 Portionen

900 g Stachelbeeren

1 Rezeptmenge Schmalzteig (S. 122)

Schweineschmalz zum Einfetten

200 g Zucker

1 Prise Salz

1 Eiweiß

3 EL Weinbrand

25 g Maisstärke

1 EL Butter, gewürfelt

1 EL extrafeiner Zucker

In meinem kleinen Stadtgärtchen steht auch ein Stachelbeerstrauch, weil ich die hellgrünen Früchte mit ihrem säuerlichen Geschmack liebe. Die Zweige sind besonders an den Trieben mit Stacheln besetzt – daher ihr Name – so dass es schwierig ist, sie zu ernten. Bleiben die Beeren zu lange am Strauch, dann färben sie sich rot und verlieren ihre Säure. In einem Kuchen schmecken die kleinen grünen Stachelbeeren am besten, lassen Sie sich also nicht von den roten Früchten verführen. Zum Glück sieht man diese frühen Sommerbeeren immer öfter auf Obst- und Gemüsemärkten. Sind keine Stachelbeeren zu haben, dann nehmen Sie Pfirsiche, Himbeeren oder Heidelbeeren. Da dieser Kuchen sehr saftig ist, sollte man ihn in Förmchen anstatt auf Tellern servieren. Dazu passt eine Kugel Braune-Butter-Eiscreme (S. 60).

Den Backofen auf 220 °C vorheizen.

Mit der Schere Stielansatz und Blüte von den Stachelbeeren schneiden, kurz abspülen. Den Teig aus dem Kühlschrank nehmen. Eine Backform von 24 cm Durchmesser mit Schmalz einfetten. Die Beeren in eine große Schüssel geben, Hagelzucker und Salz hinzugeben und gut durchmischen.

Den Teig in zwei Hälften teilen und jede zu einer runden Scheibe formen. Auf einer mit Mehl bestäubten Arbeitsfläche eine Teigscheibe auf 28 cm Durchmesser ausrollen und in der Backform auslegen.

Das Eiweiß mit ½ TL Weinbrand aufschlagen und den Teig in der Backform bestreichen (ein wenig zurückbehalten). Die Stachelbeeren in die Backform schütten, dabei in der Mitte anhäufen. Das Maismehl mit dem restlichen Weinbrand glattrühren und über die Früchte gießen, dann die Butterwürfel gleichmäßig darüberstreuen. Die Teigränder ebenfalls mit der Eiweißmischung bestreichen.

Die zweite Teigscheibe auf 29 cm Durchmesser ausrollen und die Pie damit bedecken. Die Ränder zurechtschneiden und fest zusammendrücken. In der Mitte der Pie einen Schlitz einschneiden, die Teigdecke mit dem Eiweiß bepinseln und mit extrafeinem Zucker bestreuen.

20 Minuten backen, dann auf 190 °C reduzieren und 35 bis 40 Minuten weiterbacken, bis die Pie goldbraun ist und die Fruchtmischung köchelt. Wenn die Oberfläche zu schnell braun wird, mit Aluminiumfolie abdecken.

Die Pie auf einem Kuchengitter abkühlen lassen. Zimmerwarm servieren.

VARIANTE Mit diesem Rezept kann man auch Apple-Pie zubereiten. Dazu schält und viertelt man 6 säuerliche Kochäpfel – zum Beispiel Boskop –, entfernt das Kerngehäuse und schneidet die Viertel in dünne Scheiben. Im Zucker und der Prise Salz wenden, einen Spritzer Zitronensaft hinzufügen. Weiterverfahren wie bei der Stachelbeer-Pie, jedoch nur 1 EL Maisstärke verwenden.

Mardi gras – fetter Dienstag

Im Kalender der christlichen Tradition ist die mit Aschermittwoch beginnende Fastenzeit eine Zeit auferlegter Abstinenz von vierzig Tagen vor Ostern. Während der Fastenzeit waren tierische Produkte wie Butter und Fett traditionell verboten, so dass der Dienstag vor Aschermittwoch der letzte Tag war, an welchem Fett aus der Speisekammer auf den Tisch kam. In Frankreich hieß dieser Tag daher *mardi gras*, fetter Dienstag. Im angelsächsischen Raum versteht man unter *mardi gras* nicht nur diesen einen Tag, sondern die ganze Fastnachtsperiode vor der Fastenzeit. Besonders in katholischen Gegenden wird der *mardi gras* mit Karnevalsumzügen und -bällen gefeiert. Weltweit am bekanntesten sind hier die Festivitäten von Venedig, Rio de Janeiro und New Orleans. Beim Karneval in Venedig, dessen Ursprung bis ins 13. Jahrhundert zurückgeht, verkleiden sich die Menschen mit aufwendigen Masken aus Papiermaschee und Leder. Der brasilianische Karneval in Rio erlebt seinen Höhepunkt mit der riesigen Parade am Faschingsdienstag. Diese spektakuläre Prozession von Festwagen und Samba-Bands windet sich durch die Straßen von Rio und Tausende von Leuten in exotischen Kostümen (oder im Adamskostüm) tanzen und feiern die ganze Nacht hindurch. Selbst im vorwiegend protestantischen Amerika hat sich die von französischen Siedlern eingeführte Tradition von *mardi gras* in New Orleans erhalten.

Auch in protestantischen Gegenden wird der Vorabend der Fastenzeit gefeiert, wenn auch weniger farbenfroh. Der Faschingsdienstag heißt in der angloamerikanischen Welt *Shrove Tuesday*, wobei *shrove* die Vergangenheitsform von *shrive* ist, dem altenglischen Verb für beichten. In Australien, Großbritannien und Kanada ist Shrove Tuesday auch bekannt als Pancake Day, Pfannkuchentag. Obwohl meine Familie in Australien nie gefastet hat und ich mich nicht daran erinnern kann, jemals gebeichtet zu haben, folgten wir der alten Tradition und holten vor der Fastenzeit alles Fett und Mehl aus der Speisekammer, um damit Pfannkuchen zu backen. Diese dünnen Crêpes wurden in viel Butter ausgebacken, mit Zitronensaft beträufelt und mit Zucker bestreut.

In den katholischen Gegenden der kanadischen Provinz Neufundland bäckt man traditionell dicke Eierkuchen, in denen Schmuckstücke oder Münzen versteckt sind, die die Zukunft weissagen sollen.

In Deutschland wird Fasching oder die Fastnacht überall gefeiert, aber hauptsächlich im Süden in den vorwiegend katholischen Gegenden. Man verkleidet sich und veranstaltet Umzüge und es gibt mit Marmelade gefüllte Faschingskrapfen aus Hefeteig, die in Schmalz ausgebacken und dann mit Zucker und Zimt bestreut werden. Deutsche Auswanderer haben diese Tradition mit nach Amerika gebracht und diese Faschingskrapfen sind unter ihren Nachfahren, den Pennsylvania Dutch, heute noch populär.

Ähnlich wie Pfannkuchen eignen sich Beignets und Faschingskrapfen gut dazu, Fett und Mehl vor der Fastenzeit aufzubrauchen. Die *malasada* ist ein portugiesischer Faschingskrapfen, den Einwanderer aus den Azoren in Hawaii eingeführt haben. Dort wird der Tag vor Aschermittwoch Malasada Day genannt. In Polen fängt die Fastenzeit etwas später an. Dort werden am Donnerstag nach Aschermittwoch gerne *pączki* gegessen, eine Art polnischer Donut.

Brandteig-Beignets

Für etwa 20 Beignets

3 EL Zucker

1 EL Fenchelsamen

60 g Butter, gewürfelt

½ TL feines Meersalz

60 g Mehl

2 Eier

1 EL Pastis

800 g Schmalz, geschmolzen (siehe S. 84)

Man kann kein Buch über Fett schreiben, ohne auf Schmalzgebackenes einzugehen. Ich erinnere mich noch daran, wie in unserer Nachbarschaft in Melbourne ein Donut-Laden aufgemacht hat. Vom Fenster aus konnte man zusehen, wie die Donuts entstanden: vom Mischen der Teigzutaten über das Auswerfen perfekter Teigringe bis hin zum Ausbacken im heißen Fett. Zum Schluss wurden sie auf eine Lage Puderzucker gelegt und dann in eine Tüte geschichtet. Sekunden später schon stopften wir sie uns in den Mund. Als ich nach Amerika kam, konnte ich überhaupt nicht verstehen, wie sich die Leute damit zufriedengeben konnten, kalte Donuts zu essen. Diese einfachen Beignets schmecken direkt aus dem heißen Fett am besten, warm sind sie auch nicht schlecht und Stunden später – immer noch gut.

Zucker und Fenchelsamen in einer Gewürzmühle zu Pulver mahlen. In einen flachen Teller geben und beiseitestellen.

125 ml Wasser, Butter und Salz in einen Topf geben und bei mittlerer Hitze unter Rühren die Butter schmelzen. Die Hitze erhöhen und die Flüssigkeit zum Kochen bringen. Von der Herdplatte nehmen, das ganze Mehl auf einmal hinzufügen, alles gut verrühren. Den Topf wieder auf den Herd stellen und bei schwacher Hitze köcheln lassen, dabei etwa 2 Minuten ständig rühren, bis der Teig ganz glatt ist und sich vom Topfrand löst. Etwas abkühlen lassen.

In einer kleinen Schüssel die Eier mit dem Pastis aufschlagen. Die Hälfte der Eimasse in den Topf geben und in den Teig gut einrühren, bis er wieder glatt ist.

Das Schmalz in einen tiefen Topf geben und ein Thermometer anbringen. Bei mittlerer Hitze auf 190 °C bringen. Vorsichtig ein paar Teelöffelchen Beignet-Masse ins Fett geben. Ihr Volumen verdoppelt sich, so dass man nicht zu viel auf einmal in den Topf geben sollte. 6 bis 7 Minuten garen, dabei gelegentlich wenden, bis sie eine bräunlich goldene Farbe angenommen haben. Die Beignets abschöpfen und auf Küchenpapier ablegen, dann im Fenchelzucker rollen.

Den restlichen Fenchelzucker in ein feines Sieb geben und die Beignets überpudern. Das Fett abkühlen lassen, klären und wiederverwenden (siehe S. 83).

Eins, zwei, drei, vier, fünf, sechs, sieben, eine alte Frau kocht Rüben, eine alte Frau kocht Speck, und du bist weg!

Abzählreim

Schinkenspeck-Gewürzplätzchen

Für 20 bis 24 Plätzchen

150 g Mehl

100 g plus 1 EL Zucker

1 TL Meersalz

¾ TL gemahlener Zimt

¾ TL gemahlener Ingwer

¾ TL gemahlene Gewürznelken

100 g Fett aus etwa 450 g Speck

2 EL Zuckerrübensirup

1 Ei

In Nordeuropa gibt es vielerlei Arten von Gewürzplätzchen, die meist mit Butter hergestellt werden. Mich faszinierte aber die Idee, sie mit Speck anstatt Butter zu backen. Der rauchig-salzige Geschmack von Schinkenspeck vereinigt sich gut mit Ingwer und Zimt: Man stelle sich glasierten Schinken als Keks vor. Wie viel fetter Schinken benötigt wird, ist schwer zu sagen, da es davon abhängt, wie viel Fett im Schinken enthalten ist. Bei langfristiger Planung kann man das ausgelassene Fett vom Frühstücksspeck sammeln und im Gefrierfach aufbewahren, bis genügend vorhanden ist. Man sollte auf jeden Fall Schinkenspeck von guter Qualität nehmen und langsam braten, bis das ganze Fett ausgelassen ist. Wenn nur noch ein oder zwei Löffelchen Fett fehlen, kann zur Not auch etwas Schmalz hinzugegeben werden, aber nicht zu viel, denn sonst geht der wunderbare Speckgeschmack verloren. Übrig bleiben Speckscheiben, die viel zu knusprig sind, um sie im Sandwich zu essen. Man kann die Stückchen entweder über einen Salat oder eine Suppe bröseln oder Speck-Baklava (S. 129) damit herstellen.

Den Backofen auf 180 °C vorheizen. 2 große Backbleche mit Backpapier auslegen.

Mehl und 100 g Zucker, Salz und die Gewürze in eine Küchenmaschine geben und mit der Intervallfunktion verrühren. Das ausgelassene Fett, den Zuckerrübensirup und das Ei hinzugeben und alles verrühren, bis die Masse einen weichen Teig ergibt. Jeweils 1 gestrichenen EL Teig zu einer Kugel formen. Die Kugeln mit 5 cm Abstand auf die Bleche legen. Mit einer Gabel die Kugeln etwas flach drücken und den verbleibenden Esslöffel Zucker darüberstreuen.

Jeweils ein Blech in den Ofen schieben und die Plätzchen 10 bis 12 Minuten backen, bis sie an den Rändern bräunlich werden. Auf dem Blech etwas abkühlen lassen und dann auf ein Kuchengitter legen.

Die Plätzchen können luftdicht verschlossen etwa 1 Woche aufbewahrt werden.

Brötchentag und Platztag

Ebenso wie in Schweden (siehe S. 131) sind die süßen Brötchen auch in Island populär. Dort wird der Rosenmontag *bolludagur* genannt, Brötchentag. An diesem Tag isst man in Island Brandteig-Brötchen gefüllt mit Creme oder Marmelade. Manchmal wird auch Schokolade darübergeträufelt. Dies ist ein besonderer Tag für die Kinder, die ganz früh aufstehen, um ihre Eltern noch im Bett zu erwischen. Dann »schlagen« sie ihre Eltern mit einem *bolluvöndur,* einem Rührlöffel, aus dem Bett. Für jeden Schlag, der trifft, bekommt das Kind ein Brötchen.

Der nächste Tag ist der *sprengidagur* oder Platztag, der daran erinnert, dass man an diesem Tag so viel Fleisch und Fett wie möglich aß, bevor die Fastenzeit begann. Heute wird dieser Tag etwas konservativer begangen, indem man *saltkjötogbaunir* serviert: gepökeltes Hammelfleisch und Trockenerbsensuppe.

Speck-Baklava

Eine Freundin aus Seattle im Bundesstaat Washington beschrieb mir einmal eine Menüfolge, in der alle Gänge Schweinernes enthielten und die mit Speck-Baklava endete. Ich behielt mir die Idee im Hinterkopf, bis ich eines Tages Schinkenspeck-Gewürzplätzchen (S. 128) zubereitete und dabei viel äußerst knuspriger Speck anfiel. Das war die Geburtsstunde meiner eigenen Version von Speck-Baklava.

Für 24 Stück

1 große Orange, unbehandelt

450 g Schinkenspeck, sehr knusprig gebraten

200 g Mandelblättchen, leicht geröstet

90 g brauner Zucker

1½ TL gemahlener Piment

115 g Butter, geschmolzen

450 g Filoteigblätter

300 g Kristallzucker

8 Pimentbeeren, zerdrückt

Den Backofen auf 180 °C vorheizen.

Die Orangenschale fein abreiben und die Orange auspressen. Den Orangensaft beiseitestellen. Geriebene Orangenschale, Speck, Mandeln, braunen Zucker und Piment in die Küchenmaschine geben und fein hacken. Beiseitestellen.

Boden und Seiten einer 23 × 33 cm großen Backform mit ein wenig von der geschmolzenen Butter ausstreichen.

Die Hälfte der Filoteigblätter beidseitig mit zerlassener Butter bestreichen, einmal falten und den Backformboden damit auslegen, überschüssige Ränder abschneiden. Die gebutterten Blätter aufeinanderschichten.

Die Speckmasse gleichmäßig auf die oberste Lage Filoteigblätter streichen, dann die restlichen Filoteigblätter beidseitig mit Butter bestreichen, falten und auf die Füllung schichten. Die oberste Lage mit geschmolzener Butter bestreichen. Mit einem scharfen Messer die oberste Lage in 24 Rechtecke ritzen.

45 Minuten backen, bis die Baklava goldbraun ist und sich vom Backformrand löst.

Währenddessen den Sirup zubereiten. Den Orangensaft mit Wasser auf 375 ml verdünnen. Den Saft in einen Topf gießen und den Zucker und die Pimentkörner hinzugeben. Bei mittlerer Hitze zum Kochen bringen und unter Rühren den Kristallzucker aufzulösen. Die Temperatur reduzieren und 5 Minuten köcheln lassen. Von der Herdplatte nehmen und abkühlen lassen.

Die Backform auf ein Kuchengitter setzen. Den Sirup durch ein Sieb passieren und gleichmäßig über die warme Baklava gießen. Auf Zimmertemperatur abkühlen lassen. Die Baklava schneiden wie geritzt und servieren. Baklava hält sich bei Zimmertemperatur 4 bis 5 Tage.

Spanische Schmalzplätzchen

Für 22 Plätzchen

125 g Mehl

60 g gemahlene Mandeln

100 g Zucker

2 TL gemahlener Zimt

1 Prise feines Meersalz

100 g Schmalz, gewürfelt und zimmerwarm

1 Ei

1 Orange, unbehandelt, Schale fein abgerieben

1 EL Weinbrand

Puderzucker für die Glasur

Viele Länderküchen bevorzugen Schmalz für die Zubereitung von Plätzchen, weil sie damit so fein und zart werden. Eine spanische Spezialität sind *polvorones*, doch in jüngster Zeit werden sie oft mit Butter gebacken anstatt mit Schmalz, was ihre Konsistenz und den Geschmack vollkommen verändert. Bei diesem Rezept ist es sehr wichtig, vollkommen geschmacksneutrales Schmalz zu verwenden, das die richtige Konsistenz gibt und den Zimt- und Orangengeschmack nicht beeinträchtigt. Mehl und Nüsse werden leicht angeröstet, um den Plätzchen einen leicht nussigen Geschmack zu verleihen.

Den Backofen auf 180 °C vorheizen.

Mehl und gemahlene Mandeln auf einem Backblech verteilen und etwa 10 Minuten im Ofen backen, bis sie Farbe annehmen und geröstet riechen. Abkühlen lassen.

Die Ofentemperatur auf 150 °C reduzieren.

Die Mehl-Mandel-Mischung in eine große Schüssel geben, Zucker, Zimt und Salz hinzufügen, alles vermischen. Das Schmalz dazugeben und mit einem hölzernen Rührlöffel in die Mehlmischung einarbeiten.

Ei, abgeriebene Orangenschale und Weinbrand aufschlagen, dazugießen und einen weichen Teig rühren.

Jeweils 1 gestrichenen EL Teig zu einer Kugel formen. Die Kugeln in 5 cm Abstand auf mit Backpapier ausgelegte Backbleche setzen.

30 Minuten backen, bis die Oberfläche sich fest anfühlt und die Plätzchen unten leicht angebräunt sind.

Die Plätzchen auf ein Kuchengitter legen. Wenn sie abgekühlt sind, den Puderzucker durch ein feines Sieb darüberstreuen. Luftdicht verschlossen können die Plätzchen etwa 1 Woche aufbewahrt werden.

Salo

Nicht nur die Spanier lieben Schweineschmalz. Schweinefett ist in ganz Mitteleuropa äußerst beliebt. In der Ukraine wird Schweinefett *salo* genannt und spielt eine so große Rolle in der Gesellschaft, dass sogar Gedichte und Lieder zum Thema verfasst wurden.

Salo kann zwar in Salz gepökelt, mit Paprika gewürzt oder geräuchert werden, aber am liebsten wird es roh gegessen, mit Schwarzbrot, Gürkchen und Knoblauch. Hinuntergespült wird es – womit auch sonst? – mit Wodka.

Im Oktober werden überall in der Ukraine Salo-Festivals abgehalten, bei welchen das Schwein und sein Fett von allen gebührend gefeiert werden kann. Dabei werden oft gigantische Salo-Sandwichs hergestellt. In Simferopol, Hauptstadt der Krim, maß das Salo-Sandwich 9 Quadratmeter und musste von der Polizei bewacht werden, damit sich die begeisterten Zuschauer nicht vor der Zeit Stücke davon abrissen. Wie bei allen guten Festivals gibt es auch hier ein Wettessen. In der Stadt Lutsk im Nordwesten der Ukraine verschlang der Wettkampfsieger 2006 1 Kilogramm Salo in nur 20 Minuten, ohne Zuhilfenahme von Brot oder Wodka. Den Reportern sagte der glückliche Gewinner danach, er hätte noch mehr davon essen können!

Süße Knusperkrusten

Alle Welt liebt die Kombination von Zucker und Fett, und wenn dann noch Salz hinzukommt, ist alles perfekt. Gesalzene Karamellsauce (S. 64) und Speck-Baklava (S. 129) schmecken gut, doch nichts ist so köstlich wie Karamell und Schweinekrusten. Dieses Rezept hat seinen Ursprung in den scharf gewürzten Schweinekrusten (S. 86) und macht eine Süßspeise daraus. Zerkleinert können die Knusperkrusten auch über pikante Gerichte wie gebratenen Schweinebauch gestreut und sogar mit Eiscreme serviert werden.

Für mehr als genug

Butter zum Einfetten

400 g Zucker

½ Rezeptmenge scharf gewürzte Schweinekrusten (S. 86), in kleine Stücke gebrochen

Ein Backblech leicht mit Butter bestreichen.

Den Zucker in einem Topf bei mittlerer Hitze unter Rühren heiß werden lassen, bis er ganz geschmolzen ist und Karamellfarbe annimmt. Von der Herdplatte nehmen.

Die Schweinekrustenstückchen in die Karamellmasse einrühren, bis sie ganz damit überzogen sind. Diese Masse auf dem Blech verteilen und abkühlen lassen. Wenn sie hart geworden ist, in Stücke zerbrechen. Knusperkrusten können in einem luftdichten Behältnis bis zu 1 Woche aufbewahrt werden.

Die Semmel, die den König das Leben kostete

In Schweden werden am *fettisdag,* dem »fetten Dienstag« oder Faschingsdienstag, *semlor* gegessen. Die *semla* wurde 1541 erstmalig gebacken, und zwar aus weißem Mehl *(similia* ist der lateinische Ausdruck für weißes Weizenmehl), weshalb sie auch nur der König und die Aristokratie zu kosten bekamen.

Am 12. Februar 1771, dem *fettisdag* jenes Jahres, setzte sich König Adolf Friedrich von Schweden an sein letztes Festmahl, um sich auf die Fastenzeit vorzubereiten. Er war ein dicker Mann mit gewaltigem Appetit, den er nun mit einer Menüfolge von Hummer, russischem Kaviar, Fisch, Sauerkraut, Siedfleisch und weißen Rüben stillte und das Ganze mit viel Champagner hinunterspülte. Zum Abschluss seines Mahls gönnte er sich vierzehn Portionen seines Lieblingsnachtischs, *semlor.* Nun aß der hungrige König nicht allein die süßen Brötchen, denn ein jedes wurde in einem Förmchen mit heißer Milch serviert, die mit Zimt und Rosinen gewürzt war. Doch ach! Die letzte Semmel war einfach zu viel. König Adolf verstarb in dieser Nacht, gesättigt und genudelt, noch bevor ihm die drohende Fastenzeit das Leben sauer machen konnte.

Auch heute noch ist die *semla* in Schweden beliebt, wenn sie sich auch seit König Adolfs Tagen stark verändert hat. War sie einst länglich, gekocht und wurde heiß gegessen, so ist sie heutzutage rund, wird mit Kardamom gewürzt, mit Marzipan und Schlagsahne gefüllt, mit Puderzucker bestäubt und kalt gegessen. Nicht einmal König Adolf könnte vierzehn der modernen *semlor* verdrücken. Traditionalisten trinken zwar immer noch heiße Milch dazu, doch meistens wird zur *semla* heute eine Tasse Kaffee gereicht. Auch die Verbindung mit dem *fettisdag* hat sich gelockert. Das Gebäck wird nun ab den ersten Januarwochen in den Konditoreien angeboten. Doch die Schweden halten sich immer noch daran, sie nur an Dienstagen zu verspeisen, und die meisten verdrücken vier bis fünf *semlor* zwischen Neujahr und dem Beginn der Fastenzeit.

3 Geflügelfett
Vielseitig und gesund

Ein Teller dampfender Hühnerbrühe, auf der goldene Fettaugen schwimmen; der verlockende Duft eines gebackenen Hähnchens, dessen Sauce mit dem Bratensaft und dem Fett des Vogels angereichert ist; Entenbrust mit knuspriger Haut, dazu in Entenschmalz sautierte Kartoffeln: So schmeckt Geflügelfett am besten. Es ist überall erhältlich, vielseitig verwendbar zum Braten, Backen und Konservieren und es hat genügend Eigengeschmack für einen Brotaufstrich.

Im Gegensatz zu Schweine- und Rinderfett durchzieht Geflügelfett nicht das Fleisch, sondern ist direkt unter der Haut oder in der Bauchhöhle des Vogels gelagert. Doch auch bei Geflügel wird der Geschmack des Fleischs über das Fett vermittelt, deshalb kam traditionell auch immer das fetteste Huhn in den Topf. Die Nachfrage nach magerem Fleisch macht heutzutage aber selbst vor Geflügel nicht halt. Dabei ist Geflügelfett nicht nur wichtiger Geschmacksträger, sondern auch noch gesund. In vielen Kulturen glaubt man fest an die Heilkraft einer heißen Hühnerkraftbrühe, und nichts ist wohltuender, wenn wir uns kränklich fühlen. Dabei wirken sich nicht nur die Wärme, das Aroma oder die leichte Verdaulichkeit der Suppe aus – ihre gesundheitsfördernden Eigenschaften entfaltet sie nämlich erst richtig, wenn viele Fettaugen obenauf schwimmen. Alle Geflügelfette enthalten die einfach ungesättigte Fettsäure Palmitoleinsäure, von der man annimmt, dass sie unser Immunsystem stärkt, und Hühnerfett hat mehr davon als alle anderen Geflügelfette. Was man also jahrhundertelang instinktiv gewusst hat, ist nun wissenschaftlich belegt: Eine fette Hühnersuppe tut einfach gut.

Eine Suppe ist gut, wenn mehr Augen herausblicken als hinein.

Deutsche Küchenweisheit

Geflügelfett hat aber noch mehr zu bieten. Seine genaue Zusammensetzung hängt zwar davon ab, wie ein Vogel aufgezogen und gemästet wurde, doch größtenteils bestehen Geflügelfette aus einfach ungesättigten Fettsäuren, das heißt, sie sind bei Zimmertemperatur recht weich und schmelzen leicht. Die am häufigsten vorkommende Fettsäure bei Geflügel ist Oleinsäure, die sich bekanntlich gut auf den Cholesterinspiegel auswirkt.

Aus diesen Tatsachen erklärt sich, was man gemeinhin als das französische Paradox bezeichnet: In den 1990er-Jahren fiel auf, dass Herzkrankheiten unter Franzosen sehr viel seltener auftraten als bei Nordamerikanern, obwohl die Franzosen viel mehr tierische Fette zu sich nahmen. In Frankreichs Südwesten, wo die Landesküche nur so strotzt vor Gänse- und Entenfett, gab es sogar die wenigsten Krankheitsfälle. Zum Teil wurde behauptet, dass das Kalzium aus dem dort ebenfalls häufig konsumierten Käse die Herzkranzgefäße schützt; andere meinten, es sei der tägliche Konsum von Rotwein. Die Medien stürzten sich auf die Rotweintheorie, was den Rotweinumsatz in den USA umgehend verdoppelte. Doch lag es wahrscheinlich weder am Käse noch am Wein. Insgesamt kann man von einem komplexen Sachverhalt ausgehen, aber Fett ist ganz bestimmt ein Teil der Lösung. Nicht nur, dass Enten- und Gänsefett zum Großteil aus einfach ungesättigten Fettsäuren besteht, diese sind dazu noch in höherem Maße ungesättigt als die von Hühner- und Putenfett. Doch selbst die gesättigten Fettsäuren von Geflügelfett sind gut für uns, denn sie bestehen hauptsächlich aus Palmitinsäure, die den Cholesterinspiegel nicht in die Höhe treibt, sondern ihn sogar senkt. Die klugen Franzosen braten also mit Fett, das nicht nur gut schmeckt, sondern auch noch bekömmlich ist. Wenn die Vögel auch noch Gras und Kräuter fressen, dann enthält ihr Fett zusätzlich eine gesunde Dosis an Omega-3-Fettsäuren.

Geflügelfette enthalten nur einen geringen Anteil an mehrfach ungesättigten Fettsäuren, weshalb sie sehr hitzebeständig sind und sich hervorragend zum Backen und Braten eignen. Entenfett ist dabei besonders nützlich, denn sein Fettsäureprofil ähnelt dem von Schweineschmalz. Es ist also ein guter Ersatz für Schmalz, wenn zum Beispiel aus religiösen Gründen kein Schweinefett verwendet werden darf.

Warum also verwenden wir das gute und gesunde Geflügelfett nicht regelmäßig zum Braten? Leider hat sich auch hier die negative Einstellung zu Fett durchgesetzt.

Ein gebratenes Huhn gehörte einst zum Luxus, den man sich nicht alle Tage gönnte. Es war ein Sonntagsbraten. Kluge Politiker, von Heinrich IV. von Frankreich bis zum amerikanischen Präsidenten Herbert Hoover, gewannen die Herzen und Stimmen ihrer Nationen mit dem Versprechen, jedem Bürger sein Huhn im Topf zu garantieren – ein Symbol für Wohlstand. Moderne Aufzuchtmethoden machten es jedoch möglich, Hühner und Puten kostengünstig zu produzieren, so dass ihr Fleisch zu einer billigen Proteinquelle für die Fast-Food- und Fertiggerichte-Industrie wurde. Die Tiere werden dabei so schnell aufgezogen, dass ihnen kaum Zeit bleibt, Fett anzusetzen, was der heutigen Mentalität entgegenkommt. Das bisschen Fett, das sie noch haben, wird oft zusammen mit der Haut entfernt und weggeworfen. Was bleibt, ist das magere, geschmacksneutrale Fleisch. Putenfleisch ist von Natur aus so mager, dass es beim Braten schnell austrocknet. Bei industriemäßiger Verarbeitung werden daher oft künstliche Fettmischungen eingespritzt, damit es saftig bleibt.

Je magerer die Vögel werden, desto mehr behandeln wir ihr Fleisch mit Gewürzen und Marinaden, damit es überhaupt noch nach etwas schmeckt. Huhn und Pute werden stolz als »mageres Fleisch« angepriesen, dabei sollte man es eigentlich als »fades Fleisch« vermarkten, um der Wahrheit näher zu kommen. Es schmeckt nach nichts und ist kein Genuss beim Essen, ganz abgesehen davon, dass ihm alle gesundheitsfördernden Eigenschaften seines Fetts abhandengekommen sind. Wenn es richtig schmecken und gesund sein soll, dann müssen wir eben wieder artgerecht aufgezogene Hühner und Puten essen.

In Frankreich hielt ich mich einmal auf einem Bauernhof auf, wo eine seltsam aussehende Rasse von Nackthalshühnern gehalten wurde. Diese Vögel hatten vom Kopfansatz bis hinunter zum Brustbein keine Federn. Sie wanderten geschäftig auf dem ganzen Hof umher, pickten Insekten und Würmer auf und fraßen sich an Gras und Kräutern satt. Eines dieser Hühner habe ich mir gebraten und dabei das ganze goldfarbene Fett unter der Haut und in der Bauchhöhle belassen, ja sogar noch eine Portion Butter dazugegeben. Das Fleisch war fest und saftig. Ich wusste natürlich, dass es viel gutes Fett enthielt, das mein Immunsystem stärkte und meinen Cholesterinspiegel senkte, aber wichtiger noch war die Tatsache, dass es richtig nach gebratenem Huhn schmeckte. Von diesem einen Huhn wurden sechs Leute satt, denn sein Fett machte es nicht nur schmackhaft, sondern auch sättigend. Ein ähnlich großes Tier aus der Massentierhaltung würde kaum vier Leute satt machen, dafür kostet es höchstens ein Drittel des Preises. Man muss aber nicht auf einem französischen Bauernhof leben, um gutes Hühnerfleisch zu ergattern, man muss nur bereit sein, dafür zu zahlen. Vielleicht sollte gebratenes Huhn wieder zum Sonntagsbraten werden.

Gänse und Enten haben von Natur aus mehr Fett als Hühner und sind deshalb der Low-Fat-Obsession entkommen. Als Zugvögel sind sie genetisch darauf programmiert, Fett anzusetzen, ganz besonders im Herbst, wenn sie die zusätzliche Energie benötigen, um in den Süden zu fliegen. Das ist auch der Grund, warum man mit Enten und Gänsen Foie gras (siehe S. 138) produzieren kann. Diese zum Verzehr aufgezogenen Vögel fliegen zwar nirgendwo mehr hin, aber sie können noch immer viel Fett ansetzen. Zudem sind beide Wasservögel, und die zusätzliche Fettschicht dient auch dazu, sie vor der Kälte des Wassers zu schützen.

Der Druck, nur mageres Fleisch zu konsumieren, ist heute so hoch, dass wir uns oft schuldig fühlen, wenn wir eine knusprige fette Ente verspeisen oder die große Menge Fett im Bräter sehen, wenn die Gans im Ofen brutzelt. Aber das ist vollkommen falsch. Denken Sie nur daran, wie sehr der Verzehr von Ente und Gans den Franzosen geholfen hat.

Fett	% gesättigt	% einfach ungesättigt	% mehrfach ungesättigt
Ente	33	50	13
Huhn	30	45	21
Pute	29	43	23
Gans	28	57	11

Hinweis: Alle Angaben sind Annäherungswerte und hängen von Rasse und Aufzucht der Tiere ab. Die Zahlen ergeben in der Summe keine 100 Prozent, da das Fett auch Wasser und Bindegewebe enthält.

Schmalz

In der jüdischen Küche, in der aus religiösen Gründen Schweinefleisch seit jeher verpönt ist, hat Geflügelfett eine lange Tradition. Einen besonderen Stellenwert hatte es für die Juden nördlich der Alpen, da Speiseöl dort rar und teuer war. Für die Amerikaner ist *schmaltz* assoziiert mit jüdischer Küche und Hühnerschmalz. Im deutschen Sprachraum bezieht sich Schmalz hauptsächlich auf ausgelassenes Schweinefett, aber das Jiddische hat das deutsche Wort übernommen *(shmalts)* und bezeichnet damit ausgelassenes Gänsefett – und neuerdings auch immer öfter Hühnerschmalz. In der jüdischen Küche wird das Schmalz oft aromatisiert. Meist werden gehackte Zwiebeln untergemischt, manchmal auch Apfelstückchen, um dem Schmalz eine leichte Süße zu geben. In der deutschen Küche werden dem Fett beim Auslassen neben Zwiebel- und Apfelstückchen oft auch Kräuter und Speckwürfel hinzugefügt. Wird das ausgelassene Fett dann durch ein Sieb passiert, bleiben knusprige Stückchen Haut und Zwiebeln zurück beziehungsweise ausgebratene Speckteilchen, die sogenannten Grieben (S. 143), im Jiddischen *gribenes* genannt. Schmalz wird nicht nur zum Kochen verwendet, sondern ergibt auch einen beliebten Brotaufstrich, besonders auf dunklem Roggenbrot.

Eine Schulfreundin von mir lebt heute in Frankfurt. Jedes Jahr an Weihnachten bäckt sie nach deutscher Tradition Plätzchen mit Butter und Schweineschmalz. Dieses nicht aromatisierte Schmalz aus ausgelassenem Schweinefett wird für alles verwendet, vom Weihnachtsplätzchen bis zum Sauerkraut. Besonders gern werden Fisch, Fleisch und Würste darin gebraten. Im deutschen Sprachraum werden in den Geschäften folgende Schmalzarten angeboten:

Schweineschmalz	ausgelassenes Schweinefett
Flomenschmalz	aus dem Fett um die Nieren des Schweins (heller und weicher als Schweineschmalz)
Griebenschmalz	Schweineschmalz mit knusprigen Speckteilen darin, in dem Zwiebeln und Apfelstücke sowie Majoran oder Thymian mitgegart wurden
Gänseschmalz	ausgelassenes Gänsefett, gelblich in der Farbe und bei Zimmertemperatur fast flüssig

Schmal(t)z

Das Wort *schmaltz* hat sich längst in der englischsprachigen Welt verbreitet und dabei seine Bedeutung verändert. Mit den Jiddisch sprechenden Einwanderern ist es nach New York gelangt und wurde 1930 von Jazzmusikern aufgegriffen, die damit kommerzielle, sentimentale Musik abtaten. Der Ausdruck wurde über die Welt des Jazz hinaus populär und heute wird im amerikanischen Englisch mit *schmaltzy* alles bezeichnet, was übertrieben gefühlvoll und sentimental ist, ganz gleich ob Musik, Buch oder Film. Daneben wird *schmaltz* auch noch adjektivisch verwendet für fett wie zum Beispiel bei der jüdischen Spezialität *schmaltz herring,* marinierter Hering in Sauerrahm.

Confit

Confit ist so etwas wie französisches Fast Food. Meine französischen Freunde haben immer ein paar Dosen Entenkeulen-Confit im Schrank, oder besser noch: Entenhals gefüllt mit Foie gras. Um in weniger als einer halben Stunde eine wunderbare Mahlzeit auf den Tisch zu zaubern, benötigt man nur noch Dosenöffner und Bratpfanne. Der Entenhals ist eigentlich ein leckeres Brät aus Enten- und Schweinefleisch mit Foie gras, in die Haut des Entenhalses verpackt und dann in Fett konserviert. Warm gemacht schmeckt es auch köstlich, aber noch besser schmeckt es direkt aus der Dose, in Scheiben geschnitten und zimmerwarm mit einem Salat serviert.

Confire ist ein französisches Verb mit der Bedeutung »konservieren«. Der Südwesten Frankreichs ist berühmt für seine Foie gras und Confit. Nachdem man einer Ente oder Gans die Leber entnommen hat, wird der Rest des fetten Vogels in Stücke geschnitten und langsam im eigenen Fett geschmort, was dem Fleisch eine wunderbare Würze und Konsistenz verleiht. Zum Konservieren wird das geschmorte Fleisch dann vollkommen in das ausgelassene Fett eingelegt, das man vorher durch ein Sieb passiert hat. Wenn sich das Fett abkühlt und erhärtet, umlagert es das Fleisch licht- und luftdicht. Trotz moderner Kühltechnologie ist diese Art, Geflügel und Fleisch zu konservieren, immer noch beliebt und verbreitet. Alle fetten Fleischsorten, insbesondere Schweinefleisch, lassen sich so konservieren.

Da von der Ente hauptsächlich die Brust gefragt ist, gibt es immer genügend Schenkel für Confit. Magere Geflügelarten wie Fasan, Täubchen und Pute profitieren ebenfalls von dieser Art der Konservierung, denn ein langes, warmes Bad in Fett macht sie gehaltvoller und saftiger. Heutzutage werden zwar viele Gerichte langsam in Fett gegart, aber dann sofort verzehrt, statt sie zunächst zu lagern und reifen zu lassen, wie das traditionell mit Confit geschieht. Confit ist leicht zu machen und gibt dem Koch oder der Köchin eine Basis für viele weitere Mahlzeiten. Enten-Confit ist ein Grundbestandteil von Cassoulet (S. 166), aber es kann auch für Raviolifüllungen verwendet werden, oder für Risotto, Suppen, Salate oder Sandwichs. Eine weitere Art von Confit sind Rillettes (S. 88), bei denen Fleisch so lange gekocht wird, bis es zerfällt, bevor es schließlich in Fett eingelagert wird.

Das Beste an Confit ist, dass es ohne Spezialkenntnisse hergestellt werden kann. Man braucht nur Zeit dazu. Da handelsübliches Geflügel nicht ausreichend Fett enthält, muss bei der Confit-Herstellung Fett hinzugefügt werden. Sie können selbst Entenfett auslassen oder es von einem Fachlieferanten beziehen. Sie können auch Schmalz dazu verwenden, aber der Geschmack wird dann nicht ganz so gut.

Bei der Herstellung von Confit wird das Geflügel oder Fleisch zunächst mit Gewürzsalz eingerieben, das aus einer beliebigen Gewürz- und Kräutermischung plus 9 g Salz pro 500 g Fleisch besteht. So präpariert, lässt man die Stücke bis zu 48 Stunden ziehen, bevor sie sehr langsam in dem Fett im Backofen geschmort werden. Zwar kann man Confit sofort essen, doch der Geschmack verfeinert sich, wenn man es mindestens eine Woche im Kühlschrank reifen lässt. Für kürzere Zeit kann es in dem Topf aufbewahrt werden, in dem es gekocht wurde, oder aber man bestreicht die Fleischstücke mit dem

Fett und wickelt sie dann in Frischhaltefolie ein. Für längere Lagerung gibt man die Stücke aber besser in ein sauberes Glas-, Keramik- oder auch Plastikbehältnis und bedeckt sie sorgfältig mit dem vorher durch ein Sieb passierten Bratfett. Den Bratensaft verwendet man separat als Confit-Gelee (siehe S. 153).

Foie gras

Stellen Sie sich eine Terrinenscheibe mit einer Krone aus schmelzzartem goldenen Fett vor, dazu warmen Toast, oder ein heißes Stück karamellisierte Foie gras, deren äußere Kruste das cremige Innere verbirgt. Bei Foie gras kommt es eben nicht nur auf den Geschmack, sondern auch auf die Beschaffenheit an.

Um Foie gras ranken sich viele romantische wie auch negative Vorstellungen. Bilder von Luxus und Grausamkeit entstehen vor dem inneren Auge. *Foie gras* heißt »fette Leber« und bezieht sich auf die Leber einer Ente oder Gans, die sich durch regelmäßiges Zufüttern einer Spezialnahrung vergrößert hat. Meist wird Foie gras mit der französischen Küche in Verbindung gebracht, doch ihre Ursprünge sind woanders zu suchen.

Manche römische Historiker sehen die Entdeckung der Foie gras als Leistung ihrer Zivilisation, und es stimmt, dass die alten Römer Gänse mit Feigen mästeten, um Stopflebern zu erzielen. Doch die Methode wird schon viel länger praktiziert, denn schon um 3000 v. u. Z. fiel den alten Ägyptern im Nildelta auf, dass die dort überwinternden Wasservögel sich vor ihrem Rückflug nach Norden so richtig vollstopften. Kurz vor dem Abflug wurden die Vögel eingefangen und man fand, dass sie hervorragend schmeckten.

Migrierende Wasservögel speichern auf natürliche Weise große Fettmengen, besonders in der Leber, um sich auf den langen Flug ohne Nahrung vorzubereiten. Den Umstand machten sich die Ägypter zunutze und ließen die Vögel stopfen. Hebräische Sklaven, die diese Aufgabe ausführten, brachten die Technik nach ihrer Flucht aus Ägypten zu den Griechen und Römern.

Obwohl die Ägypter die Vorteile des Stopfens entdeckten, ist man sich in der Geschichtsschreibung nicht einig, ob sie auch Foie gras gegessen haben. Wir wissen nur, dass sie gemästete Vögel verspeisten. Dies gilt auch für die Griechen und Römer. Einen Nachweis dafür, dass die fette Leber als separates Gericht gegessen wurde, gibt es erst für das 1. Jahrhundert n. u. Z. In seinen Satiren schreibt Horaz von römischen Banketten, bei denen Aal, Amseln, Tauben sowie die Leber einer weiblichen Gans gereicht wurden, die mit Feigen gefüttert worden war.

Mit dem Untergang des Römischen Reiches und der Ankunft der Barbaren verschwindet Foie gras im Dunkel der Geschichte, bis sie im 16. Jahrhundert wieder auftaucht. Niemand weiß so recht, wer diese Praktik über das gastronomisch dunkle Zeitalter hinübergerettet hat, doch wie schon zuvor in der Antike könnten es auch hier wieder jüdische Gemeinden gewesen sein. Die Gans spielte in der koscheren Küche eine wichtige Rolle, besonders für die Menschen im nördlichen Europa.

1564 taucht Foie gras in Charles Estiennes *L'agriculture et maison rustique* auf, wo die Technik des Gänsestopfens beschrieben ist. Um dieselbe Zeit schreibt Bartolomeo

Scappi, der Küchenchef von Papst Pius V., über große Gänselebern, die ihm die jüdischen Metzger in Rom lieferten. Heute ist Frankreich nicht nur der größte Hersteller von Foie gras, sondern verzehrt auch noch vier Fünftel aller weltweit damit hergestellten Produkte. Viele französische Produkte enthalten die importierten Lebern von Gänsen, die in Ländern wie Ungarn und Bulgarien gestopft wurden. Weitere Herstellerländer sind Polen, Spanien, China, Japan, die USA und Kanada. In den USA wird Foie gras hauptsächlich aus Entenleber gewonnen, da Enten leichter aufgezogen werden können. Gänse sind krankheitsanfälliger, etwas schwieriger in der Aufzucht und brauchen besondere Behandlung. In Quebec gibt es aber zwei Produzenten, die auch Gänse aufziehen.

Um eine vergrößerte Gänseleber zwischen 570 und 800 Gramm zu erhalten, werden die Tiere bis zu fünfundzwanzig Tage lang dreimal täglich gefüttert. Bei Enten genügt eine Fütterung zweimal täglich etwa zwei Wochen lang, um eine Leber von 450 bis 700 Gramm zu erzielen. Dieses Füttern oder Stopfen ruft den Protest der Tierschutzvereinigungen und selbst einiger Köche hervor. In zahlreichen Staaten ist diese Mastform verboten, unter anderem in Deutschland, Österreich, in den Niederlanden und in der Schweiz. In den USA ist der Verkauf von Foie gras inzwischen in einigen Städten und Staaten verboten.

Während des Stopfens wird den Vögeln eine Mischung mit gekochtem Mais in den Hals getrichtert. Menschen haben die Tendenz, Tiere zu vermenschlichen, aber Gänse und Enten sind nun einmal anders. Sie haben keinen Würgemechanismus und kauen ihre Nahrung nicht, sondern schlucken sie als Ganzes hinunter. Für die Tiere ist der Fütterungsvorgang also nicht unangenehm und richtet bei korrekter Ausführung auch keinen Schaden an. Daniel Guémené vom Institut national de la recherche agronomique, ein Experte für die physiologischen Auswirkungen der Foie-gras-Produktion auf Gänse und Enten, hält fest: »Eine genaue Untersuchung des Nervensystems von Gänsen und Enten hat gezeigt, dass die Tiere durch das Stopfen weder gestresst werden noch leiden.« Dies bezieht sich natürlich nur auf Vögel, die mit der traditionellen Handfütterung gestopft werden.

Kein Hersteller möchte, dass seine Tiere unter Stress leiden, da sie so keine gute Foie gras produzieren können. Züchter haben ein Interesse daran, ihre Tiere gesund und zufrieden zu halten. Meine eigenen Erfahrungen während eines Aufenthalts bei einem Foie-gras-Produzenten in der Dordogne bestätigen die Ergebnisse von Guémené. Wenn der Bauer auftauchte, rannten die Tiere zu ihm hin und wollten gefüttert werden. Aus der Art und Weise, wie er mit ihnen umging, war ersichtlich, dass er sie gut behandelte. Hier muss einmal gesagt werden, dass Foie gras keine erkrankte Leber ist, wie viele annehmen, sondern eine gesunde erweiterte Leber, die bei normaler Fütterung in wenigen Tagen wieder auf ihre Normalgröße zurückgeht. Ist die Leber genug gemästet, dann wird das Tier geschlachtet, die Leber wird entnommen und vakuumverpackt. So hält sie sich bis zu zwei Wochen. Der Rest des Vogels wird entweder in Einzelteilen verkauft oder zu Confit gemacht.

Foie gras gibt es das ganze Jahr über, doch die beste Zeit dafür ist im Herbst und Winter, wenn die Lebern der Vögel von Natur aus größer sind. Die Qualitätsgrade werden von A bis C eingeteilt, wobei A, die beste Qualität, beim Metzger erhältlich ist und für fast alle Gerichte verwendet werden kann. Grad-B-Lebern sind kleiner und haben mehr Blutgefäße und kleinere Mängel, doch können sie zum Kurzbraten verwendet werden. Grad-C-Lebern werden für Pasteten und Mousses im Handel verarbeitet.

Die Lebern sollten gleichmäßig blass-cremig aussehen, ohne Druckstellen und Blutflecken. Wer immer noch der Meinung ist, Foie gras sei ungesund, der möge sich Raymond Blancs Meinung anhören. Der angesehene Küchenchef mit vielen Sternen hält Foie gras für ein Supernahrungsmittel und weist darauf hin, dass sie reich an B-Vitaminen, Kupfer, Eisen und Jod ist.

Aber nicht zuletzt ist Foie gras ein sinnliches Vergnügen, das man im vollen Bewusstsein seiner langen Geschichte und des komplexen Herstellungsprozesses genießen sollte. Dass sie auch noch gesund ist, ist ein beruhigender Nebeneffekt.

»Meine Vorstellung vom Himmel ist es, unter Trompetenklängen pâté de foie gras *zu essen.«*

Sydney Smith, 1771–1845, britischer Geistlicher und Schriftsteller, berühmt für seine Aperçus

Foie-gras-Fett

Bei der Zubereitung von Foie gras fällt immer Fett ab, das man aufbewahren und wiederverwenden sollte. Das Fett vom Braten in der Pfanne ist wahrscheinlich karamellisiert und hat daher ein starkes Eigenaroma. Als Geschmackskomponente kann man es Kartoffelpüree unterrühren, über eine Ofenkartoffel träufeln oder zu Reis hinzufügen. Fett, das sich beim Dämpfen oder Pochieren absondert, eignet sich hervorragend als Bratfett und kann wie Butter verwendet werden. Aber immer daran denken, dass das Fett sorgfältig passiert und im Kühlschrank oder tiefgekühlt aufbewahrt werden muss.

Die Zubereitung von Foie gras

Für eine Terrine

Für eine Terrine muss die Geflügelleber gründlich gereinigt werden. Dabei hilft die richtige Temperatur, denn eine kalte Leber ist recht brüchig. Bei Zimmertemperatur wird sie weich – ähnlich wie Butter – und die Blutgefäße lassen sich so leichter entfernen. Sie kann jedoch auch zu warm und dann schwierig in der Handhabung werden. Dann muss man sie einfach kurz in den Kühlschrank zurücklegen.

Die Leber auf einen Teller legen und 30 Minuten mit einem Küchentuch leicht abgedeckt Zimmertemperatur annehmen lassen. Dann die zwei Lappen behutsam auseinanderziehen und das sie verbindende Blutgefäß mit dem Messer durchtrennen. Alles Fett zwischen den Lappen herausschneiden und abgefallene Stückchen aufbewahren. Grünlich verfärbte Stellen wegschneiden.

Vom größeren Lappen einen 2 cm breiten Streifen entlang der schrägen äußeren Kante abschneiden, die ganze Länge des Lappens entlang. So gelangt das Salz leichter in die Leber. Alle Leberstücke in eine große Plastik- oder Keramikschüssel legen und 1 TL grobes Meersalz und so viel eiskaltes Wasser darübergeben, dass die Leber ganz damit bedeckt ist. Die Schüssel mit Frischhaltefolie abdecken und 8 Stunden oder über Nacht in den Kühlschrank stellen, bis das Blut aus der Leber ausgetreten ist.

Die Leber aus dem Wasser nehmen und trocken tupfen. Den abgeschnittenen Streifen und die kleinen Leberstücke in eine große, trockene Schüssel geben, mit Frischhaltefolie abdecken und in den Kühlschrank stellen.

Um die Blutgefäße aus den Lappen zu entfernen, diese auf ein sauberes Küchentuch legen und mit einem anderen Küchentuch zudecken. 30 Minuten bei Zimmertemperatur ruhen lassen.

Mit dem kleineren Lappen beginnen. Von dem Punkt aus, wo die Ader durchtrennt wurde, einen Schnitt die ganze Länge der Leber entlang ansetzen, bis die Hauptader freigelegt ist. Am besten lässt sich das mit einem Skalpell ausführen oder mit einem kleinen scharfen Schälmesser. Mithilfe einer Pinzette behutsam die Ader mit allen Nebengefäßen entfernen. Wenn die Leber die richtige Temperatur hat, lassen sich die Blutgefäße ganz leicht herausziehen. Man sollte so viele Adern wie möglich entfernen, ohne die Leber allzu sehr zu verletzen. Kleinere Gefäße, die zurückbleiben, haben keine Auswirkung auf Geschmack oder Konsistenz des Gerichts, nur auf seine Erscheinung. Den Lappen wieder in seine ursprüngliche Form bringen und in die Schüssel im Kühlschrank legen. Nun den Vorgang mit dem zweiten Lappen wiederholen.

Zum Sautieren

Die Stopfleber locker mit Frischhaltefolie abdecken und 30 Minuten Zimmertemperatur annehmen lassen.

Vorsichtig die beiden Lappen der Leber auseinanderziehen und das sie verbindende Blutgefäß mit dem Messer durchtrennen. Mit einer Pinzette behutsam die Ader herausziehen. Sollte sie sich nicht lösen, ist das nicht weiter schlimm: Da die Leber gebraten wird, werden die Blutflecken nicht sichtbar. Auch aus dem zweiten Lappen die Ader herausziehen. Abgefallene Stückchen beiseitestellen. Alles Fett an der Lappenverbindung herausschneiden, ebenso alle grünlichen Verfärbungen.

Zum Entenkauf

Eine geeignete Ente zu kaufen, ist nicht immer leicht. Long-Island-, Peking-, Warzen-, Moulard-Ente ... Welche ist die richtige?

Ein erster Tipp: Bei Peking- und Long-Island-Ente handelt es sich um dieselbe Ente, mit zartem Fleisch und recht viel Fett. Ente und Erpel haben ein ähnliches Gewicht, deshalb sind auch ihre Keulen gleich groß. Sie eignen sich gut für Confit und Rillettes.

Warzenenten sind um 40 Prozent magerer als Pekingenten. Ihr Fleisch ist gehaltvoll, aber für Confit eignen sie sich nicht so gut.

Die Moulard-Ente – meine Lieblingsente – ist eine Kreuzung zwischen Peking- und Warzenente und wird hauptsächlich für Foie gras gezüchtet. Sie ergibt eine große Entenbrust mit dicker Fettschicht und ist somit ideal geeignet für Magret de canard.

Geflügelfette auslassen

Gänsefuß

Der Gänsefuß aus der Familie der Fuchsschwanzgewächse wird im Englischen *fat hen* und im Französischen *grasse poulette* genannt, vielleicht, weil die Hühner ihn gerne picken. Diese uralte Pflanzenart wächst gern auf dem Mist und wurde schon in Abfallgruben aus dem Neolithikum nachgewiesen. In Nordamerika scheint die Pflanze bei den Schweinen beliebt zu sein, denn dort heißt sie *pigweed.*

Je nachdem, wo man lebt, kann man ausgelassenes Enten- oder Hühnerfett im Laden kaufen. Ich lasse kleinere Mengen Hühnerfett selbst aus, kaufe aber mein Entenschmalz. Um die Weihnachtszeit kommen noch Gänse- und Stopfleberschmalz zu meiner Sammlung hinzu. Wenn Sie Geflügelschmalz nicht im Handel bekommen, können Sie es auch leicht selbst herstellen. Dazu werden Haut und Fett mehrerer Vögel benötigt, der fette Bürzel ist auch gut geeignet. Rücken und Hals ergeben ebenfalls recht viel Fett. Es ist keinesfalls nötig, alle Arten von Geflügelfett vorrätig zu haben; Entenfett ist meiner Meinung nach am nützlichsten.

Haut und Fett in kleine Stücke schneiden und zusammen mit 75 ml Wasser pro 450 g in einen schweren, tiefen Topf geben. Das Fett bei ganz schwacher Hitze langsam auslassen, dabei gelegentlich umrühren. Das Fett verflüssigt sich, das Wasser verdampft und die Hautstücke bräunen knusprig an. Das Ganze dauert 2 bis 4 Stunden. Wenn sich die Haut bräunlich färbt, das Fett durch ein doppeltes Seihtuch in ein sauberes Behältnis passieren. Die Hautstücke wieder in den Topf geben und rösten, bis sie ganz knusprig sind. Bei diesem zweiten Braten tritt wieder ein wenig Fett aus, das auch wieder durch das Seihtuch passiert wird. Für etwa 250 ml ausgelassenes Fett werden 450 g Geflügelteile benötigt. Für große Mengen ist der Backofen besser geeignet. Dazu die Stücke in einen schweren Schmortopf geben und bei 120 °C in den Backofen schieben. Diese Art des Fettauslassens erfordert weniger Aufsicht, dauert aber annähernd 4 Stunden.

Ausgelassenes, sauber passiertes Geflügelfett kann bis zu 2 Monate im Kühlschrank und bis zu 1 Jahr im Gefrierfach aufbewahrt werden. Geflügelfett ist sehr stabil, doch wie alle Fette wird es früher oder später ranzig.

Geflügelgrieben

Geflügelgrieben sind die kleinen Stückchen knuspriger Geflügelhaut, die nach dem Auslassen in der Pfanne zurückbleiben. Während sie noch heiß sind, sollte man ein wenig Salz darüberstreuen und sie dann in Salaten, Suppen oder in Scones mit Entenschmalz (S. 151) verwenden.

Geflügelgrieben kann man immer zubereiten, auch ohne Fett auszulassen. Dazu einfach die Haut vom Geflügel abziehen oder die Haut verwenden, die beim Murgh Makhani (Butterhuhn, S. 54) abfällt, in schmale Streifen schneiden und diese in einem schweren Bratentopf bei sehr schwacher Hitze braten, bis sie knusprig sind – ein wenig Fett fällt dabei auch ab.

Auf diese Weise kann man auch Grieben aus der Haut von Enten-Confit zubereiten oder auch gewürzte Geflügelgrieben (siehe nächste Seite).

Gribenes (Geflügelgrieben)

Geflügelgrieben, jiddisch *gribenes,* sind die koschere Antwort auf Schweinegrieben und entstehen bei der Zubereitung der Geflügelversion von Schmalz (siehe S. 136). Dieses Rezept habe ich von meiner Freundin Nancy erhalten. Man kann Hälse oder Rücken verwenden, aber ich mag lieber Rücken, da sie mehr Haut haben, und aus dieser Haut entstehen schließlich die knusprigen Gribenes. Die angegebene Menge ist nur ein Vorschlag. Es ist ganz gleich, ob Sie ein paar Gramm mehr oder weniger verarbeiten. Ich mache jede Wette, dass Sie gleich beim ersten Mal die Grieben heiß aus der Pfanne essen. Wenn Ihnen ein paar übrig bleiben, verteilen Sie sie über Salat oder Kartoffelpüree, oder bestreichen Sie eine Scheibe Roggenbrot mit Schmalz und streuen Sie Grieben darauf. Das heilt jede Krankheit. Das stark nach Hähnchen und Zwiebel schmeckende Fett lässt sich gut im Hühnerleberaufstrich (S. 155) oder einfach so als Brotaufstrich verwenden.

Ergibt etwa 250 ml

1,4 kg Hühnerrücken

1 große Zwiebel, gehackt

Meersalz

Fett und Haut von den Rücken entfernen und in kleine Stücke schneiden. Die Karkasse für Hühnerbrühe verwenden.

Hühnerfett, Haut und Zwiebeln in einem schweren Schmortopf bei schwacher Hitze vorsichtig schmelzen und gelegentlich rühren, bis das Fett ausgelassen ist. Nach etwa 30 Minuten, wenn sich schon einiges Fett im Topf angesammelt hat, die Temperatur auf mittlere Hitze erhöhen und mindestens weitere 30 Minuten bei ständigem Rühren braten, bis Haut und Zwiebeln eine dunkelgoldene Farbe annehmen.

Die Gribenes in ein feinmaschiges Sieb über einer Schüssel geben, in die das Fett abtropfen kann. Zum weiteren Entfetten auf Küchenpapier legen und salzen, während sie noch warm sind. Das Fett stehen lassen, bis sich alle Unreinheiten am Boden abgesetzt haben, dann durch ein Seihtuch passieren. Abkühlen lassen und im Kühlschrank aufbewahren.

Enten-Rillettes

Ergibt 500 ml

700 g Keule, Hals, Flügel, Haut und Fett von der Ente

300 g Schweinebauch ohne Schwarte

60 ml trockener Weißwein

1 Orange, unbehandelt

2 Knoblauchzehen

1 frisches Lorbeerblatt

1/2 TL grobes Meersalz

1 TL Koriandersamen, zerdrückt

schwarzer Pfeffer, feines Meersalz

Enten-Rillettes, ebenso wie alle anderen Arten von Rillettes, werden auf dieselbe Art zubereitet wie die spanischen Schweine-Rillettes (S. 88); mit den Gewürzen kann man nach Belieben variieren. Ich kaufe gerne eine ganze Ente, verwende die Brust nach dem Rezept Entenbrust mit Brombeeren (S. 157) und verarbeite den Rest in Rillettes, wobei ich immer Schweinebauch dazugebe, damit genügend Fett vorhanden ist und eine größere Portion entsteht. In die Rillette-Masse gehören die nicht entbeinten Keulen, die Flügel und auf jeden Fall der Hals, an dem eine Menge Fleisch steckt. Die Entenkarkasse und Flügelspitzen kann man für Hühnerbrühe verwenden. Rillettes werden mit Baguette- oder Toastscheiben serviert oder mit einem Salat als Vorspeise.

Entenkeulen, Hals und Flügel halbieren. Haut und Fett in kleine Stücke schneiden, den Schweinebauch in 2 cm große Stücke. Alles in eine große Schüssel geben und den Weißwein dazugeben. Von der Orange einen breiten Streifen Schale schneiden und die Orange beiseitestellen. Die Knoblauchzehen schälen und halbieren, gegebenenfalls den Keim entfernen. Orangenschale, Knoblauch, Lorbeerblatt, grobes Meersalz und Koriander zur Fleischmischung geben. Mit reichlich Pfeffer würzen und alles gut vermengen. 6 bis 8 Stunden oder über Nacht zum Marinieren in den Kühlschrank stellen.

Den Backofen auf 120 °C vorheizen.

Die Fleischmischung mit allen Gewürzen und dem Wein in einen schweren Schmortopf geben, zudecken und etwa 3 Stunden unter gelegentlichem Rühren schmoren, bis das Fleisch vom Knochen fällt.

Den ganzen Topfinhalt in ein feinmaschiges Sieb über einer Schüssel geben. Die Flüssigkeit in einen Messbecher umfüllen und beiseitestellen. Die Fleischmischung in einem großen Teller etwas abkühlen lassen.

Nun mit den Fingern Fleisch und Fett auseinanderzupfen und dabei Knochen, Orangenschale und Lorbeerblatt entfernen. Gleichzeitig aus dem Gewebe alle Teile entfernen, die sich nicht auseinanderzupfen lassen. Hier ist Geduld gefordert, dieser Vorgang nimmt einige Zeit in Anspruch. Ziel ist es, kleine Fleisch- und Fettfetzen herzustellen. Die zerkleinerten Teile in die Schüssel zurückgeben.

Von der Flüssigkeit im Messbecher hat sich in der Zwischenzeit das Fett abgesetzt. Dieses behutsam abgießen und beiseitestellen. Vom Bratensaft etwa 60 ml zur Fleisch- und Fettmischung zugeben, so dass sie gut durchfeuchtet wird. Mit Pfeffer und feinem Meersalz abschmecken. Etwa 1 EL Orangenschale abreiben und 2 EL Saft auspressen. Beides unter die Fleischmischung rühren.

Die Fleischmischung nun in Keramikförmchen oder in eine Terrinenform füllen, gut andrücken und dabei einen halben Zentimeter zum Rand frei lassen. Beim Andrücken sollte das Fleisch etwas Saft abgeben. Die Förmchen einige Minuten in den Kühlschrank stellen. Sobald sich die Oberfläche fest anfühlt, die Rillettes mit einer Lage flüssigem Fett versiegeln und 2 bis 3 Tage im Kühlschrank durchziehen lassen. Unter

dem Fettsiegel halten sich Rillettes bis zu 2 Monate. Ist das Fettsiegel aufgebrochen, sollte man sie innerhalb einer Woche verzehren.

TIPP Wenn aus der Herstellung der Rillettes nicht genügend Fett übrig bleibt, um die Förmchen zu versiegeln, kann man stattdessen geklärte Butter verwenden.

VARIANTEN Man muss sich hier durchaus nicht auf Entenfleisch beschränken. Auch aus Gänse- oder Kaninchenfleisch lassen sich hervorragende Rillettes zubereiten. Bei Kaninchen gibt man Thymian und Majoran hinzu und lässt die Orange weg.

Schmalzfleisch

Die Franzosen mit all ihrem Enten- und Gänseschmalz sind vielleicht die Weltmeister, wenn es um Confit und Rillettes geht, aber auch in vielen anderen Kulturen wird Fleisch in Fett konserviert. In England hat Schmalzfleisch eine lange Tradition. Hier wird gekochtes Fleisch mit Gewürzen zu einer Paste zerstoßen, in einen Keramiktopf dicht gepackt und mit Fett oder geklärter Butter versiegelt, ähnlich wie Rillettes. Schmalzfleisch war früher populärer Bestandteil eines englischen Frühstücks und es wurde gerne als Proviant für lange Seereisen mitgeführt. Vielleicht sollte ich auf meinem nächsten Transatlantikflug ein Töpfchen voll mitnehmen.

Mithilfe moderner Küchenmaschinen ist es heute leicht, diese Delikatesse herzustellen. Es ist die ideale Resteverwertung vom Puten- oder Hühnerbraten.

Für die Zubereitung von Schmalzfleisch wird das gekochte Fleisch gewogen, dann gewürfelt und zusammen mit Enten- oder Schweineschmalz oder Butter von etwa der Hälfte oder drei Vierteln des Gewichts in eine Küchenmaschine gegeben. Dann werden reichlich Salz und Pfeffer, gehackte Kräuter und 1 oder 2 TL Weinbrand, Portwein oder Wein hinzugefügt und alles zu einer Paste verrührt. Abschmecken und, falls die Konsistenz noch weicher werden soll, mehr Fett zugeben. Die Mischung in Förmchen füllen, andrücken und mit einer Lage Fett versiegeln. Das Schmalzfleisch hält sich etwa 2 Wochen im Kühlschrank. Vor dem Servieren auf Zimmertemperatur bringen. Toast oder Cracker dazu reichen.

Hier sind einige Vorschläge für Geschmacksvarianten:

HUHN Marsala, Sherry, Estragon, Thymian, Paprika
ENTE Orangenlikör, Weinbrand, geriebene Orangenschale, zerstoßener Kreuzkümmel, Sternanis
RIND Portwein, Meerrettich, Senf, Muskatnuss, Mazisblüte, Zimt, Worcestershire-Sauce
SCHWEIN Pernod, zerstoßene Fenchelsamen, Chili, Salbei, Ingwer
LAMM Rotwein, Anchovis, Oregano, Rosmarin, Knoblauch

Kartoffeln à la sarladaise

Curnonsky, der große französische Restaurantkritiker des 20. Jahrhunderts, beschrieb die Küche Südwestfrankreichs einmal als »ohne Butter und ohne Fehl« und er hatte recht. In diesem Teil Frankreichs wird bevorzugt mit Gänse- oder Entenschmalz gekocht.

Diese Kartoffeln sind nach der Stadt Sarlat im Périgord benannt, einer Region, die für ihre Foie gras und schwarze Trüffel berühmt ist. Das Kartoffelgericht gibt es in mehreren Varianten. Ich mag sie mit ein wenig Meersalz darüber, doch in vielen Rezepten werden ganz zum Schluss noch fein gehackte Schalotten oder Knoblauchzehen hinzugefügt sowie etwas gehackte Petersilie wie in diesem Rezept. Für ein ganz dezentes Knoblaucharoma lassen Sie den Knoblauch weg und braten die Kartoffeln im Fett vom Knoblauch-Confit (S. 154) an. Die Kartoffeln sollte man zu Confit oder Grillfleisch servieren, dazu einen grünen Salat für ein gutes Gewissen.

Für 2 Portionen

2 Kartoffeln

2 EL Entenschmalz

½ Schalotte oder
2 Knoblauchzehen, fein gehackt

Meersalz, schwarzer Pfeffer

1 EL glatte Petersilie, gehackt

Die Kartoffeln schälen, in 2 cm große Würfel schneiden und in eine große Schüssel geben. Gut abspülen und mit einem Küchentuch trocken tupfen.

Das Entenschmalz in eine große Bratpfanne auf mittlerer Hitze geben. Erst wenn das Fett ganz heiß ist und gerade anfängt zu rauchen, die Kartoffeln hinzufügen. Ohne Umrühren braten, bis die Kartoffeln auf einer Seite goldbraun sind. Der Pfanne einen kurzen Ruck geben und die Kartoffeln wenden, ohne dabei Kartoffelstücke, die an der Pfanne haften, mitzunehmen. Sie werden so belassen, bis sie sich selbst von der Pfanne lösen.

Die Kartoffeln weiter braten, bis sie auf allen Seiten goldbraun sind. Die Hitze reduzieren und die Kartoffeln 15 Minuten braten, bis sie durch sind.

Schalotte oder Knoblauch unterheben, großzügig salzen und pfeffern und mit etwas Petersilie bestreut sofort servieren.

Fat Man

Fat Man, dicker Mann, war der Deckname für die zweite Atombombe, die im August 1945 über Japan abgeworfen wurde. Die erste Bombe, Little Boy, verwendete Uran als Spaltmaterial, aber bei Fat Man kam Plutonium zum Einsatz. Fat Man war zwar größer und schwerer als Little Boy, doch deshalb erhielt die Bombe nicht ihren Namen. Dieser bezog sich vielmehr auf die Form dieser frühen Bomben.

Klassisches Brathuhn

Für 4 Portionen

1,4 kg Freilandhuhn

1 Handvoll gemischte frische Kräuter wie Petersilie, Schnittlauch, Estragon, Majoran

1 große Knoblauchzehe, fein gehackt

100 g weiche Butter

grobes Meersalz, schwarzer Pfeffer

1 Zitrone, unbehandelt

Das Schwierigste an diesem Rezept ist, ein Huhn mit genügend Fett aufzutreiben. Haben Sie das erst mal geschafft, ist der Rest ganz einfach. Wenn man das Huhn beim Braten angießt, verbinden sich sein Bratensaft, Zitrone und Butter zu einer Sauce – man braucht sich also nicht weiter um Sauce zu kümmern. Bei vier herzhaften Essern brate ich lieber zwei Hähnchen, statt ein extra großes zu suchen. Zumindest erübrigt sich dann der Streit, wer Brust und wer Schlegel bekommt, und es reicht vielleicht sogar noch für eine nächste Mahlzeit. Der Einfachheit halber würde ich immer knuspriges Brot dazu servieren, mit dem man die leckere Sauce aufnehmen kann, und etwas Salat oder grünes Gemüse.

Den Backofen auf 230 °C vorheizen.

Das Huhn trocken tupfen, den Halslappen nach unten falten und mit den Flügeln festklemmen.

Einige der Kräuterstengel beiseitelegen und den Rest klein hacken, so dass sich etwa 7 g ergeben. Mit der Hand die gehackten Kräuter und den Knoblauch in die weiche Butter einarbeiten, bis alles gut vermischt ist. Das ganze Huhn mit der Kräuterbutter einreiben und etwas Kräuterbutter in die Bauchhöhle geben.

Das Huhn mit reichlich Salz und Pfeffer würzen, in einen Bräter geben und die Zitrone darüber auspressen. Die ausgepressten Zitronenhälften zusammen mit den Kräuterstengeln in die Bauchhöhle legen.

Das Huhn 15 Minuten braten, dann mit dem eigenen Saft bestreichen. Die Hitze auf 190 °C reduzieren und 45 bis 55 Minuten weiterbraten, bis klarer Saft austritt, wenn man das Fleisch mit einem Bratspieß ansticht, oder bis das am Schlegel eingestochene Bratenthermometer 73 °C anzeigt. Den Ofen abschalten, die Ofentür öffnen und das Huhn mindestens 15 Minuten ruhen lassen.

Das Brathuhn in Portionen zerlegen. Austretenden Bratensaft in den Bräter geben. Mit einem hölzernen Kochlöffel den Bratensatz lösen, dann die Sauce durch ein feinmaschiges Sieb in eine Sauciere passieren und mit dem Brathuhn servieren.

Fettseife

Die Ursprünge von Seife liegen im Dunkeln. Es gibt dazu wundersame Geschichten. Eine aus dem alten Rom erzählt, wie der Regen das Fett der Tieropfer vom Altar auf dem Berg Sapo mitschwemmte. Es verband sich mit Holzasche und floss hinunter zum Tiberufer, wo Frauen Wäsche wuschen. Sie bemerkten, dass die Wäsche sauberer wurde als weiter oben am Fluss – ein Reinigungswunder. Und also nannte man die Seife *sapone*, nach dem Berg Sapo. – Die Vorstellung, dass Tieropfer sowohl die Götter besänftigen als auch saubere Togen bescheren, ist schön, nur ist leider nichts Wahres dran. Weder gibt es einen Berg Sapo am Tiber noch fällt bei Tieropfern genug Talg ab für Seife. Wahrscheinlich haben die Römer erstmals von den Kelten oder Germanen von Seife erfahren. Plinius der Ältere erwähnt aus Talg und Asche hergestellte Seife und fügt missbilligend hinzu, dass die Gallier und die germanischen Stämme sie als Haarpomade verwendeten.

Die ersten Spuren einer seifenartigen Mischung finden sich auf babylonischen Tonbehältern aus der Zeit um 2800 v. u. Z., doch wurde sie vermutlich nicht für die Körperreinigung verwendet. Damals war es üblich, den Körper mit einer Mischung aus Ölen und meist fettbasierten Salben einzureiben. Der Fettfilm vermischte sich mit dem Schmutz, Staub und den abgestorbenen Hautpartikeln am Körper und wurde mit einem gebogenen Messer, einem *strigil*, abgeschabt. Diese »Seife« wurde dann zum Waschen von Kleidung verwendet, aber auch für die Reinigung von Wunden, die Festigung der Frisur oder für die Vorbehandlung von Wolle zum Weben.

Seife ist eine Mischung aus Fett und einer starken Lauge. Ursprünglich bestand Letztere aus Aschenlauge, einer Mischung aus Wasser und Holzasche. Die Entdeckung der fettlösenden Eigenschaften geschah wohl zufällig. Beim Kochen fällt auf, dass Wasser und Fett sich nicht vermischen. Es ist darum schwierig, den fettigen Saucentopf mit klarem Wasser sauber zu bekommen. Mischt man jedoch Lauge mit Fett und erwärmt sie, dann entsteht eine chemische Reaktion, die sogenannte Verseifung, die aus Wasser und Fett eine Emulsion macht. Heute wird die Lauge industriell hergestellt, entweder als Ätznatron oder Kalium. Ätznatron oder Natriumhydroxid enthält Salz, das mit Fett vermischt eine harte Seife ergibt, während Kalium beziehungsweise Kaliumhydroxid mit Fett eine weiche Seife ergibt.

Seife funktioniert, weil Seifenmoleküle eine gespaltene Eigenschaft haben: Die eine Hälfte verbindet sich mit Wasser, die andere stößt es ab. Fettmoleküle, die Wasser ebenfalls abstoßen, vereinigen ihre Kräfte mit dem Teil der Seife, der Wasser abstößt, während sich das Wasser mit dem wasserfreundlichen Teil der Seife verbindet. Damit Seife gut funktioniert, muss Wärmeenergie durch Erwärmen, Reiben oder am besten beides zugeführt werden. Beim Geschirrspülen schmilzt heißes Wasser das Fett weg und das Reiben hilft der Seife, Fett und Schmutz vom Geschirr zu lösen und mit dem Spülwasser zu vereinigen. Seife eignet sich gut als Reinigungsmittel, aber die Mineralien in hartem Wasser mindern ihre Reinigungskraft und am Geschirr bleiben oft Schaumreste zurück. In Melbourne, wo das Wasser weich ist, reinigt es sich leichter als in Paris, wo es sehr hart ist.

Heute haben Reinigungsmittel auf Basis von Petrochemikalien fettbasierte Seifen zum größten Teil abgelöst. Sie funktionieren durch Reduktion der Oberflächenspannung des Wassers, damit Öl und Fett direkt angegangen werden können. Waschmittel enthalten zusätzlich Duftstoffe, Enzyme, Bleiche und blauen Farbstoff gegen das Vergilben, erst so sind sie richtig effektiv. Waschmitteln wird auch noch Seife beigefügt, nicht etwa ihrer Reinigungskraft wegen, sondern weil sie die Schaumbildung reduziert. Zusatzstoffe sind nicht umweltfreundlich. Aus Tierfetten hergestellte Seifen dagegen sind biologisch abbaubar und man ist jetzt dabei, auf Talg basierende Reinigungsprodukte, die sowohl in hartem wie in weichem Wasser funktionieren, zu entwickeln.

Scones mit Entenschmalz und Grieben

Mit Entenschmalz lässt sich sehr leckeres, zartes Teegebäck herstellen, das noch besser schmeckt, wenn ein paar Geflügelgrieben (S. 143) dabei sind. So passen die Scones gut zu Suppen, Salaten oder Enten-Rillettes (S. 144). Wenn Sie mehr Geduld haben als ich, können Sie kleinere Scones backen, sie aufschneiden und noch warm mit Enten-Confit belegt zu Drinks servieren. Es muss nicht immer Entenschmalz sein: Gänse- oder Hühnerschmalz tun es ebenso gut.

Für 9 bis 10 Brötchen

250 g Mehl

1 Päckchen Backpulver

½ TL feines Meersalz

4 EL Geflügelgrieben (S. 143), gehackt

2 EL Schnittlauchröllchen

90 g Entenschmalz, gewürfelt und geeist oder gefroren

150 ml Milch plus 1 EL extra

Den Backofen auf 220 °C vorheizen.

Mehl, Backpulver und Salz in der Küchenmaschine mischen. Krusten und Schnittlauch zugeben und wieder mischen. Das kalte Entenschmalz zugeben und mischen, bis Fettklümpchen von der Größe kleiner Erbsen entstehen. Die Mischung in eine Schüssel geben, 150 ml Milch dazugießen und so lange rühren, bis sich ein weicher, leicht klebriger Teig ergibt. Diesen auf einer bemehlten Arbeitsfläche behutsam durchkneten.

Den Teig auf 1 cm Dicke flach klopfen und Kreise von 6 cm Durchmesser ausstechen. Restteig verkneten, flach klopfen, ausstechen, bis alles aufgebraucht ist. Die Scones auf ein Backblech setzen und mit 1 EL Milch bestreichen. Etwa 15 Minuten backen, bis sie aufgegangen sind und eine goldgelbe Farbe haben. Vor dem Servieren leicht abkühlen lassen.

Enten-Confit

Für 6 ganze Keulen

40 g grobes Meersalz

2 frische Lorbeerblätter, zerpflückt

3 Stengel Thymian, entstielt

2 TL schwarze Pfefferkörner

¼ TL gemahlene Muskatnuss

6 ganze Entenkeulen (2–2,25 kg)

3 Knoblauchzehen, halbiert

1,4 kg Entenschmalz, geschmolzen

Das klassische Confit-Rezept enthält Stücke von Entenfleisch, die langsam in ihrem eigenen Fett schmoren, bis sie ganz zart sind, und dann im selben Fett konserviert werden. Ich mache Confit am liebsten aus Keulen, aber die Brust kann ebenso gut dazu verwendet werden. Confit lässt sich zwar leicht zubereiten, aber es bedarf doch einiger Vorbereitung, da die Keulen zwei Tage vor dem Kochen mit einer Gewürz-Salz-Mischung eingerieben werden. Confit sollte nur ganz langsam bei schwacher Hitze gekocht werden, deshalb mache ich es lieber im Backofen. Ob die Keulen größer oder kleiner sind, ist unerheblich. Sie müssen einfach nur so lange gekocht werden, bis das Fleisch ganz weich ist, aber noch nicht vom Knochen fällt. Confit sollte mindestens eine Woche gelagert werden, bevor man es serviert, damit der Geschmack sich entwickeln kann.

Wenn nicht genügend Entenschmalz vorrätig ist, kann man etwas Schweineschmalz zufügen. Confit ist wie eine Fertigmahlzeit in Ihrem Kühlschrank. Man kann es aufwärmen und zu in Entenschmalz gebratenen Linsen oder Kartoffeln servieren, oder zimmerwarm mit einem Salat.

Salz, Lorbeerblatt, Thymianblätter, Pfefferkörner und Muskatnuss in einer Gewürzmühle oder im Mörser fein vermahlen.

Die Entenkeulen mit den Knoblauchzehen einreiben und beides in eine Schüssel legen. Die Keulen mit der Salzmischung bestreuen und dabei wenden, so dass sie rundum bedeckt sind. Die Schüssel zugedeckt 2 Tage in den Kühlschrank stellen.

Den Backofen auf 100 °C vorheizen.

Die Keulen abspülen und trocken tupfen. In eine schwere ofenfeste Form geben, zuerst die größeren Keulen mit der Hautseite unten, die kleineren mit der Hautseite oben darauflegen. Die Knoblauchzehen zugeben und so viel Fett, dass die Keulen gerade bedeckt sind. Bei mittlerer Hitze auf den Herd stellen. Wenn die ersten Blasen im Fett aufsteigen, im Ofen unbedeckt 4 bis 5 Stunden braten, bis das Fleisch ganz weich ist und sich vom Knochen gelöst hat. Beim Anstechen einer Keule sollte klarer Bratensaft austreten. Keulen, die nicht ganz von Fett bedeckt sind, sollte man nach 2 Stunden umdrehen.

Während das Confit gart, drei Holzspießchen in einen Topf geben und mit Wasser bedecken. Bei starker Hitze 5 Minuten kochen. Abkühlen lassen, die Spießchen aus dem Wasser nehmen und beiseitelegen.

Die Keulen im Fett etwas abkühlen lassen. Die Spießchen in Stücke brechen und diese auf den Boden der sterilisierten Einmachgläser legen. Die Keulen darauflegen und das warme Fett mit dem Schöpflöffel darübergießen, so dass die Keulen vollkommen bedeckt sind und das Glas bis zum Rand gefüllt ist. Auf ein Kuchengitter stellen und abkühlen lassen. Wenn sich das Fett gesetzt hat, weiter mit flüssigem Fett auffüllen, so dass die Gläser wieder randvoll sind. Dann die Gläser abdecken. Das Confit hält sich im Kühlschrank etwa 6 Monate.

TIPP Beim Abschöpfen des warmen Fetts darauf achten, dass der Bratensaft darunter nicht aufgerührt wird. Bratensaft darf auf keinen Fall ins Confit gelangen. Das restliche Fett durch ein Seihtuch passieren; Fett und Bratensaft separat in den Kühlschrank stellen. Das Fett kann mehrmals verwendet werden, bis es zu salzig wird. Der Bratensaft verfestigt sich zu Gelee (siehe unten).

VARIANTEN Obwohl man für Confit meist Entenkeulen nimmt, profitieren eigentlich alle Geflügelarten, selbst magere Vögel wie Taube, Fasan und Pute, vom Bad im warmen Fett. Für Puten-Confit zum Beispiel folgen Sie einfach dem Enten-Rezept mit diesen Abweichungen: 20 frische Salbeiblätter, die Samen von 6 Kardamomkapseln, ¼ TL gemahlene Mazisblüte und vor allem 6 ganze Putenflügel (2–2,5 kg), halbiert und die Spitzen abgeschnitten.

Basiswissen Confit

Confit braten

Das Einmachglas mit dem Confit geöffnet in heißes bis schwach köchelndes Wasser stellen. Nach 20 bis 30 Minuten ist das Fett weich genug, dass Sie die Keulen herausziehen können.

Den Backofen auf 180 °C vorheizen.

Die Keulen, die noch von einer dünnen Fettschicht umgeben sind, mit der Haut nach unten in eine schwere, am besten gusseiserne Bratpfanne legen. Im Ofen 15 bis 20 Minuten braten (bei Putenkeulen dauert es etwas länger). Ein Metallspießchen, in die Fleischmitte gestoßen, sollte sich heiß anfühlen.

Den Backofengrill auf starke Hitze stellen.

Die Entenkeulen umdrehen, unter den Grill schieben und knusprig braten.

Confit-Gelee

Beim Confit-Kochen entsteht Bratensaft. Er muss vom Fett, mit dem das Confit konserviert wird, getrennt werden, es könnte sonst verderben. Im Kühlschrank wird der Saft zu Gelee mit intensivem Geschmack. Es ist eine Art Demi-Glace, ein Geschmacksverstärker für Saucen, Eintöpfe, Gemüse oder Bohnen; aufgrund des hohen Salzgehalts ist es sparsam zu verwenden. Tiefgefroren hält sich das Gelee etwa 3 Monate, im Kühlschrank 2 Wochen.

Confit-Gläser

Ich konserviere mein Confit am liebsten in weiten Einmachgläsern, aber Keramikschüsseln oder Plastikbehälter eignen sich auch. Wichtig ist, dass die Öffnung so groß ist, dass man die Keulen leicht herausnehmen kann. Ich konserviere meine Keulen immer paarweise. Vor dem Einlegen der Keulen sollte man prüfen, ob sie in das Behältnis passen und genügend Platz für die Fettversiegelung bleibt. Außerdem sollten die Behältnisse zuvor in kochendem Wasser sterilisiert werden.

Lammvogel-Confit

Der Kurzschwanz-Sturmtaucher lebt in großen Kolonien entlang der Ostküste Australiens und an den Küsten Neuseelands. Diese Zugvögel speichern eine große Menge Fett und waren eine wichtige Nahrungsquelle für die ersten europäischen Siedler. Sie fanden, die Vögel schmeckten nach Lamm und gaben ihnen den Namen *mutton bird,* Lammvogel. Auch die Maori in Neuseeland schätzten sie und garten sie im eigenen Fett zu einem Confit.

Knoblauch-Confit

Für 24 bis 30 Stück

2 Knollen Knoblauch

2 frische Lorbeerblätter

2 große Stengel Thymian

400 g Entenschmalz, geschmolzen

Confit kann man nicht nur aus Geflügel und Fleisch herstellen, auch Knoblauch lässt sich gut in Fett kochen. Beim Kochen in Entenschmalz nimmt er eine cremig-seidige Konsistenz an. Dieses Confit bereite ich auf dem Herd zu, da es kaum eine halbe Stunde Garzeit benötigt. Das Rezept stammt vom britischen Küchenchef Marco Pierre White, dem jüngsten Koch, dem je zwei Michelin-Sterne verliehen wurden.

Im Kühlschrank hält sich Knoblauch-Confit über eine Woche. Der Knoblauch lässt sich als Snack anbieten, oder Sie garnieren damit Enten-Confit, Terrinen oder Fleisch. Die weichen Knoblauchzehen kann man leicht aus der Schale drücken und zu Beurre de Gascogne (Rezept rechte Seite) verarbeiten.

Das macht das Kraut nicht fett

Deutsche Redewendung für: keinen großen Unterschied machen

Die Knoblauchknollen in einzelne Zehen brechen; sehr kleine Zehen für andere Verwendung aussortieren. Die ungeschälten Zehen in einem kleinen, schweren Topf in einer Lage auslegen. Lorbeerblätter und Thymian dazugeben und die Zehen mit Entenschmalz bedecken.

Den Topf auf den Herd bei sehr schwacher Hitze stellen. Wenn das Fett gerade anfängt, Blasen zu werfen, noch 20 Minuten sanft köcheln. Das Fett soll nicht richtig sieden, nur hin und wieder steigen Bläschen auf.

Nach 20 Minuten vorsichtig mit dem Finger auf den Knoblauch drücken. Wenn er nachgibt, ist er gar, wenn nicht, weitere 5 Minuten garen lassen.

Den Knoblauch im Fett abkühlen lassen. Dann die Knoblauchzehen mit einem Schaumlöffel aus dem Fett heben, das Entenfett durch ein Sieb passieren, dabei Lorbeer und Thymian entfernen. Das Fett kann wiederverwendet werden. Mit seinem leichten Knoblauchgeschmack eignet es sich hervorragend zum Braten von Kartoffeln.

Beurre de Gascogne

Diese »Butter« hat überhaupt nichts mit Kühen zu tun. Sie ist eine Mischung aus Entenschmalz und Knoblauch. Traditionell wird sie Gerichten mit getrockneten Bohnen hinzugefügt. Man kann sie aber auch Kartoffelpüree, Kohlgemüse oder Linsen beigeben oder als Brotaufstrich verwenden.

Ergibt etwa 70 g

50 g Entenschmalz, weich

10 Zehen Knoblauch-Confit (siehe linke Seite)

1 EL gehackte glatte Petersilie

Meersalz, schwarzer Pfeffer

Den weichen Knoblauch aus der Schale pressen und zum Schmalz geben, ebenso die Petersilie. Gut vermengen. Mit Salz und Pfeffer würzen.

Hühnerleberaufstrich

Das ist eine verfeinerte Version von *chopped liver* (gehackte Leber), einem jüdischen Gericht. Wenn Sie Geflügelgrieben (S. 143) gemacht haben, können Sie das restliche Fett hier verwenden, um dem Gericht ein intensiveres Aroma zu verleihen. Entenschmalz von Knoblauch-Confit (siehe linke Seite) lässt sich hier ebenfalls gut verwenden. Die Geflügelleber muss von einem verlässlichen Lieferanten stammen. Da sich in der Leber Abbaustoffe aus der Ernährung des Huhns ablagern, müssen die Lebern vom Biohof und erster Qualität sein. Den Aufstrich zu Toast oder Brot reichen.

Ergibt 325 ml

450 g Hühnerleber

65–100 g Hühnerschmalz, weich

1 Stengel Majoran

Meersalz, schwarzer Pfeffer

2 ½ EL Weinbrand

1 Prise Muskatnuss

Jede Leber in ihre Lappen zerteilen. Grünliche Stellen herausschneiden, die Verbindungsfäden und größere Blutteilchen entfernen und die Leber trocken tupfen.

In einer großen Bratpfanne 1 EL Hühnerschmalz bei starker Hitze heiß werden lassen, Leber und Majoran zugeben und mit Salz und Pfeffer würzen. Auf schwache bis mittlere Hitze reduzieren und die Leber etwa 3 Minuten je Seite braten, bis sie innen gerade noch rosa ist. Zum Nachprüfen eine Leber in der Mitte durchschneiden.

Leber und Bratensaft in eine Schüssel geben und den Majoran entfernen. Die Pfanne wieder auf den Herd geben, mit 2 EL Weinbrand ablöschen und den Bratensatz auflösen. Die Flüssigkeit zur Leber geben und alles leicht abkühlen lassen.

Die Leberstücke durch den feinsten Einsatz des Passiergeräts oder durch ein mittelfeines Sieb passieren, um die Sehnen zu entfernen. Nach und nach von dem restlichen Hühnerschmalz hinzufügen, bis eine weiche Paste entsteht. Mit Muskatnuss würzen und abschmecken. Eventuell den übrigen Weinbrand unterrühren. Die Mischung in Förmchen füllen, andrücken und kalt stellen. Wenn Sie den Aufstrich mehrere Tage aufbewahren wollen, die Oberfläche mit etwas geschmolzenem Hühnerschmalz versiegeln, damit sie nicht oxidiert und dunkel wird. Mit Fett versiegelt hält sich der Aufstrich im Kühlschrank bis zu 2 Wochen.

Den Aufstrich 15 Minuten vor dem Servieren aus dem Kühlschrank nehmen.

Entenbrust mit Brombeeren

Entenbrust (franz. *magret de canard)* ist wie ein gutes Steak mit einer knusprigen Fettkruste, und wie ein Steak sollte sie »englisch« (à point, rosa gebraten) serviert werden. Beim Braten schmilzt das Brustfett und reichert das magere Brustfleisch an. Für eine perfekte Kombination aus knuspriger Haut und saftigem Fleisch benötigt man eine gute Fettschicht unter der Haut. Beim Braten spritzt und sprüht das Fett, ich empfehle daher den Einsatz eines Spritzschutzes.

Ente wird oft mit Früchten serviert, und obwohl die Kombination eigentlich meist zu süß ist, passen Brombeeren aufgrund ihrer Säure gut zum gehaltvollen Entenfleisch. Gebratene Kartoffelschnitze (S. 162) und grünes Gemüse schmecken gut dazu.

Für 4 Portionen

2 Entenbrusthälften à 220–280 g

Meersalz, schwarzer Pfeffer

1 große Orange, unbehandelt

1 Schalotte, fein gehackt

125 ml Portwein

175 g Brombeeren

Die Fetthaut der zimmerwarmen Entenbrust kreuzweise einschneiden, ohne das Fleisch zu verletzen. Beide Seiten salzen und pfeffern, beiseitelegen.

Die Orangenschale fein abreiben. 60 ml Orangensaft auspressen.

Eine schwere Bratpfanne bei starker Hitze heiß werden lassen, dann die Entenbrust mit der Haut nach unten einlegen. Die Temperatur auf mittlere Hitze reduzieren, die Pfanne mit dem Spritzschutz abdecken und 5 Minuten braten lassen. Das Fett abgießen und beiseitestellen, die Entenbrust noch einmal 5 Minuten mit der Haut nach unten in der Pfanne braten.

Überschüssiges Fett abgießen, die Entenbrust umdrehen und weitere 2 bis 5 Minuten braten, je nach Dicke. Um festzustellen, ob das Fleisch durch ist, mit dem Finger auf die Fleischseite drücken; sie sollte sich weich und elastisch anfühlen. Die fertig gebratene Entenbrust auf eine Platte geben, locker mit Aluminiumfolie bedecken und 5 Minuten ziehen lassen.

Das Fett aus der Pfanne bis auf 2 EL abgießen. Die Schalotten hineingeben und bei mittlerer Hitze unter Rühren braten, bis sie weich sind. Mit dem Portwein ablöschen, aufkochen und den Bratensatz lösen. Die geriebene Orangenschale, den Orangensaft und die Brombeeren zugeben, die Hitze reduzieren und die Flüssigkeit köcheln lassen, bis sie etwas reduziert ist und die Beeren warm und weich sind. Mit Salz und Pfeffer abschmecken.

Die Entenbrust in dicke Scheiben schneiden und mit der Sauce servieren.

VARIANTE Wenn man die Entenbrust als warmen Salat servieren will, die Hälfte des Orangensafts durch 2 EL Weinessig ersetzen. Etwas Friséesalat und Wasserkresse mischen, die Entenbrustscheiben darauflegen und die warme Sauce darübergeben.

Enten-Puten-Eintopf

Für 6 Portionen

2 ganze Putenkeulen à 600 g

2 ganze Entenkeulen à 300 g

500 ml trockener Weißwein

125 ml Weinbrand

4 große Stengel glatte Petersilie

3 große Stengel Salbei

2 frische Lorbeerblätter

4 Knoblauchzehen, zerdrückt

225 g Kalbsfuß in Stücken

100 g Schweineschwarte

65 g Pancetta mit Haut

grobes Meersalz, schwarzer Pfeffer

2 EL Entenschmalz

2 Karotten, in Rädchen von 5 mm

2 Selleriestangen, in Stücken von 5 mm

2 Steckrüben, in Würfeln von 5 mm

1 große Zwiebel, in Würfeln von 5 mm

150 g gekochte geschälte Esskastanien, geviertelt

¼ Tasse grob gehackte Salbeiblätter

Dies ist ein aromatischer Eintopf aus Enten- und Putenkeulen. Die fetten Entenkeulen bewahren das Putenfleisch vor dem Austrocknen und das leichte Putenfleisch lockert das schwere Entenfleisch ein wenig auf. (Sie können den Eintopf aber auch nur mit Entenkeulen kochen.) Idealerweise haben die Putenkeulen etwa die doppelte Größe der Entenkeulen, damit alles gleichzeitig gar wird. Der Kalbsfuß muss nicht sein, aber durch ihn wird die Sauce gehaltvoll und sämig. Sollten Sie keinen Kalbsfuß bekommen, nehmen Sie Schweinefuß. Dieses Gericht enthält viel Gemüse, so dass nur ein wenig Kartoffelpüree oder Polenta dazu genügt. Das vom Eintopf abgeschöpfte Fett geben Sie dem Püree bei. Die Reste ergeben eine gute Sauce für Pasta.

Puten- und Entenkeulen trocken tupfen. Die Putenkeulen in der Mitte durchschneiden, die Entenkeulen ganz lassen, damit alle Stücke ungefähr das gleiche Gewicht haben. In eine große Schüssel legen, Wein, Weinbrand, Petersilie, Salbeistengel Lorbeer und Knoblauch zugeben. Abdecken und 6 Stunden oder über Nacht in den Kühlschrank stellen; die Keulen ein-, zweimal wenden.

Kalbsfuß und Schweineschwarte in einen Topf geben, mit kaltem Wasser bedecken und bei mittlerer Hitze zum Kochen bringen. Das Wasser abgießen, die Stücke unter fließendem Wasser abspülen und beiseitestellen. Die Haut von der Pancetta entfernen und beiseitelegen. Pancetta in 5 mm große Würfel schneiden.

Den Backofen auf 150 °C vorheizen.

Die Keulen aus der Marinade nehmen, diese beiseitestellen. Die Keulen trocken tupfen, salzen und pfeffern.

In einem Schmortopf das Entenschmalz bei mittlerer Hitze schmelzen. Die Keulen anbraten und auf eine Platte legen. Pancetta, Karotten, Sellerie, Steckrübe und Zwiebel in den Schmortopf geben und den Bratensatz lösen. Die Hitze reduzieren und das Gemüse weitergaren, bis es etwas weich geworden ist. Die Hälfte der Gemüsemischung herausnehmen und in eine Schüssel geben. Den Schmortopf von der Herdplatte nehmen.

Die Keulen auf das Gemüse im Topf legen und mit dem Gemüse aus der Schüssel bedecken. Kalbsfuß, Schweineschwarte und Pancetta-Haut darauflegen, salzen und pfeffern. Die Marinade darübergießen und Kräuter und Knoblauch dazugeben. Bei mittlerer Hitze zum Kochen bringen. Den Topf mit einem angefeuchteten Backpapier zudecken, den Deckel darauflegen und im Ofen etwa 2 Stunden schmoren, bis die Keulen gerade zart werden und das Messer leicht eindringt.

Den Schmortopf aus dem Ofen nehmen, aufdecken und leicht abkühlen lassen. Kalbsfuß, Schwarte, Haut und Kräuter entfernen. Keulen und Gemüse in eine Schüssel geben und die Sauce in einen Messbecher gießen. Beides nach dem Abkühlen zudecken und über Nacht in den Kühlschrank stellen.

Den Backofen auf 150 °C vorheizen.

Das Fleisch in großen Stücken von den Knochen schneiden und die Knochen wegwerfen. Die Fleischstücke in eine ofenfeste Form geben und das Gemüse und die Esskastanien dazugeben. Das Fett von der gelierten Sauce abschöpfen und beiseitestellen, um es für das Kartoffelpüree oder die Polenta zu verwenden. Die gelierte Sauce erwärmen, bis sie flüssig ist. Entweder Wasser hinzugießen oder die Sauce durch Einkochen reduzieren, bis sich etwa 625 ml Flüssigkeit ergeben. Abschmecken und über das Fleisch und Gemüse gießen. Zudecken und etwa 45 Minuten im Backofen aufwärmen.

Mit den zerkleinerten Salbeiblättern bestreuen und servieren.

Borlotti-Bohnen mit Enten-Confit und Grieben

Borlotti-Bohnen, englisch *cranberry beans*, reifen gegen Ende des Sommers und ihre schön gefärbten Hülsen und rot gestreiften Kerne ziehen mich immer an. Leider verschwinden die hübschen Farbtupfer beim Kochen, aber ihr schmackhaftes Aroma und die angenehme Konsistenz machen das wett. Wenn Sie keine Borlotti-Bohnen auftreiben können, verwenden Sie einfach eine andere Sorte oder getrocknete Bohnenkerne, eingeweicht und halb vorgegart. Mit diesem Rezept machen Sie aus einem Stück Enten-Confit eine Mahlzeit für zwei bis drei Personen. Wenn Sie kein Confit-Gelee vorrätig haben, nehmen Sie einfach Wasser.

Für 2 bis 3 Portionen

1 kg Borlotti-Bohnen (Schoten)

1 kleine Karotte

1 kleine Zwiebel

1 Selleriestange aus der Mitte der Staude mit Blättern

50 g Entenschmalz

1 Keule Enten-Confit (S. 152)

1 Knoblauchzehe

1 großer Stengel Rosmarin

125 ml Confit-Gelee (siehe S. 153)

feines Meersalz, schwarzer Pfeffer

1 TL Sherryessig

60 ml gehackte glatte Petersilie

Die Bohnen enthülsen und beiseitestellen; es werden etwa 500 g Bohnenkerne benötigt.

Karotte, Zwiebel und Sellerie in 5 mm große Würfel schneiden.

In einem großen Topf bei mittlerer Hitze 3 EL Entenschmalz erhitzen. Darin die Gemüse etwa 5 Minuten unter ständigem Rühren braten, bis sie etwas weich sind.

Die Haut von der Entenkeule abziehen und beiseitelegen. Das Fleisch von den Knochen lösen und in größere Stücke schneiden oder reißen. Fleisch und Knochen getrennt beiseitestellen.

Die Bohnen zusammen mit den Entenknochen, Knoblauch und Rosmarin in den Topf zum Gemüse geben. Das Confit-Gelee und etwa 500 ml Wasser – genug, um die Bohnen gerade zu bedecken – zugeben und alles aufkochen. Die Hitze reduzieren und alles etwa 30 Minuten köcheln lassen, bis die Bohnen weich sind.

Währenddessen die Entenhaut mit dem Fett nach unten in eine schwere Pfanne legen und bei schwacher Hitze braten, dabei gelegentlich wenden, bis das Fett ausgelassen und die Haut knusprig ist. Die Grieben zum Entfetten auf ein Küchenpapier legen. Das Fett in der Pfanne in ein Behältnis gießen und für andere Verwendung beiseitestellen. Die knusprige Haut in Würfel schneiden und beiseitestellen.

Die gekochten Bohnen aufdecken, Knochen und Rosmarin entfernen und wegwerfen. Die Entenfleischstücke unterrühren. Mit Salz und Pfeffer abschmecken und etwa 5 Minuten weiterköcheln lassen, bis die Flüssigkeit reduziert ist.

Abschmecken. Den Essig und das restliche Entenfett einrühren. Gehackte Petersilie und die Grieben darüberstreuen und servieren.

Gänsebraten

Für 6 Portionen

1 Gans (4,5–5,5 kg)

Meersalz,
schwarzer Pfeffer

1 große Karotte, halbiert

2 Selleriestangen,
halbiert

6 Stengel glatte Petersilie

4 große Stengel Salbei

4 große Stengel Thymian

6 Knoblauchzehen

250 ml Rotwein

500 ml Hühnerbrühe

Gänsebraten ist genau das Richtige für Weihnachten. Er erinnert an Charles Dickens und *A Christmas Carol (Eine Weihnachtsgeschichte)* mit Tiny Tim und Bob Cratchit. Gans ist einfach mehr als Pute und hat einen intensiveren, wildähnlichen Geschmack. Und sie hat so wunderbar viel Fett! Um die Weihnachtszeit gibt es sie überall zu kaufen, gerade dann, wenn dieser Zugvogel auch am besten schmeckt. Warum also nicht der Tradition folgen? Als wunderbares Nebenprodukt fällt dazu noch reichlich Fett ab – selbst bei einer kleinen Gans an die 400 ml.

Gänse haben eine riesige Bauchhöhle, deshalb werden nicht so viele Leute satt davon, wie man denken könnte. Bereiten Sie also Ihre Lieblingsfüllung zu, wenn niemand hungrig bleiben soll. Als Beilagen empfehle ich Rotkohl mit Gänseschmalz (S. 161) und in Gänseschmalz gebratene Kartoffeln. Schließlich ist ja Weihnachten.

Hals und Innereien entfernen und den Vogel trocken tupfen. Das Fett der Bauchhöhle entnehmen und zum Auslassen beiseitestellen. Von den Flügeln die Spitze und das anschließende Glied abschneiden und beiseitelegen. Die Gans unbedeckt 24 Stunden in den Kühlschrank geben. So trocknet die Haut aus und wird knuspriger.

Eine Stunde vor dem Braten die Gans aus dem Kühlschrank nehmen. Mit einer Nadel die Haut überall einstechen. Die Bauchhöhle mit Salz und Pfeffer würzen, dann Karotte, Sellerie, Petersilie, Salbei, Thymian und Knoblauch hineinlegen. Die Öffnung mit Spießchen verschließen. Den Halslappen auf den Rücken der Gans klappen und mit Spießchen feststecken. Die Keulen zusammenbinden.

Den Backofen auf 220 °C vorheizen.

Den Vogel Brustseite oben auf das Gitter im Bräter legen. Innereien, Hals und Flügelstücke dazulegen. So viel Wasser angießen, dass der Boden bedeckt ist. Den Vogel mit Salz und Pfeffer würzen und 30 Minuten im Backofen braten.

Die Gans behutsam aus dem Bräter heben. Das Fett in ein Behältnis gießen und beiseitestellen. Die Gans wieder in den Bräter legen. Die Ofentemperatur auf 180 °C reduzieren und die Gans 1½ bis 2 Stunden weiterbraten, bis der Saft beim Einstechen in die Keulen leicht rosa austritt und das Bratenthermometer 82 °C anzeigt. Während der Bratzeit zwei- bis dreimal nach der Gans sehen und das ausgelassene Fett abgießen und beiseitestellen.

Die Gans auf eine vorgewärmte Platte legen. Die Spießchen und das Küchengarn entfernen und die Gans locker mit Alufolie abdecken.

Flügelstücke, Hals und Innereien aus dem Bräter entfernen. Fett abgießen und beiseitestellen. Den Bräter bei starker Hitze auf den Herd stellen, Weißwein zufügen und aufkochen, dabei den Bratensatz lösen. Die Hühnerbrühe zufügen und weiter kochen, bis die Sauce auf die Hälfte reduziert ist.

Während die Sauce einkocht, die Gans zerlegen und austretenden Bratensaft zur Sauce geben. Die Sauce durch ein feinmaschiges Sieb in eine Sauciere passieren und mit der Gans servieren.

»Nur Gänseschmalz und feines Schweineschmalz waren als Salbe in der Milchkammer zugelassenen, sowohl für die Hände der Milchmägde als auch für die Armaturen des Butterfasses. Bei Ostwind und Schnee wurde es dazu verwendet, Kuheuter einzusalben, damit sie keine Risse bekamen.«

Dorothy Hartley, 1893–1985, englische Sozialhistorikerin

Gänseschmalz

In ihrem faszinierenden Buch *Food in England* beschreibt Dorothy Hartley vielerlei Verwendungen für Gänseschmalz, nicht alle davon für kulinarische Zwecke. Da Gänseschmalz mehr einfach ungesättigte Fette enthält als anderes Geflügelschmalz, ist es auch bei Zimmertemperatur sehr weich und schmierfähig. So wurde es unter anderem mit Essig, Zitrone, Zwiebeln und Petersilie gewürzt und dann mit ein wenig Sahne geschlagen, um einen Brotaufstrich herzustellen, der, so Hartley, eine ähnliche Konsistenz wie Mayonnaise hatte. Gänseschmalz fand sich auch in der Hausapotheke als Hauptbestandteil bei der Herstellung von heißen Brustwickeln gegen Bronchitis. Es hielt die Haut weich und half gegen Schrunden an den Händen. Lederartikel konnten damit wasserabweisend gemacht werden. Hartley beschreibt eine Mixtur aus Gänseschmalz, Meerrettichsaft, Senf und Terpentin, die geschüttelt wurde, bis alles gut vermengt war. Nein, das war nicht als tödlicher Cocktail gemeint, sondern diente zur äußerlichen Anwendung gegen arthritische Schmerzen und steife Gelenke.

Rotkohl mit Gänseschmalz

Am besten lässt sich dieses Gericht mit dem übrig gebliebenen Gänseschmalz vom letzten Gänsebraten kochen, vorrätig im Gefrierfach. Sie können auch Entenschmalz oder etwas Fett von der Foie gras für diese spezielle Rotkohlzubereitung nehmen. Falls nichts davon zur Hand ist, reicht auch Schweineschmalz, solange man den Kohl mit dem Fett des Gänsebratens glasiert und ihm so seinen Geschmack verleiht. Der Rotkohl kann im Voraus gegart und aufgewärmt werden, während die Gans im Ofen brät.

Gedünsteter Rotkohl passt ideal zum reichen Aroma der Gans. Übrig gebliebenes Gänsefleisch kann klein geschnitten dem gegarten Rotkohl beigemischt und mit ihm aufgewärmt werden. Ich mache deshalb gerne ein wenig mehr Rotkohl, als ich brauche. Und wenn kein Gänsefleisch übrig bleibt, kann man immer noch hausgemachte Würste dazu servieren.

Für 6 bis 8 Portionen

- 100 g Gänseschmalz
- 1 Zwiebel, gehackt
- 1 TL Kümmelsamen
- ½ großer Kopf Rotkohl (etwa 1 kg), gehobelt
- 2 Äpfel, geschält, entkernt, in Stücken
- 2 EL brauner Zucker
- 75 ml Apfelessig
- grobes Meersalz, schwarzer Pfeffer

In einem Schmortopf die Hälfte des Gänseschmalzes bei mittlerer Hitze schmelzen. Die Zwiebeln darin anziehen lassen. Den Kümmel zugeben und unter Rühren weiter garen, bis sie zu duften beginnen.

Kohl und Apfelstücke hineingeben und umrühren, bis alles von Fett überzogen ist. Die große Menge Kohl reduziert sich beim Kochen. Zucker und Apfelessig dazugeben, dann mit reichlich Salz und Pfeffer würzen. Die Temperatur auf ganz niedrig stellen, den Topf zudecken und alles unter gelegentlichem Umrühren 2 bis 3 Stunden garen lassen, bis der Kohl weich ist. Abschmecken. Wenn der Kohl zu süß ist, etwas Essig zugießen. Das restliche Gänseschmalz einrühren, um den Kohl zu glasieren und zu würzen. Servieren.

»Ein kleiner Tiegel [Gänsefett] im Kühlschrank dient hervorragend als Handcreme.«

Jeanne Strang, in Frankreich lebende englische Autorin des Kochbuches *Goosefat and Garlic*

Gebratene Kartoffelschnitze

Für 4 Portionen

4 mehligkochende Kartoffeln (etwa 800 g)

50 g Entenschmalz

1 Knoblauchzehe, ungeschält

2 EL gehackte glatte Petersilie

Fleur de Sel

Dies ist ein Rezept für große, dicke, in Entenschmalz gebratene Kartoffelschnitze. Anders als Kartoffeln à la sarladaise (S. 147), sind diese Kartoffeln hier weich, nicht knusprig, aber ebenso durchzogen vom herrlichen Entenschmalzaroma. Besonders witzig finde ich, dass das Rezept von Michel Guérard stammt, dem Autor von *Cuisine minceur* (Gerichte zum Abnehmen). Es ist doch beruhigend, dass selbst der Küchenchef, der uns französische Schlankheitskost bescherte, von Entenschmalz überzeugt ist. Vorwiegend festkochende Kartoffeln sind zwar generell für alle Arten von Gerichten geeignet, doch hier sollte man eher mehligkochende Kartoffeln wie Agria, Aula oder Bintje nehmen. Längliche Knollen ergeben das schönste Resultat. Am besten braten Sie diese Kartoffeln, wenn Sie Schmalz von der Confit-Herstellung aufbrauchen wollen, besonders vom Knoblauch-Confit (S. 154). Servieren Sie Confit oder Grillfleisch dazu.

Die Kartoffeln schälen und der Länge nach vierteln. Kalt abspülen, in einer Schüssel mit kaltem Wasser bedecken und 30 Minuten stehen lassen.

Die Kartoffeln gut trocken tupfen. In einer schweren ofenfesten Form, in die die Kartoffelschnitze in einer Lage hineinpassen, das Entenschmalz bei mittlerer Hitze heiß werden lassen. Wenn es anfängt zu rauchen, die Kartoffeln mit der Knoblauchzehe dazugeben. Auf mittlere Hitze reduzieren und die Kartoffeln 15 bis 20 Minuten auf allen Seiten goldgelb braten.

Die Knoblauchzehe entfernen. Die Kartoffeln auf eine große Platte legen und das Fett bis auf 1 EL abgießen. Die Kartoffeln wieder in die Pfanne legen, zudecken und bei schwacher Hitze etwa 15 Minuten garen, bis sie durch sind. Die Kartoffeln regelmäßig überprüfen und bei Bedarf wenden. Wenn man das Fett spritzen hört, den Topfdeckel abnehmen und die Feuchtigkeit auf der Innenseite abwischen.

Wenn sie innen weich sind, die Kartoffeln auf eine vorgewärmte Platte legen und mit Petersilie und Fleur de Sel bestreuen, dabei wenden, so dass sie rundum gesalzen sind.

Fett im Jazz

Fats Wallers richtiger Name war Thomas Wright Waller. Als Sohn eines Predigers spielte er bei den Gottesdiensten seines Vaters Orgel. Doch dann verlegte er sich auf die musikalische Begleitung von Stummfilmen in Harlems Lincoln Theatre. Sein Vater hoffte zwar noch, sein Sohn würde ihm in der Kirche nachfolgen, doch da war Thomas bereits dem Showbusiness verfallen und spielte 1920 live im Radio. Als der Tonfilm aufkam, war er nicht nur Sänger und Arrangeur, sondern wurde auch noch Schauspieler. Eine seiner besten Rollen war 1943 in dem Film *Stormy Weather* neben Lena Horne, Cab Calloway und Bill Robinson. Er spielte sich selbst und sang seine eigene Komposition »Ain't Misbehavin'«. Wallers Privatleben war ebenfalls recht stürmisch. Er liebte üppiges Essen, trank und hatte ständig Probleme mit Unterhaltszahlungen. Der Stress, seine Lebensweise und ein übervoller Terminkalender forderten ihren Tribut und so starb Waller mit nur 39 Jahren an Lungenentzündung, wenige Monate nachdem *Stormy Weather* in den Kinos angelaufen war.

Sautierte Gänseleber mit Ingwer-Vanille-Quitten

Für 6 Vorspeisenportionen

2 reife gelbe Quitten (etwa 450 g)

2 EL Entenschmalz oder Foie-gras-Fett

Meersalz, schwarzer Pfeffer

60 ml Vin Santo oder trockener Sherry

2 EL Honig

2 TL fein gehackter Ingwer

125 ml Orangensaft, frisch gepresst

3 EL Zucker

½ TL reiner Vanilleextrakt

1 Enten-Foie-gras (etwa 675 g) pariert (siehe S. 140)

2 EL Mehl

Man kann dieses Rezept statt mit Quitten zwar auch mit Äpfeln kochen, doch sie haben lange nicht das Aroma und die Würze meiner Lieblingsfrucht. Quitten bleiben außerdem auch bei längerem Garen ganz, während Äpfel schnell zerfallen. Quitten gibt es im Herbst und das ist auch die ideale Jahreszeit für Foie gras. Um Foie gras heiß zu servieren, muss alles gut vorbereitet sein, so dass man sie nur kurz braten muss und dann anrichten kann. Beim Sautieren von Foie gras entsteht Rauch und das Fett spritzt, das lässt sich nicht umgehen. Denken Sie auch daran, dass die Scheiben in der Pfanne schrumpfen.

Die Quitten schälen und in Viertel schneiden. Das Kerngehäuse herausschneiden und die Viertel quer in 5 mm dicke Stücke schneiden.

In einer Bratpfanne mit Deckel das Schmalz bei mittlerer Hitze heiß werden lassen, die Quittenstücke hinzugeben und mit Salz und Pfeffer würzen. Unter Rühren garen, bis sie leicht Farbe angenommen haben. Mit dem Vin Santo ablöschen und dabei den Satz von der Pfanne lösen. Den Honig, 1 TL Ingwer und 125 ml Wasser zufügen. Die Hitze reduzieren, so dass die Quittenstücke leicht köcheln, etwa 30 Minuten garen, bis sie weich sind.

Die Quitten in ein feinmaschiges Sieb über einer Schüssel abgießen und beiseitelegen. Die aufgefangene Flüssigkeit in einen Messbecher füllen und den Orangensaft hinzugießen. Es sollten nun 250 ml sein, sonst mit Wasser oder Wein auffüllen. Die Flüssigkeit in einen kleinen Topf geben und den Zucker sowie den restlichen Ingwer zufügen. Bei starker Hitze zum Kochen bringen und so lange einkochen, bis etwa 75 ml Flüssigkeit übrig sind. In einen Messbecher passieren, den Vanilleextrakt zugeben und beiseitestellen. Bis zu diesem Punkt kann das Gericht schon am Vortag zubereitet werden.

Die Foie-gras-Leber mit einem heißen, trockenen Messer in 1 cm dicke Scheiben schneiden. Wenn man von der Mitte aus beginnt, werden die Scheiben gleichmäßiger. Beim Schneiden lösen sich eventuell kleine Stücke, die man beiseitelegt. Übrig bleiben die beiden Endstücke; zu den anderen Abfallstücken geben und für Foie-gras-Butter (S. 169) verwenden. Sie sollten mindestens 12 Leberscheiben haben, vielleicht sogar mehr.

Die Scheiben nun auf ein mit Backpapier belegtes Backblech legen, mit Frischhaltefolie bedecken und in den Kühlschrank stellen – bis zu 6 Stunden vor dem Anbraten.

Die Foie gras 15 Minuten vor dem Anbraten aus dem Kühlschrank nehmen. Den Backofen auf 100 °C vorheizen.

Die Servierteller warm stellen. Quitten und Sauce separat bei schwacher Hitze aufwärmen. Die Quittenscheiben auf die Teller verteilen und diese wieder in den Backofen stellen. Den Backofen abschalten.

Ein Backblech mit Küchenpapier auslegen und im Ofen warm halten. Die Foie-gras-Scheiben auf beiden Seiten mit Mehl bestäuben, salzen und pfeffern.

Eine große Bratpfanne bei mittlerer Hitze heiß werden lassen, dann die Foie gras in zwei Portionen etwa 1 Minute pro Seite braten, bis die Stücke schön angebräunt sind und etwas nachgeben, wenn Sie mit dem Finger daraufdrücken. Die fertigen Scheiben auf das Backblech legen. Nach dem Braten jeder Portion das Fett abgießen. Das Fett kann anderweitig wiederverwendet werden.

Die Foie-gras-Scheiben auf die Teller mit den Quitten verteilen und etwas Sauce darüberträufeln. Sofort servieren.

Ohne Salz und Schmalz

Deutsche Redensart für: armselig gekocht

Quitten zubereiten

Abgesehen von raren Sorten, die man roh essen kann, sind Quitten trocken, sauer und bitter und müssen für den Verzehr gekocht werden. Quitten gehören zur Familie der Rosacea und werden beim langsamen Kochen rosenrot. Dabei entwickeln sie ein erstaunliches Aroma mit Anklängen an Vanille, Moschus, Zitronenblüte und Ananas.

Wie Avocados sollten Quitten lange vor ihrer Verwendung eingekauft werden. Versuchen Sie, grüne Quitten ohne Flecken zu bekommen, da bei diesen die Wahrscheinlichkeit von Druckstellen geringer ist als bei den gelben, die im Laden herumgeschubst wurden. Bei Quitten liegen die Druckstellen unter der Haut, man sieht sie erst nach dem Schälen.

Lassen Sie die Quitten in einer separaten Schüssel bei Zimmertemperatur reifen. Wenn sie gelb werden, erfüllen sie den Raum mit ihrem feinen Duft. Grüne Quitten kann man natürlich auch verwenden, aber sie lassen sich schwerer schälen und schneiden und brauchen mehr Zeit beim Garen. Gelbe, reife Quitten können im Gemüsefach des Kühlschranks gelagert werden. Wenn Sie keine Quitten auftreiben können, dann ersetzen Sie sie im Rezept durch Kochäpfel wie Boskop oder Braeburn, aber denken Sie daran, dass diese viel schneller garen als Quitten.

Cassoulet

Für 6 bis 8 Portionen

800 g getrocknete weiße Bohnen, eingeweicht

2 Zwiebeln

2 Gewürznelken

3 Knoblauchzehen

6 Stengel Thymian

4 Stengel glatte Petersilie

1 frisches Lorbeerblatt

225 g Schweinebauch mit Schwarte

225 g Lammschulter ohne Knochen

Meersalz, schwarzer Pfeffer

50 g Entenschmalz

2 Schweinswürste mit Knoblauch (etwa 300 g)

125 ml trockener Weißwein

4 Eiertomaten, entkernt und klein geschnitten

1 TL Tomatenmark

2 Keulen Enten-Confit (S. 152)

100 g feine frische Semmelbrösel

Dieser klassische Eintopf ist im Südwesten Frankreichs heiß umstritten, denn fast jede Stadt in der Gascogne hat ihr eigenes und »einzig echtes« Cassoulet-Rezept. Die einen fügen Lamm hinzu, die anderen Tomaten, manche beides, und wieder andere sagen, weder Tomaten noch Lamm gehörten in den Topf. Es gibt endlose Diskussionen darüber, wie man die Kruste am besten hinbekommt. Aber solange Sie weiße Bohnen und schön fettes Fleisch verwenden, schmeckt es auf jeden Fall gut, schließlich ist es einfach ein Bohneneintopf.

Die meisten Cassoulet-Rezepte sind für 10 bis 12 Portionen gedacht. Vielleicht habe ich nicht genug Freunde, aber mir scheint, am besten essen 6 bis 8 Personen zusammen. Damit ich mich nicht den Rest der Woche von übrig gebliebenem Cassoulet ernähren muss, habe ich die Zutaten reduziert. Wenn Sie mehr Freunde als ich oder eine große Familie haben, dann verdoppeln Sie einfach die Mengen.

Cassoulet ist sehr reichhaltig, deshalb serviere ich danach gerne einen Salat aus Spinat oder Wasserkresse mit Orangen und ein paar Entengrieben darauf. Grieben kann man natürlich auch über das Cassoulet streuen.

Das Bohnenwasser abgießen und wegschütten. Die Bohnen in einen großen Topf geben und mit kaltem Wasser bedecken. In 2 Zwiebelhälften eine Nelke stecken. In den Topf geben, zusammen mit 2 Knoblauchzehen, den Thymian- und Petersilienstengeln und dem Lorbeerblatt. Bei mittlerer Hitze zum Kochen bringen, die Hitze reduzieren und den Schaum abschöpfen. Die Bohnen etwa 1 Stunde ohne Deckel köcheln lassen, bis sie weich sind.

Während die Bohnen garen, die Schwarte vom Schweinebauch schneiden, in 1 cm große Würfel schneiden und beiseitestellen. Den Schweinebauch in 2,5 cm, das Lammfleisch in 4 cm große Würfel schneiden. Beides mit Salz und Pfeffer würzen.

2 EL Entenschmalz bei mittlerer Hitze in einer Pfanne heiß werden lassen und Schweinebauch wie Lammfleisch auf allen Seiten anbräunen. Auf eine Platte geben. Die Würste mehrmals mit einer Gabel anstechen, auf mittlere Hitze reduzieren und die Würste anbräunen. Auf eine Platte legen und jede Wurst in 4 Teile schneiden.

Die zweite Zwiebel in Würfel schneiden und bei schwacher Hitze weich braten. Den restlichen Knoblauch und den Wein zugeben und zum Kochen bringen. Mit dem hölzernen Kochlöffel den Bratensatz lösen. Die Tomaten mit dem Tomatenmark zugeben und etwa 10 Minuten köcheln lassen, bis die Sauce etwas reduziert ist.

Von den Entenkeulen die Haut entfernen und beiseitelegen, dann das Fleisch in großen Stücken von den Knochen lösen. Das Fleisch beiseitestellen und die Knochen wegwerfen.

Wenn die Bohnen gar sind, den Kochsud in eine Schüssel abgießen. Die Bohnen in eine große Schüssel geben, dabei die Zwiebelhälften und Kräuter entfernen.

Den Backofen auf 150 °C vorheizen.

Die eingedickte Tomaten-Zwiebel-Mischung unter die Bohnen rühren und mit Salz und Pfeffer abschmecken, dabei daran denken, dass das Confit dem Gericht Salz zu-

fügt. Etwa die Hälfte der Bohnen in einen großen Schmortopf geben. Nun die Stücke von Schwarte, Schweinebauch, Lamm und Enten-Confit darauf verteilen.

Das Fleisch mit den restlichen Bohnen bedecken und die Wurststücke obenauf legen und leicht in die Bohnen drücken, so dass sie fast bedeckt sind. Mit dem Kochsud auffüllen, bis er fast an die Oberfläche reicht. Mit der Hälfte der Semmelbrösel bestreuen und das übrige Entenschmalz in Flocken darauf verteilen.

Etwa 3 Stunden offen im Ofen backen, bis sich eine goldene Kruste über den cremigen Bohnen gebildet hat. Während des Backens drei- bis viermal die Semmelbröselkruste mit dem Löffelrücken aufschlagen und noch ein paar Löffel Semmelbrösel darüberstreuen. Dabei darauf achten, dass das Cassoulet nicht zu trocken wird und gegebenenfalls etwas Kochsud nachgießen.

Während das Cassoulet im Ofen bäckt, aus der Entenhaut Geflügelgrieben (S. 143) zubereiten.

Das Cassoulet direkt aus dem Topf servieren, dabei darauf achten, dass jeder etwas Kruste, Bohnen, Wurst und ein Stück von jeder Sorte Fleisch erhält.

Treibstoff Fett

Schon seit undenklichen Zeiten wurde tierisches Fett auch für andere als Nahrungszwecke eingesetzt. Früher verwendete man Talg zum Heizen und Beleuchten, bis man auf Petroleumprodukte überging. Doch die moderne Fleisch- und Geflügelindustrie verwertet immer noch einen kleinen Anteil der alljährlich anfallenden Tonnen von Tierfett, um das Wasser zu erhitzen, mit dem ihre Arbeitsgeräte gereinigt und sterilisiert werden. Das meiste Fett wird jedoch einfach entsorgt. Vielleicht erhöht dieses Buch ein wenig die Nachfrage nach Fett, aber das Angebot wird wohl immer die Nachfrage übersteigen.

Bei den ansteigenden Benzinpreisen wird allenthalben von alternativen Brennstoffen geredet. Biodiesel ist das neue Modewort. Einige Autos fahren bereits mit Frittenöl, trotz der Beschwerden, dass ihre Abgase dem Dunst von Fast-Food-Buden Konkurrenz machen. Anbaupflanzen wie Mais, Zuckerrohr und Sojabohnen werden zu Brennstoff verarbeitet, obwohl viele dieser Alternativen bei der Herstellung mehr Energie verbrauchen, als sie später liefern. Tierfette könnten der Brennstoff der Zukunft sein. Tyson, der größte Fleischproduzent der Welt, hat sich mit dem Ölgiganten ConocoPhillips zusammengetan, um aus Tierfetten Energie herzustellen. Sie behaupten, ihr Tierdiesel sei wirtschaftlicher als Ethanol, erhöhe die Motorenleistung und könne außerdem über existierende Pipelines vertrieben werden. Tyson generiert jährlich etwa eine Million Tonnen tierisches Fett aus der Verarbeitung von Rindern, Schweinen und Hühnern und die Firma geht davon aus, dass sie dieses Fett in über elf Millionen Hektoliter Brennstoff umwandeln kann. Fachexperten glauben, dass 2012 in den USA fast 38 Millionen Hektoliter Biodiesel produziert werden, die Hälfte davon aus Tierfetten.

Foie-gras-Butter

Wenn Sie etwas rohe Foie gras übrig haben, können Sie sie einfach klein würfeln, kurz braten und damit ein Steak, Wildgeflügel oder einen Salat garnieren. Sie können aber auch diese Butter zubereiten, selbst mit nur wenig Resten, denn die hinzugefügte Butter verdoppelt die Menge. Foie-gras-Butter ist wunderbar auf Crostini, in Sandwichs oder Pasta-Saucen und kann auch zum Verfeinern einer Pfannensauce von kurz gebratenem Fleisch verwendet werden.

Ergibt etwa 120 g

60 g Foie-gras-Reste

60 g weiche Butter

feines Meersalz, schwarzer Pfeffer

1 Prise Quatre épices (siehe S. 101)

Die Foie-gras-Reste temperieren. Mit einer Gabel zerdrücken, die Masse auf ein Stück hitzebeständige (als mikrowellenfest ausgewiesene!) Frischhaltefolie oder ein Stück Bratschlauch legen und zu einer 1 cm dicken Rolle formen. Fest einschlagen und die Folie an den Enden zudrehen. Im Kühlschrank fest werden lassen.

Salzwasser zum Kochen bringen. Die Hitze minimieren, so dass das Wasser kaum mehr köchelt, und die Foie gras 1 bis 2 Minuten pochieren, bis sie ganz weich ist und das Fett zu schmelzen beginnt. Die Rolle aus dem Wasser nehmen und abkühlen lassen.

Die Foie gras wiegen, aus der Folie nehmen und in eine kleine Schüssel geben. Die gleiche Menge Butter in Stückchen hinzugeben, salzen und pfeffern und Quatre épices zufügen. Alles gut zu einer cremigen Paste vermischen. Abschmecken.

Foie-gras-Butter kann 1 Woche im Kühlschrank oder 3 Monate im Gefrierfach aufbewahrt werden.

Die Seifenfrau

Unter den über 20 000 anatomischen und pathologischen Exponaten im Mütter Museum, einem medizinischen Museum in Philadelphia, befindet sich auch die Seifenfrau. Es handelt sich hier nicht etwa um eine alte Waschfrau oder eine besonders reinliche Person, sondern um eine Frau, die buchstäblich aus Seife besteht. Als sie irgendwann im 19. Jahrhundert starb, verwandelte sich ihr Körperfett aufgrund einer Kombination verschiedener Faktoren in Fettwachs. Diese weißgraue, seifenähnliche Substanz kann bei Leichen mit einem hohen Prozentsatz an Körperfett auftreten, wenn ein Alkali vorhanden und die Umgebung feucht ist. Die Umwandlung des Fettgewebes in Fettwachs, ein der Seifenherstellung ähnlicher Prozess, bringt die Verwesung zum Stillstand, wobei die Körperform und sogar die Gesichtszüge erhalten bleiben.

Foie-gras-Terrine

Für 12 Portionen

2 frische Entenstopflebern (1–1,5 kg)

4 TL feines Meersalz

¾ TL gemahlener weißer Pfeffer

1½ TL extrafeiner Zucker

1½ TL Quatre épices (siehe S. 101)

½ TL gemahlene Muskatnuss

Obwohl Foie gras gerne heiß serviert wird, mag ich sie doch am liebsten als Terrine, weil sie in dieser Form einem so richtig auf der Zunge zergeht. Wenn Sie das Rezept durchlesen, erscheint es Ihnen vielleicht zu lang und zu kompliziert, um sich daranzuwagen. Es verlangt zudem Planung: Die gekochte Terrine muss mindestens 5 Tage im Kühlschrank reifen und die Vorbereitungen beginnen 24 Stunden vor dem Kochen. Dies ist ganz gewiss kein Fast Food, aber es macht Spaß, eine eigene Terrine herzustellen. Die Inspiration zu diesem Gericht kommt von einem meiner kulinarischen Vorbilder, dem französischen Koch Joël Robuchon. Die Terrine wird mit getoasteter Brioche oder Landbrot und etwas Fleur de Sel serviert.

Einen Tag vor dem Kochen die Foie gras aus der Packung nehmen, wiegen und das Gewicht aufschreiben. Die Leber wie auf Seite 140 beschrieben vorbereiten.

Salz, Pfeffer, Zucker, Quatre épices und Muskatnuss vermengen, die vorbereiteten Leberlappen und -stücke darin wenden, so dass sie rundum gleichmäßig gewürzt sind. Die Leber dann in die Schüssel zurücklegen, abdecken und über Nacht in den Kühlschrank stellen.

Die Leber aus dem Kühlschrank nehmen, eventuell ausgetretene Flüssigkeit weggießen und etwa 15 Minuten temperieren.

Dicken Karton zuschneiden auf die Größe des Bodens einer Keramik- oder emaillierten gusseisernen Terrinenform (1,5 l Fassungsvermögen). Das Kartonstück mit hitzebeständiger (mikrowellensicherer!) Frischhaltefolie oder einem Stück Bratschlauch umwickeln. Die Terrinenform in einen Bräter stellen, der tief genug ist, dass das Wasser bis 2 cm unter den Terrinenrand reichen kann. Die für dieses Wasserbad notwendige Menge Wasser in einen Kochtopf gießen. Bräter und Topf beiseitestellen.

Einen der großen Leberlappen mit der flachen Seite nach unten auf den Boden der Terrine legen und festdrücken. Mit kleineren Stücken und Streifen Leber den Boden vollständig bedecken. Die beiden kleineren Lappen darauflegen und mit dem zweiten großen Leberlappen abschließen. Die Stücke so einfügen und festdrücken, dass sie so eng wie möglich in die Terrine eingepasst sind.

Es ist nicht schlimm, wenn die Leber über die Terrine hinausragt, sie wird beim Garen zusammenfallen. Wenn es weniger Leber ist und nicht bis zum Rand reicht, ist dies auch nicht weiter schlimm; das ergibt einfach eine flachere Terrine. Die Terrinenform mit ihrem Deckel oder Alufolie abdecken und für 30 Minuten in den Kühlschrank stellen.

Den Backofen auf 120°C vorheizen.

Ein Thermometer am Kochtopf mit der abgemessenen Wassermenge befestigen. Das Wasser auf genau 80 °C erwärmen. Einige Eiswürfel in eine Schüssel geben und die Terrine aus dem Kühlschrank nehmen.

Die zugedeckte Terrine in den Bräter stellen und vorsichtig das erhitzte Wasser hineingießen. Mit dem Thermometer die Wassertemperatur messen; sie sollte auf etwa 70 °C gesunken sein, andernfalls Eiswürfel zufügen. Wenn die richtige Temperatur erreicht ist, den Bräter in den Ofen geben und genau 5½ Minuten pro 100 g Leber gar ziehen lassen. Kochzeit und -temperatur sind äußerst wichtig: zu heiß oder zu lange, und die Leber schmilzt; zu kalt oder zu kurz, und die Leber wird nicht gar. Die Innentemperatur der gegarten Terrine sollte bei 48 °C liegen.

Die gekochte Terrine aus dem Bräter nehmen, abdecken und leicht abkühlen lassen. Die Leber schwimmt in einem Bad aus goldenem Fett. Nun mithilfe des vorbereiteten Kartonstücks den Terrineinhalt zurückhalten und das Fett vorsichtig in einen großen Messbecher abgießen. Das Fett etwa 10 Minuten stehen lassen, damit der Kochsaft sich trennen kann. Dann von dem obenauf schwimmenden Fett so viel über die Leber gießen, dass sie gerade bedeckt ist. Den Kochsaft weggießen, aber übrig gebliebenes Fett zur weiteren Verwendung (siehe S. 83) aufbewahren.

Die Terrine 2 bis 3 Stunden auf einem Kuchengitter abkühlen lassen, dann 1 Stunde in den Kühlschrank stellen, bis das Fett gerade fest wird. Das mit Folie umwickelte Stück Karton auf die Terrine legen und mit zwei Dosen Bohnen oder Ähnlichem beschweren. Die beschwerte Terrine 24 Stunden in den Kühlschrank stellen.

Gewichte und Kartonstück entfernen, die Terrine mit ihrem Deckel oder Aluminiumfolie abdecken. Im Kühlschrank mindestens 2, besser noch 4 Tage reifen lassen.

Man kann die Terrine in der Form schneiden, aber wenn man sie herausnimmt, sieht das Resultat besser aus. Um die Terrine aus der Form zu lösen, die Form etwa 30 Sekunden in heißes Wasser tauchen und dann mit einem heißen Palettenmesser am Rand entlangfahren. Die Terrine auf ein Küchenbrett stürzen, umdrehen und mit einem heißen Messer in Scheiben scheiden. Beim Schneiden eine Pinzette bereithalten, um eventuell vergessene Äderchen herauszuziehen.

Auf jeden Teller eine Scheibe legen, mit Frischhaltefolie abdecken, dabei die Folie fest auf die Scheibe drücken. Die Scheiben bei Zimmertemperatur belassen und servieren, wenn die Lage Fett anfängt zu schmelzen.

Wenn die Terrine angeschnitten ist, sollte sie innerhalb von 10 Tagen gegessen werden. In Frischhaltefolie eingewickelt im Kühlschrank aufbewahren.

»Die Gascogner verstehen sich wahrhaft – aus tiefstem Herzen – auf die samtige, verführerische, schimmernde Brillanz dieser vielfach missverstandenen und verleumdeten Zutat: das Fett. Fett wird bei ihnen hoch geachtet und verehrt.«

A. A. Gill, Restaurantkritiker der *Sunday Times*

Hühnerfett hilft beim Zerlegen

Das meiste Hühnerfett befindet sich unter der Haut und in der Bauchhöhle des Tiers, nicht im Fleisch. Doch ein Fettstreifen ist auf der Unterseite der Keule sichtbar, genau über dem Gelenk zwischen Ober- und Unterschenkel. Er ist der Anhaltspunkt fürs Messer, da lässt sich ein Hühnerbein am leichtesten durchtrennen.

Gemüsekuchen

Dies ist eigentlich kein Kuchen, sondern eine Variante des französischen Klassikers Pommes Anna: fein gehobelte Kartoffelscheiben, die mit Butter in eine Kuchenform kreisförmig geschichtet, gebacken und in Tortenstücke geschnitten serviert werden. Mit Kartoffeln schmeckt dieses Gericht schon lecker, doch noch besser wird es mit einer Mischung aus Gemüse und Entenschmalz. Dabei können Gemüse aller Art verwendet werden, in unterschiedlichen Mischungen, solange sie in Scheiben geschnitten oder gehobelt werden können. Ich selbst verwende gerne Kartoffeln, Süßkartoffeln, Kürbis und manchmal noch Pastinaken für mehr Aroma. Ich gebe auch immer einen Apfel bei. Ja, ich weiß, dass das kein Gemüse ist, aber er verleiht Süße und löst sich im Kuchen auf. Die Unter- wird zur Oberseite, also muss man sorgfältig vorgehen beim Anordnen der Gemüsescheiben. Für die unterste, am Ende oberste Lage sollte man die Kartoffel verwenden, da sie so goldbraun wird und den Thymian gut zur Geltung bringt. Der Gemüsekuchen eignet sich gut für Gäste, da man ihn im Voraus zubereiten und im Ofen aufwärmen kann. Dazu passt jede Art von gebratenem Fleisch oder Geflügel, zum Beispiel Gänsebraten (S. 160).

Für 6 Portionen

65 g Entenschmalz, geschmolzen

3 Kartoffeln

1 große Süßkartoffel

½ mittelgroßer Butternut-Kürbis

1 Kochapfel

1 Bund Thymian

feines Meersalz, schwarzer Pfeffer

Den Backofen auf 190 °C vorheizen.

Eine Kuchenform von 22 cm Durchmesser und 4 cm Tiefe mit ein wenig Entenschmalz ausstreichen und auf den Boden ein rundes Stück Backpapier legen.

Kartoffeln, Süßkartoffel und Kürbis (entkernt) schälen und in höchstens 5 mm dicke Scheiben schneiden. Den Apfel schälen, das Gehäuse herausschneiden und in ebenso dicke Scheiben schneiden. Das lässt sich leicht mit einem Gemüsehobel bewerkstelligen. Wenn man die Scheiben von Hand schneidet, werden sie dicker und der Kuchen braucht dann etwas mehr Zeit zum Garen.

Einen Stengel Thymian auf das Papier legen und die Hälfte der Kartoffelscheiben in konzentrischen Kreisen auslegen. Über die Kartoffelscheiben ein paar Thymianblätter sowie Salz und Pfeffer streuen und etwas Entenschmalz träufeln. Nun die Hälfte der Süßkartoffelscheiben auslegen, dazu Thymianblätter, Salz, Pfeffer, Entenfett wie vorher. Das Ganze mit der Hälfte des Kürbisses wiederholen. Auf den Kürbisscheiben alle Apfelscheiben auslegen, wieder mit Thymianblättern, Salz, Pfeffer und Entenschmalz darauf. Mit den übrigen Gemüsescheiben in umgekehrter Reihenfolge verfahren und mit einer Lage Kartoffelscheiben abschließen. Die Lagen ragen wahrscheinlich etwas über die Kuchenform hinaus.

Den Kuchen in den Ofen schieben, mit Backpapier abdecken und mit einer gusseisernen Pfanne oder dem Deckel eines Bräters beschweren, um das Gemüse zu verdichten. 15 Minuten backen, dann das Gewicht behutsam wegnehmen. Den Kuchen weitere 30 bis 40 Minuten backen, bis das Gemüse leicht mit einem Spieß durchstochen werden kann.

Den Kuchen aus dem Backofen nehmen und 10 Minuten ruhen lassen Auf eine warme Platte stürzen, das Backpapier entfernen und den Gemüsekuchen zum Servieren in Tortenstücke schneiden.

Linsensuppe mit Foie gras

Für 4 Portionen

180 g Puy-Linsen

1 frisches Lorbeerblatt

1 kleine Zwiebel, halbiert

1 Gewürznelke

1 kleine Karotte

2 Selleriestangen mit Grün, halbiert

2 Knoblauchzehen, ungeschält

feines Meersalz, schwarzer Pfeffer

4 Scheiben Foie gras, je etwa 1 cm dick

375 ml Enten- oder Hühnerbrühe

125 ml Sahne (35 % Fett)

75 g Pancetta, ohne Haut

Kerbelkraut oder glatte Petersilie zum Garnieren

In Frankreich nennt man Linsen auch »Kaviar des armen Mannes«. Dort gelten sie als ideale Beilage zu Fettem wie Ente, Foie gras und Confit. Die kleinen grünen Puy-Linsen aus Frankreich sollte man bevorzugt nehmen, da sie geschmacklich am besten sind.

Auch dieses Rezept wurde inspiriert vom französischen Küchenmeister Joël Robuchon. Wahrscheinlich wäre er nicht besonders glücklich über meine Zugabe von Pancetta, aber ich mag sie hier lieber als Speckseite, da sie nicht geräuchert ist. Die Pancetta darf allerdings nicht stark gewürzt sein und muss viel Fett enthalten. Sie sollte wenn möglich entrollt werden. Bei diesem Rezept lassen sich kleinere Reste Foie gras gut verarbeiten, aber es ist wichtig, dass die Stücke alle gleich dick sind.

Die Linsen gut spülen, in einem Topf mit kaltem Wasser bedecken und zum Kochen bringen. In ein feinmaschiges Sieb abgießen und unter kaltem Wasser nachspülen. Das Blanchierwasser weggießen.

Die Linsen und 875 ml Wasser in einen Topf geben. Mit der Gewürznelke das Lorbeerblatt an eine Zwiebelhälfte feststecken. Beide Zwiebelhälften mit den Linsen in den Topf geben, zusammen mit der Karotte, dem Sellerie und den Knoblauchzehen. Mit 1 TL Salz und mit Pfeffer würzen.

Die Linsen zum Kochen bringen, die Hitze reduzieren und unbedeckt 30 bis 40 Minuten köcheln lassen, bis die Linsen weich sind.

Während die Linsen kochen, jede der Scheiben Foie gras auf ein Stück hitzebeständige (mikrowellensichere!) Frischhaltefolie legen und mit Salz und Pfeffer würzen. Einwickeln und in den Kühlschrank legen.

Durch ein feinmaschiges Sieb den Kochsud in eine Schüssel abgießen. Zwiebel, Karotte, Sellerie und Knoblauch entfernen. Die Linsen durch den feinen Einsatz eines Passiergeräts drehen, dabei den Kochsud zu Hilfe nehmen. Es sollten sich etwa 50 ml Linsenpüree und 60 ml Linsenschalen ergeben. Die Schalen wegwerfen und das Püree in einen Topf geben. Kraftbrühe und Sahne dazugießen.

Den Backofen auf 100 °C vorheizen.

Die Pancetta in Stäbchen von 1 auf 0,5 cm schneiden. In eine schwere Bratpfanne geben und bei schwacher Hitze braten, bis die Pancetta ihr Fett auslässt und sich die Stücke goldbraun färben. Auf Küchenpapier ablegen und das Fett für andere Verwendung aufbewahren. Die Pancetta im Backofen warm stellen.

Die Foie gras 15 Minuten vor dem Anbraten aus dem Kühlschrank nehmen. 4 flache Suppenschalen im Ofen vorwärmen und den Ofen ausschalten. Die Linsen aufwärmen und abschmecken. In einem Dampfgarer etwas Wasser zum Kochen bringen. Die in Folie eingewickelten Foie-gras-Scheiben in den Dampfgarer legen, die Hitze reduzieren, bis das Wasser nur noch köchelt, und die Scheiben etwa 6 Minuten im Dampf garen, bis sie weich sind und das Fett gerade zu schmelzen beginnt. Die Foie-gras-Scheiben auswickeln und in die vorgewärmten Suppenschalen legen.

Die heiße Linsensuppe darüberschöpfen und mit der Pancetta und einigen Kerbelblättern garnieren.

Salatsauce mit Entenschmalz und Grapefruit

Dieses Rezept stammt von meinem Freund Colin. Als er eines Abends zum Essen herüberkam, brachte er seine eigene Salatsauce mit. Ich war schon ein wenig beleidigt, bis ich die Sauce probierte. Die Kombination aus Grapefruit und heißem Entenschmalz mit dem scharfen Essig war wunderbar. Colin goss es über eine Schüssel mit gehobeltem Chinakohl und seither habe ich diese Sauce mit Foie gras und Gänseschmalz gemacht und sie über alles Mögliche – vom Spinat- bis zum Löwenzahnsalat – gegossen. Wenn Sie noch Entengrieben (S. 143) übrig haben, passen diese hervorragend zu diesem Salat.

Für 4 Portionen

2 Grapefruits

300 g gehobelter Chinakohl

50 g Entenschmalz

1 EL fein gehackte Schalotten

1 EL Sherry-Essig

Meersalz, schwarzer Pfeffer

Von einer Grapefruit 2 TL Schale fein abreiben und beiseitestellen. Von den Grapefruits oben und unten eine dicke Scheibe abschneiden, so dass das Fruchtfleisch zu sehen ist. Die Frucht auf ein Küchenbrett stellen und die Schale mitsamt der weißen Haut wegschneiden. Die Frucht über eine Schüssel halten und entlang den Häutchen zwischen den Spalten so schneiden, dass das Fruchtfleisch sich von der Haut löst. Den Saft aus den leeren Hautresten pressen. 60 ml Saft abmessen, in eine Schüssel geben, die abgeriebene Schale und die Fruchtspalten zugeben und beiseitestellen.

Den gehobelten Chinakohl in eine Servierschüssel geben.

1 EL Entenschmalz in einer kleinen Pfanne bei mittlerer Hitze heiß werden lassen. Die Schalotten zufügen und im Fett glasig braten. Das restliche Entenschmalz und den Grapefruitsaft mit dem Fruchtfleisch zugeben und unter Rühren erhitzen. Den Essig dazugeben und mit reichlich Salz und Pfeffer würzen.

Die heiße Sauce über den Chinakohl gießen und vorsichtig unterheben. Sofort servieren.

Explosives Fett

Glyzerin ist ein Nebenprodukt der Seifenherstellung. Wenn es in der Seife verbleibt, wird diese weicher und ist daher besser für die Haut. Heutzutage enthalten aber die wenigsten Seifen Glyzerin, weil es viel zu wertvoll ist. Die sirupartige Substanz dient als Basis für viele medizinische und pharmazeutische Präparate wie Hustensaft und Abführmittel. Außerdem wird sie Nahrungsmitteln beigefügt, um diese saftig zu halten.

Im Verbund mit Salpetersäure und Schwefelsäure wird Glyzerin zum hochexplosiven Nitroglyzerin. Ascanio Sobrero, ein italienischer Chemiker, entdeckte Nitroglyzerin 1847, aber aufgrund seiner Instabilität war es zu jener Zeit viel zu gefährlich, um praxistauglich zu sein. Dem schwedischen Wissenschaftler Alfred Nobel gelang es, Nitroglyzerin mit einem inerten Zusatzstoff zu verbinden. Er nannte das Produkt Dynamit. Man benötigt 2,2 kg tierisches Fett zur Herstellung von 450 g Sprengstoff.

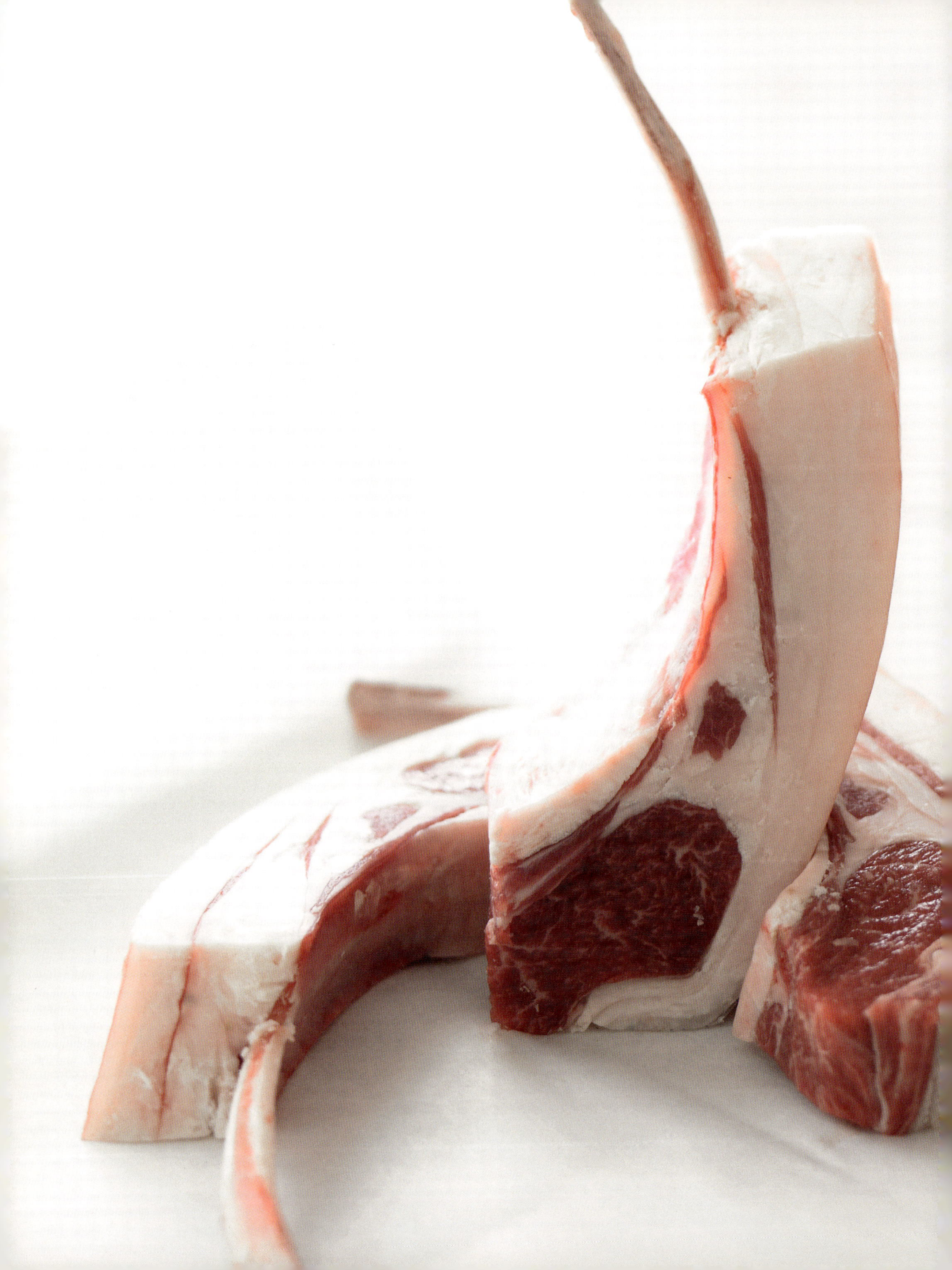

4 Rinder- und Lammfett
Vernachlässigte Köstlichkeiten

Ein mächtiger Rinderbraten von der Hochrippe mit einer knusprigen braunen Schicht Fett oder eine Lammkeule mit einer nach Knoblauch duftenden Fettdecke und auf einem Bett aus Kartoffeln, die den Bratensaft aufgesogen haben – das sind nur zwei Beispiele dafür, wie köstlich das Fett dieser beiden Fleischsorten sein kann. Sie sind sehr verschieden, ein Stück Rinderbraten ist mit einem Stück gebratenem Lamm nicht zu verwechseln – oder? Wenn ich von beidem eine Scheibe herunterschneiden, sorgfältig auch noch das kleinste Fitzelchen Fett entfernen und es Sie dann mit geschlossenen Augen kosten lassen würde, könnten Sie die beiden Fleischsorten wahrscheinlich nicht auseinanderhalten. Auch Studien haben ergeben, dass wir mageres Rindfleisch nicht von magerem Lammfleisch unterscheiden können. Und das liegt natürlich daran, dass erst das Fett Rindfleisch nach Rind schmecken lässt und dem Lammfleisch seinen Eigengeschmack gibt. Der Geschmack steckt im Fett, nicht im Fleisch.

Rind- und Lammfleisch enthalten zwei Arten von Fett: die äußere Fettschicht, die direkt unter der Haut liegt, und das im gesamten Körper des Tiers in den Zellen eingelagerte Fett. Eine dicke äußere Fettschicht zeigt an, dass das Fleisch von einem gesunden Tier stammt. Daneben schützt sie das Fleisch auch vor Bakterien, so dass man es gut abhängen und reifen lassen kann, was Qualität und Geschmack entscheidend verbessert. Das Fett sorgt auch dafür, dass das Fleisch saftig bleibt, wenn es bei großer Hitze im Ofen gebraten oder gegrillt wird. Das Fleisch von jungen Tieren wie Kalb oder Lamm ist noch kaum marmoriert. Beim Fleisch erwachsener Rinder sorgen dagegen die Fettadern, die es durchziehen, dafür, dass das fertige Gericht wunderbar saftig ist. Leider ist aber das im Handel erhältliche Fleisch und ganz besonders das Rindfleisch in den vergangenen Jahren immer magerer geworden.

In den USA hat das Landwirtschaftsministerium (USDA) eine Skala für den Marmorierungsgrad von Rindfleisch herausgegeben. Die Originalskala aus dem Jahr 1927 listete 12 verschiedene Grade auf, heute sind davon nur noch sechs übrig geblieben. Die drei untersten Grade sind gestrichen worden – kein großer Verlust, aber auch die obersten drei gibt es nicht mehr. Das USDA und die Fettwächter im Lande argumentieren natürlich, dass die schwächere Marmorierung des Rindfleischs in erster Linie unserer Gesundheit diene, und tatsächlich ist die Angst vor Fett ja der Hauptgrund für den Mangel an gutem, fettreichem Rindfleisch. Daneben gibt es aber auch wirtschaftliche Gründe: Die Produktion von marmoriertem Rindfleisch erfordert mehr Zeit und mehr Futter als die von magerem Fleisch. Schlachtvieh wird normalerweise mit Kraftfutter aus Getreide, und zwar vorwiegend aus Mais, gemästet und die Maispreise sind seit der Einführung von Biotreibstoffen, die ja aus Mais hergestellt werden, in die Höhe geschnellt. Da die Menschen Jahr für Jahr immer noch weniger Geld in Lebensmittel

Faire la grasse matinée
sich einen fetten Morgen machen

Französischer Ausdruck für: lange im Bett bleiben

Wollfett ist der deutsche Ausdruck für ***Lanolin***. Die in Schafswolle enthaltene Substanz ist eher wachs- als fettähnlich und wird als Schmiermittel und für Kosmetika verwendet.

investieren, ist es doppelt schwierig, diesen fettphobischen Konsumenten marmoriertes (und damit teureres) Fleisch zu verkaufen.

Im Gegensatz zu Rindfleisch stammt das meiste Lammfleisch, das wir essen, von Tieren unter einem Jahr und ist deswegen kaum marmoriert. Obwohl viele der Meinung sind, dass Fleisch von älteren Tieren besser schmeckt, weil die Marmorierung ihm Geschmack verleiht, ist der Markt für Hammel- oder Schaffleisch in Nordamerika und vielen europäischen Ländern doch sehr begrenzt. Die fehlende Marmorierung macht die äußere Fettschicht umso wichtiger, denn ganz ohne Fett ist das Fleisch trocken, geschmacklos und zäh. Wenn Sie intensiven Lammgeschmack nicht mögen, sollten Sie das Fett zumindest erst nach dem Garen entfernen, wenn es seinen Dienst getan hat. Braten Sie fette Stücke wie Lammbrust oder -schulter mit Kartoffeln oder getrockneten Bohnen, die das Fett aufnehmen, oder würzen Sie zum Ausgleich mit etwas Säurehaltigem wie Zitrone oder Tamarinde. Das leckerste Lammfett findet sich an Brust und Lende. Es ist weich und angenehm im Geschmack und kann wie Rückenspeck vom Schwein verwendet werden: Geben Sie es in Lammwürstchen und Lammburger, sie werden dann saftig und noch aromatischer.

Fleisch vom Schaf

Beim Fleisch von Schafen unterscheidet man folgende Kategorien:

MILCHLAMM	Alter von 8 Wochen bis zu einem halben Jahr
MASTLAMM	Alter von einem halben bis zu einem Jahr
HAMMEL	kastrierte männliche oder weibliche Tiere ohne Nachwuchs, Alter ein bis zwei Jahre
SCHAF	kastrierte männliche oder weibliche Tiere, Alter über zwei Jahre

Im Handel ist fast nur noch Lammfleisch; Hammel- und Schaffleisch findet man noch zum Beispiel in türkischen Metzgereien.

Fat chance
Ironischer englischer Ausdruck dafür, dass eine Sache keine Aussicht auf Erfolg hat; steht für ein deutsches: Wohl kaum!

Aber natürlich bieten Rind und Lamm weit mehr als einfach nur Fleisch, so zum Beispiel Talg, auch Nierenfett genannt, aus der Bauchhöhle des Tiers. Er hat eine feste, brüchige Konsistenz und einen hohen Schmelzpunkt. Dann gibt es noch das Mark aus den Knochen der Tiere und natürlich das Fett, das beim Braten des Fleisches austritt. Alle diese Fettarten eignen sich hervorragend zum Kochen.

Rinder- und Lammfett haben einen hohen Anteil an gesättigten Fettsäuren. Deswegen sind diese Fette bei Zimmertemperatur sehr fest, aber das sollte uns nicht daran hindern, sie zu verwenden. Mehr als die Hälfte der in ihnen enthaltenen gesättigten Fettsäure ist Stearinsäure, die wie eine einfach ungesättigte Fettsäure in unserem Körper wirkt und sehr rasch zu Oleinsäure umgewandelt wird. Die andere in großen Mengen in Rind- und Lammfleisch vorkommende Fettsäure ist die Palmitinsäure. Beide Fettsäuren senken angeblich den LDL-Cholesterinwert. Daneben ist noch vor allem die einfach ungesättigte Oleinsäure vorhanden. Rindermark und -talg haben einen sehr geringen Anteil an vielfach ungesättigten Fettsäuren, so dass sie sich sehr gut zum Braten eignen. Sie sehen also, die Ablehnung von Rinder- und Lammfett ist völlig unbegründet. Man sollte lediglich bedenken, dass Rinder und Schafe Wiederkäuer sind und hauptsächlich mit Gras ernährt werden sollten. Rind und Lamm aus Weidehaltung haben einen höheren Anteil an essenziellen Omega-3-Fettsäuren und an konjugierter Linolsäure. Beide Säuretypen finden sich im Fett und sind gut für unsere Gesundheit.

Fett	% gesättigt	% einfach ungesättigt	% mehrfach ungesättigt
Rindermark und -nierenfett	50	42	4
Lammtalg	47	40	9
Kalbsmark	31	63	6
Bratenfett	45	42	8

Hinweis: Alle Angaben sind Annäherungswerte und hängen ab von Rasse und Aufzucht der Tiere. Die Zahlen ergeben in der Summe keine 100 Prozent, da sich im Fett auch Wasser und Bindegewebe befinden.

Tuer le veau gras bzw. ***killing the fatted calf*** *das gemästete Kalb schlachten*

Französische bzw. englische Redewendung mit der Bedeutung: jemandem zu Ehren oder aus besonderem Anlass ein Festmahl / eine große Feier ausrichten

Talg/Nierenfett

Talg findet man heute nur noch selten als Zutat in Rezepten und viele Leute denken bei Talg eher an Meisenknödel als an kulinarische Köstlichkeiten. Talg im engeren Sinn ist das Fett, das die Nieren eines Tieres umgibt. Obwohl es bei allen Säugetieren in mehr oder weniger großen Mengen vorhanden ist, wird damit meistens das Nierenfett vom Rind bezeichnet, das auch am einfachsten erhältlich ist. Rindernierenfett ist ein sehr festes Fett mit hohem Schmelzpunkt und daher wunderbar geeignet zum Frittieren und Backen. Aromatisch, aber ohne allzu strengen Rindergeschmack, kann es sowohl für pikante als auch für süße Gerichte verwendet werden. Am bekanntesten ist wohl seine Verwendung im englischen Christmas Pudding, aber man kann damit zum Beispiel auch herrlich lockere Klöße herstellen. Im Gegensatz zu anderen tierischen Fetten muss Nierentalg vor der Verwendung auch nicht ausgelassen werden. Man muss ihn lediglich reiben, er ist also immer schnell zur Hand. Und deshalb sollten wir ihn unbedingt aus dem Vogelhäuschen wieder zurück in die Küche holen.

Ein Geizkragen und ein Mastkalb sind erst nach ihrem Tode nützlich

Sprichwort aus dem Jiddischen

Mit dem Wort Talg wird im Deutschen im weiteren Sinn aber auch das gesamte Fett von Rind oder Hammel bezeichnet. In früheren Zeiten wurde Talg (damals oft unter der heute veralteten Bezeichnung »Unschlitt«) zur Herstellung von Kerzen und Seifen verwendet, während heute beides meist aus Erdöl-Nebenprodukten hergestellt wird (siehe S. 168). Die hohe Sättigung von Talg bewirkt, dass er beim Erhitzen sehr stabil bleibt und erst sehr spät ranzig wird und damit das perfekte Fett zum Braten ist. Manche von uns sind alt genug, um sich noch an den Geschmack und die Konsistenz von Pommes frites zu erinnern, die in Rindertalg ausgebacken wurden. In den 1990er-Jahren gab es auch in der Fast-Food-Industrie eine Kontroverse um Rindertalg und er wurde daraufhin weitgehend durch Pflanzenöle ersetzt, die sehr oft hydriert sind. Die Pommes verloren dadurch nicht nur ihren guten Geschmack, sondern sie wurden auch fetter. Sogar die amerikanische Gesundheitsbehörde (FDA) räumt ein, dass eine in Rindertalg frittierte Kartoffel nur halb so viel Fett aufnimmt wie eine, die in Pflanzenöl frittiert wird. Unglücklicherweise wird Talg für den Privathaushalt gar nicht mehr verkauft, aber Sie können zu Hause Nierenfett auslassen und es sowohl zum Frittieren als auch zum Kurzbraten in der Pfanne verwenden.

Rindermark

»Wir sollten jedes Fleischstück mit dem dazugehörigen Fett zubereiten. Dies gilt nicht nur für das naheliegende Einpinseln mit Fett, sondern für jegliche Verwendung von Fett im Rezept. Der Teig für Hammel-Pies sollte mit Bratenfett vom Hammel gemacht werden, so wie der Teig von Schweinefleisch-Pies eigentlich immer mit Schweineschmalz gefertigt wird – und dieser Gebrauch des dazugehörigen Fetts sollte auf alle Arten der Fleischzubereitung angewandt werden.«

Dorothy Hartley

Obwohl auch Knochen von Schafen Mark enthalten, wird Kalbs- und Rindermark bevorzugt, da hier der Markanteil der Knochenmasse höher ist. Obwohl ich immer Werbung dafür mache, wie köstlich Rindermark schmeckt, kenne ich nur wenige, die es schätzen. Die Leute werfen zwar Markknochen in ihre Fleischbrühe, scheuen sich aber davor, das Mark aus dem Knochen zu löffeln. Das ist sehr schade, denn Mark bietet dem Gaumen ähnlich wie Foie gras eine außergewöhnlich sinnliche Erfahrung und ist außerdem gesund.

Im Unterschied zum übrigen Fett vom Rind enthält Knochenmark hauptsächlich einfach ungesättigte Fettsäuren, neben Eisen, Phosphor, Vitamin A und Spuren von Thiamin und Niacin. Im 19. Jahrhundert wurde es als ausgesprochene Heilkost angesehen und schwächlichen oder kranken Erwachsenen und Kindern zur Stärkung verabreicht. Die englische Königin Victoria, die im stolzen Alter von 81 Jahren starb, mochte Knochenmark außerordentlich gerne und soll es täglich gegessen haben.

Noch wichtiger als für die Gesundheit von Königin Victoria war es einst für das Überleben der Polarforscher in Nordkanada, der Arktis und der Antarktis. Es ist auch in Pemmikan enthalten (siehe S. 206), einem äußerst nahrhaften und haltbaren Lebensmittel, das diesen Abenteurern und vielen nordamerikanischen Völkern half zu überleben. Daneben stellten die Inuit eine Speise namens *akutuk* her, die manchmal auch »Eskimo-Eiscreme« genannt wird und eine Mischung aus Knochenmark, Schnee, Rückenfett vom Karibu und Beeren ist.

Wenn Sie nicht gerade eine Antarktisexpedition planen, werden Sie wahrscheinlich nie das Bedürfnis verspüren, Pemmikan oder Knochenmarkeiscreme herzustellen, aber Knochenmark hat dennoch einen Platz in unserer Küche verdient. Man kann dieses vorwiegend einfach ungesättigte Fett Frikadellen und Rindswürstchen beigeben, damit sie saftiger werden, und überhaupt viele Speisen damit anreichern, von pikanten Saucen bis hin zu Desserts wie Milchreis mit Knochenmark (S. 231). Und natürlich ist Knochenmark auch ein ausgezeichnetes Bratfett.

Sie können Markknochen zwar einfach so in die Brühe geben, aber wenn Sie das Knochenmark selbst verwenden wollen, müssen Sie ihm zuvor eine besondere Behandlung angedeihen lassen (siehe S. 182).

Bratenfett vom Rind

Bratenfett ist genau das, wonach es klingt: das Fett, das beim Braten von Fleisch austritt. Wir alle sind damit vertraut, schenken ihm aber oft keinen einzigen Gedanken. Wir wissen, dass man daraus die besten Saucen macht, entsorgen es aber oft bis auf den einen Löffel voll, in dem wir die Zwiebeln und das Mehl anschwitzen, bevor wir die Sauce mit Brühe oder Wein aufgießen.

Aber Bratenfett ist weit mehr als nur Fett, denn es birgt auch die Essenz von Fleisch in sich. Wenn Sie das Fett von Ihrem Braten abgießen und es – nachdem Sie die Menge, die Sie für die Sauce brauchen, weggenommen haben – erkalten lassen, erhalten Sie zwei Schichten: unten würziges Bratengelee und darüber das Fett. Das Fett können Sie so, wie es ist, zur Geschmacksverbesserung verwenden. Wenn Sie es allerdings aufbewahren möchten, sollten Sie es vorher klären (siehe S. 182). Das Bratengelee ist eine hervorragende Zutat für Eintöpfe und Saucen.

Wie das Braten ergibt auch das Kochen und Dünsten von Fleisch Fett. Wenn die Garflüssigkeit kalt wird, setzt sich das Fett oben ab und kann abgenommen und geklärt werden. Es hat das Fleischaroma von Bratensaft, aber auch ein wenig vom Geschmack der Brühe und eignet sich zum Kurzbraten von Fleisch oder Gemüse.

In meinem Kühlschrank steht immer Bratenfett und geklärtes Fett von Rind und Lamm, das ich zur Zubereitung von Rind- oder Lammfleisch benutze. Wenn Sie Rindfleisch in Rinderschmalz und Lammfleisch in Lammschmalz anbräunen, bekommt das Gericht eine zusätzliche Geschmackstiefe.

Die genannten Fette erfordern zwar ein bisschen Arbeit, weil man sie selbst auslassen und klären muss, sind dafür aber außerordentlich billig. Da heute alle Welt über Nachhaltigkeit spricht und davon, wie wichtig es ist, auch wirklich alle Teile unserer Schlachttiere zu verwerten, plädiere ich dafür, dieses Prinzip auch auf alle Arten von Fett anzuwenden.

»Laßt wohlbeleibte Männer um mich sein, / Mit glatten Köpfen, und die nachts gut schlafen. / Der Cassius dort hat einen hohlen Blick; Er denkt zu viel: die Leute sind gefährlich.«

William Shakespeare, *Julius Cäsar,* 1. Akt

Der Umgang mit Rinder- und Lammfett

Rindernierenfett vorbereiten

Entfernen Sie vom Fett, das die Nieren eines Tieres umgibt, etwaige Reste von Nierengewebe oder Blut und verfärbte Stellen. Dabei werden Sie feststellen, dass dieses harte und brüchige Fett von einem papiernen Häutchen umschlossen und zusammengehalten wird. Ziehen Sie es nach und nach ab, während Sie das Nierenfett zerkleinern. Obwohl viele Kochbücher empfehlen, Nierenfett mit dem Messer klein zu schneiden oder auf einer Handreibe zu reiben, verwende ich lieber die Küchenmaschine. Schneiden Sie dafür das Fett in Stücke, die gut durch den Einfüllstutzen passen, und stellen Sie es einige Stunden oder über Nacht in den Kühlschrank. Kühlen Sie auch die feinste Reibescheibe der Küchenmaschine und bestäuben Sie sie mit etwas Mehl, bevor Sie beginnen, die kalten Nierenfettstücke zu reiben. Zugegeben, das Ganze ist eine ziemliche Sauerei und Sie müssen die Reibe zwischendurch immer wieder säubern und frisch einstäuben. Deshalb reiben Sie am besten gleich eine große Menge Nierenfett und bewahren es im Kühlschrank auf. Es kann jederzeit direkt aus dem Kühlschrank weiterverarbeitet werden.

Lassen Sie sich nicht von abgepacktem Nierenfett verlocken, es ist dehydriert und von minderwertiger Qualität.

Knochenmark vorbereiten

Bitten Sie Ihren Metzger, Ihnen Knochen aus der Mitte des Rinderbeins zu schneiden, wo der Anteil an Mark am größten ist. Markknochen müssen 12 bis 24 Stunden lang in Salzwasser gelegt werden, um das Blut auszuschwemmen. Geben Sie die Knochen in eine große Schüssel mit so viel Eiswasser, dass sie bedeckt sind, und fügen Sie 2 EL grobes Meersalz hinzu. Stellen Sie die Schüssel dann für 12 bis 24 Stunden in den Kühlschrank. Das Wasser muss vier- bis sechsmal gewechselt werden, dabei jedes Mal wieder 2 EL Salz zugeben. Die Markknochen sollten unmittelbar nach dem Wässern verwendet werden. Sie können aber auch bis zu 2 Monate eingefroren werden.

Es gibt zwei Möglichkeiten, das rohe Mark aus den gewässerten Knochen zu lösen, je nach Verwendungszweck:

Die Knochen auf Zimmertemperatur erwärmen. Das Mark mit einem kleinen Messer herausholen und alle an der Knochenwand haftenden Reste gründlich abschaben. Auf diese Weise erhält man kleine Markstückchen, die sich gut für Klöße oder Saucen verwenden lassen.

Benötigen Sie dagegen ein ganzes Stück Mark zum Aufschneiden, legen Sie die gewässerten Knochen in einen Topf mit köchelndem Salzwasser. Ohne Deckel so lange ziehen lassen, bis das Mark leicht geschrumpft ist und nicht mehr fest am Knochen haftet. Das dauert 5 bis 7 Minuten. Das Mark sollte dabei nicht vollständig gegart werden, sondern nur so weit, dass es sich gut löst. Mit einem Messer vorsichtig an der Knochenwand entlangfahren und das Mark behutsam herausdrücken und in eine Schüssel mit Eiswasser fallen lassen. Bis zum Weiterverarbeiten wieder in den Kühlschrank stellen. Die Menge an Mark ist je nach Knochen sehr unterschiedlich. Ein 8 cm langes Stück Knochen kann zwischen 20 und 90 g Mark enthalten.

Klären

Man lässt das vom Bratengelee, von der Fleischbrühe oder Dünstflüssigkeit getrennte Fett in einem Topf schmelzen und gießt es dann durch ein Seihtuch ab.

Rindernieren- und Lammfett auslassen

Rinder- und Lammfett werden auf genau dieselbe Weise zu Schmalz ausgelassen wie Schweine- und Geflügelfett (S. 84, 142).

Zum Auslassen von Rindernierenfett wird dieses in 2,5 cm große Stücke geschnitten. Entfernen Sie dabei alle Überreste von Nierengewebe oder Blut und das papierene Häutchen. Wenn Sie das Fett reiben statt es in Stücke zu schneiden, geht das Auslassen noch schneller.

Das zerkleinerte Fett in eine schwere ofenfeste Kasserolle geben und etwa 75 ml Wasser pro 450 g Talg zufügen. Das Wasser verhindert, dass das Fett anbrennt, ehe es zu schmelzen beginnt. Den Topf ohne Deckel bei ganz schwacher Hitze auf die Herdplatte oder bei 120 °C in den Backofen stellen. Wenn Sie das Fett auf dem Herd auslassen, müssen Sie es sehr oft umrühren, im Ofen dagegen sollten Sie es das erste Mal nach 30 Minuten, dann wieder 45 Minuten später und schließlich einmal pro Stunde umrühren. Achten Sie immer gut darauf, es beginnt, Farbe anzunehmen.

Beim Durchrühren des Fetts die einzelnen Stücke immer wieder an den Topfrand drücken, damit sie schneller schmelzen. Das Auslassen dauert zwischen 4 und 8 Stunden, abhängig von der Menge und der Größe der einzelnen Stücke. Auch wird sich nicht alles verflüssigen; einzelne Stücke Bindegewebe bleiben fest. Sobald diese Stücke Farbe

Brot mit Bratenfett

»Du bekommst zum Abendessen nur Brot mit Bratenfett«, lautete die Drohung meiner Mutter, wann immer ich mich als Kind schlecht benommen hatte. Das nahm ich mir immer sehr zu Herzen, denn ich mochte mein Brot viel lieber mit Butter und bestreut mit bunten Zuckerkügelchen, die bei uns *hundreds and thousands* hießen. Heute würde ich mich über eine Scheibe Brot mit Bratenfett – für mich das Beste am ganzen Braten – vor dem Zubettgehen riesig freuen. Bratenfett ist für das Anfertigen einer guten Sauce oder eines Yorkshire-Puddings (S. 187) unverzichtbar, und immer wenn ich Rindfleisch zubereite, hoffe ich, es brät genug Fett aus, dass ich auch etwas davon kalt essen kann. Die aromatische Mischung aus Fett und Bratensaft schmeckt nämlich köstlich auf Brot und ist der ideale Ausgangspunkt für ein kaltes Roastbeef-Sandwich. Man braucht in der Regel ein wenig Salz dazu und kann es noch weiter verbessern, indem man Dijon-Senf, fein geriebenen Meerrettich oder Worcestershire-Sauce unterrührt.

Für 1 Roastbeef-Sandwich:
Bratenfett vom Rind mit dem Bratengelee, zimmerwarm
2 dicke Scheiben Landbrot
Maldon Meersalz (siehe S. 184), schwarzer Pfeffer
kaltes Roastbeef, dünn geschnitten
geriebener Meerrettich (oder Meerrettich aus dem Glas)

Auf beide Brotscheiben Bratensaft und -gelee streichen und gut mit Salz und Pfeffer würzen. Eine der Scheiben mit Roastbeef belegen, die andere mit dem Meerrettich und die Scheiben zu einem Sandwich zusammenpressen. Man kann auch noch Salatblätter und Tomatenscheiben hineingeben, aber das schwächt natürlich den intensiven Rindfleischgeschmack etwas ab.

annehmen, den Topf vom Herd ziehen und das Fett leicht abkühlen lassen. Dann durch ein Seihtuch in saubere Behältnisse abgießen. Vollständig auskühlen lassen, zudecken und in den Kühlschrank stellen. Das Schmalz kann dort bis zu 2 Monate aufbewahrt werden, in der Tiefkühltruhe sogar 1 Jahr. Rinderschmalz wird nur sehr langsam ranzig. Denken Sie daran, die Behälter zu etikettieren, da man die verschiedenen Schmalzarten später nur schwer unterscheiden kann.

Von Lammfett lasse ich immer nur kleine Mengen für Chapatis aus (S. 216). Fragen Sie Ihren Metzger nach dem weichen Fett, das er von Lammlenden und -karrees schneidet, man kann es leichter auslassen als anderes Lammfett und es hat das mildeste Aroma.

Maldon Meersalz

Dieses Salz kommt aus der Küstenstadt Maldon im Südosten Englands, einem der trockensten Orte im Vereinigten Königreich. Wie Fleur de Sel ist es ein reines Naturprodukt, aber im Unterschied zum französischen Meersalz benötigt es eine abschließende Trocknung in erhitzten Salzpfannen, ehe es von Hand verpackt wird. Durch diese letzte Trocknung erhalten die Kristalle ihre typische Pyramidenform und sehr flockige Konsistenz.

Original englischer Rinderbraten

Die Hochrippe vom Rind auf klassisch englische Art wird mit Bratkartoffeln und Yorkshire-Pudding serviert, beides natürlich mit Bratenfett vom Rind hergestellt. Wenn Sie dieses Essen kochen wollen, sollten Sie zuerst alle drei Rezepte durchlesen und gut vorausplanen, so dass alle drei Gerichte auf einmal im Backofen zubereitet werden können. Zur Abrundung können Sie noch ein grünes Gemüse dazu servieren. Rosenkohl wäre *very British*, aber ich mag lieber Erbsen, grüne Bohnen oder sogar geschmorten Grünkohl dazu.

Rinderbraten aus der Hochrippe

Es gibt eine Menge guter Gründe für einen Rinderbraten aus der Hochrippe: Es ist das perfekte Gericht für Gäste, schlicht und doch eindrucksvoll, die Reste schmecken herrlich und ein gut marmoriertes Stück Fleisch mit reichlich Fett daran ergibt eine ordentliche Menge Bratenfett.

Für 6 bis 8 Portionen

1 Stück Hochrippe (etwa drei Rippen, 2,75 kg)

3 EL Bratenfett vom Rind oder Rinderschmalz

1½ TL Senfpulver

Meersalz, schwarzer Pfeffer

1 Schalotte, fein gewürfelt

250 ml Rotwein

500 ml Rinderbrühe

Das Bratenstück 1½ Stunden vor der Zubereitung aus dem Kühlschrank nehmen.

Den Backofen auf 230 °C vorheizen.

Das Rindfleisch trocken tupfen und die Fettseite und die beiden Enden mit 2 EL Bratenfett einreiben. Die Fettseite mit dem Senfpulver bestäuben und gut salzen und pfeffern. Einen Schmortopf mit dem restlichen Bratenfett in den Backofen stellen. Wenn das Bratenfett nach etwa 5 Minuten brutzelnd heiß ist, den Rinderbraten mit der Rippenseite nach unten hineinlegen und 30 Minuten braten. Die Temperatur auf 160 °C reduzieren und das Fleisch etwa 1¼ Stunden weiterbraten, bis das Bratenthermometer 51 °C anzeigt (es sollte keinen Knochen berühren).

Den Rinderbraten auf eine vorgewärmte Platte legen, lose mit Alufolie abdecken und vor dem Aufschneiden 30 Minuten ruhen lassen. Während dieser Zeit sollte die Kerntemperatur des Fleisches auf 54 °C steigen; das Fleisch ist dann *medium rare* (ganz innen blutig, der Rest rosa).

Während der Braten ruht, das Bratenfett in eine Schüssel gießen, bis auf etwa 2 EL. Darin die Schalotte bei mittlerer Hitze etwa 2 Minuten weich braten. Mit dem Wein ablöschen, zum Kochen bringen und mit einem hölzernen Kochlöffel den Bratensatz vom Boden lösen. So lange weiterkochen, bis der Wein auf die Hälfte reduziert ist, dann die Brühe dazugießen und die Sauce noch einmal 5 Minuten weiterkochen lassen. Mit Salz und Pfeffer abschmecken.

Den Rinderbraten in dicke Scheiben schneiden und den ausgetretenen Saft von der Platte in die Sauce gießen. Die Sauce noch einmal erwärmen und mit dem Rinderbraten servieren.

Auf Messers Spitze

»Bread and dripping«, Brot mit Bratenfett, wurde als Strafe für meine kindlichen Verfehlungen angedroht, war aber längst nicht so schlimm wie »bread and point«, Brot und (Messer-)Spitze, was ein stehender Ausdruck in unserer Familie war. Mein Großvater, der einen Hang zur Übertreibung hatte, rieb uns Kindern nämlich ständig unter die Nase, wie gut wir es hatten, und erzählte deswegen immer wieder gern, dass er sich als Kind mit »bread and point« begnügen musste. Und was meinte er damit? Eine Scheibe Brot, auf die man lediglich mit der leeren Messerspitze zeigen konnte, weil man weder Butter noch Bratenfett zum Bestreichen hatte.

Röstkartoffeln aus dem Ofen

Für 6 bis 8 Portionen

1 kg mehligkochende Kartoffeln

1 frisches Lorbeerblatt

Meersalz

3 EL Bratenfett oder Rinderschmalz

Damit die Kartoffeln außen knusprig und innen schön weich sind, muss man zweierlei tun: Erstens die richtige Kartoffelsorte verwenden, nämlich eine mehlige wie zum Beispiel Agria, Aula oder Bintje. Zweitens darf man sie nur gerade so lang ankochen, dass sie ein wenig weich sind, und muss dann die Außenseite mit einer Gabel aufrauen. Wenn Sie die Kartoffeln mit dem Rinderbraten (S. 185) servieren wollen, können Sie sie zuerst mit dem Braten bei niedriger Temperatur garen und anschließend bei höherer Temperatur zusammen mit dem Yorkshire-Pudding (Seite rechts) noch richtig knusprig rösten.

Kartoffeln schälen und in 5 cm große Stücke schneiden. In Salzwasser mit dem Lorbeerblatt bei mittlerer Hitze zum Kochen bringen. Den Deckel wegnehmen und die Hitze reduzieren. Die Kartoffeln etwa 8 Minuten leise köcheln lassen, bis die äußere Schicht weich ist. Abgießen, gut abtropfen und etwas abkühlen lassen und dann alle Stücke an der Oberfläche mit den Zinken einer Gabel aufrauen. Salzen.

Den Backofen auf 200 °C vorheizen.

Das Bratenfett in einen Schmortopf geben und diesen etwa 7 Minuten in den Ofen stellen. Wenn das Fett sehr heiß ist, die Kartoffeln in den Topf geben und im Fett wenden, bis sie gut davon überzogen sind. Ungefähr 45 Minuten lang im Ofen backen, bis sie goldbraun, knusprig und in der Mitte weich sind. Noch mit etwas Meersalz abschmecken und servieren.

TIPP Wollen Sie diese Kartoffeln zu Rinderbraten und Yorkshire-Pudding servieren, müssen Sie den Topf für die Kartoffeln etwa 40 Minuten, ehe das Rindfleisch fertig ist, in den Ofen stellen. Wenn das Fett nach 15 Minuten heiß ist, können die Kartoffeln noch etwa 25 Minuten mit dem Braten im Ofen garen. Fertig geröstet werden Sie dann zusammen mit dem Yorkshire-Pudding. Wenn Sie die Kartoffeln zu Brathuhn servieren, sollten Sie Bratenfett vom Huhn oder von der Ente verwenden.

Yorkshire-Pudding

Knusprig-goldbrauner, luftig-lockerer Yorkshire-Pudding ist bestens geeignet, um den Bratensaft des Rindfleischs aufzunehmen. Damit er schön aufgeht, muss der Ofen richtig heiß sein. Deswegen machen Sie den Teig am besten, während der Braten im Ofen ist, und stecken ihn dann in die Röhre, wenn der Braten ruht. Rinderbratenfett gibt dem Yorkshire-Pudding den besten Geschmack, aber einfaches Rinderschmalz tut es auch. Das Fett sollte sehr heiß sein und schon zu rauchen beginnen, wenn Sie den Teig hineingeben. Wenn Sie ein großer Fan von Yorkshire-Pudding sind, verdoppeln Sie die Rezeptmenge und verwenden zwei Auflaufformen.

Für 6 Portionen

125 g Mehl

½ TL feines Meersalz

75 ml Milch

2 Eier, verquirlt

2 EL Bratenfett vom Rind oder Rinderschmalz

Den Backofen auf 220 °C vorheizen.

Das Mehl mit dem Salz in eine Schüssel sieben. 75 ml Wasser und die Milch vermischen. Eine Kuhle in das Mehl machen und die Eier hineingeben. Dann die Eier mit dem Schneebesen unter das Mehl rühren und so viel Milchwasser einrühren, dass ein ganz glatter Teig entsteht, der am Löffelrücken haften bleibt. Abdecken und 1 Stunde bei Zimmertemperatur ruhen lassen.

Das Bratenfett in eine quadratische Auflaufform (23 cm) aus Metall geben und die Form in den Ofen stellen. Die Konsistenz des Teigs prüfen und wenn nötig noch ein wenig Milchwasser zufügen; er sollte etwa so flüssig sein wie Sahne. Wenn das Fett in der Form zu rauchen beginnt, den Teig in die Form gießen – es sollte zischen. Den Pudding etwa 25 Minuten backen, bis er aufgegangen und schön goldbraun ist.

Aus der Form nehmen und zum Servieren in Quadrate schneiden.

Yorkshire-Pudding

Original englischer Yorkshire-Pudding hat nichts mit den anderen englischen Puddings zu tun, sondern besteht aus einer Art Pfannkuchenteig, der bei hoher Temperatur im Backofen gegart wird, so dass er hoch aufgeht. Als man Rindfleisch noch am Spieß briet, wurde der Yorkshire-Pudding in einer Form direkt unter dem Braten gebacken, damit Bratenfett und Bratensäfte aufgefangen wurden. Das früheste bekannte Rezept für einen solchen Bratenfett-Pudding stammt aus der Mitte des 18. Jahrhunderts; er wurde unter einem Hammelbraten gegart. Hannah Glasse, die selbst aus Nordengland stammte, gab diesem Gericht den Namen, in ihrem Kochbuch *The Art of Cookery Made Plain and Easy*. Obwohl Mrs. Glasse keine professionelle Köchin war und große Teile ihres Buches von anderen Kochbuchautoren abgekupfert sind, wurde es dank geschicktem Timing und Marketing zum bestverkauften britischen Kochbuch im 18. Jahrhundert und erlebte in fünfzig Jahren mehr als zwanzig Auflagen. In Yorkshire wurde der Pudding traditionell als Vorgericht serviert, damit der erste Hunger der Leute bereits gestillt war, wenn der Braten auf den Tisch kam. Übrig gebliebener Pudding tauchte dann zum Dessert wieder auf, gesüßt mit *golden syrup* (Zuckerrohrsirup), Marmelade oder Zucker.

Puchero (mexikanischer Rindfleischeintopf)

Für 6 Portionen

1,1 kg Beinfleisch vom Rind

1 kg Querrippe (in 2 bis 3 Stücken)

2 Zwiebeln, halbiert

2 Quitten oder Kochäpfel, halbiert

¼ TL ganze schwarze Pfefferkörner

8 große Stengel Koriander, wenn möglich mit Wurzel

2 Serrano-Chilischoten

grobes Meersalz

3 Steckrüben

3 Karotten

7 große Stengel Minze

2 Maiskolben, geputzt

3 Zucchini, geputzt

Dieses Rezept stammt von meiner Freundin Brenda, die wesentlich mehr von mexikanischer Küche versteht als ich. Sie hat mir das Rezept ihrer Großmutter anvertraut und ich hoffe, sie hat nichts dagegen, dass ich es ein wenig abgewandelt habe. *Puchero* ist spanisch und bezeichnet entweder den Topf, in dem Eintöpfe gekocht werden, oder den Eintopf selbst. Das Ganze ist sozusagen ein mexikanischer Pot-au-feu. Dieses Gericht, bei dem Fleisch und Gemüse zusammen mit regionalen Kräutern und Gewürzen in Wasser gekocht werden, wird von Köchen auf der ganzen Welt zubereitet. Brendas Familienrezept vereint die Aromen der Alten mit denen der Neuen Welt. Bitten Sie Ihren Metzger, den Rinderschenkel für Sie zu entbeinen und den Knochen mitzugeben. Das Mark wird für die Tacos verwendet. Es handelt sich hier um ein Zwei-Tages-Projekt, und Sie sollten dieses Rezept und das für Tacos mit Rindermark (S. 191) ganz durchlesen, ehe Sie beginnen. Außerdem können Sie noch Tomatensalsa (S. 191) dazu reichen.

Für eine Pot-au-feu-Mahlzeit gibt es ein richtiggehendes Ritual. Zuerst werden die Tacos mit Rindermark oder einfach Markknochen mit der Salsa und Fleur de Sel oder einem anderen Meersalz serviert. Dann folgt die Bouillon und schließlich werden Fleisch und Gemüse auf einer großen Platte präsentiert, mit einem Krug heißer Bouillon extra und der restlichen Salsa, so dass jeder sich nach Herzenslust bedienen kann. Das ideale Gericht für ein geselliges Essen in großer Runde.

Das Beinfleisch mit einem Stück Küchengarn binden, damit es seine Form behält. In einen großen Suppentopf (etwa 8 l) das Beinfleisch und die Querrippe mit der Knochenseite nach unten legen. So viel Wasser zugeben, dass das Fleisch knapp bedeckt ist. Bei schwacher Mittelhitze zum Köcheln bringen. Das dauert gute 45 Minuten. Es ist sehr wichtig, das Fleisch so langsam zum Kochen zu bringen, denn dadurch wird die Bouillon klarer.

Mit einer Suppenkelle allen Schaum abschöpfen (dafür mit dem Bauch der Suppenkelle auf der Oberfläche Wellen erzeugen, dadurch wird der Schaum an den Topfrand gedrängt und man kann ihn mit der Kelle gut aufnehmen). Zwiebeln, Quitten oder Äpfel, Pfefferkörner, 2 Korianderstengel, die ganzen Chilischoten und 1 TL Salz zugeben. Alles ohne Deckel 1½ Stunden lang ganz sanft köcheln lassen; dabei gelegentlich den Schaum abschöpfen. Steckrüben und ganze Karotten hineingeben und alles noch etwa 1 Stunde weiterköcheln, bis Fleisch und Gemüse weich sind.

Fleisch, Karotten und Steckrüben in eine ofenfeste Form legen und zum Abkühlen beiseitestellen. Die Bouillon durch ein Sieb in eine große Schüssel gießen, Zwiebeln, Quitten oder Äpfel, Pfefferkörner, Koriandergrün und Chilis wegwerfen. Die Steckrüben vierteln, die Karotten halbieren. Das Beinfleisch und die Querrippe in große Portionsstücke schneiden. Gemüse, Fleisch und Bouillon abdecken und über Nacht in den Kühlschrank stellen.

Fette Küche, magre Erbschaft

Deutsche Redensart für: Wenn man zu verschwenderisch lebt, wird man seinen Kindern nicht viel hinterlassen können.

Mit ***fat job*** bezeichnet man im Englischen eine einträgliche Arbeit.

Fleisch, Gemüse und Bouillon aus dem Kühlschrank nehmen. Den Backofen auf 150 °C vorheizen.

Das Fett von der Bouillon entfernen und für eine andere Verwendung aufbewahren. Die Bouillon in einen großen Suppentopf gießen; dabei alle Rückstände am Boden der Schüssel zurückhalten. Man sollte etwa 1,75 l Bouillon erhalten. Die restlichen Koriander- und die Minzstengel zusammenbinden und hineingeben. Die Bouillon kosten und eventuell mit etwas Salz abschmecken.

Die Bouillon bei mittlerer Hitze zum Kochen bringen, dann auf schwache Hitze reduzieren. Ein wenig davon über das Fleisch und die Gemüse in der Form löffeln, diese mit Alufolie abdecken und im Backofen etwa 45 Minuten aufwärmen. Den Suppentopf abdecken und die Bouillon mit den Kräutern 20 Minuten köcheln lassen.

In der Zwischenzeit die Maiskolben und Zucchini dritteln. In die Bouillon geben, den Topf abdecken und die Bouillon 10 bis 15 Minuten kochen lassen, bis das Gemüse gar ist. Das Gemüse im Backofen warm halten und die Kräuter aus der Bouillon entfernen.

Gekochtes Rindfleisch

In vielen Landesküchen gibt es Varianten von Pot-au-feu oder gekochtem Rindfleisch. Die Italiener machen *bollito misto,* ein Gericht, das Rindfleisch, Geflügel und Innereien kombiniert, während die Engländer gern Salzfleisch oder Corned Beef mit Karotten, Kohl und Kartoffeln kochen. Wenn der oben stehende Puchero für Sie zu pikant ist oder sie einen traditionelleren Rindfleischeintopf bevorzugen, können Sie das Rezept je nach Ihrem Geschmack oder dem Inhalt Ihres Kühlschranks abändern.

Für gekochtes Rindfleisch auf englische Art kochen Sie das Fleisch in Wasser, aromatisiert mit Lauch, Karotten, Sellerie, Pfefferkörnern, Thymian und Lorbeerblättern. Garen Sie die Karotten in der Bouillon zusammen mit Pastinaken und Steckrüben und servieren Sie das Gericht mit Nierenfettklößen (S. 215) und Maldon Salz.

Für ein italienisches Bollito misto muss das Fleisch in Wasser mit einer Zwiebel, Karotten, Fenchelgrün, Knoblauch, Pfefferkörnern und Lorbeerblättern gekocht werden. Garen Sie in der Bouillon Mini-Fenchel und Stangensellerie und servieren Sie Fleisch und Gemüse mit einfachen Salzkartoffeln und Ledas Marksauce (S. 194).

Für einen französischen Pot-au-feu das Fleisch zusammen mit Lauch, Karotten, Zwiebeln, Pfefferkörnern, Thymian, Gewürznelken, Lorbeerblättern und glatter Petersilie in Wasser kochen. Kleine Steckrüben und Karotten in der Bouillon zusammen mit Stücken von der Selleriewurzel garen und alles mit Dijon-Senf, pochierten Markknochen und Meersalz servieren.

Tacos mit Knochenmark

Für 6 Portionen

6 Markknochen, gewässert (siehe S. 182)

12 warme Maistortillas

Fleur de Sel

Diese Tacos sind die perfekte Eröffnung für eine Puchero-Mahlzeit (S. 188). Statt das Mark einfach aus den Knochen zu löffeln, wickelt man es mit ein wenig Tomatensalsa (unten) in eine warme Maistortilla. Verteilen Sie haufenweise Servietten, denn die Tacos sind kaum mit Anstand zu essen. Wenn Sie die Tacos zusammen mit dem Puchero servieren, können Sie den Markknochen vom Beinfleisch verwenden und Ihren Metzger bitten, noch fünf Markknochen derselben Größe für Sie zurückzulegen. Aber Sie können diese Tacos natürlich auch ohne Puchero essen – sie schmecken einfach immer.

Den Backofen auf 120 °C vorheizen.

Die Markknochen abtropfen lassen. In einem großen Topf Salzwasser zum Kochen bringen, die Markknochen hineingeben und die Hitze reduzieren, so dass das Wasser nur noch simmert. Die Knochen 10 bis 15 Minuten pochieren, bis das Mark schrumpft und sich vom Knochen löst und in der Mitte warm ist. Um das festzustellen, sticht man mit einem Metallspieß in die Mitte des Marks und testet innen am Handgelenk, wie heiß der Spieß ist. Beim Einstechen sollte kein Widerstand zu spüren sein. Die Markknochen im Backofen warm halten.

Die Knochen auf angewärmten Tellern mit den Maistortillas, Tomatensalsa, Fleur de Sel oder grobem Meersalz und einem kleinen Löffel zum Auslöffeln des Marks servieren, damit die Gäste sich ihre Tacos selbst zusammenstellen können.

Tomatensalsa

Ergibt etwa 500 ml

4–6 Roma-Tomaten (Eiertomaten)

2 Serrano-Chilischoten

½ Poblano-Chilischote

1 Knoblauchzehe

7 g Korianderblätter

feines Meersalz

Das Geheimnis jeder guten Tomatensauce sind die Tomaten. Wenn ich die Wahl habe, verwende ich Roma-Tomaten, denn ihre Samen lassen sich einfach entfernen, aber Sie können auch alle anderen Tomatensorten verwenden. Die Tomaten gut abtropfen lassen, damit die Salsa nicht zu flüssig wird. Diese einfache Tomatensalsa passt bestens zu gehaltvollem Knochenmark, ist ein großartiger Dip für scharf gewürzte Schweinekrusten (S. 86) und harmoniert auch mit Refried Beans (S. 118) oder Carnitas (S. 119).

Die Tomaten längs halbieren und die Samen entfernen. Das Fruchtfleisch klein schneiden und etwa 30 Minuten in einem feinen Sieb über einer Schüssel abtropfen lassen.

Die Stielansätze und Samen der Serrano- und Poblano-Chilischoten entfernen und das Fruchtfleisch fein hacken. Zusammen mit den abgetropften Tomaten und der geschälten Knoblauchzehe in eine Schüssel geben und alles bei Zimmertemperatur 1 Stunde durchziehen lassen.

Das Koriandergrün grob hacken. Die Knoblauchzehe aus der Salsa nehmen, den Koriander unterheben und mit Salz würzen.

Geröstete Markknochen

Weiches, warmes Mark direkt aus dem Knochen zu löffeln ist ein sinnliches Vergnügen, aber es kann ein bisschen schwierig sein, wenn man nicht das richtige Instrument dafür hat. Die früher üblichen Marklöffel kommen gerade wieder in Mode, aber wenn man keine hat, kann Mark auch mit einer Hummergabel oder einem Espressolöffelchen gut ausgelöst werden. Am einfachsten ist natürlich, es direkt aus dem Knochen zu saugen. Normalerweise schneiden die Metzger Markknochen ja quer durch, aber für dieses Rezept sollten sie Ihren Metzger fragen, ob er den Mittelteil eines Beinknochens ausnahmsweise längs spaltet. Dann gelangt man nämlich ganz mühelos an das Mark. Für dieses Gericht müssen Sie etwas vorausplanen, denn die Knochen müssen vorher gut gewässert werden (siehe S. 182).

Die Semmelbröseldecke ist eine Variante zur klassischen Markzubereitung. Gebratene Markknochen werden traditionell mit Toast serviert, auf dem man das Mark verteilt. Im Rezept hier wird das Mark dagegen mitsamt der Semmelbröseldecke direkt aus dem gespaltenen Knochen gegessen, so dass kein Toast nötig ist. Im Anschluss können Sie einen grünen Salat mit säurereichem Dressing servieren.

Für 4 Vorspeisenportionen

1 Zitrone, unbehandelt

40 g feine frische Semmelbrösel

1 EL gehackte glatte Petersilie

1 TL Senfpulver

schwarzer Pfeffer

½ TL feines Meersalz

4 Markknochen vom Kalb oder Rind, je etwa 20 cm lang, längs halbiert und gewässert (siehe S. 182)

Den Backofen auf 220 °C vorheizen.

Die Zitronenschale fein abreiben und mit den Semmelbröseln, der Petersilie und dem Senfpulver in eine Schüssel geben. 2 EL Saft aus der Zitrone pressen und zu der Bröselmischung gießen. Mit reichlich Pfeffer würzen, salzen. Die Semmelbrösel sollten gerade aneinanderhaften, wenn man sie zusammendrückt. Tun sie das nicht, muss noch etwas Zitronensaft hinzugefügt werden.

Die Markknochen abtropfen lassen und trocken tupfen.

Die Knochen mit der Schnittfläche nach oben in einen Bräter geben und mit der Semmelbröselmischung bedecken. 15 bis 20 Minuten im Ofen rösten, bis das Mark auch in der Mitte erwärmt ist. Um das festzustellen, sticht man mit einem Metallspieß in die Mitte des Marks und testet innen am Handgelenk, wie heiß der Spieß ist. Beim Einstechen sollte kein Widerstand zu spüren sein und ein wenig geschmolzenes Mark sollte bereits aus den Knochen fließen. Die Markknochen heiß servieren.

Ledas Marksauce

Ergibt 250 ml

50 g ausgelöstes Knochenmark, vorbereitet und gewürfelt (siehe S. 182)

60 ml trockener Weißwein

60 g feine frische Semmelbrösel

30 g Parmesan, sehr fein gerieben

175 ml Bouillon von einem Pot-au-feu oder Rinderbrühe

2 EL gehackte glatte Petersilie

Meersalz, schwarzer Pfeffer

Leda habe ich über eine gemeinsame Freundin kennengelernt. Ihre Wohnung ist bis zur Decke vollgestopft mit Bücherregalen, aber es sind noch immer nicht genug, um all ihre Bücher zu beherbergen, die sich deswegen auch auf dem Boden stapeln und jede freie Fläche bedecken. Sie besitzt viele alte Kochbücher und wir haben einen ganzen Nachmittag damit verbracht, darin herumzublättern, ihren ausgezeichneten Kaffee zu trinken und vom Essen zu schwärmen. Leda gab mir dieses Rezept für eine köstlich cremige Marksauce, die sie bei ihrem Pot-au-feu zum Fleisch und Gemüse reicht. Ich verwende sie auch für meine Mark-Crostini (siehe Rezept unten).

Das Knochenmark bei schwacher Hitze etwa 3 Minuten in einem Topf braten, bis es ganz leicht Farbe annimmt und nicht mehr weiß ist. Den Bratensatz mit dem Wein ablöschen und mit einem Holzlöffel alle festen Bestandteile vom Boden lösen. Nach und nach die Semmelbrösel und den Käse unterrühren.

Unter ständigem Rühren esslöffelweise die Bouillon in den Topf geben und, ähnlich wie bei einem Risotto, immer erst dann neue Flüssigkeit zugeben, wenn die vorige vollständig aufgenommen ist. Wenn nach etwa 7 Minuten alle Flüssigkeit verbraucht ist, sollte eine dickliche Sauce entstanden sein. Die Petersilie unterrühren und die Sauce mit reichlich schwarzem Pfeffer und wenig Salz würzen. Heiß servieren.

Mark-Crostini

Für 20 Crostini

Baguette für 20 Scheiben

1 Rezeptmenge Ledas Marksauce

Mit Ledas Sauce kann man ganz köstliche Mark-Crostini herstellen. Ein herrliches Hors d'œuvre zum Aperitiv, aber Sie können die Crostini natürlich auch zu einem Eintopf, in einer Suppe oder mit einem Salat servieren.

Den Backofengrill auf höchster Stufe erhitzen.

Die Baguettescheiben auf einem Backblech verteilen und unter dem Grill auf der einen Seite rösten. Herausnehmen und umdrehen. Jetzt jede Scheibe mit einem Löffel Marksauce bestreichen. Die Crostini wieder unter den Grill geben und so lange rösten, bis der Markbelag heiß und goldbraun ist. Warm servieren.

Steak-and-Kidney-Pie

Obwohl ich ein großer Fan des gleichnamigen Puddings bin, mag ich auch Steak-and-Kidney-Pie. Die Füllung eignet sich für beide Macharten, so dass sich Ihre Entscheidung danach richten kann, wie viel Zeit Sie haben. Denn Nierenfett-Teig kann genauso gut gebacken werden (wenn das Rezept sich auch ein bisschen von dem für Pudding im Wasserbad unterscheidet). Ich mache Pies auch gerne mit Blätterteig und gebe diesen deshalb hier als Alternative an.

Für 4 bis 6 Portionen

1 Rezeptmenge Füllung für den Steak-and-Kidney-Pudding (S. 196)

1 Ei

1 Rezeptmenge Nierenfett-Teig für pikante Pies (S. 199) oder 350 g Blätterteig (S. 43)

Die Füllung wie im Rezept für Steak-and-Kidney-Pudding (S. 196) zubereiten. Wenn Fleischmasse und Kochflüssigkeit abgekühlt sind, beides vermischen und in eine Pie-Form von 23 cm Durchmesser geben.

Den Backofen auf 220 °C vorheizen. Das Ei mit 1 EL Wasser verquirlen.

Den Teig auf einer bemehlten Arbeitsfläche kreisrund ausrollen, mit 2 cm mehr Durchmesser als die Form. Einen 1 cm breiten Ring vom Rand abschneiden und damit den Rand der Pie-Form auskleiden; so ergibt sich eine Art Kragen, an dem der Teigdeckel für die Pie befestigt werden kann. Den Teigstreifen mit etwas Eimischung einpinseln, dann die Pie mit dem Teig abdecken und den Rand gut an den Teigkragen drücken. Den Teigdeckel mit der Eimischung bepinseln und diese antrocknen lassen. Jetzt die Pie auf ein Backgitter stellen und mit der restlichen Eimischung nochmals bepinseln. In die Mitte der Pie einen kleinen Schlitz schneiden, damit während des Backens der Dampf entweichen kann. Die Pie 25 bis 30 Minuten backen, bis der Teigdeckel goldbraun und die Füllung gut heiß ist.

Steak-and-Kidney-Pudding

Für 4 bis 6 Portionen

450 g Nacken- oder Schultersteak vom Rind

grobes Meersalz, schwarzer Pfeffer

3 EL Rinderbratenfett oder Rinderschmalz

1 Zwiebel, gehackt

1 Karotte, fein gewürfelt

1 Stange Sellerie, längs halbiert und in Scheibchen geschnitten

2 große Stengel Rosmarin

1 frisches Lorbeerblatt

1 sehr großer Zuchtchampignon (Portobello)

60 ml Portwein

2 EL Mehl

250 ml Rinderbrühe

2 TL Senfpulver

2 TL Worcestersauce

375 g vorbereitete Kalbsniere (siehe S. 202)

1 Rezeptmenge Nierenfett-Teig (S. 198)

Einen Pudding zwei Stunden lang garen zu müssen mag abschreckend wirken, aber Sie sollten dieses Rezept trotzdem versuchen. Garen im Wasserbad ist nicht komplizierter als Backen; Sie müssen bloß hin und wieder kontrollieren, ob noch genug Wasser im Topf ist. Wem die zwei Stunden Garzeit wirklich zu lang sind, kann die Füllung unter einem Teigdeckel garen und erhält so eine Steak-and-Kidney-Pie (S. 195). Kalbsnieren sind sehr mild im Geschmack, aber wenn Sie Nieren absolut nicht mögen, können Sie sie durch anderes Fleisch ersetzen. Sollten Sie noch nie Nieren gekocht haben, können Sie sich Mut machen, indem Sie »Kalbsnieren vorbereiten« auf Seite 202 lesen.

Puddingformen aus Metall sind verbreitet, ich verwende eine Porzellanform, die dank spezieller Glasur ofenfest ist. Sie ist konischer geformt als eine normale Schüssel und hat einen gewölbten Rand, sodass die Alufolie besser befestigt werden kann.

Grünes Gemüse wie Rosenkohl oder Rübstiel eignet sich gut als Beilage. Auf Kartoffeln können Sie verzichten, der Pudding ist ja von Nierenfett-Teig umhüllt.

Den Backofen auf 150 °C vorheizen.

Für die Füllung das Steak von Sehnen befreien und in Würfel von 1 cm schneiden. Salzen und pfeffern. In einem Schmortopf oder einer Kasserolle (mit Deckel) 1 EL Bratenfett bei starker Hitze heiß werden lassen. Das Fleisch portionsweise rasch anbräunen. Bei Bedarf mehr Fett zugeben. Das Fleisch auf eine Platte legen.

Zwiebel, Karotte, Sellerie, Rosmarinstengel und Lorbeerblatt in den Topf geben und auf mittlere Hitze reduzieren. Die Gemüse 3 bis 5 Minuten unter Rühren braten, bis sie etwas weich sind. Den Pilzstiel entfernen und für die Brühe beiseitelegen. Den Hut in 1 cm große Würfel schneiden und ebenfalls in den Topf geben. Mit dem Portwein ablöschen und mit einem Kochlöffel den Bratensatz lösen. Das Fleisch mit dem ausgetretenen Bratensaft wieder in den Topf geben und mit dem Mehl bestäuben. Gut durchrühren.

Rinderbrühe, Senfpulver und Worcestersauce verrühren und in den Topf gießen. Alles unter Rühren zum Kochen bringen. Dann den Topf mit angefeuchtetem Backpapier (siehe Tipp) abdecken, den Deckel auflegen und für 1 Stunde in den Backofen schieben.

Das Fleisch durchrühren und ohne Deckel etwa 30 Minuten im Ofen weitergaren, bis es gerade weich ist.

Ein Sieb auf eine Schüssel setzen und die Fleischmischung hineingeben. Die Überreste der Rosmarinstengel und das Lorbeerblatt entfernen. Die Fleischmischung in eine Schüssel geben, die Flüssigkeit in einen Messbecher; es sollten etwa 125 ml sein. Wenn es weniger ist, Wasser zufügen; wenn zu viel, aufkochen und reduzieren. Abschmecken. Fleisch und Flüssigkeit getrennt abkühlen lassen.

Die Kalbsniere in Würfelchen schneiden, salzen und pfeffern. 1 EL Bratenfett in einer Pfanne bei großer Hitze schmelzen. Die Nierenwürfelchen darin rasch anbraten; sie sollten innen noch rosa sein. Zur Fleischmischung geben.

Eine Puddingform (1,5 l) mit dem übrigen Bratenfett einfetten und auf den Boden ein rundes Stück Backpapier legen.

Vom Teig ein Viertel abschneiden und beiseitestellen. Den übrigen Teig zu einem etwa 6 mm dicken Kreis von 35 cm Durchmesser ausrollen. Über die Faust legen und die Puddingform darüberstülpen. Die Form umdrehen und sorgfältig mit dem Teig auskleiden. Etwa 2,5 cm Teig sollten über den Formrand hängen.

Die abgekühlte Kochflüssigkeit unter die Fleisch-Nieren-Mischung rühren. In die Form füllen. Den restlichen Teig zu einem Kreis ausrollen, von gleichem Durchmesser wie der Pudding. Den überhängenden Teigrand über die Füllung schlagen und mit Wasser bepinseln. Den Teigkreis darauflegen (darauf achten, dass keine Luft eingeschlossen wird) und die beiden Ränder gut zusammendrücken.

Einen weiteren Backpapierkreis auf den Pudding legen, dann die Form oben mit einem großen Stück extra reißfester Alufolie abdecken, in das man vorher in der Mitte einen etwa 1 cm breiten Falz gemacht hat, damit sich der Foliendeckel während des Garens ausdehnen kann. Die Folie unter dem Formrand mit Schnur festbinden, damit kein Wasser in den Pudding tropfen kann.

Den Pudding in einen Dämpfer geben oder auf einem Dreifuß in einen großen Suppentopf stellen. (Wenn Sie keinen Dämpfkorb haben, hilft Ihnen der Tipp unten.) Den Topf mit Wasser bis etwa drei viertel Puddingformhöhe füllen, mit einem Deckel versehen und das Wasser rasch zum Kochen bringen. Die Hitze reduzieren, sodass das Wasser nur noch simmert, und den Pudding 2 Stunden garen. Eventuell Wasser nachgießen, damit es immer auf gleicher Höhe steht.

Den Pudding aus dem Wasserbad nehmen und 10 Minuten ruhen lassen. Folie und Backpapier entfernen und den Pudding auf eine angewärmte Platte stürzen. Den Pudding wie einen Kuchen in Stücke schneiden und servieren.

TIPPS Mit Backpapier (auch Backpergament) kann man sehr gut verhindern, dass die Fleischfüllung austrocknet. Ich feuchte es vorher an, so wird es weich und schmiegt sich ans Fleisch an. Außerdem kann man es so einfach reißen und muss es nicht exakt in Form schneiden. Auch nach dem Garen lasse ich das Papier auf dem Pudding, damit die Oberfläche nicht trocken wird.

Wenn Sie keinen Dämpfkorb haben, der in Ihren Topf passt, braucht Ihre Puddingform einen Griff. Legen Sie ein großes Stück Stoff über die Form. Machen Sie in der Mitte einen Falz und befestigen Sie den Stoff unter dem Formrand mit Schnur. Die vier Stoffzipfel nach oben schlagen und verknoten. An diesem Griff können Sie die Form aus dem heißen Wasser heben.

Wenn du Fett essen willst, dann iss gleich so viel, dass es dir das Kinn hinabrinnt

Ukrainisch

The fat is in the fire

das Fett ist im Feuer

Englische Redewendung dafür, dass etwas gesagt oder getan wurde, das großen Ärger verursacht

Gras comme un moine

fett wie ein Mönch

französischer Ausdruck für: sehr dick

Latte mit Nierenfett

In ihrem Buch *Food in England* empfiehlt Dorothy Hartley folgendes Heilmittel gegen Husten: Einen Esslöffel fein geriebenes Nierenfett und eine Prise Salz in einen halben Liter kochend heiße Milch einrühren und in ein Glas füllen, das man vorher mit einer Serviette umwickelt hat. Das hört sich wie das perfekte Getränk für eine Edel-Kaffeekette an, hat aber einen winzigen Haken. Hartley merkt an, dass dieses Getränk nicht nur gegen Husten, sondern auch »stuhlerweichend und abführend« wirkt.

Nierenfett-Teig für pikante Puddings

Ergibt Teig für eine Puddingform von 1,5 l

300 g Mehl

2 ½ TL Backpulver

150 g Rindernierenfett, fein gerieben

2 TL fein gehackter frischer Rosmarin

½ TL feines Meersalz

Diesen Teig benötigen Sie, wenn Sie einen original englischen Steak-and-Kidney-Pudding herstellen wollen. Sie können ihn aber auch für jeden anderen im Wasserbad gegarten pikanten Pudding verwenden. Kleiden Sie die Puddingform mit dem Teig aus und füllen Sie eine beliebige vorgekochte Fleischfüllung ein wie einen Rindfleisch-Gemüse-Eintopf oder einen Lammeintopf. Man sollte den Teig frühestens eine Stunde vor Verwendung herstellen. Wenn Sie lieber eine Pie backen, müssen Sie den Nierenfett-Teig für pikante Pies verwenden (siehe Rezept rechte Seite).

Das Mehl mit dem Backpulver sieben. Nierenfett, Rosmarin und Salz unterrühren. Mit einer Gabel so viel Wasser (etwa 250 ml) unterrühren, dass der Teig sich von der Schüssel löst. Den Teig auf eine bemehlte Arbeitsfläche legen und durchkneten, bis er glatt und geschmeidig ist. In Frischhaltefolie einwickeln und 30 Minuten in den Kühlschrank legen.

Nierenfett-Teig für pikante Pies

Dieser Teig ist genau derselbe wie der für Puddings im Wasserbad, aber das Rezept ergibt eine kleinere Menge. Man kann damit jede Art von pikanter Pie abdecken. Dabei können je nach Art der Füllung unterschiedliche Kräuter verwendet werden. Für eine Pie mit Hühnerfleisch können Sie den Rosmarin zum Beispiel durch gehackten Estragon oder glatte Petersilie ersetzen.

Ergibt Teig für eine Pie Ø 23–24 cm

250 g Mehl

2 TL Backpulver

125 g Rindernierenfett, fein gerieben

2 TL fein gehackter frischer Rosmarin (nach Belieben)

¼ TL feines Meersalz

Das Mehl mit dem Backpulver sieben. Nierenfett, Rosmarin und Salz unterrühren. Mit einer Gabel so viel kaltes Wasser (etwa 150 ml) unterrühren, dass der Teig sich von der Schüssel löst. Den Teig auf eine bemehlte Arbeitsfläche legen und durchkneten, bis er glatt und geschmeidig ist. In Frischhaltefolie einwickeln und 30 Minuten in den Kühlschrank legen.

Dr. Atkins' Held

Lange bevor Dr. Robert Atkins für seine Low-Carb-Diät berühmt wurde, propagierte ein gewisser Vilhjálmur Stefánsson eine kohlehydratfreie Ernährung. 1879 in Kanada geboren, verbrachte Stefánsson Anfang des 20. Jahrhunderts lange Zeit in der kanadischen und alaskischen Arktis. Er war eigentlich Naturwissenschaftler, verbrachte seine Tage aber auch damit, Aufzeichnungen über Leben und Kultur der Inuit anzufertigen. Während seiner Zeit bei den Inuit ernährte sich Stefánsson genau wie sie von Fisch, Fleisch und Fett. Obwohl er keinerlei frisches Obst oder Gemüse zu sich nahm, hatte er wie die Inuit nicht die geringsten Gesundheits- oder Zahnprobleme und litt auch nicht an Skorbut. Stefánsson schrieb seine Erfahrungen nieder und empfahl eine reine Fleischdiät als Weg zu guter Gesundheit. Verständlicherweise schlug ihm große Skepsis entgegen, da seine Ansicht der herrschenden medizinischen Meinung völlig zuwiderlief. Um seine Kritiker zu überzeugen, begab er sich 1928 ins Bellevue Hospital in New York und führte dort seine Fleischdiät ein Jahr lang unter medizinischer Aufsicht fort. Binnen Kurzem wurde er krank und die Ärzte freuten sich diebisch. Stefánsson erkannte jedoch rasch, was falsch lief, da er diesem Problem bereits in der Arktis begegnet war: Das Fleisch, das er aß, war zu mager. Er verlangte daraufhin gut marmoriertes Fleisch mit einer dicken Fettschicht (Wagyu-Rindfleisch hätte er wahrscheinlich geliebt) und hatte fortan keine gesundheitlichen Probleme mehr. Nachdem er ein ganzes Jahr lang nur fettes Fleisch gegessen hatte, konnten die Ärzte nicht die geringsten Gesundheitsmängel bei ihm feststellen.

Grillsteak mit Rotweinsauce und Knochenmark

Es gibt wohl kaum etwas Besseres als ein gut marmoriertes Rib-Steak, serviert mit Knochenmark darauf und einer Rotweinsauce dazu. Das üppige Mark zerläuft auf dem Steak, vermischt sich mit der Weinsauce und hebt das Rindfleischaroma hervor. Obwohl Fleisch immer mehr Geschmack hat, wenn es am Knochen gegart wird, können Sie diese Sauce natürlich auch zu ausgelösten Steaks servieren. Kalbsfond ist nicht schwierig herzustellen. Nehmen Sie eine gute, am besten hausgemachte Kalbsbouillon ohne Salz und reduzieren Sie sie, damit ihr Aroma noch konzentrierter wird. Für die 500 ml, die Sie für dieses Rezept benötigen, brauchen Sie 1 l Brühe. Sie können die Sauce bis zu einen Tag im Voraus machen und dann aufwärmen, während die Steaks ruhen.

Für 6 Portionen

500 ml Rotwein

4 Schalotten, gehackt

1 Karotte, in Scheiben geschnitten

3 Stengel Thymian

1 frisches Lorbeerblatt

½ TL schwarze Pfefferkörner, zerdrückt

500 ml Kalbsfond

2 Rib-Steaks mit Knochen, je 7,5 cm dick

Meersalz, schwarzer Pfeffer

6 ganze Stücke Rindermark (siehe S. 182)

Wein, Schalotten, Karotte, Thymian, Lorbeerblatt und Pfefferkörner bei großer Hitze in einem Topf zum Kochen bringen. Die Temperatur reduzieren und die Flüssigkeit 15 bis 20 Minuten sanft köcheln lassen, bis sie auf 150 ml eingekocht ist. Den Kalbsfond zugeben, die Sauce weiterköcheln lassen und so auf die Hälfte reduzieren. Jetzt durch ein feines Sieb gießen und dabei die Rückstände gut ausdrücken. Die Sauce kann bis zu 1 Tag im Kühlschrank aufbewahrt werden.

Die Steaks eine Stunde vor dem Braten aus dem Kühlschrank nehmen.

Den Backofengrill auf höchster Stufe erhitzen.

Die Steaks mit Salz und Pfeffer würzen. Pro Seite 1 Minute lang grillen. Die Temperatur reduzieren oder den Rost mit den Steaks etwas weiter vom Grill entfernt einschieben und die Steaks unter einmaligem Wenden etwa 10 bis 14 Minuten weitergrillen, bis das Bratenthermometer 48 bis 51 °C für *rare* (blutig) beziehungsweise 54 bis 58 °C für *medium-rare* (ganz innen blutig, der Rest rosa) anzeigt. Die Steaks aus dem Ofen nehmen, lose mit Alufolie bedecken und 10 Minuten ruhen lassen. Während dieser Zeit steigt die Temperatur im Inneren der Steaks noch einmal um ungefähr 2 °C.

Während das Fleisch ruht, die Sauce bei schwacher Mittelhitze erwärmen. Das Mark in 1 cm dicke Scheiben schneiden und diese etwa 2 Minuten in köchelndem Salzwasser pochieren, bis sie glasig und nicht mehr rosa sind. Herausnehmen und auf Küchenpapier abtropfen lassen.

Das Fleisch vom Knochen lösen und in dicke Scheiben schneiden. Auf einer Platte anrichten, mit dem Mark garnieren und mit der Sauce servieren.

Gebratene Kalbsniere

Für 2 Portionen

1 Kalbsniere mit Nierenfett (etwa 800 g nach dem Vorbereiten, siehe unten)

Meersalz, schwarzer Pfeffer

1 EL ausgelassenes Nierenfett (oder Rinderschmalz/ Bratenfett)

1 Schalotte, fein gehackt

60 ml Madeira

250 ml Kalbsbouillon

1 gehäufter TL Dijon-Senf

Ein Rezept für zwei Nierenliebhaber. Denken Sie beim Bestellen daran, dass unter »einer Niere« meistens das Nierenpaar verstanden wird, und sagen Sie dem Metzger ganz genau, wie Sie sie haben möchten. Die Kalbsniere wird als Ganzes gebraten, noch umgeben von einer Schicht Fett, das schmilzt und die Niere während des Bratens saftig hält. Wenn Sie die Niere danach aufschneiden, wird noch eine ganze Menge Fett daran sein, das Sie aber nicht essen müssen. Schneiden Sie es einfach weg, es hat seinen Dienst getan. Die Niere sollte rosa gebraten serviert werden; wenn man sie zu lange brät, wird sie trotz des Fetts zäh und trocken. Wann sie fertig ist, beurteilt man am besten mithilfe eines Bratenthermometers. Zu Nieren passen Salzkartoffeln oder Nierenfettklöße (S. 215) und ein grünes Gemüse.

Die Niere Zimmertemperatur annehmen lassen. Gut mit Salz und Pfeffer würzen. Den Backofen auf 65 °C vorheizen.

Das Schmalz in einem ofenfesten Schmortopf oder einer Kasserolle bei schwacher Mittelhitze schmelzen. Die Niere hineinlegen und den Topf mit einem Deckel versehen. Die Niere etwa 30 Minuten leise schmoren lassen und alle 10 Minuten wenden, bis das Bratenthermometer 48 °C anzeigt.

Die Niere auf eine Platte legen, locker mit Alufolie abdecken und in den Backofen schieben. Diesen abschalten.

Das Bratenfett aus dem Topf bis auf 1 EL abgießen (es kann für ein anderes Gericht verwendet werden). Die Schalotte darin bei mittlerer Hitze unter Rühren weich braten. Mit dem Madeira ablöschen und alles zum Kochen bringen. Dabei den Bratensatz mit einem hölzernen Kochlöffel lösen. Die Kalbsbouillon zufügen und die Sauce etwa 5 Minuten kochen lassen, bis sie auf etwa 75 ml reduziert ist. Den Senf einrühren und mit Salz und Pfeffer würzen.

Die Niere aus dem Backofen nehmen und den ausgetretenen Bratensaft zur Sauce geben. Die Sauce durch ein feines Sieb passieren.

Die Niere in gut 5 mm dicke Scheiben schneiden und mit der Sauce servieren.

Kalbsnieren vorbereiten

Um eine Kalbsniere mit Nierenfett zubereiten zu können, müssen Sie bei Ihrem Metzger eine Sonderbestellung aufgeben. Mein Metzger in Paris hat für mich immer eine Niere mit Nierenfett küchenfertig hergerichtet, so dass ich selbst gar nichts mehr zu tun hatte. Als ich in Toronto eine Kalbsniere mit Fett bestellte, bekam ich gleich ein ganzes Paar mit dem gesamten Nierenfett daran. Wenn Sie experimentierfreudig sind, ist das genau das Richtige, denn Sie bekommen dann eine große Menge Nierenfett, das Sie auch noch für andere Zwecke reiben oder auslassen können. Außerdem können Sie die Niere mit etwas mehr Fett daran braten. Die zweite Niere können Sie für Steak-and-Kidney-Pudding (S. 196) verwenden oder bis zu 3 Monate einfrieren.

Um die Niere für die gebratene Kalbsniere (Rezept linke Seite) vorzubereiten, müssen Sie erst die beiden Nieren voneinander trennen und von jeder das papierne Häutchen und alle großen Fettstücke entfernen. Jede Niere ist zu etwa drei Viertel von Fett umschlossen. Entfernen Sie zuerst alle Reste von Blut- und anderen Gefäßen. Schneiden Sie das Fett um die Niere bis auf eine etwa 6 mm dicke Schicht ab. Das muss nicht völlig gleichmäßig sein, die Niere sollte lediglich größtenteils von einer dünnen Fettschicht bedeckt sein. Nierenfett ist fest und brüchig, deshalb ist die Fettschicht auch nicht geschmeidig, sondern hat Spalten und Risse. Es ist kein Problem, wenn manche Stellen gar nicht von Fett bedeckt sind. Das Nierenfett, das Sie abgeschnitten haben, kann gerieben und im Kühlschrank aufbewahrt oder eingefroren werden (siehe S. 181).

Der schmutzige Donnerstag und das Fest der fetten Rinder

In Bazas, einer Stadt südlich von Bordeaux, wird jedes Jahr am *jeudi gras* (»fetter« – beziehungsweise schmutziger Donnerstag) sechs Tage vor Karnevalsende die *fête des bœufs gras*, das Fest der fetten Rinder, gefeiert. Diese Tradition hat ihren Ursprung im Jahr 1283. Damals verfügte König Eduard I. von England, der gleichzeitig Herzog von Aquitanien war, dass alle Fleischer der Stadt einen Stier an die Kirche abzugeben hatten. Im Ausgleich dafür sollte es ihnen gestattet sein, ihr Vieh durch die Stadt zu treiben. Obwohl die Kirche natürlich den größten Vorteil aus diesem Dekret zog, machten die Fleischer das Beste daraus und feierten bei dieser Gelegenheit ein Fest, das bis zum heutigen Tag abgehalten wird. Dabei wird gleichzeitig Werbung für die Rinderrasse dieser Gegend gemacht, die Bazadaise heißt. Diese großen Tiere, die im Alter von dreieinhalb bis vier Jahren geschlachtet werden, liefern ein wunderbar marmoriertes Fleisch mit einer dicken Fettschicht rundum, die durch eine spezielle Getreidemast während der letzten 6 Lebensmonate erzielt wird.

Die Tiere werden bei dem Fest durch die Stadt getrieben, aber es handelt sich nicht um ein Stierrennen. Die massiven Rinder sind bis zu eine Tonne schwer und werden, obwohl sie als fügsam gelten, paarweise an Pritschenwagen angebunden, damit nichts passieren kann. Geputzt und gestriegelt und prächtig mit Bändern verziert, tragen die ausgewählten Bullen einen Kopfschmuck mit dem Namen des Züchters und der Fleischerei, in der ihr Leben enden wird. Dabei sind ihre stolzen Besitzer mit ihren Baskenmützen und schweren Holzknüppeln in den Händen, mit denen sie die Tiere dirigieren. Die Prozession wird begleitet von den Stadtpfeifern und -trommlern und einer Truppe junger Volkstänzer, von denen einige wagemutig auf Stelzen laufen. Während der Zug sich durch die Stadt windet, hält er bei jeder Fleischerei an, die auf dem Kopfschmuck eines Bullen genannt ist. Während das ahnungslose Tier draußen vor der Stätte seiner letzten Ruhe wartet, genießen die Teilnehmer der Prozession bei einem Plausch mit dem Metzger ein Glas Wein und natürlich auch gegrilltes Bazadaise-Rind. Zum Schluss erreicht die Prozession den Stadtplatz, wo eine große Menge darauf wartet, dass eine Jury aus Rinderzüchtern, Fleischern und Experten vom Landwirtschaftskolleg das beste Tier auswählt. Die Festlichkeiten enden mit einem riesigen Abendessen für mehr als 1200 Gäste, in dessen Verlauf mehrere Glückspilze in die Confrérie Bazadaise du Bœuf aufgenommen werden. Diese Auserwählten dürfen nicht nur imposante rot-gelbe Samtpelerinen tragen, die das mit gelbem Fett durchzogene rote Fleisch symbolisieren sollen, sondern es wird ihnen auch noch die Ehre zuteil, im folgenden Jahr die Parade anzuführen. Und was speisen die werten Gäste und Bruderschaftsmitglieder? Gegrilltes Entrecôte vom Bazadaise-Rind natürlich, das sie mit einem Bordeaux hinunterspülen.

Rindermark in Rotwein-Butter-Sauce

Für 4 Portionen

1 Rezeptmenge Beurre rouge (S. 49)

4 Scheiben Brioche (oder anderes mit Ei gebackenes Hefebrot), 2 cm dick

8 ganze Stücke Knochenmark (siehe S. 182)

Diese Kombination aus Knochenmark und Buttersauce könnte zwar auch Steaks begleiten, ist aber eigentlich ein eigenständiger Gang. Die seidige Buttersauce geht eine wunderbare Verbindung mit dem zartschmelzenden Knochenmark ein, und heraus kommt ein wunderbar üppiges Gericht, das zeigt, wie gut Fett schmecken kann. Das Rezept erfordert ein wenig Organisation im Voraus, aber die Mühe lohnt sich für ein Abendessen mit Freunden, die Sie mit dieser Vorspeise beeindrucken werden. Zum Ausgleich sollten Sie ein einfaches und stressfreies Hauptgericht wählen. Oder Sie servieren das Rindermark zum Mittagessen, gefolgt von einem grünen Salat. Wenn Sie keinen Briochelaib finden, tut es auch ein anderes mit Ei gebackenes Hefebrot.

Den Backofen auf 100 °C vorheizen.

Die Beurre rouge zubereiten und in einem gläsernen Messbecher, den man in einen Topf mit etwa 48 °C warmem Wasser stellt, bei ganz schwacher Hitze auf der Herdplatte warm stellen. Die Briochescheiben toasten, auf Teller geben und im Ofen warm halten.

Salzwasser in einem Topf bei schwacher Hitze zum Köcheln bringen. Das Mark in 1 cm dicke Scheiben schneiden und etwa 2 Minuten im Salzwasser pochieren, bis es glasig und nicht mehr rosa ist. Auf Küchenpapier abtropfen lassen.

Die Markscheiben auf die Toasts setzen und die warme Buttersauce darüberlöffeln. Sofort servieren.

VARIANTE Statt Knochenmark kann man auch Würfel von kurz in Butter sautierter oder in Wasser pochierter Foie gras verwenden.

Das bestmarmorierte Fleisch der Welt: Wagyu-Rind

Das edelste Rindfleisch, das man in Japan bekommen kann, ist Wagyu-Rind (*wa* bedeutet japanisch und *gyu* Rind). Es wird oft als Kobe-Rind bezeichnet, weil viele dieser Rinder in der Region Kobe gemästet werden. Die genetische Anlage dieser Rasse zusammen mit einer speziellen Fütterungsmethode ergibt ein so üppig marmoriertes Fleisch, dass es manchmal so wirkt, als wäre das Fett von Fleisch durchzogen und nicht umgekehrt. Das Fett gibt diesem Fleisch jedenfalls seinen typischen Geschmack und seine Saftigkeit. Analysen zeigen, dass das Fleisch, ähnlich wie Knochenmark, mehr einfach ungesättigtes Fett enthält als anderes Rindfleisch, weswegen es buchstäblich im Mund zergeht. Es existieren unzählige Geschichten über das verwöhnte Leben der Wagyu-Rinder. Sie bekommen zwar tatsächlich zur Anregung ihrer Verdauung Bier zu trinken, aber die angebliche Beschallung mit Musik und die tägliche Massage gehören ins Reich des Mythos.

Wagyu-Rinder werden heute von Texas bis Australien gezüchtet und erzielen hohe Preise, aber nicht jedes Wagyu-Rindfleisch ist von außergewöhnlicher Qualität. Deshalb erwägen die Japaner, die Verwendung des Begriffs Wagyu gesetzlich auf Vieh beschränken zu lassen, das in Japan aufgezogen wurde.

Indischer Aufstand

Der Indische Aufstand von 1857, der häufig als der erste Unabhängigkeitskrieg der Inder gegen die britische Besatzungsmacht angesehen wird, wurde ausgelöst durch – Fett. Die Briten hielten Indien seit dem 17. Jahrhundert mithilfe der East India Company (EIC) in der Hand. Das war ein Handelsunternehmen, hinter dem die Waffengewalt von 40 000 britischen Soldaten und 200 000 indischen Soldaten, den sogenannten Sepoys, stand. Über das Schulsystem zwang die Kolonialmacht den Indern ihre eigenen Moralvorstellungen, ihre Kultur und Religion auf, was zu gefährlichen Spannungen mit den unterschiedlichen Kulturen des indischen Subkontinents führte. Die wirtschaftliche Ausbeutung der einheimischen Bevölkerung durch die EIC trug noch ihren Teil dazu bei – die durch zahlreiche Missernten und Nahrungsmittelengpässe ohnehin bedrückende Armut wurde durch die äußerst geringen Löhne noch verschlimmert.

Im hinduistischen Kastensystem verliert man seine Kastenzugehörigkeit, wenn man über »die schwarzen Wasser«, das Meer also, reist. Als deshalb 1856 eine Vorschrift erlassen wurde, dass alle Sepoys in Burma dienen sollten, bedeutete das, dass jeder hinduistische Soldat, der nach Burma geschickt wurde, aus seiner Kaste verstoßen würde. Ungefähr zur selben Zeit bekamen die Sepoys eine neue Waffe ausgehändigt – das sogenannte Enfield-Gewehr. Zum Laden dieses Gewehrs musste der Soldat eine Papierpatrone mit den Zähnen aufbeißen, das Schießpulver in den Lauf schütten und die Patrone als Propf hinterherstopfen, ehe die Kugel in den Lauf gestoßen wurde. Unter den Soldaten verbreitete sich das Gerücht, dass die Patronen mit einer Mischung aus Schweineschmalz und Rindernierenfett imprägniert waren. Als die Sepoys sich beschwerten, bekamen sie von den britischen Offizieren die flapsige Antwort, wenn sie ein Problem damit hätten, sollten sie sich doch ihre eigenen Patronen herstellen und sie mit Wachs oder Öl imprägnieren. Diese offen zur Schau getragene Gleichgültigkeit befeuerte die Gerüchte nur noch und brachte sowohl die muslimischen als auch die hinduistischen Soldaten in Rage. Denn der Genuss von Schweinefett war in der muslimischen Religion verboten, während die Verwendung von Rindertalg die Hindus beleidigte, die Kühe als heilige Tiere ansahen. Als die Briten ihren Fehler endlich einsahen, war es zu spät: Die folgende Rebellion führte dazu, dass die Ostindienkompanie die Kontrolle über Indien verlor und die britische Regierung die Verwaltung des Subkontinents übernahm. Sie führte zahlreiche Reformen durch, bezog die Inder in die Regierung und den öffentlichen Dienst mit ein und übte größere Toleranz gegenüber den nichtchristlichen Religionen.

Risotto alla milanese

Für 6 Portionen

1 EL Butter

Mark von 6 Markknochen (je 7,5 cm lang), gewässert und gewürfelt (siehe S. 182)

2 Schalotten, fein gehackt

½ TL Safranfäden

2 l Rinderbrühe

300 g Risottoreis (Arborio, Vialone, Carnaroli)

150 ml trockener Weißwein

30 g Parmesan, fein gerieben

Meersalz, schwarzer Pfeffer

Manchmal werden im Englischen stark auf das Wichtigste verknappte Gedanken oder Abhandlungen mit *pemmican* bezeichnet.

Dieses italienische Gericht schmeckt nicht nur herrlich, sondern sieht mit seiner kräftig goldgelben Farbe auch schön aus. Es ist eine köstliche Vorspeise und auch die klassische Beilage für Ossobuco und passt außerdem wunderbar zu gegrillten Kalbskoteletts. Leider ist auch der Risotto alla milanese wegen unserer Angst vor Fett verfälscht worden. Erst als ich einem Chefkoch bei der Zubereitung über die Schulter sehen durfte, ist mir klar geworden, warum Risottos in Italien so gut schmecken: Als sein Risotto fertig war, gab er etwa ein halbes Pfund Butter daran. Weil Knochenmark vorwiegend aus ungesättigtem Fett und vielen wichtigen Nährstoffen besteht, können Sie es Ihrem Risotto guten Gewissens beifügen, im Wissen, dass es nicht nur gut schmeckt, sondern auch Ihrer Gesundheit guttut.

Die Butter bei schwacher Mittelhitze in einem großen Topf schmelzen. Das Knochenmark und die Schalotten etwa 3 Minuten braten, bis die Schalotte weich ist. Der Großteil des Marks wird dann geschmolzen sein.

Währenddessen in einem anderen großen Topf die Safranfäden etwa 30 Sekunden bei mittlerer Hitze rösten, bis sie zu duften beginnen. Die Brühe dazugießen und zum Kochen bringen. Dann die Temperatur so weit reduzieren, dass die Brühe gerade noch leise köchelt.

Den Reis zum Mark geben und rühren, bis die Reiskörner gleichmäßig von Fett überzogen sind. Den Wein dazugießen und unter Rühren vollständig verdampfen lassen. Jetzt eine Schöpfkelle heiße Brühe dazugießen und den köchelnden Reis ununterbrochen rühren, bis die Flüssigkeit fast vollständig aufgenommen ist. So die gesamte Brühe nach und nach kellenweise zugeben.

Nach 15 bis 20 Minuten ist der Reis cremig und al dente. Den Risotto vom Herd nehmen, den Parmesan unterrühren und mit Salz und Pfeffer abschmecken. Sofort servieren.

Pemmikan

Pemmican ist ein Wort aus der Sprache der Cree-Indianer und bedeutet nichts anderes als Fett. Dieses Nahrungsmittel der Ureinwohner Amerikas wurde traditionell aus getrocknetem Fleisch, meist vom Büffel, hergestellt, das zu einer Paste zerstampft und dann in Rohledersäcke gefüllt wurde. Das Fleisch wurde mit flüssigem Knochenmark begossen und so zusammengehalten und konserviert. Da Pemmikan leicht, lange haltbar und sehr nahrhaft ist, war er *das* Grundnahrungsmittel für die ersten europäischen Pelzhändler und Trapper in Nordamerika. Daneben war er eine wichtige Einnahmequelle für die Eingeborenenvölker in Amerika. Sie fügten der Mischung Beeren, Zucker und Getreide zu, um sie für europäische Gaumen gefälliger zu machen. Das Nahrungsmittel war von so großer Bedeutung für das Überleben der Pelzhändler und ersten Siedler in Kanada, dass zwischen den Ureinwohnern und den Europäern Streit um die Pemmikanversorgung entbrannte.

Lammrippchen mit Flageolet-Bohnen

Für 4 Portionen

350 g getrocknete Flageolet-Bohnen, über Nacht in kaltem Wasser eingeweicht

1 kg Brustrippen vom Lamm, küchenfertig vorbereitet

grobes Meersalz, schwarzer Pfeffer

2 EL Lamm- oder Schweineschmalz

1 Zwiebel, gehackt

1 Karotte, gehackt

1 Selleriestange mit Blättern, in Scheibchen geschnitten

400 g Dosentomaten

3 Knoblauchzehen

4 Stengel Thymian

1 großer Streifen Zitronenschale, unbehandelt

1 frisches Lorbeerblatt

750 ml Lammbrühe

2 EL Zitronensaft

15 g frische Minzeblätter, zerpflückt

Brustrippen vom Lamm sind herrlich fette Fleischstücke und eignen sich deshalb bestens für die Zubereitung mit getrockneten Bohnen, die erst zusammen mit Fett richtig Geschmack entwickeln. Flageolet-Bohnen sind kleine nierenförmige Bohnenkerne, deren Farbe von blassgrün bis cremeweiß variiert und die traditionell mit Lamm serviert werden. Sie sind nicht immer leicht zu bekommen, aber das sollte Sie nicht von der Zubereitung dieses Gerichts abhalten; nehmen Sie notfalls einfach mittelgroße weiße Bohnen (z. B. Great Northern Beans oder Cannelini).

Sie können dieses Gericht im Kühlschrank aufbewahren, es schmeckt auch aufgewärmt sehr gut. Lediglich Zitrone und Minze sollten erst kurz vor dem Servieren zugegeben werden, denn diese Aromen müssen frisch sein. Kochen Sie die Rippchen möglichst in Lammschmalz, das verstärkt das Aroma. Das Rezept ergibt eine vollständige Mahlzeit, Sie müssen nichts anderes dazu servieren.

Die Bohnen abgießen und beiseitestellen. Das Einweichwasser wegschütten.

Den Backofen auf 150 °C vorheizen.

Das durchsichtige Häutchen von der Knochenseite der Rippen entfernen, indem man mit einem scharfen Messer darunterfährt und es abzieht. Dann, abhängig von der Größe des Rippenstücks, dieses in einzelne oder paarige Rippen schneiden. Mit Salz und Pfeffer würzen. In einer Kasserolle das Schmalz bei mittlerer bis starker Hitze schmelzen und die Rippen portionsweise anbräunen. Auf eine Platte legen und beiseitestellen.

Zwiebel, Karotte und Sellerie in den Topf geben und weich braten. Die Tomaten mit ihrem Saft zufügen und zum Kochen bringen. Mit einem hölzernen Kochlöffel den Bratensatz vom Boden lösen. Knoblauch, Thymian, Zitronenschale, Lorbeerblatt und die abgetropften Bohnen zufügen. Die Brühe angießen und die gebräunten Lammrippchen in den Topf legen. Alles zum Kochen bringen, den Topf mit einem Stück angefeuchtetem Backpapier (siehe Tipp S. 197) abdecken und den Deckel darauflegen. Den Topf in den Backofen stellen und die Rippchen 2 Stunden schmoren. Danach sollten die Bohnen weich genug sein. Alles noch 30 Minuten offen im Backofen garen.

Thymian und Zitronenschale herausnehmen und 2 TL Salz zufügen. Abschmecken. Unmittelbar vor dem Servieren den Zitronensaft und die Minze unterrühren.

Lammschulter auf Kapmalaien-Art

Dieses Rezept stammt ursprünglich von den malaiischen Sklaven, die von den Niederländern nach Südafrika gebracht wurden. Als Muslime kochten sie gern Lamm und mischten es mit Gewürzen und der sauren Tamarinde aus ihrer Heimat. Ich verwende die äthiopische Gewürzbutter (S. 35), um das Lamm anzubraten und dem Gericht zusätzlich Aroma zu geben, aber wenn es mir endlich einmal gelingt, ein Lamm mit Fettschwanz (siehe S. 219) zu bekommen, werde ich das Fett aus dem Schwanz dafür verwenden. Ich schlage vor, dass Sie für dieses Gericht eine Lammschulter mit Knochen kaufen und sie entweder selbst auslösen oder das von Ihrem Metzger erledigen lassen. Aus den Knochen können Sie Brühe kochen und aus dem Fleisch schöne fett marmorierte Stücke für dieses Rezept schneiden. Das restliche Fleisch und Fett können Sie für Lammwürstchen mit Rosmarin und Rotwein (S. 218) zurückbehalten. Servieren Sie das Lamm mit Reis oder, wenn es ganz afrikanisch sein soll, mit Couscous.

Für 4 bis 6 Portionen

- 2 EL Tamarindenmark
- 900 g Lammschulter, in 4 cm große Stücke geschnitten
- Meersalz, schwarzer Pfeffer
- 60 g äthiopische Gewürzbutter (S. 35)
- 2 große Zwiebeln, in feine Ringe geschnitten
- 2 Serrano-Chilischoten ohne Samen, gehackt
- 1 EL brauner Zucker
- 3 Knoblauchzehen, zerdrückt
- 3 frische Lorbeerblätter
- 6 Gewürznelken
- ½ TL Cayennepfeffer
- ¼ TL gemahlene Muskatnuss
- ¼ TL gemahlener Piment
- 450 g Kürbis (z. B. Hokkaido oder Hubbard) oder Süßkartoffeln
- 15 g Koriandergrün, gehackt

Das Tamarindenmark mit 250 ml kochendem Wasser in eine Schüssel geben und beiseitestellen.

Das Lammfleisch trocken tupfen und mit Salz und Pfeffer würzen. Gut 1 EL der Gewürzbutter in einer großen Bratpfanne mit hohem Rand oder einem Schmortopf (mit Deckel) bei mittlerer bis starker Hitze schmelzen. Wenn die Butter gerade braun wird, die Hälfte des Lammfleischs rundum anbraten, mit 1 weiteren EL Butter die andere Hälfte. Herausnehmen, auf schwache bis mittlere Hitze reduzieren und die restliche Butter, die Zwiebeln und Chilischoten in die Pfanne geben und etwa 5 Minuten unter Rühren braten, bis die Zwiebeln weich sind. Mit 60 ml Wasser ablöschen, alles zum Kochen bringen und den Bratensatz vom Boden lösen. Wenn das Wasser verkocht ist, die Pfanne von der Herdplatte nehmen.

Mit den Fingern das Tamarindenmark im Einweichwasser auflösen und dabei alle Samen entfernen. Tamarinde und Flüssigkeit in den Mixer geben, den braunen Zucker zufügen und alles mixen, bis eine gleichmäßige Paste entsteht. Diese über die Zwiebeln in der Pfanne gießen, Knoblauch, Lorbeerblätter, Nelken, 1 TL Salz, Cayennepfeffer, Muskat und Piment zugeben. Alles gut verrühren. Eine großzügige Menge Pfeffer hineinmahlen (etwa 20 Umdrehungen) und das Lammfleisch mit dem ausgetretenen Bratensaft dazugeben. Bei mittlerer Hitze zum Kochen bringen, die Hitze reduzieren, so dass es nur noch leise köchelt. Den Deckel auf die Pfanne legen und das Fleisch 1 Stunde unter gelegentlichem Rühren schmoren.

Unterdessen den Kürbis schälen und in 2,5 cm große Würfel schneiden. Die Kürbiswürfel in die Pfanne geben und alles ohne Deckel unter häufigem Rühren weitere 30 Minuten garen, bis Kürbis und Lammfleisch weich sind. Unmittelbar vor dem Servieren das Koriandergrün über das Gericht streuen.

Geschmorter Ochsenschwanz

Für 4 bis 6 Portionen

2,25 kg Ochsenschwanz, in Stücken

Meersalz, schwarzer Pfeffer

3 EL Bratenfett vom Rind oder Rinderschmalz

3 Selleriestangen, längs halbiert und in Scheibchen geschnitten

2 Zwiebeln, gehackt

2 Karotten, gehackt

1 große Orange, unbehandelt

250 ml Rotwein

750 ml Rinderbrühe

4 Knoblauchzehen, zerdrückt

1 EL Tomatenmark

3 frische Lorbeerblätter

1 TL gerösteter Kreuzkümmel

2 Gewürznelken

1 Sternanis

Ochsenschwanz ist ein wunderbar fettes Stück Fleisch, wird aber oft verschmäht. Viele Leute haben nicht das geringste Problem, ein Rinderbein zu verspeisen, aber der Gedanke, auf einem Schwanz herumzukauen, wirkt offenbar sehr abschreckend. Ochsenschwanz wird meist in Stücken verkauft, die zum Schwanzende hin natürlich immer kleiner werden. Die fleischigen Stücke vom oberen Schwanzende können für fast jeden Rindfleischeintopf verwendet werden. Ochsenschwanz muss zwar länger gegart werden als jedes andere Fleisch vom Rind, aber er hat ein herrlich intensives Aroma und eine wunderbar weiche Konsistenz. Das Geheimnis seiner Zubereitung liegt darin, ihn ein bis zwei Tage vor dem Servieren zu kochen. So kann sich das Fett absetzen und man kann es leicht entfernen und anderweitig verwenden. Servieren Sie den Ochsenschwanz mit Nierenfettklößen (S. 215), die Sie in Rinderbrühe gar ziehen lassen.

Den Backofen auf 150 °C vorheizen.

Die Ochsenschwanzstücke kurz waschen, trocken tupfen und mit Salz und Pfeffer würzen. In einem feuerfesten Schmortopf oder einer Kasserolle das Bratenfett bei mittlerer bis starker Hitze schmelzen und die Ochsenschwanzstücke portionsweise darin anbraten. Wenn sie braun sind, auf eine Platte legen.

Die Orangenschale in langen Streifen abschälen und Schale und Orange beiseitestellen. Sellerie, Zwiebeln und Karotten in den Topf geben und etwa 5 Minuten braten, bis sie etwas weich geworden sind. Mit dem Wein ablöschen und zum Kochen bringen. Dabei mit einem hölzernen Kochlöffel den Bratensatz vom Topfboden lösen. Brühe, Knoblauch und Tomatenmark einrühren, dann die Orangenschale, die Lorbeerblätter, den Kreuzkümmel, die Nelken und den Sternanis zugeben.

Den Ochsenschwanz wieder in den Topf geben, diesen mit einem angefeuchteten Stück Backpapier abdecken (siehe Tipp S. 197) und den Deckel darauflegen. Das Fleisch 3 bis 4 Stunden im Ofen schmoren, bis es zart ist, aber noch nicht vom Knochen fällt. Die Fleischstücke herausnehmen und auf eine Platte legen. Die Kochflüssigkeit durch ein Sieb in einen großen Messbecher aus Glas gießen und abkühlen lassen. Abdecken und Fleisch wie Kochflüssigkeit über Nacht in den Kühlschrank stellen.

Am nächsten Tag alles Fett von der gelierten Kochflüssigkeit und von den Fleischstücken entfernen und beiseitestellen; es kann später geklärt und zur Zubereitung anderer Gerichte verwendet werden.

Den Backofen auf 150 °C vorheizen. Die Orange auspressen; es werden 125 ml Saft benötigt.

Den Ochsenschwanz in eine Auflaufform umfüllen. Die gelierte Kochflüssigkeit in einem Topf bei mittlerer Hitze zum Kochen bringen. So lange kochen lassen, bis sie auf etwa 500 ml reduziert ist. Den Orangensaft zugeben und dann die Flüssigkeit über die Fleischstücke gießen.

Die Ochsenschwanzstücke im Backofen ohne Deckel etwa 1 Stunde garen (einmal wenden), bis das Fleisch fast vom Knochen fällt. Mit Nierenfettklößen servieren.

Bratenfett-Teig

Dieser kompakte Teig kann jede Art von Rindfleisch- oder Rindfleisch-Gemüse-Füllung umschließen. In England fertigt man damit die typischen *pasties*, kleine Pasteten mit vorwiegend pikanter Füllung. Der Teig lässt sich auch sehr gut einfrieren.

Ergibt Teig für 9 Pasteten

500 g Mehl

1 TL feines Meersalz

175 g Bratenfett vom Rind oder ausgelassenes Nierenfett, gewürfelt

60 ml Eiswasser plus 2 TL extra

Mehl und Salz in der Küchenmaschine vermischen. Das Bratenfett zugeben und die Mischung so lange bearbeiten, bis sie groben Semmelbröseln ähnelt. In eine Schüssel umfüllen.

60 ml Eiswasser dazugießen und alles mit einer Gabel vermengen. Eine Probe zwischen den Fingern zusammenpressen. Wenn sie zusammenhält, den Teig auf eine leicht bemehlte Arbeitsfläche legen, wenn nicht, 2 TL Eiswasser zugeben und erneut testen.

Den Teig vorsichtig zu einer Kugel kneten und halbieren. Jede der Hälften zu einer Scheibe flach drücken, in Frischhaltefolie einschlagen und mindestens 30 Minuten in den Kühlschrank legen.

Fettige Gastfreundschaft

Als Wüstenbewohner verschwendeten die Beduinen ihre begrenzten Wasservorräte nicht mit Händewaschen, sondern wischten sich die Hände nach dem Essen traditionell an dem Tuchstück ab, das den Zeltausgang ihrer Gastgeber bedeckte. Je fettiger dieses Tuchende war, desto angesehener war der Besitzer für seine Gastfreundschaft.

> »Die Höflichen unter uns gingen zum Ende des Zelts, wo der Tuchzipfel des Zeltdachs als Türvorhang hinter den letzten Zeltstangen herabhing; und an diesem Clanschnupftuch (dessen grobes Ziegenhaargewebe durch den häufigen Gebrauch ganz geschmeidig geworden war und schmierig glänzte) wischten wir den Gutteil des Fetts von unseren Händen ab.« – T. E. Lawrence

Cornish Pasty

Eine *Cornish pasty* ist eine kleine kompakte Pastete, gefüllt mit Fleisch und Gemüse. Ich habe ja eine Schwäche für diese Pasteten, weil sie das Einzige waren, was ich als Kind auf der Couch beim Fernsehen essen durfte. Pastys haben viele Verwandte auf der ganzen Welt: Empanadas, Samosas, Piroggen – alles Pasteten zum Mitnehmen mit pikanten Füllungen. Bei den englischen Pastys wird die Füllung roh auf einen Teigkreis gegeben, der zusammengeklappt und an den Rändern gut zusammengepresst wird, so dass die Füllung im eigenen Saft garen kann. Bratenfett-Teig (S. 211) ist die beste Wahl für diese Pasteten, denn er ist robust genug, um die Füllung halten zu können, und hat einen milden Rindfleischgeschmack. Traditionell werden die Pastys eigentlich stehend gebacken, aber man kann sie auch flach aufs Blech legen. Servieren Sie Ihre Pastys heiß oder lauwarm oder mit Relish, Chutney oder einer Tomatensauce.

Für 9 Pastetchen

- 1 Rezeptmenge Bratenfett-Teig (S. 211)
- 450 g marmoriertes Lendensteak vom Rind (Sirloin-Steak)
- 1 Kartoffel
- 1 Zwiebel
- 1 Karotte
- 1 kleine Steckrübe
- 1 EL gehackte glatte Petersilie
- 1 TL fein gehackter frischer Rosmarin
- 1 TL Meersalz
- schwarzer Pfeffer
- 1 Ei

Den Backofen auf 200 °C vorheizen. Den Teig aus dem Kühlschrank nehmen.

Das Fleisch in 1 cm große Würfel schneiden (dabei von allen Sehnen befreien) und in eine Schüssel legen. Die Kartoffel, die Zwiebel, die Karotte und die Steckrübe schälen und in Würfelchen schneiden. Das Gemüse zusammen mit Petersilie, Rosmarin und Salz zum Fleisch geben. Gut mit Pfeffer würzen und vermengen. Das Ei mit 1 EL Wasser verquirlen.

Auf einer bemehlten Arbeitsfläche den Teig etwa 6 mm dick ausrollen. Neun Kreise von 15 cm Durchmesser ausschneiden, dafür nach Bedarf die Teigreste wieder zusammenkneten und ausrollen. Die Füllung in die Mitte der Teigkreise geben. Den Teigrand mit Ei bestreichen. Jeden Teigkreis zu einem Halbmond zusammenklappen. Die Ränder gut zusammenpressen. Die Pasteten auf ein Backblech legen.

Die Pastys mit Ei bestreichen und mit einer Gabel mehrere Male einstechen. 20 Minuten backen, die Temperatur auf 180 °C reduzieren und die Pastys noch 25 Minuten weiterbacken, bis sie goldbraun sind und etwas Garflüssigkeit aus den Löchern in der Oberseite ausgetreten ist.

Cornish Pasty und ihre Entstehung

In Cornwall in England, der Heimat der *Cornish pasty,* nahmen Bergleute oder Fischer die robusten Pasteten ins Bergwerk oder auf ihre Boote mit und hatten so eine komplette Mahlzeit dabei, die auch noch gut zu transportieren war. Bei jeder Pasty wurden am Rand die Initialen des Besitzers in den Teig gedrückt, damit es kein Durcheinander gab, wenn der Hunger sich meldete. Es gab Pastys mit allen möglichen Füllungen von Fleisch und Fisch mit Gemüse bis hin zu Obst. Sie gelangten jedoch nicht nur unter Tage, sondern mit Auswanderern aus Cornwall auch bis nach Australien, wo sie, gefüllt mit Lamm und Gemüse, noch heute sehr beliebt sind. In den USA gelten sie als regionale Spezialität aus dem nördlichen Michigan. In den Sechzigerjahren des 19. Jahrhunderts kamen nämlich Emigranten aus Cornwall dorthin, um in den Kupferminen zu arbeiten, und brachten ihre Pastys mit. Mit der nächsten Einwanderungswelle kamen dann Finnen in die Gegend. Sie erkannten in den Pastys sofort enge Verwandte ihrer *piirakka,* Pasteten aus Weizenvollkorn, gefüllt mit Reis oder Kartoffeln, und *kalakukko,* Pasteten mit einer Füllung aus Fett und Fisch, gegart in Roggenteig. Auch alle weiteren Immigranten nahmen Einfluss auf die Pastys in Michigan. Die beliebteste Variante heute hat eine Füllung aus Rindfleisch und Gemüse und wird in Bäckereien, Lebensmittelläden, Bars und Restaurants verkauft. Die Pastys sind jedoch auch über die Grenzen von Michigan hinaus bis nach Florida und Kalifornien gelangt, wo eine Hähnchen-Chili-Füllung ähnlich populär ist wie die gängige Rindfleisch-Gemüse-Füllung.

Falsches Fett macht depressiv und krank

Eine Studie der Ohio State University untersucht, welche Auswirkung das sich verändernde Verhältnis von Omega-6- zu Omega-3-Fettsäuren auf unseren Körper hat. Die Pflanzenöle, die in den letzten Jahren unsere Küchen überschwemmt haben, sind reich an Omega-6-Fettsäuren, während Lebensmittel mit Omega-3-Fettsäuren, wie beispielsweise Fette von Tieren aus Weidehaltung, immer mehr in den Hintergrund treten. Deswegen nehmen wir heute wesentlich mehr Omega-6-Fettsäuren zu uns als je zuvor. Früher nahm jeder Mensch etwas zwei- bis dreimal so viele Omega-6- wie Omega-3-Fettsäuren zu sich, aber heute sind es offensichtlich zehn- bis fünfzehnmal so viel und bei manchen Leuten ist das Verhältnis noch unausgewogener. Die Studie kam zu dem Ergebnis, dass Menschen, die mindestens achtzehnmal so viele Omega-6- wie Omega-3-Fettsäuren zu sich nehmen, eher depressiv werden, öfter an Herzerkrankungen, Störungen des Immunsystems, Typ-2-Diabetes und Arthritis leiden. Die Wissenschaftler aus Ohio nehmen an, dass dieses Missverhältnis der Fettsäuren für die Zunahme der oben genannten Krankheiten im letzten Jahrhundert verantwortlich ist.

Nierenfettklöße

Nierenfettklöße sind nicht nur einfach zu machen, sondern auch erstaunlich leicht und locker und deswegen die ideale Beilage für saucenreiche Gerichte wie geschmorten Ochsenschwanz (S. 210) und gebratene Kalbsniere (S. 202). Aber die Klöße können natürlich nicht nur zu Fleisch serviert werden. Versuchen Sie sie ruhig auch einmal zu gegrilltem oder gedämpftem Gemüse.

Ich koche meine Klöße lieber getrennt von dem Gericht, zu dem ich sie serviere. Man kann sie in Wasser kochen, aber wenn man Brühe verwendet, bekommen sie mehr Aroma. Sie sollten dabei eine Brühe verwenden, die aus demselben Fleisch gefertigt wurde wie das, zu dem die Klöße gereicht werden. Man kann dem Kloßteig auch Gewürze zugeben, wie etwa eine Prise gemahlenen Sternanis, wenn sie als Beilage zu Ochsenschwanz dienen. Sie können das Rezept ohne Probleme verdoppeln, werden dann aber vielleicht noch einen Esslöffel kaltes Wasser zusätzlich benötigen, damit die Konsistenz des Teigs stimmt.

Ergibt 6 Klöße

60 g Mehl

½ TL Backpulver

60 g feine frische Semmelbrösel

60 g Nierenfett, fein gerieben

2 EL fein gehackte glatte Petersilie

½ TL feines Meersalz

1 Ei

500 ml Brühe oder Wasser

Meersalz, schwarzer Pfeffer

Mehl und Backpulver in eine Schüssel sieben und Semmelbrösel, Nierenfett, Petersilie und Salz untermengen. Das Ei verquirlen und in die Mehlmischung einrühren, so dass ein fester Teig entsteht. Diesen auf einer bemehlten Arbeitsfläche vorsichtig ein paar Sekunden lang durchkneten. Dann in 6 gleich große Stücke teilen und jedes zu einer Kugel rollen. Die Teigkugeln beiseitestellen.

Brühe oder Wasser in einem breiten Topf zum Kochen bringen und wenn nötig mit Salz und Pfeffer würzen. Die Klöße einlegen und die Hitze reduzieren, so dass die Brühe nur noch simmert. Den Topf mit einem Deckel versehen und die Klöße 15 bis 20 Minuten ziehen lassen, bis ihre Größe sich verdoppelt hat und sie gar sind.

Die Klöße mit einem Schaumlöffel aus der Kochflüssigkeit nehmen und in einer Suppe oder einem Eintopf, zu einem Braten oder gekochtem Gemüse servieren.

VARIANTEN Man kann den Geschmack dieser Klöße variieren, indem man die Petersilie durch frischen Schnittlauch oder Koriandergrün ersetzt.

FÜR Meerrettichklöße mit einem Finger in den Teigball stoßen, etwa 1 TL Meerrettichzubereitung in die Vertiefung geben und diese gut verschließen. Die Klöße kochen wie beschrieben.

FÜR Markklöße das Nierenfett durch dieselbe Menge gehacktes rohes Knochenmark ersetzen. Dem Teig vor dem Ei 1 TL fein gehackte Schalotte und eine Prise Muskatnuss zugeben.

Lammschmalz-Spinat-Chapatis

Ergibt 8 Chapatis

300 g frischer Spinat

250 g Vollkornmehl, gesiebt

2 TL Kreuzkümmel, geröstet und zerdrückt

1½ TL feines Meersalz

3 EL Lammschmalz (aus 115 g Lammfett), zerlassen

Fat cat nennt man seit den 1920-Jahren in Amerika reiche Geldgeber, die politische Parteien unterstützen. Der Ausdruck wird im Englischen auch ganz allgemein für einen Bonzen gebraucht.

To be living off the fat of the land

Englische Redensart für: wie die Made im Speck leben

Meine Freundin Lynn kann wunderbar indisch kochen, deshalb habe ich sie nach einem Rezept für Brotfladen gefragt. Sie gab mir ihr Spinat-Chapati-Rezept und ich dachte mir, ein bisschen Lammschmalz könnte nicht schaden. Ich bezweifle zwar, dass Lynn, die »eingefleischte« Vegetarierin ist, davon begeistert wäre, und weiß auch nicht, ob indische Küchenchefs Lammschmalz verwenden. Jedenfalls, mich haben die Steppen Asiens dazu inspiriert, wo häufig Fladenbrote gebacken und dann mit ausgelassenem Lammfett bestrichen werden. Wenn Sie kein Lammfett auftreiben können, verwenden Sie Ghee (S. 34) – damit wäre Lynn bestimmt einverstanden.

Chapatis sind die einfachsten aller Fladenbrote und werden traditionell auf einer schmiedeeisernen Platte gebacken, die man *tava* nennt, aber ein Crêpeeisen oder eine schmiedeeiserne Pfanne leisten genauso gute Dienste. Die Pfanne muss ein kleines bisschen größer sein als der Durchmesser, den man für die Chapatis vorgesehen hat. Keine Sorge, wenn sie beim ersten Mal nicht so schön aufpuffen, sie schmecken trotzdem gut.

Den Spinat gut waschen und die Stiele abzupfen. In einem Sieb abtropfen lassen. Eine große Pfanne bei starker Hitze heiß werden lassen und den Spinat hineingeben. So lange unter Rühren garen, bis er zusammenfällt. Wieder in das Sieb schütten und mit kaltem Wasser abschrecken. Den Spinat ausdrücken und grob hacken; es sollte jetzt eine grosse Tasse voll sein.

Spinat, Mehl, Kreuzkümmel und Salz in der Küchenmaschine vermischen. 1 EL des Lammschmalzes unterarbeiten. Die Mischung in eine Schüssel umfüllen, 175 ml Wasser zugeben und alles mit der Gabel zu einem weichen Teig verrühren. Die benötigte Wassermenge hängt vom verwendeten Mehl ab und davon, wie feucht der Spinat war. Den Teig auf einer bemehlten Arbeitsfläche 5 bis 10 Minuten kneten, bis er geschmeidig ist. Abdecken und 30 Minuten ruhen lassen.

Ein Backblech mit Backpapier auslegen. Aus dem Teig 8 Kugeln formen. Jede Teigkugel von Hand zu einer Scheibe von 20 cm Durchmesser ausziehen und auf das Blech legen. Die Chapatis mit Backpapier bedecken und darauf die nächste Lage Chapatis legen. Den restlichen Teig immer mit einem Tuch bedeckt halten.

Eine schmiedeeiserne Pfanne bei mittlerer bis starker Hitze heiß werden lassen. Eine Teigscheibe hineinlegen und etwa 1 Minute braten, bis sich kleine Blasen bilden und das Brot gebräunte Flecken bekommt. Wenden und die andere Seite ebenfalls etwa 1 Minute braten, bis das Fladenbrot sich aufbläht. Das kann man fördern, indem man mit einem sauberen Küchenhandtuch auf die Blasen drückt, sobald sie sich bilden. So kann sich die Luft im Teig ausbreiten und er geht gleichmäßig auf.

Die gebackenen Chapatis mit etwas Lammschmalz bestreichen und in ein sauberes Küchentuch einschlagen, damit sie warm und weich bleiben. Wenn alle fertig sind, sofort servieren.

Lammwürstchen mit Rosmarin und Rotwein

Ergibt 10 bis 12 Würstchen von 15 cm

1 kg fette Lammschulter

225 g Lamm- oder Schweinefett

6 g frische Rosmarinnadeln, gehackt

25 g grobes Meersalz

3 Knoblauchzehen, fein gehackt

1 TL gemahlener schwarzer Pfeffer

125 ml Rotwein, gekühlt

2 m Wursthaut (Naturdarm, siehe S. 116)

Lammfleisch, Rosmarin, Rotwein und Knoblauch sind eine klassische Kombination, die herrliche Würstchen ergibt. Wenn Sie selbst Würstchenrezepte kreieren, müssen Sie sich einfach nur vorstellen, was Sie gerne zu welchem Fleisch essen, und können das als Ausgangspunkt für die Geschmackszutaten nehmen. Die meisten Leute verwenden einfach für jede Wurstsorte Schweinefett, aber Sie sollten sich Lammfett von Ihrem Metzger holen, das er ohnehin vom Fleisch abschneidet – es wird den Lammgeschmack dieser Würstchen noch kräftiger machen. Wenn es nicht ausreicht, können Sie es immer noch mit Schweinefett ergänzen.

Das Lammfleisch und Fett in kleine Stücke schneiden, die gut in den Fleischwolf passen; dabei alle Sehnen entfernen. In einer großen Schüssel Fleisch und Fett mit Rosmarin, Salz, Knoblauch und Pfeffer gut vermengen. Abdecken und 4 bis 6 Stunden oder über Nacht in den Kühlschrank stellen.

Die Schüssel des Standmixers und den Fleischwolf für mindestens 2 Stunden in den Kühlschrank stellen.

Fleischmischung, Schüssel, Fleischwolf und Rotwein aus dem Kühlschrank nehmen. Die feinste Lochscheibe einsetzen und die Fleischmischung durch den Wolf in die gekühlte Schüssel drehen; dabei immer zwischen Fleisch- und Fettstücken abwechseln, damit sich kein Fett im Fleischwolf absetzt. Das durchgedrehte Fleisch im Standmixer mit dem Flachrührer bei geringer Geschwindigkeit durchrühren und dabei den kalten Rotwein zugeben. Nach etwa 2 Minuten, wenn die Mischung homogen und klebrig ist, etwa 1 EL davon zu einer Frikadelle formen und braten; diese kosten und abschmecken. Die Brätmischung etwa 2 Stunden in den Kühlschrank stellen, bis sie gut kalt ist.

Suet-brained (mit einem Hirn aus Talg) oder *suet-headed* (talgköpfig) ist im Englischen ein Synonym für dumm.

Während das Brät abkühlt, die Wursthaut 1 Stunde in warmem Wasser einweichen, dann unter kaltem Wasser innen und außen abspülen. Ich ziehe immer ein Ende der Wursthaut über den Wasserhahn und drehe dann vorsichtig das Wasser auf. Die Wursthaut in einem Sieb abtropfen lassen. Sie sollte beim Befüllen noch feucht sein, das erleichtert die Arbeit.

Faire ses choux gras
seinen Kohl fett machen

Französische Redewendung im Sinne von: Profit aus einer Sache ziehen

Den Wurstfüller auf den Fleischwolf setzen und die Wursthaut über den Trichter ziehen, bis nur noch etwa 10 cm herabhängen. Dieses Ende mit einem Knoten verschließen. Besonders wenn man ungeübt ist, sollte man ab hier zu zweit arbeiten.

Die gekühlte Masse bei niedriger Geschwindigkeit in den Fleischwolf geben und die Wursthaut langsam damit füllen, dabei aufpassen, dass keine Lufteinschlüsse verbleiben. Während die Brätmasse die Wursthaut füllt, sollte diese langsam vom Trichter gleiten.

Wenn man zu zweit arbeitet, kann eine Person sich darauf konzentrieren, das Brät in den Fleischwolf zu geben, während die andere darauf achtet, dass das Brät gleichmäßig in den Wurstdarm gestopft wird. Wenn das ganze Brät aufgebraucht ist, das

Darmende vom Trichter ziehen. Die Wurst auf einer feuchten Oberfläche rollen, um die Füllung so gleichmäßig wie möglich zu verteilen. Dann die Würstchen im Abstand von 15 cm abdrehen. Bei jedem Abdrehen die Richtung wechseln, damit die Wurst sich nicht wieder aufdreht.

Die aneinanderhängenden Würstchen zudecken und bis zu 3 Tage im Kühlschrank aufbewahren. Sie können auch tiefgekühlt werden. Zum Garen der Würstchen siehe Seite 117.

Die Suche nach dem fetten Schwanz

Alles begann mit einer einfachen Zeichnung, die ich in einem Buch fand. Sie zeigte kein gewöhnliches Schaf, sondern eines, das mit einem riesigen Schwanz ausgestattet war. Und als ob das noch nicht eigentümlich genug wäre, ruhte der große Schwanz auch noch auf einem kleinen hölzernen Gestell, das mit einer Art Geschirr an die Brust des Tieres geschnallt war. Zuerst dachte ich, es handle sich um einen Witz, aber dann fand ich heraus, dass es sich um die Illustration eines Fettschwanzschafs handelte, die nach einer Beschreibung des griechischen Geschichtsschreibers Herodot aus dem 5. Jahrhundert v. u. Z. gefertigt worden war:

> In Arabien gibt es auch zwei Sorten bewunderungswürdiger Schafe, die man sonst nirgends sehen kann. Die erste Sorte hat lange Schwänze, die nicht weniger als drei Ellen messen; ließe man sie am Boden schleifen, bekämen sie wunde Stellen. Aber alle Hirten sind geschickt genug, um aus Holz kleine Wagen für die Schwänze ihrer Schafe zu zimmern. Diese werden unter die Schwänze gestellt, so dass jedes Schaf seinen eigenen hat, und darauf werden dann die Schwänze festgebunden. Die anderen Schafe haben einen breiten Schwanz, manchmal sogar eine Elle breit.

Fettschwanzschafe, die vor allem im Nahen Osten, in Nordafrika, Zentralasien und Nordindien verbreitet sind, machen mehr als ein Viertel aller Schafe der Welt aus. Ähnlich wie die Höcker von Kamelen sind ihre Schwänze wichtige Fettspeicher. Da sie häufig in klimatisch extremen Regionen leben, nahm man lange an, das Schwanzfett sei die Antwort der Natur auf ihre schwierigen Umweltbedingungen. Diese Schlussfolgerung hat aber zwei Haken: Erstens haben alle wild vorkommenden Schafrassen dünne Schwänze. Zweitens: Wenn man den Schwanz eines Fettschwanzschafs entfernt, wird das Fett anschließend wie bei einem Dünnschwanzschaf an anderen Körperstellen gespeichert. So fand man heraus, dass Fettschwanzschafe gezielt daraufhin gezüchtet wurden, Fett in ihrem Schwanz anzulagern. Aber warum?

Lammfett ist für die Bewohner klimatisch extremer Regionen, wo die Auswahl an verfügbaren Fetten gering ist, äußerst wichtig. Besonders begehrt ist sehr weiches Fett, da es rasch geschmolzen werden kann und sich durch seinen niedrigen Sättigungsgrad so angenehm auf der Zunge anfühlt. Die Konsistenz von Schaffett hängt davon ab, von welcher Körperstelle des Tiers es stammt. Weil der Schwanz eines Schafes mit Ausnahme der Unterseite rundum der Umgebungstemperatur ausgesetzt ist, ist das hier vorhandene Fett weicher als anderes Schaffett. Der Schwanz eines Fettschwanzschafs ist entweder breit und fett, ähnlich wie bei einem Biber, oder lang und dick wie der eines Kängurus und kann bis zu einem Sechstel des Gesamtkörpergewichts des Tiers ausmachen. Daneben gibt es auch ein Fettsteißschaf, bei dem Fett am Hinterteil gespeichert wird. Fettschwanzschafe werden in der arabischen Welt sehr geschätzt und oft zu Hochzeiten aufgetischt. In den Golfstaaten werden sie als Ganzes gebraten. Der Schwanz wird dabei nach vorn über den Körper geklappt, damit das Fett das Fleisch durchtränkt. Das Schwanzfett wird manchmal einfach wie Speck verwendet, zum Beispiel wird es mit auf Fleischspieße gesteckt, um dem Fleisch zusätzlich Geschmack zu geben und es saftig zu machen. Oder es wird geschmolzen und über verschiedene Gerichte geträufelt, damit sie noch gehaltvoller werden. In den Gebirgsregionen des Libanon wird Fett mit Gewürzen und Kräutern ausgelassen und dann eingesalzen als Hauptzutat für *qawarma*, eine Art Lamm-Confit, verwendet. Manche Küchenexperten bestehen auch darauf, dass ein Esslöffel ausgelassenes Schwanzfett, das man zur Butter gibt, das Geheimnis einer guten Baklava ausmacht und dass Lammfett sich ausgezeichnet eignet, um süßes Gebäck darin zu frittieren. Mein Freund David aß auf meine Bitte hin auf einer Reise durch Syrien Fettschwanzlamm. Sein Lieblingsgericht waren Spieße mit Fettwürfeln, die so lange gegrillt werden, bis sie außen knusprig und im Innern zartschmelzend sind, und dann mit Hummus serviert werden. Gerichte mit Fettschwanzschaf sind aber nicht auf die arabische Küche beschränkt: In China aromatisiert Lammfett Reisgerichte und in der südafrikanischen Kapküche war Lammfett früher ebenfalls eine wichtige Zutat. Auch wenn heute noch immer Fettschwanzschafe gezüchtet werden – sie sind gute Milchproduzenten und ihre Wolle wird zu Teppichen verarbeitet –, wird ihr Schwanzfett doch zunehmend weniger verwendet. Die heutige Fettphobie macht auch vor diesen Schafen nicht halt und die Assoziation des Fettschwanzschafs mit veralteten Küchengepflogenheiten lässt es für die junge Generation wenig interessant erscheinen.

Seitdem ich diese Zeichnung gesehen habe, versuche ich verzweifelt, einmal Fett vom Fettschwanzlamm zu essen. In Australien wäre es mir beinahe einmal gelungen. Freunde stellten mich einem Küchenchef in Melbourne vor, der in seinem Restaurant Fettschwanzlamm serviert. Wir sprachen darüber, wie wunderbar das Fleisch schmeckt, und ich fragte ihn, wie er den Schwanz verarbeitet. Er sah mich erstaunt an und meinte: »Gar nicht. Ich werfe ihn weg.«

Völlig schockiert setzte ich zu einer Ode auf die Verwendung von Lammschwänzen an, obwohl ich noch nie einen probiert hatte. Er gab mir daraufhin den Namen seines Lieferanten in Sydney, damit ich selbst einen Fettschwanz bestellen konnte. Da ein ganzes Lamm daran hing, organisierte ich eine Lamm-Grillparty für meine Freunde. In Sydney fuhr ich dann mit meiner Freundin Liz durch die ganze Stadt, um mein Lamm abzuholen. Und da hing es in seiner ganzen Pracht, zum Schutz in ein Tuch eingeschlagen. Ich hatte nicht bedacht, dass es noch gar nicht zerlegt sein könnte. Wie sollte ich dieses Riesending in Liz' Kühlschrank bekommen? Vielleicht konnte ich ja einfach nur den Schwanz mitnehmen? Neugierig hielt ich Ausschau nach seinem besten Stück und entdeckte zu meinem Schrecken: Mein Lamm war schwanzlos!

»Da ist kein Schwanz dran!«, rief ich entsetzt.

Der Lieferant zuckte zusammen, starrte auf das tote Tier und griff nach seinem Handy. Nach ein paar Telefonanrufen kam die traurige Wahrheit ans Licht. Es handelte sich tatsächlich um ein Fettschwanzlamm, aber der Farmer hatte im letzten Moment einen anderen Schlachtereibetrieb als gewöhnlich nehmen müssen. Die Arbeiter dort, die den Umgang mit dieser Rasse nicht gewohnt waren, hatten den Schwanz abgeschnitten und weggeworfen, genau wie der Küchenchef in Melbourne. Mir war einfach kein Glück beschert, ich blies die Grillparty ab und habe bis heute keinen Lammschwanz probiert.

Aber ich habe meine Suche nicht aufgegeben und träume noch immer von diesen knusprigen Würfeln aus Schwanzfett mit dem weichen Fett im Innern. Sehnsüchtig starre ich die Zeichnung an und frage mich, ob es noch immer Schafhirten gibt, die hölzerne Wägelchen fertigen, um die Schwänze ihrer Schafe zu stützen. Dann stelle ich mir eine Herde Schafe vor, mitsamt ihren Wägelchen, wie sie über die Felder rollen – hin zu mir und meinem Grill.

Nierenfett, Mark und Süßspeisen

Nierenfett ist weit vielseitiger, als ich je geahnt hätte, und eine unverzichtbare Zutat für im Wasserbad gegarte Puddings und *mincemeat,* die typisch englische Fruchtfüllung für den Christmas Pudding und anderes Süßgebäck. Das ist eigentlich kein Wunder. Dieser Flomen (siehe S. 81) ist um die Nieren gelagertes Fett, hat eine wunderbare Konsistenz und dazu noch den großen Vorteil, dass man es nicht auslassen muss. Gerade Backneulingen und allen, die sich mit der Teigherstellung schwertun, möchte ich Teig aus Nierenfett ans Herz legen. Er ist schnell und einfach herzustellen und beim Backen relativ formstabil, was vor allem dann von Vorteil ist, wenn man seine Kuchen verzieren will. Mein größtes Aha-Erlebnis hatte ich, als ich Nierenfett statt Butter für ein Scone-Rezept verwendete; nie zuvor sind meine Scones so leicht und locker geworden.

Auch Knochenmark ist sehr nützlich in der Dessertküche. Ich verwende ganz kleine Mengen davon, um Süßspeisen noch gehaltvoller zu machen. In früheren Zeiten war es sehr beliebt, Desserts und Puddings mit Mark statt mit Butter zuzubereiten. Auch Mark muss nicht extra ausgelassen werden, aber man braucht etwas Zeit und Geduld, um es küchenfertig zu machen (siehe S. 182).

Orangenmarmeladepudding

Ich habe sowohl eine Leidenschaft für gute englische Puddings als auch für Orangenmarmelade. In diesem Rezept, das ich von Arabella Boxer übernommen habe, der ehemaligen Kochredakteurin der britischen *Vogue*, ist beides vereint. Der Pudding wird hier 1½ Stunden im Ofen gegart – eine einfache Geschichte. Praktischerweise kann er, wenn er fertig ist, auch noch eine gute Dreiviertelstunde im abgeschalteten Backofen warten. Sehr wichtig ist aber, eine erstklassige und nicht zu stark gesüßte Bitterorangenmarmelade zu verwenden.

Für 4 Portionen

weiche Butter zum Einfetten

100 g feine frische Semmelbrösel

100 g Nierenfett, fein gerieben

65 g extrafeiner Zucker

½ TL geriebener Kardamom

1 Prise feines Meersalz

1 Orange, unbehandelt

1 Ei

60 ml Bitterorangenmarmelade, fein gewiegt, plus 3 EL extra

125 ml Sahne (35 % Fett)

2 EL Bourbon (amerikanischer Whiskey)

Den Backofen auf 160 °C vorheizen.

Vier feuerfeste Förmchen (125 ml) leicht ausbuttern und je einen Kreis aus Backpapier auf den Boden des Förmchens legen.

Semmelbrösel, Nierenfett, Zucker, Kardamom und Salz in einer Schüssel vermengen. Die Schale der Orange fein abreiben und ebenfalls unterrühren. Die Orange auspressen; es sollten etwa 60 ml Saft sein. In einer kleinen Schüssel 2 EL Saft mit dem Ei und 3 EL Marmelade verquirlen; den Rest des Safts beiseitestellen. Die Eimischung gut unter die Semmelbröselmischung rühren.

Die Mischung auf die 4 Förmchen aufteilen, fest andrücken und jedes Förmchen mit einem Quadrat Alufolie abdecken. Die Förmchen in eine ofenfeste Form stellen und diese mit kochendem Wasser bis etwa drei viertel Förmchenhöhe füllen.

1½ Stunden im Ofen garen. Die Form herausnehmen und die Puddings in ihrem Bad 5 Minuten abkühlen lassen.

Während der Pudding gart, die restliche Marmelade, die Sahne und den Bourbon in einen kleinen Topf geben. Die restlichen 2 EL Orangensaft zugeben und alles bei starker Hitze zum Kochen bringen. Die Hitze reduzieren, so dass die Sauce nur noch sanft köchelt, und die Sauce auf ungefähr 125 ml einkochen lassen (das dauert gut 10 Minuten). Entweder warm halten oder abkühlen lassen und später wieder aufwärmen.

Die Puddings aus dem heißen Wasser nehmen. Mit einem scharfen Messer rundum vom Rand lösen und auf angewärmte Teller stürzen. Das Backpapier entfernen und die Marmeladensauce darübergießen. Warm servieren.

Traditioneller Christmas Pudding

Für 8 bis 12 Portionen

115 g Sultaninen

115 g kernlose Rosinen

115 g Korinthen

30 g Zitronat, klein geschnitten

30 g Orangeat, klein geschnitten

30 g blanchierte Mandeln, leicht geröstet

125 ml Rum

1 TL weiche Butter

90 g Mehl

1 TL Quatre épices (siehe S. 101)

¼ TL feines Meersalz

¼ TL gemahlener Zimt

115 g Nierenfett, fein gerieben

100 g feine frische Semmelbrösel

1 kleine Karotte, fein gerieben

1 Zitrone, unbehandelt

3 Eier

90 g brauner Zucker

Weihnachten ohne Christmas Pudding ist für mich kein richtiges Weihnachten. Der Pudding ist viel mehr als ein Dessert – er ist eine Tradition. Wir haben früher unseren Christmas Pudding immer am Stir-up Sunday (siehe S. 226) gemacht, die obligatorischen Silbermünzen hineingerührt und uns etwas gewünscht. Wir verwendeten silberne Sixpence- und Threepence-Münzen, bis die Währung auf das Dezimalsystem umgestellt wurde und die Münzen nicht mehr aus Silber waren, so dass wir das Geld durch kleine silberne Glücksbringer ersetzen mussten. Nach dem ersten Dämpfen wurde unser Pudding in ein Tuch gehüllt und dann in der Wäschekammer aufgehängt, wo er bis zum Weihnachtsabend reifen durfte.

Das Ritual schreibt vor, dass der fertig gekochte Pudding auf eine Servierplatte gestürzt wird. Dann wird das Licht gedimmt und der Pudding mit heißem Rum getränkt und flambiert – ein nicht ganz ungefährlicher Abschluss des weihnachtlichen Festmahls. Der Pudding wird dann aufgeschnitten und verteilt, wobei die jüngste Person am Tisch zuerst bekommt und die älteste zuletzt. Servieren Sie den Christmas Pudding mit Rumbutter (S. 38).

Sultaninen, Rosinen, Korinthen, Zitronat und Orangeat in einer großen Schüssel vermengen. Die Mandeln grob hacken und zusammen mit 60 ml Rum zu der Fruchtmischung geben. Alles gut vermengen, abdecken und über Nacht bei Zimmertemperatur durchziehen lassen.

Eine runde 1,5-Liter-Puddingform ausbuttern und den Boden mit einem Kreis aus Backpapier auslegen.

Mehl, Quatre épices, Salz und Zimt zusammen in eine Schüssel sieben. Das Nierenfett mit den Semmelbröseln vermischen und unter die Mehlmischung rühren. Diese Mischung und die geriebene Karotte über die Fruchtmischung geben. Die Zitronenschale fein abreiben und ebenfalls dazugeben.

2 EL frisch gepressten Zitronensaft, die Eier und den Zucker verquirlen, in die Schüssel zu der Mehl-Frucht-Mischung geben und alles sehr gut vermengen. Jetzt ist der richtige Zeitpunkt, dass Familienmitglieder und Freunde rühren und sich dabei etwas wünschen dürfen. Wenn Sie dem Brauch gemäß kleine Silbermünzen oder Glücksbringer in den Pudding geben wollen, sollten Sie das ebenfalls jetzt tun.

Die Puddingmischung in die vorbereitete Form drücken.

Einen weiteren Kreis aus Backpapier auf den Pudding legen, dann die Form mit einem großen Stück extra reißfester Alufolie abdecken, in das man vorher in der Mitte einen etwa 1 cm breiten Falz gemacht hat, damit sich der Foliendeckel während des Garens ausdehnen kann. Die Folie unter dem Rand der Form mit Schnur festbinden, damit kein Wasser in den Pudding tropfen kann.

Den Pudding in einen Dämpfer oder auf einem Dreifuß in einen großen Suppentopf stellen. (Wenn Sie keinen Dämpfkorb haben, hilft Ihnen der Tipp auf Seite 197.) Den Topf mit so viel Wasser füllen, dass es etwa bis zu drei Viertel der Höhe der Puddingform steht, einen Deckel darauflegen und das Wasser bei großer Hitze zum Kochen bringen. Die Hitze reduzieren, so dass das Wasser nur noch simmert, und den Pudding 2 Stunden garen. Dabei eventuell hin und wieder Wasser nachgießen, damit es immer auf gleicher Höhe steht.

Den Pudding aus dem Wasserbad nehmen. Wenn er abgekühlt ist, in der Form und noch mit Backpapier und Folie abgedeckt für mindestens 4 und höchstens 6 Wochen in den Kühlschrank stellen. Alternativ kann er bis zu 1 Jahr eingefroren werden.

Zum Servieren den Pudding aus dem Kühlschrank nehmen und wie zuvor noch einmal 2 Stunden dämpfen. Wenn es ein wenig länger wird, ist das kein Problem, er kann nicht verkochen.

Den Pudding aus dem Topf heben und vorsichtig die Folie und das Backpapier abnehmen. Auf eine angewärmte Servierplatte stürzen und das Bodenpapier entfernen.

In einem kleinen Topf die restlichen 60 ml Rum bei mittlerer Hitze erwärmen. Über den Pudding gießen und mit einem langen Streichholz in Brand setzen.

Wenn die Flammen erloschen sind, den Pudding wie einen Kuchen in Stücke schneiden und servieren.

Der Pudding und seine Geschichte

»Ach, was für eine exzellente Sache so ein englischer Pudding doch ist! Zur Puddingzeit anzukommen heißt ja gleichsam, zum glücklichsten Zeitpunkt der Welt anzukommen.«
Henri Misson (franz. Schriftsteller, dessen Erinnerungen an eine Reise durch England 1698 erschienen)

Der Begriff Pudding wird heutzutage im britischen Sprachraum oft generell für das Dessert verwendet. Im Deutschen bezeichnet man damit eine Süßspeise auf der Basis von Stärke und Milch, die entweder klassisch im Wasserbad, heute aber meist mithilfe von Fertigpulver hergestellt wird. Hier soll jedoch vom Pudding im klassischen Sinn die Rede sein, der zu den großen Errungenschaften der britischen Küche zählt.

Die ersten Puddings waren pikante Speisen und bestanden aus einer Mischung von Fleisch, Fett und Gewürzen, die in Tierdärme oder -mägen gestopft wurde. Diese großen, wurstähnlichen Gebilde wurden dann in riesigen Töpfen über dem offenen Feuer in Wasser gekocht. Einige dieser frühen Puddingsorten, wie zum Beispiel *haggis* (Schafsinnereien mit Zwiebeln, Hafermehl und Gewürzen, verpackt in einen Schafsdarm) oder *black pudding* (eine Art Blutwurst) gibt es noch heute. Im Mittelalter bereitete man Pudding auf der Basis von Getreide, Nierenfett und Brotkrümeln zu, und als aus dem Fernen Osten Trockenfrüchte nach Europa kamen, fanden sie ebenfalls Verwendung. Eine bahnbrechende Neuerung in der Geschichte des Puddings war die Einführung des Puddingtuchs, denn jetzt musste man nicht erst ein Tier schlachten, um seinen Magen oder Darm für den Pudding verwenden zu können. Manche Köche legten das Tuch mit einem Nierenfett-Teig aus, und daraus entwickelten sich die pikanten englischen Puddings wie der berühmte Steak-and-Kidney-Pudding (S. 196). Es gab aber auch Pudding aus einer dickflüssigen, porridgeähnlichen Mischung von Getreide, Semmelbröseln und Nierenfett, die direkt in das Tuch gepackt wurde. Als im 17. Jahrhundert Zucker erschwinglicher wurde, entstand der süße Nierenfettpudding mit seinem bekanntesten Vertreter, dem Christmas Pudding oder Plumpudding. Da im Winter früher kein frisches Obst zu bekommen war, behalf man sich mit Trockenfrüchten. Der Plumpudding beispielsweise enthielt nie frisches Obst, sondern lediglich Trockenpflaumen. Da das Wort *plum* im mittelalterlichen Englisch aber alle Sorten von getrockneten Früchten umfasste, ist unklar, ab wann die getrockneten Pflaumen im Plumpudding durch Rosinen und Korinthen ersetzt wurden.

Nach alter englischer Tradition wird der Christmas Pudding etwa seit Mitte des 19. Jahrhunderts bereits am Sonntag vor Adventsbeginn, dem sogenannten Stir-up Sunday, hergestellt. Wie die aus Trockenfrüchten hergestellten Pie-Füllungen (siehe das Rezept Quincemeat auf Seite 228) oder der englische *fruitcake* muss nämlich auch Christmas Pudding mindestens einen Monat vor dem Verzehr hergestellt werden, damit er durchziehen kann. Bei der Zubereitung rühren die einzelnen Familienmitglieder abwechselnd die Zutaten ein und jeder darf sich dabei etwas wünschen.

Übrigens hat Charles Dickens' Erzählung *A Christmas Carol* viel zum Mythos Weihnachten beigetragen und bewirkt, dass Speisen wie der Gänsebraten und der Pudding heute untrennbar damit verbunden sind. Auch Prinz Albert, der Mann von Königin Victoria, hat das Image des Puddings befördert, da er ihn leidenschaftlich gerne aß. Als Deutscher hat er übrigens den Weihnachtsbaum nach England gebracht. So dürfen Baum, Gans und Pudding heute an Weihnachten in keiner englischen Familie fehlen.

Nachdem Nierenfett in Verruf geraten war, wurde in vielen Puddingrezepten auf einmal Butter verwendet, aber das Ergebnis ist weniger leicht als das Original und auf einmal galten die Puddings als schwer verdaulich. Im Moment erleben jedoch pikante wie süße Puddings gerade eine Renaissance und tauchen besonders in England und Australien wieder auf den Speisekarten auf. Sie werden heute meist nicht mehr im Puddingtuch gegart, sondern in speziellen Puddingformen aus Keramik oder Metall, in Soufflé- oder Kuchenformen.

Verräterisches Fett

Herbert Hoover, der spätere Präsident der Vereinigten Staaten, wurde im Ersten Weltkrieg, genauer bei Kriegseintritt der Amerikaner 1917, zum Direktor der U. S. Food Administration (Lebensmittelbehörde) ernannt. Als Träger dieses Amtes hielt er die Lebensmittelpreise unter Kontrolle und verhinderte die Lebensmittelrationierung in Amerika, während er gleichzeitig die Nahrungsversorgung der Truppen sicherstellte. Der Technokrat Hoover sah den Körper als Maschine und sagte: »Ich bin Ingenieur und gebrauche meinen Körper nicht. Ein Ingenieur heizt die Maschine nicht an, bevor nicht eine großeMenge Kraft ausgeübt werden muss. Deshalb esse ich nur so viel, dass ich gerade damit auskomme.« Er initiierte außerdem eine clevere Propagandakampagne, die den Patriotismus der Amerikaner ansprechen sollte. Die Botschaft war simpel: Wer Lebensmittel verschwendet, hilft dem Feind, und Fett zu verschwenden ist Verrat. Die Slogans dieser Kampagne lauteten zum Beispiel so:

»Food will win the war« (Essen wird den Krieg gewinnen)
»Do not help the Hun at meal time« (Hilf dem Hunnen nicht bei der Mahlzeit)
»Gospel of the clean plate« (Gospel vom leer gegessenen Teller)
»Food is sacred. To waste is sinful« (Essen ist heilig, es zu verschwenden eine Sünde)

Dank seiner Strategie legten die Amerikaner *meatless Mondays* (fleischlose Montage) ein und fingen an, ihr eigenes Gemüse anzupflanzen. Am Ende des Kriegs galt er als der Mann, der Europa ernährt hatte, und brachte später als Direktor der amerikanischen Hilfsorganisation den hungernden Menschen in Mitteleuropa und Russland Hilfe, trotz kritischer Stimmen, er helfe den Bolschewiken.

Fruit Cobbler

Fruit Cobbler ist ein typisch englisches Dessert, bei dem der Teig die Früchte bedeckt statt umgekehrt, also eine Art umgedrehter Obstkuchen. Die Teigdecke besteht oft aus einem mit Butter hergestellten Scone-Teig. In diesem Rezept dagegen wird sie mit Nierenfett gemacht. Sie werden nicht glauben, wie leicht dieses Dessert ist, ehe Sie es probiert haben. Wetten, dass Sie von jetzt an ständig Nierenfett für ihre Teige verwenden ... Sie können den Cobbler mit allen möglichen Obstmischungen machen. Ich muss im Sommer die Himbeeren aus meinem Garten verwerten, deshalb finden sie sich in diesem Rezept. Rhabarber ergibt im Frühling eine gute Füllung und Äpfel und Brombeeren machen sich im Herbst großartig. Wenn Sie Äpfel verwenden, sollten Sie allerdings nur die Hälfte der Speisestärke nehmen. Sie können aber auch aus dem Teig einfach nur Scones backen, sie noch warm durchschneiden und mit Schlagsahne und frischer Marmelade servieren.

Für 6 bis 8 Portionen

Füllung

900 g Pfirsiche
450 g Himbeeren
100 g Zucker
2 EL Speisestärke
1 Spritzer Zitronensaft
1 Prise Meersalz

Teig

250 g Mehl
3 EL Zucker
1 EL Backpulver
1 Prise feines Meersalz
115 g Nierenfett, fein gerieben
1 Ei
125 ml Milch
1 EL Sahne (35 % Fett)
1½ EL Demerara-Zucker

Den Backofen auf 220 °C vorheizen.

Für die Füllung in einem großen Topf Wasser zum Kochen bringen. Die Pfirsiche 1 Minute blanchieren, mit einem Schaumlöffel herausnehmen und sofort in eine Schüssel mit Eiswasser legen. Mit einem Schälmesser die Haut abziehen. Wenn sie sich nicht leicht entfernen lässt, die Pfirsiche noch einmal für 30 Sekunden in das kochende Wasser geben.

Jeden Pfirsich über einer Schüssel, in der man den Saft auffängt, je nach Größe in Sechstel oder Achtel teilen und den Kern entfernen. Die Pfirsichspalten mit den Himbeeren und dem Zucker in einer großen Schüssel vorsichtig vermengen. In einer kleinen Schüssel die Speisestärke mit etwa 2 EL des aufgefangenen Safts, dem Zitronensaft und Salz verrühren und diese Mischung über die Früchte gießen. Alles vorsichtig vermengen und dann die Fruchtmischung auf dem Boden einer 23 × 30 cm großen Backform verteilen.

Für den Teig Mehl, Zucker, Backpulver und Salz in eine Schüssel sieben und das Nierenfett unterrühren. In einer kleinen Schüssel Ei und Milch verquirlen und zur Mehlmischung geben. Alles mit einer Gabel zu einem weichen Teig verrühren und diesen auf einer bemehlten Arbeitsfläche gerade so lange kneten, dass er sich gut verbindet.

Mit der Hand zu einer Dicke von etwa 1 cm flach klopfen und mit einer runden Ausstechform (Durchmesser etwa 7 cm) Teigkreise ausstechen. Teigreste wieder zusammendrücken, flach klopfen und ausstechen. Zum Schluss sollte man mindestens 8 Teigkreise erhalten. Diese gleichmäßig und mit großen Zwischenräumen über den Früchten in der Backform auslegen. Mit der Sahne bestreichen und mit Demerara-Zucker bestreuen. Den Cobbler 20 bis 25 Minuten backen, bis die Füllung Blasen wirft und der Teig hoch aufgegangen und goldbraun ist.

Abkühlen lassen und lauwarm servieren.

Quincemeat (Gebäckfüllung mit Quitten)

Ergibt etwa 1 l

175 g kernlose Rosinen

115 g Sultaninen

30 g Zitronat

30 g Orangeat

115 g brauner Zucker

100 g Nierenfett, fein gerieben

3 EL Weinbrand oder alter Rum

2 kleine Quitten

1 Orange, unbehandelt

1 Zitrone, unbehandelt

½ TL gemahlener Kardamom

½ TL gemahlener Zimt

½ TL gemahlene Mazisblüte oder Muskatnuss

Meersalz, schwarzer Pfeffer

Meine Freunde haben mir den Spitznamen »Quitten-Queen« (engl. *quince* – Quitte) verpasst, weil ich diese Früchte, die beim Kochen wie von Zauberhand rot und wunderbar weich werden, sehr häufig verarbeite. Sie verleihen allem, womit sie in Kontakt kommen, ihren herrlichen Duft. Eigentlich sind ja Äpfel das frische Obst, das man am ehesten für das englische *mincemeat* nimmt, eine Mischung aus (getrockneten) Früchten, Gewürzen, Weinbrand und Rindernierenfett, die zum Füllen von weihnachtlichem Gebäck, sogenannten *mince pies* oder *mince tarts*, verwendet wird. Ich nehme lieber Quitten, weil sie der Mischung ein ganz spezielles Aroma geben, und nenne das Ganze dann *quincemeat*. Vom Mittelalter bis zur Renaissance war es in England üblich, getrocknete Früchte mit passiertem Fleisch zu vermischen. Die Früchte aromatisierten das Fleisch und machten es länger haltbar. Im Laufe der Zeit wurde der Fleischanteil allerdings immer geringer und heute ist nur noch das Rindernierenfett übrig. Bereiten Sie die Füllung mindestens einen Monat vor der Weiterverwendung zu (vgl. das folgende Rezept Quincemeat-Törtchen), damit sie gut durchziehen kann.

Rosinen, Sultaninen, Zitronat und Orangeat grob hacken. Zusammen mit dem braunen Zucker, dem Rindernierenfett und dem Brandy in eine große Schüssel geben. Die Quitten schälen und grob raspeln. Die Schale der Orange und Zitrone fein abreiben und zusammen mit den Quittenraspeln unter die Fruchtmischung rühren.

Die Zitrone auspressen und 2 EL Zitronensaft und die Gewürze mit in die Schüssel geben. Noch eine Prise Salz und wenig frisch gemahlenen Pfeffer dazugeben, alles gut mischen und abgedeckt bei Raumtemperatur einen Tag ziehen lassen.

Die Mischung noch einmal durchrühren und ein sauberes Glasgefäß mit 1 l Fassungsvermögen damit füllen. Abdecken und vor der Weiterverwendung mindestens 1 Monat im Kühlschrank lagern. Je länger die Quittenfüllung durchzieht, desto feiner ist ihr Aroma. Sie ist im Kühlschrank bis zu 1 Jahr haltbar.

Quincemeat-Törtchen

Wer zwischen Weihnachten und dem Dreikönigstag täglich eine *mince pie* isst, der kann sich laut einem englischen Volksglauben auf ein glückliches Jahr freuen. Ein guter Grund, dieses Gebäck zu essen! Da meine Quittenfüllung sehr gehaltvoll ist, serviere ich lieber nur kleine Mengen und backe keine große Quincemeat-Pie, sondern kleine Törtchen mit einem runden Teigdeckel, von denen man ohne Probleme 12 Tage lang je eines essen kann. Wenn Sie allerdings lieber einen großen Kuchen von 23 cm Durchmesser backen wollen, werden Sie wahrscheinlich etwas mehr Füllung benötigen.

Für 12 Törtchen

weiche Butter zum Einfetten

1 Rezeptmenge Teig mit Butter und Nierenfett (S. 231)

175 g oder etwa $\frac{1}{5}$ Rezeptmenge Quincemeat (S. 228)

Eine Muffinform für 12 Muffins leicht einfetten. Den Teig auf einer bemehlten Arbeitsfläche ausrollen, bis er etwa 5 mm dick ist. Mit Backförmchen 12 Kreise von etwa 7,5 cm Durchmesser und weitere 12 von etwa 3 cm ausstechen.

In jede Vertiefung der Muffinform einen der größeren Teigkreise drücken und dann 1 EL Quincemeat hineingeben. Jeweils einen der kleineren Kreise darauflegen und die Muffinform 30 Minuten in den Kühlschrank stellen.

Den Backofen auf 190 °C vorheizen.

Die Törtchen etwa 20 Minuten backen, bis der Teig ganz leicht Farbe angenommen hat. Auf einem Kuchengitter abkühlen lassen. Zur Aufbewahrung in einen luftdicht verschlossenen Behälter geben.

Eine Kultur des Fetts

Nicht alle Menschen wollen dünn sein, wie wir aus der Legende vom *pishtaco* (siehe S. 232) sehen können, und in manchen Kulturen wird es als erstrebenswert angesehen, fett – ja sogar sehr fett – zu sein. In Afrika, wo Nahrung immer knapp gewesen ist, existiert seit langer Zeit die Tradition, junge Mädchen vor ihrer Hochzeit regelrecht zu mästen, weil Fettsein ein Zeichen von Schönheit und Reichtum ist: Je dicker die Frau, desto reicher ihr Mann. In den muslimischen Kulturen von Niger und Mauretanien wird Fettleibigkeit ebenfalls hoch geschätzt und junge Mädchen bekommen mehr zu essen als Jungen. Manchmal geht das sogar so weit, dass Mädchen schon im Alter von sieben Jahren zu einer Zunehmdiät aus Couscous und Datteln gezwungen werden. Diese Praxis stirbt zwar langsam aus, aber eine Schätzung der Regierung von Mauretanien besagt, dass 10 Prozent der jungen Mädchen im Land noch immer dieser Behandlung unterzogen werden. Das hat auch volkswirtschaftliche Auswirkungen auf das ärmliche Land, weil die große Anzahl fettleibiger Frauen mit hohen Arthritis-, Herzerkrankungs- und Diabetesraten das staatliche Gesundheitssystem sehr strapaziert. Aus diesem Grund und wegen des beunruhigenden neuen Trends, den Mädchen sogar Steroide zu verabreichen, die eigentlich für die Viehmast gedacht sind, führte die Regierung eine Kampagne durch, die allerdings keine große Wirkung hatte. Vielleicht bringt ja der zunehmende Einfluss westlicher Kultur, die vom Dünnsein geradezu besessen ist, dort die entscheidende Wende.

Quincemeat-Soufflés

Ergibt 6 Soufflés

175 g oder etwa
1/5 Rezeptmenge Quincemeat (S. 228)

2 EL Weinbrand

weiche Butter zum Einfetten

65 g Zucker

6 Eiweiß

Puderzucker zum Bestäuben

In meinem Kühlschrank steht oft noch lang nach Weihnachten Quitten-Fruchtfüllung herum. Als ich einmal nach einer anderen Möglichkeit suchte, als es in Törtchen oder einer Pie zu verwenden, ließ ich mich von einem Rezept von Delia Smith inspirieren, einer bekannten britischen (Fernseh-)Köchin und Kochbuchautorin, und schon waren meine Quincemeat-Soufflés geboren. So lässt sich aus dem doch eher schweren Quincemeat etwas ganz Leichtes zaubern. Lassen Sie sich durch das Wort Soufflé nicht abschrecken, es handelt sich um ein lächerlich einfaches Dessert, bei dem man gar nichts falsch machen kann.

Servieren Sie die Soufflés mit Brauner-Butter-Eiscreme (S. 60) in einem extra Schüsselchen und genießen Sie das Zusammenspiel von heiß und kalt.

Quincemeat und Brandy in einer ofenfesten Schüssel verrühren und an einem warmen Ort oder in heißem Wasser etwas weich werden lassen.

Sechs ofenfeste Förmchen (Fassungsvermögen 175 ml) ausbuttern und mit etwa 2 EL Zucker ausstreuen.

Den Backofen auf 180 °C vorheizen.

Das Eiweiß in einer Schüssel schlagen, bis es weiß ist. Nach und nach den übrigen Zucker zugeben und so lange weiterschlagen, bis sich ein fester glänzender Eischnee ergibt, der Spitzen zieht.

Einen großen Löffel Eischnee unter das Quincemeat ziehen. Das gelockerte Quincemeat zum übrigen Eischnee geben und den Eischnee mit einem Spatel behutsam unterheben. Die Masse in die Förmchen verteilen und diese auf ein Backblech stellen. In den Ofen schieben und etwa 12 Minuten backen, bis die Soufflés goldgelb und hoch aufgegangen sind.

Die Soufflés mit Puderzucker bestäuben und sofort servieren.

Teig mit Butter und Nierenfett

Für eine große Pie (Ø 23–24 cm) oder 12 kleine Törtchen

125 g Mehl

1 Prise feines Meersalz

2 EL Butter, fein gewürfelt

75 g Rindernierenfett, fein gerieben

75 ml Eiswasser

Dieser Teig ist wunderbar. Er lässt sich ganz einfach herstellen und verarbeiten und ist ein gutes Beispiel dafür, wie nützlich Rindernierenfett beim Backen sein kann. Es macht das fertige Gebäck wunderbar knusprig und mürbe, während die kleine Menge Butter für Aroma und eine goldbraune Farbe sorgt. Sie können natürlich diesen Teig nicht nur für Quincemeat-Törtchen, sondern auch für einen Obstkuchen verwenden oder die Rezeptmenge verdoppeln und eine gedeckte Pie daraus zaubern.

Mehl und Salz in der Küchenmaschine vermischen. Die Butter zugeben und rasch unterkneten, bis die Mischung sehr groben Semmelbröseln ähnelt. Jetzt das Rindernierenfett einarbeiten. Die Mischung in eine große Schüssel umfüllen.

Das Eiswasser zugeben und den Teig mit einer Gabel durchrühren. Eine Probe Teig zwischen den Fingern zusammendrücken. Wenn er zusammenklebt, den gesamten Teig auf eine leicht bemehlte Arbeitsfläche geben, wenn nicht, noch 1 bis 2 TL Eiswasser unterrühren und erneut testen.

Den Teig vorsichtig zu einem Ball kneten und zu einer Scheibe flach drücken. In Frischhaltefolie einwickeln und vor der Weiterverwendung mindestens 30 Minuten in den Kühlschrank legen. Dieser Teig lässt sich auch gut einfrieren.

Milchreis mit Rindermark

Für 6 Nachspeisenportionen

1 l Milch

125 g Arborio-Reis

1 Vanilleschote, aufgeschlitzt

1 Prise Meersalz

150 g Zucker

2 Eier

1 EL dunkler Rum

30 g vorbereitetes Rindermark, fein gewürfelt (siehe S. 182)

1 Rezeptmenge gesalzene Karamellsauce (S. 65)

Mein Ehemann liebt Milchreis, ich dagegen nicht so sehr und so koche ich ihn zu seinem Leidwesen auch recht selten. Wenn wir in Paris sind, kauft er sich seinen Milchreis immer in der Metzgerei in unserem Viertel. Als die Besitzerin vor einiger Zeit in Pension ging, gab sie mir das Rezept, weil sie wusste, wie sehr mein Mann ihren Milchreis mag. Hier ist es, angereichert mit Knochenmark und aromatisiert mit Vanille – manchmal kann ich es einfach nicht lassen, Rezepte ein wenig umzuschreiben. Statt mit Karamellkruste, die erst beim Kühlen fest wird, serviere ich den Milchreis mit gesalzener Karamellsauce (S. 65); so kann ihn mein Mann verschlingen, solange er noch warm ist.

Die Milch in einen mittelgroßen Topf gießen, Reis, Vanilleschote und Salz zugeben. Bei mittlerer bis starker Hitze unter ständigem Rühren zum Kochen bringen. Die Hitze reduzieren, den Topf mit einem Deckel verschließen und den Reis 40 bis 45 Minuten ganz sanft köcheln lassen, bis er eingedickt und gar ist; von Zeit zu Zeit umrühren. Die Vanilleschote herausnehmen.

Zucker, Eier und Rum verquirlen, dann das Mark zufügen und die Mischung unter den Reis rühren. Alles bei schwacher Hitze und unter ständigem Rühren noch einmal zum Kochen bringen. Die Hitze reduzieren, so dass der Reis nur noch köchelt, und den Reis unter Rühren noch 5 Minuten weitergaren. Warm oder kalt servieren und gesalzene Karamellsauce dazu reichen.

Pishtaco

Hoch in den Anden begegnet man der alten Volkssage vom *pishtaco,* einem schreckenerregenden Weißen, der nachts ahnungslose Indios überfällt und sie in eine Höhle schleppt, wo er sie fesselt und ihnen das Körperfett herausschneidet. Dann tötet er sie, indem er sie enthauptet und ihre Gliedmaßen abtrennt. In einer anderen Version der Sage entfernt er das Körperfett mit solcher Präzision, dass das Opfer am nächsten Morgen, wenn es erwacht, kein einziges Mal am Körper hat und auch keine Erinnerung an das, was ihm widerfahren ist. Zwei bis drei Wochen später jedoch muss es sterben, da ihm das lebenserhaltende Fett am Körper fehlt.

Nach Ansicht von Soziologen tauchte die Pishtaco-Sage erstmals nach der Ankunft der spanischen Eroberer und Missionare in Südamerika auf und spiegelt die Geschichte der Kolonisation und Ausbeutung der Anden-Indios wider. Wie bei allen Völkern, die unter schwierigen Umweltbedingungen leben, gilt Körperfett auch bei den Urvölkern der Anden als schön und lebensnotwendig. Wer sein Fett verliert, büßt auch Gesundheit, Schönheit und Lebenskraft ein. In der Sage vom Pishtaco verliert der Indio jedoch nicht einfach sein kostbares Fett, sondern es wird ihm von einem weißen Mann geraubt, der es verkauft und Profit daraus schlägt.

Die Indios erschraken fürchterlich, als sie sahen, dass die Spanier gefallenen Gegnern das Fett herausschnitten, um ihre eigenen verwundeten Soldaten damit zu behandeln. (Fett hat eine lange Tradition des medizinischen Gebrauchs, vor allem als Salbe.) Daneben verdächtigten sie die katholischen Geistlichen, den Indios Fett zu stehlen, um es in ihren Kirchen als Brennstoff für die Lampen zu verwenden, die Statuen damit zu polieren und die Glocken zu schmieren. Das erklärt, warum die ersten Pishtaco-Figuren Priester oder Soldaten waren. Als sich das Machtgefüge in Südamerika verschob, veränderte sich auch die Figur des Pishtaco. In späteren Versionen der Sage reitet er ein Pferd und trägt Überhosen aus Leder wie ein Rancher und im 20. Jahrhundert erschien er im Overall und stahl das Fett der Indios, um damit seine Flugzeugmotoren und andere Maschinerie zu schmieren oder es an die Pharmaindustrie zu verkaufen. Heute existiert der Mythos nur noch in sehr abgelegenen Regionen und der Pishtaco fährt wahrscheinlich einen SUV, trägt eine verspiegelte Sonnenbrille und benutzt ein Handy.

Die Pishtaco-Sage hatte auch negative Auswirkungen auf Entwicklungshilfeprojekte in dieser Region. Ein Hilfsprogramm für die Ernährung von Schulkindern wurde von den Indios als Vorwand angesehen, ihre Kinder für den Pishtaco zu mästen. Es dauerte lange, sie davon zu überzeugen, dass man ihnen nur helfen wollte. Der Pishtaco-Sage wird zwar immer weniger Glauben geschenkt, aber endgültig aussterben wird sie erst, wenn man den Indios gestattet, wieder selbst für ihr Auskommen zu sorgen.

Danksagung

Als ich mit der Arbeit an diesem Buch begann, ging mir bald auf, dass sich hier zwei grundlegende Ansichten gegenüberstehen: Es gibt Menschen, die Fett lieben und schätzen, und eine viel größere Gruppe, die all seine Erscheinungsformen mit Entsetzen betrachtet. Fast wäre dieses Buch eine Totgeburt geworden, hätte sich nicht meine Literaturagentin Liv Blumer vehement für sein Zustandekommen eingesetzt. Sie war von Anfang an begeistert von *Fett* und hat sich unermüdlich darum bemüht, es den Verlagen schmackhaft zu machen. Danke, Liv, für all Deine Arbeit und dafür, dass Du an meine verrückten Ideen glaubst und immer für mich da bist.

In der ungeheuer fettfeindlichen Welt der Kochbücher wagte der Kanadier Doug Pepper bei McClelland & Stewart als Erster den Sprung ins kalte Wasser. Aaron Wehner bei Ten Speed Press tat es ihm bald darauf nach. Diese beiden Männer lieben Fett und verstehen, wie wichtig es für den Geschmack von Speisen ist. Urplötzlich hatte *Fett* zwei enthusiastische Förderer und die Unterstützung von zwei großartigen Verlagsteams. Bill Blumer verdient hier ganz besonderen Dank für das Ausarbeiten der vertraglichen Finessen, die nötig sind, wenn ein Buch gleichzeitig bei zwei Verlagen erscheint.

Die Liebe zum Kochen und Essen verbindet die Menschen; sie schafft Freundschaften und hält sie am Leben. Deshalb geht mein Dank auch an alle Freunde und Kollegen, die mich in dieser anstrengenden Zeit aufgemuntert haben. Vielen Dank also, Laura Calder, Jeffrey Alford, Naomi Duguid, Harriet Bell, Pat Holtz, Miriam Rubin und Heather Trim.

Sehr viele Leute haben sich die Zeit genommen, meine Fragen zu beantworten und mit mir Informationen und Kontakte auszutauschen. Sie alle, sowohl Freunde als auch bisher Unbekannte, haben ihr Wissen freiwillig mit mir geteilt und mir Rezepte und interessante Fakten über Fett zugesandt.

Mein Dank geht nach Nordamerika zu Lynne Clare, David Field, Brenda Garza, Steve Isleifson, Ihor Kuryliw, Fran McCulloch, Lieve de Nil, Walter Staib und Paul Bauer, Bree Seeley, Nancy Shanoff, Oksana Slavyutich, Molly Stevens, Hiroko Sugiyama, Keijo Tapanainen und Nach Waxman.

In Europa gilt mein Dank Olivier Assouly, Michel und Marie-Jo Bablot, Bénédict Beaugé, Thierry Breton, Stéphane Davet, Anne Dolamore, Frédérique Fromentin, François Gerard, Cyril und Maryse Lalande, Melinda Leong und Frerk Meyer, Christianne Muusers, Leda Vigliardi Paravia, Antonio Rodrigues, Laura de Turckheim und Judy Witts.

Ein herzliches Dankeschön auch nach Australien, Neuseeland und Indien an Jane Adams, Liz Adsett, Vinod Advani, Alister Brown, Richard Cornish, Ritu Khanna, Ruby Leong, Cheong Liew, den Bonvivant Matt Preston und die äußerst hilfreiche Cherry Ripe.

All diese Menschen haben großzügig viel Zeit für mich geopfert und mich viel gelehrt. Das Beste daran ist, dass viele von ihnen zu guten Freunden geworden sind.

Meiner Mutter Claudine möchte ich dafür danken, dass sie mir beigebracht hat, Tierfette zu lieben, und den vielen Fettliebhabern unter meinen Freunden dafür, dass sie ohne Angst und Murren meine Rezepte ausprobiert haben. Danke, Laura Calder, Colin Faulkner, David Field, Rob und Daniela Fiocca, François und Caroline Gerard, Eric und Marie-Line Incarbona, Val und Ilze Lapsa, Karen Lim sowie Vincent und Lindsay Wong, dass ihr einfach alles gegessen habt, was ich euch aufgetischt habe, und mir dann ganz unverblümt gesagt habt, was ihr davon haltet. Es ist nicht immer leicht festzustellen, warum man ein Gericht mag oder nicht, und man muss schon recht tapfer sein, den Koch oder die Köchin zu kritisieren – die Leute, die mich näher kennen, wissen die Tapferkeit meiner Testesser ganz besonders zu schätzen.

Wissen und Erfahrung sind zwar die Basis der Kochkunst, aber der beste Koch bringt ohne gute Zutaten nichts zustande. Vielen Dank also an die Menschen, die sie mir geliefert haben, besonders an Leila Batten und Stanley Janecek bei Whitehouse Meats, Elizabeth und Peter Bzikot bei Baa Sheep, Stephen Alexander bei Cumbrae Farms und Wayne Kienitz von Wayne's Meat Products. Dank auch an all meine Lieferanten in Paris, besonders an meinen Metzger Joël Lachable, den ich hier besonders hervorheben will. Er liebt seinen Beruf leidenschaftlich und behandelt jedes Stück Fleisch samt dem Fett liebevoll, umsichtig und mit Respekt.

Mit meinen beiden großartigen Lektoren, Clancy Drake bei Ten Speed und Jenny Bradshaw bei McClelland & Stewart, hatte ich doppeltes Glück. Vielen Dank an Euch beide. Und Clancy, Du sollst wissen, wie überaus dankbar ich Dir dafür bin, dass Du mich immer wieder an mein ursprüngliches Anliegen erinnert und das Buch so aussagekräftiger gemacht hast. Dank an die beiden Teams in den Verlagen, insbesondere an die Korrektorin Sharron Wood. Ich lege ganz großen Wert auf die attraktive Darstellung der Gerichte, deshalb sind mir die Abbildungen im Buch äußerst wichtig. Tausend Dank an das sehr professionelle Team aus der Fotografin Leigh Beisch, Fotostylistin Sara Slavin und dem Foodstylisten Dan Becker, die bewiesen haben, wie lecker Fett aussehen kann. Dank auch an Designerin Betsy Stromberg bei Ten Speed.

Die Person, der ich am meisten Dank schulde, spare ich mir bis zu Schluss auf: mein Mann Haralds Gaikis. Wenn man ein Buch schreibt, dann ist das wie eine lange Krankheit. Zeit mit einer leidenden Person verbringen zu müssen, die ständig nur um sich selbst kreist, macht keinen Spaß. Nun hat er zwei Bücher überlebt und ermuntert mich schon zu einem dritten! Das Beste aber ist, dass er mir bewiesen hat, was ich immer schon wusste: Dass er kein Jack Sprat ist. Danke Haralds, ohne Dich hätte ich es nie geschafft.

Jennifer McLagan
Toronto, 2008

Bibliografie

Achaya, K. T., *Indian Food. A Historical Companion*, Delhi 1994.

Alexander, Stephanie, *The Cook's Companion*, Melbourne 1996.

Ayrton, Elizabeth, *The Cookery of England*, Harmondsworth 1977.

Ayto, John, *The Diner's Dictionary. Food and Drink from A to Z*, Oxford 1993.

Bayless, Rick, *Rick Bayless' Mexican Kitchen*, New York 1996.

Becker, Marion Rombauer, *Joy of Cooking*, Indianapolis 1978.

Behr, Edward, »Cleanness, Freshness, and the Butter Wrapper«, in: *The Art of Eating*, Nr. 65, 2003.

ders., »The Most Famous Fatback in the World«, in: *The Art of Eating*, Nr. 75, 2007.

Bilson, Gay, *Plenty. Digressions on Food*, Melbourne 2004.

Boxer, Arabella, *A Visual Feast*, London 1991.

Brillat-Savarin, Jean Anthèlme, *Physiologie des Geschmacks oder physiologische Anleitung zum Studium der Tafelgenüsse*, Braunschweig 1865.

Buford, Bill, *Hitze. Abenteuer eines Amateurs als Küchensklave, Sous-Chef, Pastamacher und Metzgerlehrling*, München 2010.

Campos, Paul, *The Obesity Myth. Why America's Obsession with Weight Is Hazardous to Your Health*, New York 2004.

Clark, Samantha und Clark, Samuel, *Moro. The Cookbook*, London 2001.

Clements, Carole und Wolf-Cohen, Elizabeth, *The French Recipe Cookbook*, London 1975.

Colquhoun, Kate, *Taste. The Story of Britain Through its Cooking*, London 2007.

Conran, Terence und Conran, Caroline, *The Cook Book*, New York 1980.

Corriher, Shirley, *CookWise*, New York 1997.

Davidson, Alan (Hrsg.), *On Feasting and Fasting*, London 1988.

ders., *The Oxford Companion to Food*, Oxford 1999.

Detienne, Marcel und Vernant, Jean-Pierre, *The Cuisine of Sacrifice among the Greeks*, Chicago 1989.

Dumas, Alexandre, *Dumas on Food*, London 1978.

Enig, Mary, *Know Your Fats. The Complete Primer for Understanding the Nutrition of Fats, Oils, an Cholesterol*, Silver Spring MD 2000.

Enig, Mary und Fallon, Sally, *Eat Fat, Lose Fat*, New York 2005.

Fallon, Sally und Enig, Mary, *Nourishing Traditions*, Washington DC 2001.

Fearnley-Whittingstall, Hugh, *The River Cottage Meat Book*, Berkeley 2007.

Fernández-Armesto, Felipe, *Near a Thousand Tables*, Toronto 2002.

Fitzgibbon, Theodora, *The Food of the Western World*, New York 1976.

Forman, H., »The Butter Gods of Kum Bum«, in: *Canadian Geographic*, Januar 1948.

Froud, Nina und Turgeon, Charlotte (Hrsg.), *Larousse Gastronomique*, London 1961.

Gage, Fran, *A Sweet Quartet. Sugar, Almonds, Eggs, and Butter*, New York 2002.

Garavini, Daniela (Hrsg.), *Die Gans. Überlieferte Rezepte aus italienischen Küchen*, Köln 1999.

dies. (Hrsg.), *Das Schwein. Überlieferte Rezepte aus italienischen Küchen*, Köln 1999.

Gratzer, Walter, *Terrors of the Table. The Curious History of trition*, Oxford 2005.

Grigson, Jane, *Charcuterie and French Pork Cookery*, Harmondsworth 1977.

dies., *European Cookery*, New York 1983.

dies., *The Observer Guide to British Cookery*, London 1984.

Guérard, Michel, *L'Art et la manière d'engraisser er de confire les oÿes et les canards*, Paris 1999.

ders., *La Cuisine gourmande*, Paris 1978.

Hartley, Dorothy, *Food in England*, London 2003.

Jaine, Tom (Hrsg.), *Oxford Symposium on Food and Cookery 1986. The Cooking Medium*, London 1987.

Keller Thomas, *The French Laundry Cookbook*, New York 1999.

Klein, Richard, *Schöne fette Welt. Eat Fat oder Ein Lob der Fülle*, München 1997.

Kulick, Don und Meneley, Anne (Hrsg.), *Fat. The Anthropology of an Obsession*, New York 2005.

Kumove, Shirley, *Words Like Arrows. A Collection of Yiddish Folk Sayings*, Toronto 1984.

Kurlansky, Mark, *Salz. Der Stoff, der die Welt veränderte*, Berlin 2004.

Levenstein, Harvey, *Paradox of Plenty. A Social History of Eating in Modern America*, New York 1993.

Mallet, Gina, *Last Chance to Eat. The Fate of Taste in a Fast Food World*, Toronto 2004.

McCullough, Fran, *Good Fat*, New York 2003.

McGee, Harold, *On Food and Cooking*, New York 1984.

ders., *The Curious Cook*, San Francisco 1990.

Mennel, Stephen, *All Manners of Food*, New York 1987.

Montagné, Prosper, *Larousse Gastronomique*, London 1974.

Morton, Mark, *Cupboard Love*, Toronto 2004.

Oliver-Smith, Anthony, »The Pishtaco. Institutionalized Fear in Highland Peru«, in: *Journal of American Folklore*, Nr. 82, 1969.

Perry, Charles, »Crazy for Milk Scum«, in: *Los Angeles Times*, 7. Juli 2000.

Planck, Nina, *Real Food. What to Eat and Why*, New York 2006.

Rhodes, Gary, *New Classics*, London 2001.

Robuchon, Joël, *Ma Cuisine pour vous*, Paris 1986.

ders., *Les Dimanches de Joël Robuchon*, Paris 1993.

ders., *Kartoffelzaubereien*, München 1995.

Romans, John, Castello, William, Carlson, Wendell, Greaser, Marion und Jones, Kevin, *The Meat We Eat*, Danville IL 1985.

Root, Waverley, *Das Mundbuch. Eine Enzyklopädie alles Essbaren*, Frankfurt a. M. 1999.

Ruhlmann, Michael und Polcyn, Brian, *Charcuterie. The Craft of Salting, Smoking, and Curing*, New York 2005.

Sahni, Julie, *Classic Indian Cooking*, New York 1980.

Samuelsson, Marcus, *The Soul of a New Cuisine*, New York 2006.

Schott, Ben, *Schotts Sammelsurium. Essen & Trinken*, Berlin 2005.

Schwartz, Hillel, *Never Satisfied. A Cultural History of Diets, Fantasies and Fat*, New York 1990.

Seid, Roberta Pollack, *Never Too Thin. Why Women Are at War with Their Bodies*, New York 1989.

Serventi, Silvano, *La Grande histoire du foie gras*, Paris 1993.

Slater, Nigel, *Real Cooking*, London 1997.

ders., *Einfach genießen*, München 2002.

ders., *Halbe Portion. Wie ich meine Leidenschaft für das Kochen entdeckte*, München 2011.

Spencer, Colin, *British Food. An Extraordinary Thousand Years of History*, New York 2003.

»Spoilt for Choice. A Survey of Food«, in: *The Economist*, 13. Dezember 2003.

Stachelhaus, Heiner, *Joseph Beuys*, Berlin 2005.

Steingarten, Jeffrey, *Der Mann, der alles isst*, Berlin 2004.

ders., *Der Mann, der alles isst. Zweiter Gang*, Berlin 2006.

Stevenson, Burton, *The Home Book of Proverbs, Maxims and Familiar Phrases*, New York 1948.

Strang, Jeanne, *Goose Fat & Garlic*, London 2003.

Szwarc, Sandy, »Food is Good«, in: *IACP Food Forum*, (1/2006) 2006.

Tannahill, Reay, *Food in History*, New York 1973.

Taube, Gary, »What If It's All Been a Big Fat Lie?«, in: *New York Times*, 7. Juli 2002.

This, Hervé, *Casseroles & éprouvettes*, Paris 2002.

Toussaint-Samat, Maguelonne, *History of Food*, Oxford 1992.

USDA Economic Research Service, *Food Data Consumption and Availability*, 2007.

Visser, Margaret, *Much Depends on Dinner*, Toronto 1986.

Walker, Harlan (Hrsg.), *Oxford Symposium on Food and Cookery 1994. Disappearing Foods*, Totnes 1995.

ders. (Hrsg.), *Oxford Symposium on Food and Cookery 1998. Food in the Arts*, Totnes 1999.

ders. (Hrsg.), *Oxford Symposium on Food and Cookery 2002. The Fat of the Land*, Bristol 2003.

Wheaton, Barbara Ketcham, *Savoring the Past. The French Kitchen and Table from 1300 to 1798*, New York 1996.

White, Florence, *Good Things in England*, London 1974.

White, Marco Pierre, *Wild Food from Land and Sea*, London 1994.

Willan, Anne, *La Varenne Pratique*, Toronto 1989.

Willoughby, John, »Understanding Butter«, in: *Martha Stewart Living Magazine*, 1998.

Wilson, Gail Henderson, »Butter Clarified«, in: *Cooks Magazine*, September/Oktober 1985.

Wolfert, Paula, *Couscous and Other Good Food from Morocco*, New York 1973.

dies., *The Cooking of South-West France*, New York 1983.

Ziegler, Dominic, »In Praise of Gluttony«, in: *The Economist. Intelligent Life*, Sommer 2005.

Personenregister

A

Adolf Friedrich, König von Schweden 131
Antoni, Janine 113
Atkins, Robert 19, 199
Ayto, John 114

B

Bayless, Rick 89
Beuys, Joseph 113
Blanc, Raymond 140
Blumenthal, Heston 86
Boxer, Arabella 223
Bradley, Richard 72
Brillat-Savarin, Jean Anthelme 13, 18

C

Cecchini, Dario 106
Chevreul, Michel 28
Clark, Samuel und Samantha 88
Curnonsky 46, 147

D

Dickens, Charles 160, 226
Dinely, Thomas 45

E

Eduard I., König von England 203

F

Forman, Harrison 65

G

Gamble, James 95
Glasse, Hannah 187
Grigson, Jane 58
Guémené, Daniel 139
Guérard, Michel 162

H

Hartley, Dorothy 160, 161, 180, 198
Haseka, heilige 59, 77
Henry Moore 105
Herodot 219
Hoover, Herbert 134, 226

J

Jaffrey, Madhur 54

K

Kayser, Edwin C. 95
Kayser, Eric 67
Keller, Thomas 49

L

Liew, Cheong 98, 244
Lofthus, Simon 112
Luther, Martin 70

M

Maugham, Somerset 107
McGee, Harold 46, 47
Mège-Mouriés, Hippolyte 28, 29
Michelangelo 105

N

Napoleon III. 28
Nobel, Alfred 175

P

Petrus, heiliger 59
Pius V., Papst 139
Plinius 27
Procter, William 95

Q

Quincy, John 64

R

Robuchon, Joël 53, 170, 174

S

Samuelsson, Marcus 35
Scappi, Bartolomeo 139
Smith, Delia 140, 230
Sobrero, Asciano 175
Stefánsson, Vilhjálmur 199

T

Tirel, Guillaume 27

V

Victoria, Königin von England 180, 226

W

Waller, Fats 162
White, Marco Pierre 154
Windsor, Herzogin von 15
Wolfert, Paula 34

Z

Zola, Emile 93

Von Apfelkuchen (schnell) bis Yorkshire-Pudding

A

Apfelkuchen: Schneller Apfelkuchen 68
Äthiopische Gewürzbutter 35

B

Baked Beans Bostoner Art 103
Baklava: Speck-Baklava 129
Beignets: Brandteig-Beignets 126
Blätterteig 43
  Blätterteig-Palmiers 71
BLT-Sandwich: Das perfekte BLT-Sandwich 111
Bohnen
  Baked Beans Bostoner Art 103
  Borlotti-Bohnen mit Enten-Confit und Grieben 159
  Lammrippchen mit Flageolet-Bohnen 208
  Refried Beans (Bohnenmus) 118
  Borlotti-Bohnen mit Enten-Confit und Grieben 159
Brandteig-Beignets 126
Bratenfett-Teig 211
Brathuhn: Klassisches Brathuhn 148
Braune Butter 38
Brendas Chorizo 117
Bretonischer Butterkuchen (Kouign amann) 68
Brombeeren: Entenbrust mit Brombeeren 157
Butter
  Äthiopische Gewürzbutter 35
  Beurre blanc (weiße Buttersauce) 47
  Beurre de Cascogne 155
  Beurre rouge (rote Buttersauce) 49
  Braune Butter 38
  Braune-Butter-Eiscreme 60
  Braune-Butter-Kekse 62
  Buttersalat (hoch zwei) 39
  Butterhuhn (Murgh Makhani) 54
  Foie-gras-Butter 169
  Gebutterte Eier 42
  Gebuttertes Kartoffelpüree 53
  Gedünstete Garnelen mit Beurre blanc und Spinat 51
  Geklärte Butter 33
  Gewürzte Butter 36
  Hausgemachte Butter 31
  Heilbutt im Schinkenmantel mit Salbeibutter 97
  In Butter pochierte Jakobsmuscheln 49
  Kouign amann (bretonischer Butterkuchen) 68
  Pastinaken und Steckrüben in Butter 50
  Pikant-süßes Popcorn mit Butter 40
  Radieschenbutter 37
  Rindermark in Rotwein-Butter-Sauce 204
  Rumbutter 38
  Salzbutter-Tarte 67
  Spaghetti mit Butter und Salbei 43
  Steinpilzbutter 37
  Teig mit Butter und Nierenfett 231

C

Carnitas 119
Cassoulet 166
Chapatis: Lammschmalz-Spinat-Chapatis 216
Chili-Essig-Dip 89
Chinesische Pfannkuchen mit Frühlingszwiebeln 109
Chorizo: Brendas Chorizo 117
Christmas Pudding: Traditioneller Christmas Pudding 224
Confit
  Borlotti-Bohnen mit Enten-Confit und Grieben 159
  Enten-Confit 152
  Knoblauch-Confit 154
Cornish Pasty 213
Crostini: Mark-Crostini 194

D

Dip: Chili-Essig-Dip 89

E

Eier: Gebutterte Eier 42
Eintopf
  Enten-Puten-Eintopf 158
  Puchero (mexikanischer Rindfleischeintopf) 188
Eiscreme: Braune-Butter-Eiscreme 60
Ente
  Borlotti-Bohnen mit Enten-Confit und Grieben 159
  Entenbrust mit Brombeeren 157
  Enten-Confit 152
  Enten-Puten-Eintopf 158
  Enten-Rillettes 144
  Salatsauce mit Entenschmalz und Grapefruit 175
  Scones mit Entenschmalz und Grieben 151
Erbsen: Portugiesische Erbsen 106
Essig: Chili-Essig-Dip 89

F

Faggots in Zwiebelsauce (Innereien-frikadellen) 114
Fenchel
  Langsam gebratener Schweinebauch mit Fenchel und Rosmarin 94

Schweinswürstchen mit Fenchel und Orange 115

Foie gras

Foie-gras-Butter 169

Foie-gras-Terrine 170

Linsensuppe mit Foie gras 174

Frühlingszwiebeln: Chinesische Pfannkuchen mit Frühlings zwiebeln 109

Fruit Cobbler 227

G

Gans

Gänsebraten 160

Rotkohl mit Gänseschmalz 161

Sautierte Gänseleber mit Ingwer-Vanille-Quitten 164

Garnelen: Gedünstete Garnelen mit Beurre blanc und Spinat 51

Gebäckfüllung mit Quitte (Quincemeat) 228

Gebratene Kalbsniere 202

Gebratene Kartoffelschnitze 162

Gebratener Schweinebauch an Orangen-Miso 100

Gebutterte Eier 42

Gedünstete Garnelen mit Beurre blanc und Spinat 51

Geflügelgrieben (Gribenes) 143

Geklärte Butter 33

Gemüsekuchen 173

Geröstete Markknochen 193

Gesalzene Karamellsauce 65

Geschmorter Ochsenschwanz 210

Geschmorter Schweinebauch nach Cheong Liew 98

Gewürzte Butter 36

Ghee 34

Grapefruit: Salatsauce mit Entenschmalz und Grapefruit 175

Gribenes (Geflügelgrieben) 143

Grieben

Borlotti-Bohnen mit Enten-Confit und Grieben 159

Gribenes (Geflügelgrieben) 143

Scones mit Entenschmalz und Grieben 151

Grillsteak mit Rotweinsauce und Knochenmark 201

H

Hausgemachte Butter 31

Heilbutt in Schinkenmantel mit Salbeibutter 97

Hochrippe: Rinderbraten aus der Hochrippe 185

Huhn

Hühnerleberaufstrich 155

Huhn Kiew 56

Klassisches Brathuhn 148

Murgh Makhani (Butterhuhn) 54

I

In Butter pochierte Jakobsmuscheln 49

Innereienfrikadellen (Faggots in Zwiebelsauce) 114

J

Jakobsmuscheln: In Butter pochierte Jakobsmuscheln 49

K

Kalb: Gebratene Kalbsniere 202

Karamellsauce: Gesalzene Karamellsauce 65

Kartoffeln

Gebratene Kartoffelschnitze 162

Gebuttertes Kartoffelpüree 53

Kartoffeln à la Sarladaise 147

Röstkartoffeln aus dem Ofen 186

Kekse: Braune-Butter-Kekse 62

Klassisches Brathuhn 148

Klöße: Nierenfettklöße 215

Knoblauch-Confit 154

Knochenmark

Geröstete Markknochen 193

Grillsteak mit Rotweinsauce und Knochenmark 201

Ledas Marksauce 194

Mark-Crostini 194

Milchreis mit Rindermark 231

Rindermark in Rotwein-Butter-Sauce 204

Tacos mit Knochenmark 191

Knusperkrusten: Süße Knusperkrusten 131

Königskuchen mit Rhabarber 76

Kouign amann (bretonischer Butterkuchen) 68

Kürbissuppe mit Speck 93

L

Lamm

Lammrippchen mit Flageolet-Bohnen 208

Lammschmalz-Spinat-Chapatis 216

Lammschulter auf Kapmalaien-Art 209

Lammwürstchen mit Rosmarin und Rotwein 218

Langsam gebratener Schweinebauch mit Fenchel und Rosmarin 94

Leber

Foie-gras-Butter 169

Foie-gras-Terrine 170

Hühnerleberaufstrich 155

Linsensuppe mit Foie gras 174

Sautierte Gänseleber mit Ingwer-Vanille-Quitten 164

Ledas Marksauce 194

Linsen

Linsensuppe mit Foie gras 174

Salzfleisch mit Linsen 102

Löwenzahnsalat mit heißer Specksauce 107

M

Malteser Sauce 52
Manteca colorá (Spanische Schweine-Rillettes) 88
Mark-Crostini 194
Mayonnaise: Speckmayonnaise 111
Mexikanischer Rindfleischeintopf (Puchero) 188
Milchreis mit Rindermark 231
Miso: Gebratener Schweinebauch an Orangen-Miso 100
Mürbeteig: Süßer Mürbeteig 63
Murgh Makhani (Butterhuhn) 54

N

Niere
- Gebratene Kalbsniere 202
- Nierenfettklöße 215
- Nierenfett-Teig für pikante Puddings 198
- Nierenfett-Teig für pikante Pies 199
- Steak-and-Kidney-Pie 195
- Steak-and-Kidney-Pudding 196

Teig mit Butter und Nierenfett 231
Nüsse: Pikante Knabbernüsse 46

O

Ochsenschwanz: Geschmorter Ochsenschwanz 210
Orange
- Orangenmarmeladepudding 223
- Pfund(s)kuchen mit Pfeffer und Orange 72
- Gebratener Schweinebauch an Orangen-Miso 100
- Schweinswürstchen mit Fenchel und Orange 115

Original englischer Rinderbraten 185

P

Pastinaken und Steckrüben in Butter 50
Pasty: Cornish Pasty 213
Perfekt: alles, besonders aber das BLT-Sandwich 111
Pfannkuchen: Chinesische Pfannkuchen mit Frühlingszwiebeln 109
Pfund(s)kuchen mit Pfeffer und Orange 72
Pie
- Nierenfett-Teig für pikante Pies 199
- Stachelbeer-Pie 124
- Steak-and-Kidney-Pie 195

Pikante Knabbernüsse 46
Pikant-süßes Popcorn mit Butter 40
Pommes frites: In Schmalz frittierte Pommes frites 112
Popcorn: Pikant-süßes Popcorn mit Butter 40
Portugiesische Erbsen 106
Puchero (mexikanischer Rindfleisch-eintopf) 188
Pudding
- Nierenfett-Teig für pikante Puddings 198
- Orangenmarmeladepudding 223
- Steak-and-Kidney-Pudding 196
- Traditioneller Christmas Pudding 224
- Yorkshire-Pudding 187

Pute: Enten-Puten-Eintopf 158

Q

Quitte
- Quincemeat (Gebäckfüllung mit Quitten) 228
- Quincemeat-Soufflés 230
- Quincemeat-Törtchen 229
- Sautierte Gänseleber mit Ingwer-Vanille-Quitten 164

R

Radieschenbutter 37
Refried Beans (Bohnenmus) 118
Rhabarber: Königskuchen mit Rhabarber 76
Rillettes
- Spanische Schweine-Rillettes (Manteca colorá) 88
- Enten-Rillettes 144

Rind
- Original englischer Rinderbraten 175
- Milchreis mit Rindermark 231
- Puchero (mexikanischer Rindfleisch-eintopf) 188
- Rinderbraten aus der Hochrippe 185
- Rindermark in Rotwein-Butter-Sauce 204

Rippchen: Lammrippchen mit Flageolet-Bohnen 208
Risotto alla milanese 206
Röstkartoffeln aus dem Ofen 186
Rote Buttersauce (Beurre rouge) 49
Rotkohl mit Gänseschmalz 161
Rotwein
- Grillsteak mit Rotweinsauce und Knochenmark 201
- Lammwürstchen mit Rosmarin und Rotwein 218
- Rindermark in Rotwein-Butter-Sauce 204

Rumbutter 38

S

Salat
- Buttersalat (hoch zwei) 39
- Löwenzahnsalat mit heißer Specksauce 107
- Salatsauce mit Entenschmalz und Grapefruit 175

Salbei
- Heilbutt in Schinkenmantel mit Salbeibutter 97
- Spaghetti mit Butter und Salbei 43

Salzbutter-Tarte 67
Salzfleisch 101
- Salzfleisch mit Linsen 102

Sandwich: Das perfekte BLT-Sandwich 111

Sauce
Gesalzene Karamellsauce 65
Ledas Marksauce 194
Malteser Sauce 52
Salatsauce mit Entenschmalz und Grapefruit 175
Rote Buttersauce (Beurre rouge) 49
Weiße Buttersauce (Beurre blanc) 47
Sautierte Gänseleber mit Ingwer-Vanille-Quitten 164
Scharf gewürzte Schweinekrusten 86
Schinken
Heilbutt in Schinkenmantel mit Salbeibutter 97
Schinkenspeck-Gewürzplätzchen 128
Schmalz
In Schmalz frittierte Pommes frites 112
Lammschmalz-Spinat-Chapatis 216
Schmalzteig 122
Rotkohl mit Gänseschmalz 161
Salatsauce mit Entenschmalz und Grapefruit 175
Scones mit Entenschmalz und Grieben 151
Spanische Schmalzplätzchen 130
Schneller Apfelkuchen 68
Schulter: Lammschulter auf Kapmalaien-Art 209
Schwein
Gebratener Schweinebauch an Orangen-Miso 100
Geschmorter Schweinebauch nach Cheong Liew 98
Langsam gebratener Schweinebauch mit Fenchel und Rosmarin 94
Scharf gewürzte Schweinekrusten 86
Schweinefett mit Rosmarinaroma 108
Schweinswürstchen mit Fenchel und Orange 115
Spanische Schweine-Rillettes (Manteca colorá) 88
Scones mit Entenschmalz und Grieben 151
Shortbread 74
Spaghetti
Spaghetti mit Butter und Salbei 43
Spaghetti alla carbonara 96
Spanische Schmalzplätzchen 130
Spanische Schweine-Rillettes (Manteca colorá) 88
Speck
Kürbissuppe mit Speck 93
Löwenzahnsalat mit heißer Specksauce 107
Schinkenspeck-Gewürzplätzchen 128
Speck-Baklava 129
Speckgugelhupf 120
Speckmayonnaise 111
Spinat
Gedünstete Garnelen mit Beurre blanc und Spinat 51
Lammschmalz-Spinat-Chapatis 216
Stachelbeer-Pie 124
Steak-and-Kidney-Pie 195
Steak-and-Kidney-Pudding 196
Steckrüben: Pastinaken und Steckrüben in Butter 50
Steinpilzbutter 37
Süße Knusperkrusten 131
Süßer Mürbeteig 63

T

Tacos mit Knochenmark 191
Tarte: Salzbutter-Tarte 67
Teig mit Butter und Nierenfett 231
Terrine
Foie-gras-Terrine 170
Terrine auf Bauernart 90
Tomatensalsa 191
Traditioneller Christmas Pudding 224

W

Weiße Buttersauce (Beurre blanc) 47
Welsh rabbit 58
Würstchen
Schweinswürstchen mit Fenchel und Orange 115
Lammwürstchen mit Rosmarin und Rotwein 218

Y

Yorkshire-Pudding 187